龙舟 龍舟 lóngzhōu
dragon boat ドラゴンボート

火锅 火鍋 huǒguō
hot pot 鍋料理、中国風寄せ鍋

中国語生活図解辞典

オールカラー

DVD-ROM付き

監修：遠藤雅裕（中央大学教授）
小学館／LiveABC 共同編集

银行卡 yínhángkǎ
提款卡 tíkuǎnkǎ
ATM card
キャッシュカード

连衣裙 liányīqún
洋裝 yángzhuāng
dress ワンピース

手机 手機 shǒujī
mobile phone; cell phone
携帯電話

扬琴 揚琴 yángqín
Chinese hammered dulcimer
洋琴《ようきん》

菠萝 bōluó 鳳梨 fènglí
pineapple パイナップル

煎 煎 jiān
to fry（少量の油で）焼く

中秋节 中秋節 Zhōngqiūjié
Mid-Autumn Festival
中秋節

好吃 好吃 hǎochī
delicious おいしい、美味

垃圾桶 lājītǒng
垃圾桶 lèsètǒng
trash can ごみ箱

酸奶 suānnǎi 優酪乳 yōuluòrǔ
drinking yogurt ヨーグルト

三合院 三合院 sānhéyuàn
sanheyuan (Chinese courtyard house)
三合院

小学館

株式会社 LiveABC

台北市八徳路三段32号12F
電話:+886-2-2578-7838, +886-2-2578-5800
http://www.LiveABC.com　E-mail: Service@LiveABC.com

チーフ・プロデューサー: 鄭俊琪
マーケティング・ディレクター: 阮德恩
テクニカル・スーパーバイザー: 李志純
チーフ・エディター: 陳豫弘
マネージング・エディター: 方虹婷
エグゼクティブ・エディター: 張静嵐、郭亮吟
ゲスト・エディター: 許志栄
イングリッシュ・エディター: Danni Wang, Patrick Cowsill
日本語訳: 松尾　隆、王書旋、高橋　燁
アート・ディレクター: 李尚竹
アート・デザイナー: 郭丁元
DVD-ROMディレクター: 李志純
DVD-ROMデザイナー: 簡貝瑜、黄鈺皓、廖苡婷
ユーザー・インターフェース・デザイナー: 李志純、曹宝泰、鄭杰仁
イラストレーター: 張栄杰、張家栄、邵子娥、陳淑珍、曹宝泰、連冠銘、馮蓮曦、陳蓓君、頼一維
ビデオ・プロダクション: 黄文英、葉政栄、胥育睿、洪子咏、楊琇中
出演者: 頼孝慈、藍貝芝、李政昆、李懿鋸、劉杰中、呂寧真、呂学涵、邱華凌、銭玲岑、張静嵐、晏天一、呉玲姍、王酒君
ナレーター 中国語: 陳煌典、梁剛華、呉東元、賀世芳、李悦寧
日本語: 仁平美穂
海外事業部: 王書旋、呂寧真、頼孝慈、高橋　燁
印刷所: 禹利電子分色有限会社

画期的な中国語辞典

　本辞典は、日本の中国語辞典の空白を埋める画期的な辞典です。中国の中国語(普通話)のみならず台湾の中国語(台湾華語)をも網羅的に収録している点で画期的なのです。

　中国語圏(中国大陸・台湾・香港・シンガポールなど)の標準中国語は基本的に同じであり、それを身につけておけば、中国語圏のどの地域に行っても、意思疎通は基本的に可能です。とはいえ、違いがないわけではありません。むしろ、それぞれの地域の特徴を持つ中国語がそれぞれの地域に存在していると言ってよいでしょう。しかし残念ながら、日本の中国語学習をめぐる状況は中華人民共和国の「普通話」が中心で、このような中国語のバリエーションに対応するものではあまりありませんでした。つまり、台湾など、そのほかの華人地域の中国語をカバーする学習書や辞典が極めて少ないのです。

　「普通話」と台湾華語について、最もわかりやすい違いは文字です。中国では簡体字、台湾では正体字(繁体字)を使っており、これは一目瞭然です。しかし、これ以外に、音韻(発音)・語彙・文法の各方面にわたって異なっている部分があります。このような差異が生まれたのは、標準化や教育の差異と、話し手の母語の違いによります。さらに、台湾と中華人民共和国の間の政治的・経済的・文化的な断絶状態が、この違いを固定化することになったのです。

　私たち日本人中国語学習者が台湾人と中国語で話をしていて、最も戸惑うのは、おそらく語彙についてでしょう。次は私の個人的な体験です。台湾での長期滞在中、現地の学生がショッピングセンターに連れて行ってくれました。そこで、"酸奶suānnǎi"(ヨーグルト)はあるかと聞くと、怪訝な顔をするのです。いろいろ話しているうちに、台湾では"優酪乳(优酪乳)yōuluòrǔ"ということがわかりました。このようなことは、少なくなく、つい最近も、フラッシュメモリを"U盤(U盘)U pán"ではなく "隨身碟(随身碟)suíshēndié"というのだと知ったばかりなのです。このような台湾の日常生活語彙は、現地滞在中に接する確率が高いものです。ところが、私たちの身の回りにある中国語辞典は、残念ながら、これらをほとんど収録していません。

　本辞典の特長は、もちろん身の回りの生活でよく目にする事物や事象を図解したことにあります。しかし、それ以上に台湾の日常生活語彙も網羅的に、かつ「普通話」および英語と対照して収録してある点で、画期的なのです。つまり、生活の中で、台湾華語を「普通話」と対照させながら学ぶことが可能になったのです。

　日本と中国語圏との相互交流は、中国の経済的な発展も相まって、ますます盛んになってきています。日本にとっての中国語の重要性も、今後高まることはあっても、低くなることはないでしょう。このような中で、本辞典は、中国大陸、台湾をはじめとした中国語圏にかかわるすべてのみなさんのお役に立つことと確信しています。

遠藤雅裕

Contents

003	画期的な中国語辞典		048	2-9 キッチン用品
008	台湾華語と「普通話」			厨房用品
014	この辞典の使い方		050	会話練習
016	DVD－ROM 教材の使い方			文化の窓：玄関

Section 1 東アジア

- 022　1-1　東アジアと世界
  东亚与世界
- 024　1-2　地理と観光名所
  地理与观光名胜
- 026　1-3　東アジアの行事
  东亚节庆
- 028　1-4　家屋と生活
  房子与生活
- 030　　　会話練習
  文化の窓：世界遺産

Section 2 家

- 032　2-1　家
  家
- 034　2-2　家の外観
  家的外观
- 036　2-3　リビング
  客厅
- 038　2-4　家具・家電・生活雑貨
  家具・家电・生活杂货
- 040　2-5　浴室・トイレ
  浴室・卫生间
- 042　2-6　バス用品と化粧品
  浴室用品与化妆品
- 044　2-7　寝室
  卧室
- 046　2-8　キッチン
  厨房

Section 3 人

- 052　3-1　人の一生
  人的一生
- 054　3-2　家庭・親戚関係
  家庭・亲戚关系
- 056　3-3　顔と体
  脸与身体
- 058　3-4　動作
  肢体表现
- 060　3-5　日々の暮らし
  日常生活
- 062　3-6　表情、気持ち、性格
  表情、情绪与性格
- 064　3-7　職業1
  职业一
- 066　3-8　職業2
  职业二
- 068　　　会話練習
  文化の窓：結婚式

Section 4 食べ物

- 070　4-1　スーパーマーケット
  超级市场
- 072　4-2　果物
  水果
- 074　4-3　野菜
  蔬菜
- 076　4-4　肉
  肉

Contents 目录 目錄

078	4-5	生鮮魚介類 海鮮
080	4-6	飲み物 饮料
082	4-7	おやつと軽食 零食与小吃
084	4-8	中華グルメ 中国美食
086		会話練習 文化の窓：餃子

Section 5　食事

088	5-1	中華レストラン 中餐馆
090	5-2	料理とメニュー 菜肴和菜单
092	5-3	西洋レストラン 西餐厅
094	5-4	ファストフード店 快餐店
096	5-5	日本料理 日本料理
098	5-6	食器 餐具
100	5-7	調理法 烹饪法
102	5-8	調味料 调料／佐料
104	5-9	味 味道
106	5-10	エスニック料理 民族菜肴
108	5-11	お茶とコーヒー 茶和咖啡
110		会話練習 文化の窓：牛肉麺

Section 6　衣服

112	6-1	中国服 中式服装
114	6-2	洋服 西式服装
116	6-3	アクセサリー 衣服饰品
118	6-4	帽子と靴 鞋帽
120	6-5	和服 和服
122	6-6	色とサイズ 颜色与尺寸
124		会話練習 文化の窓：チャイナドレス

Section 7　都市・買い物

126	7-1	街 城市
128	7-2	デパート 百货公司
130	7-3	銀行 银行
132	7-4	数字と貨幣 数字与货币
134	7-5	屋台 摊贩
136	7-6	警察と消防 警察与消防
138	7-7	通信とメディア 通讯与媒体
140	7-8	会社 公司
142	7-9	行政サービス 行政服务

Contents

144	会話練習	
	文化の窓：統一領収書	

Section 8　交通と旅

146	8-1	街角 街道
148	8-2	乗り物 交通工具
150	8-3	電車・汽車 火车
152	8-4	交通標識と信号 交通标志与信号
154	8-5	空港 机场
156	8-6	搭乗手続き 登机手续
158	8-7	飛行機 飞机
160	8-8	ホテル 饭店
162		会話練習
		文化の窓：サイクリング

Section 9　娯楽

164	9-1	娯楽と趣味 娱乐与嗜好
166	9-2	楽器 乐器
168	9-3	アジアの楽器 东方乐器
170	9-4	ナイトライフ 夜生活
172	9-5	美容 美容
174	9-6	遊園地 游乐园
176	9-7	スポーツジム 健身房
178	9-8	映画と演劇 电影与戏剧
180		会話練習
		文化の窓：温泉

Section 10　スポーツ

182	10-1	スポーツ・体育１ 运动・体育一
184	10-2	スポーツ・体育２ 运动・体育二
186	10-3	バスケットボールとバレーボール 篮球与排球
188	10-4	野球 棒球
190	10-5	テニスと卓球 网球与乒乓球
192	10-6	サッカー 足球
194	10-7	水上競技 水上运动
196	10-8	陸上競技 田径比赛
198	10-9	ウインタースポーツと体操競技 冬季运动与室内体操
200	10-10	武術 武术
202		会話練習
		文化の窓：プロ野球

Section 11　教育

204	11-1	学校 学校
206	11-2	キャンパス 校园
208	11-3	教室 教室
210	11-4	科目と学校生活 科目与校园生活
212	11-5	文房具 文具
214	11-6	形と記号 形状与符号
216	11-7	図書館 图书馆
218	11-8	パソコン 电脑
220	11-9	工具 工具
222		会話練習
		文化の窓：語学学習

Section 12　医療

224	12-1	病気 疾病
226	12-2	病院 医院
228	12-3	入院と診察 住院与问诊
230	12-4	医薬品 医药
232	12-5	漢方 中医
234		会話練習
		文化の窓：薬膳料理

Section 13　動植物

236	13-1	哺乳類 哺乳动物
238	13-2	虫 虫子
240	13-3	鳥 鸟类
242	13-4	海の生き物 海洋生物
244	13-5	植物 植物
246	13-6	干支と縁起物 生肖与吉祥物
248		会話練習
		文化の窓：十二支

Section 14　時間と空間

250	14-1	時間 时间
252	14-2	天気と季節 天气与季节
254	14-3	自然と災害 自然与灾害
256	14-4	宇宙 宇宙
258	14-5	星座と占い 星座与占卜
260		会話練習
		文化の窓：星座
261		**中国語ピンイン順索引**
274		**日本語50音順索引**

台湾華語と「普通話」

❶ 台湾華語とは

1 台湾で使われていることば

「台湾華語」とは、台湾で使用されている、台湾独特の特徴をもっている標準中国語のことです。「台湾国語」(あるいは単に「国語」)という名称でも知られていますが、この名称には「なまっている」「正しくない」などというマイナスのイメージがないわけではありません。そこで、近年比較的よく使われており、より中立的と思われる台湾華語という名称で、台湾の標準中国語を呼ぶことにします。

ごく大まかにいえば、台湾では4つのことばが使われています。台湾華語のほか、中国語(漢語)系の台湾語(「ホーロー語」「閩南語」とも呼ばれる)と客家語、そして、マレー語と同系統である先住民のことばです(近年はベトナムなど東南アジア出身の住民が増えており、彼らの母語をこれに加える場合もあります)。

台湾華語以外の台湾土着のことばは、特に「郷土言語」あるいは「母語」と呼ばれています。台湾語を母語にする人々が最も多く、台湾の全人口の4分の3程度を占めています。母語は、日本植民地時代から1980年代にかけては、抑圧の対象でした。しかし、民主化が進展したここ20年ばかりの間に、母語の復権が進んできています。母語教育は初等教育に全面的に取り入れられ、少なからぬ大学が台湾語・台湾文学専攻や客家文化専攻を設置しています。さらに電車などの車内放送や演説、テレビやラジオなどのメディアでも使われるようになっています。一方、民主化以前に標準中国語普及策が強権を伴って実施されたために、台湾華語を第一言語、母語を第二言語とする人々も少なくないのは事実です。また、家庭や地域社会などではそれぞれの母語を話しても、知らない相手に話しかける場合や公的な場では、台湾華語を話すという傾向があります。

2 台湾華語の成り立ち

台湾は、1945年の日本の敗戦後、国民党政権(中華民国)に接収され、それとともに、北京官話を基礎とした標準中国語が持ち込まれました。つまり、標準中国語は、台湾人にとって、この時点では植民地時代の日本語と同じく外来の言語であったといえましょう。このことばは「国家のことば」という意味で"國語(国语)"と呼ばれており、現在でもこの呼称が比較的広く使われています。つまり、台湾華語は、中華人民共和国(以下「中国」と略称)の標準中国語(以下「普通話」と略称)と基本的に同じことばだと考えて差し支えありません。しかし、さまざまな原因で、両者には差異が生じています。

この原因としては、おもに言語政策によるものと自然発生的なものの二つがあります。まず言語政策の相違によって、漢字の字体や字音など、規範レベルでちがいが生じています。自然発生的なものとしては、政治や社会の相違、また母語の影響が指摘できます。これにより、発音・語彙や文法特徴について使用レベルでちがいが生じています。

なお、台湾華語に見える特徴は、必ずしも台湾に限定的ではありません。中国南方の普通話やシンガポール・マレーシアをはじめとした東南アジア華語と共通する特徴も少なくないのです。また、台・中交流の劇的な増加で、台湾の言い回しが中国でも受け入れられたり、さらには流行したりする場合もあります。たとえば、台湾起源と考えられる"派対 pàiduì"(パーティー)、"打拼 dǎpīn"(がんばる)などといったことばが、最近は中国でも盛んに使われています。なお、台湾華語の内部には、母語や年齢・社会階層などによる個人差もあることを付言しておきます。

❷ 台湾華語と普通話のちがい

漢字の字体、発音表記と字音・語彙・文法の順に、台湾華語と普通話のちがいを紹介しましょう。

1 漢字の字体と発音表記

① 正体字(繁体字)

中国やシンガポールでは簡体字が正式な表記(正書法)とされていますが、台湾や香港では正体字(繁体字)が使われています。台湾については、国民党政権が大陸にあったとき、漢字の簡略化を始めようとしていましたが、政権内部の反対や抗日戦争・国共内戦などにより、字体整理以外の大きな簡略化は凍結され今日に至っています。さらに中国語圏を含んだ漢字圏全体を見ますと、日本でも独自の簡略化をおこなったために、日本と台湾・中国の間で字体が全く異なってしまったものもあります(下表参照)。

	日本	台湾	中国
すべて異なるもの	実	實	实
	観	觀	观

日台が同じもの	電	電	电
	話	話	话
日中が同じもの	国	國	国
	学	學	学

② 注音符号およびローマ字表記法

中国では漢字の発音を表わすのに、「漢語拼音方案」(以下「ピンイン」と略)というローマ字を使いますが、台湾では「注音符号」という補助的な文字を使います。漢字1文字の音(基本的に1音節に相当)は、声調を除くと「声母＋介音＋主母音＋韻尾」に分解できますが、注音符号は、この「声母」「介音」「主母音と韻尾」のそれぞれを1つの文字で表記できるようになっています。たとえば"香"はㄒ(x)―(i)ㄤ(ang)と表記されます(カッコ内はピンイン)。声調記号はピンインと同じです。ただし、第一声だけは声調記号を付けません。また軽声は「・」をその音節の前につけます。注音符号は学校教育で広く用いられているほか、辞書などの音注や、コンピューターの入力システムにも採用されています。

台湾のローマ字表記法は、やや複雑です。現在、ピンインも広く使われていますが、「通用拼音」(通用ピンイン)・「国語注音符号第二式」(「注音二式」と略)・「ウェード＝ジャイルズ式」(「ウェード式」と略)などといったローマ字表記法も併用されています。これらの内、ウェード式が最も古く、通用ピンインが最も新しいものになります。

ローマ字は、主として地名・街路や駅名表示、また人名のローマ字表記などに用いられています。わたしたちが台湾に行って戸惑うのは、これらの表記法が必ずしも統一されていない点です。現状では、街路表示はピンイン(場合によっては通用ピンイン)が用いられることが多いのですが、台湾鉄路管理局(台鉄)の駅名表示はウェード式が残っていたりします。たとえば、台鉄の新竹駅の"新竹"はウェード式でHsinchuと表記されていますが、新竹市近郊の"竹東"は通用ピンインでJhudong、もしくはピンインでZhudongと表記されています。つまり、"竹"についてchu／jhu／zhuという3種類の表記が併存しているのです。また、オンライン辞書である『重編国語辞典修訂本』(教育部国語推行委員会編)でも、ピンインと注音二式が併用されています。

正	簡	ピンイン	注音符号	注音二式	通用ピンイン	ウェード式
臺灣	台湾	Táiwān	ㄊㄞˊㄨㄢ	tái wān	táiwān	t'ai²wan¹
臺北	台北	Táiběi	ㄊㄞˊㄅㄟˇ	tái běi	táiběi	t'ai²pei³
新竹		Xīnzhú	ㄒㄧㄣ ㄓㄨˊ	shīn jú	sīnjhú	hsin¹chu²
高雄		Gāoxióng	ㄍㄠ ㄒㄩㄥˊ	gāu shiúng	gāosyóng	kao¹hsiung²
日本		Rìběn	ㄖˋㄅㄣˇ	r̀ běn	rìhběn	jih⁴pen³
東京	东京	Dōngjīng	ㄉㄨㄥ ㄐㄧㄥ	dūng jīng	dōngjīng	tung¹ching¹
酒泉		Jiǔquán	ㄐㄧㄡˇㄑㄩㄢˊ	jiǒu chiuán	jiǒucyuán	chiu³ch'üan²
獅子	狮子	shīzi	ㄕ・ㄗ	shr tz	shīhzih	shih¹tzŭ

現在、ウェード式や注音二式は、一般にほとんど用いられていません。正式なローマ字表記法については、ピンインあるいは通用ピンインが有力なのですが、今のところ、いずれにも決着していません。

これらのローマ字表記法については、共通点も多いのですが、上述したような相違点もあります。以下、ピンインを中心にして、通用ピンインと注音二式の主な相違点を述べましょう。まず、声母については、q,xが注音二式ではch,sh、通用ピンインではc,sとなります。zhが注音二式ではj、通用ピンインではjhとなり、また、z,cが注音二式ではtz,tsとなります(通用ピンインはピンインに同じ)。韻母については、-üが注音二式で-iu、通用ピンインでは-yuとなります。また、zi,ci,siの韻母-iは、通用ピンインでは-ihですが、注音二式ではci,siの-iについてのみ-zと表記されるので、zi,ci,siはtz,tsz,szとつづられます。zhi, chi, shi, riの韻母-iは、通用ピンインではやはり-ihですが、注音二式ではzhi,chi,shiの-iについてのみ-rで表記されます。また、riはrのみです。ピンインのiouは声母がつく場合はiu、ueiはuiとつづられますが、注音二式・通用ピンインともoやeがぬけることはありません(上表参照)。

❷ 字音

台湾華語と普通話では、規範的な字音が異なっているものがあります。これは、中国が建国後に新たに字音の規範化をおこなったのに対し、国民党政権下の台湾では多少整理されたものの、基本的には台湾移転前の規範的字音を引き継いでいるためです(次表参照。正体字と簡体字の字体が同じ場合は、簡体字は省略)。

正	簡	台湾	中国	例
蝸	蜗	guā	wō	蝸牛(蜗牛) guāniú　カタツムリ
和		hàn	hé	你和我 nǐ hàn wǒ　あなたと私（「〜と」の字音）
期		qí	qī	星期 xīngqí　週
識	识	shì	shí	識別(识别) shìbié　見分ける
攜	携	xī	xié	攜帶(携带) xīdài　携帯する
質	质	zhí	zhì	品質(品质) pǐnzhí　品質

習慣的に以下のような読み方がされているものもあります。

正	簡	習慣的字音	規範的字音	例
亞	亚	yǎ	yà	亞洲(亚洲) Yǎzhōu　アジア
液		yì	yè	液晶 yìjīng　液晶

単語レベルで字音が異なっているものもあります。たとえば、"垃圾"(ゴミ)はlājīではなくlèsèと発音されます。また"包括"(含む)の規範的字音は普通話と同じくbāokuòですが、しばしばbāoguā と発音されます。

このような字音のちがいのほか、たとえば、一般的に下表のような音声的な特徴があります。これらの特徴には個人差があります。そり舌音に関しては、全くない場合や、あるいは過剰修正によってz, c, sがzh, ch, shに発音されることがあります。またrはzに近い音になることがあります。

		台湾華語	普通話
軽声が少ない	認識(认识)	rènshì	rènshi
r化がほとんどない	玩	wán	-儿wánr

❸ 語彙

台湾華語の特徴は、語彙によく出ています。以下、特徴的な語を、新語形・他言語語形・旧語形・同形異義語の4つに分けて紹介します。

① 新語形

新たに作られた語で、省略語や外来語の意訳語も含みます。

	簡体字	ピンイン	普通話	意味
計程車	计程车	jìchéngchē	出租汽車	タクシー
網際網路	网际网路	wǎngjìwǎnglù	因特网、互联网	インターネット
速食		sùshí	快餐	ファストフード

〔省略語形〕

	簡体字	ピンイン	本来の語形	普通話	意味
公車	公车	gōngchē	公共汽車	公共汽车、公交车	バス
機車	机车	jīchē	機器腳踏車	摩托车	バイク
國小	国小	guóxiǎo	國民小學	小学	小学校

② 他言語語形

台湾語・英語・日本語などに由来する語です。台湾語由来のものは、漢字表記を標準語音で読むこともありますが、そのまま台湾語で発音されることも少なくありません(次表の台湾語は教会ローマ字表記)。

	簡体字	ピンイン	普通話	意味	起源
歹勢	歹势	dǎishì	不好意思	すみません	台湾語 pháiⁿ-sè 実際の発音はこちら
古早		gǔzǎo	过去	昔	台湾語 kó-chá
打拼		dǎpīn	拼搏	がんばる	台湾語 phah-piàⁿ
部落格		bùluògé	博客	ブログ	英語 blog
駭客	骇客	hàikè	黑客	ハッカー	英語 hacker
優酪乳	优酪乳	yōuluòrǔ	酸奶	ヨーグルト	英語 yogurt

日本語由来の語には、以下のようなものがあります。台湾には、日本植民地時代に直接日本語が入り、また日本の敗戦後も、日本のサブカルチャーなどを経由して日本語由来のことばが受け入れられています。

	簡体字	ピンイン	意味	備考
便當	便当	biàndāng	弁当	台湾語 piān-tong
黑輪	黑轮	hēilún	おでんの具の練りもの	台湾語 o͘-lián
紅豆泥	红豆泥	hóngdòuní	本当に	
卡哇伊		kǎwāyī	かわいい	
歐巴桑	欧巴桑	ōubāsāng	おばさん	台湾語 o͘-bá-sáng
歐吉桑	欧吉桑	ōujísāng	おじさん	台湾語 o͘-jí-sáng
甜不辣		tiánbùlà	さつま揚げ	台湾語 thian-put-la̍t
一級棒	一级棒	yìjíbàng	一番	
運將	运将	yùnjiàng	運転手（運ちゃん）	台湾語 ūn--chiang

③ 旧語形
中国では、今では使われなくなった語です。

	簡体字	ピンイン	普通話	意味
西元		xīyuán	公元	西暦
幼稚園	幼稚园	yòuzhìyuán	幼儿园	幼稚園

④ 同形異義語
同一の漢字・発音の語で、台湾と中国で意味が異なっているものです。

	簡体字	ピンイン	普通話	意味	普通話での意味
男生		nánshēng	男的	男性	男子学生
機車	机车	jīchē	摩托车	バイク	機関車

また、双方同じ語がありながら、使用頻度がちがうものがあります。たとえば、「燃料用ガス」については台湾では"瓦斯 wǎsī"を使いますが、中国ではもっぱら"煤氣(煤气) méiqì"を使います。また、「水準・レベル」については、台湾では"水準 (水准) shuǐzhǔn"ですが、中国では"水平 shuǐpíng"が一般的です。

さらに、表記する際に、漢字ではなくアルファベットや注音符号を使う語もあります。

	ピンイン	意味	備考
Q	kiū	もちもちとして歯ごたえがいい	台湾語 khiū
K書	kēishū	机にかじりついて勉強する	
ㄉㄨˊ	lú	うざい	
ㄅㄧㄤˋ	biàng	かっこいい	

❹ 文法

台湾華語には、普通話に見られない言い回しがあります。このような文法特徴は、主として台湾語など母語の影響によるものです。以下、普通話と対比させながら、台湾華語の文法特徴を紹介しましょう。

❶ 助動詞"有 yǒu"

"有"は助動詞で動詞などの前に置かれ、あるできごとが確実に起きていることを表わします。普通話では、このような"有"の使い方はありません。

① 我真的有看到他。

我真的有看到他。Wǒ zhēn de yǒu kàndào tā.

私は本当に彼を見かけました。 普 我真的看到了他。

"有"は、質問に対する回答などの場合、経験を表わす助詞"過 guo"(〜したことがある)や、進行を表わす副詞"在 zài"(〜している)といっしょに使うことができます。

② 你有在聽嗎？———有啊！

你有在听吗？———有啊！Nǐ yǒu zài tīng ma?——Yǒu a!

聞いていますか？―聞いていますよ。 普 你在听吗？―我在听呢！

"嗎 ma"を使った疑問文(諾否疑問文)、および"有沒有〜"となる疑問文(反復疑問文)は次の通りです。この場合、答えは"有"(はい)あるいは"沒有"(いいえ)です。

③ 你有去過台北嗎？———有。／沒有。

你有去过台北吗？———有。／没有。Nǐ yǒu qùguo Táiběi ma? —Yǒu. / Méi yǒu.

台北に行ったことはありますか？———あります。／ありません。 普 你去过台北吗？———去过。／没去过。

④ 他有沒有去上課？——有啊。

他有没有去上课？——有啊。Tā yǒu méiyǒu qù shàngkè?-- Yǒu a.

彼は授業に行きましたか？——はい。 普 他去上课了没有？——去了。

❷ 助動詞"會(会) huì"

助動詞"會"は状態動詞や形容詞の前にも用いられます。また、動詞の前に置かれて、その動詞が表わす動作行為がまだ行われていないことを表わします。普通話では、"會"は通常このような使い方はされません。

⑤ 你會冷嗎？——不會啊。

你会冷吗？——不会啊。Nǐ huì lěng ma?—Bú huì a.

寒いですか？―いいえ。 普 你冷吗？―不冷。

⑥ 公車會經過台北車站嗎？

公车会经过台北车站吗？ Gōngchē huì jīngguò Táiběi Chēzhàn ma?

バスは台北駅を通りますか？ 普 公交车经过台北车站吗？

❸ "給 gěi"
"給"は多義的で、「〜させる」(使役)・「〜される」(受け身)などという意味を表わします。

⑦ 這裡給我的車子暫停一下。
　　这里给我的车子暂停一下。Zhèli gěi wǒ de chēzi zàn tíng yíxià.
　　ここに私の車をちょっと止めさせてください。㊮ 请让我在这里暂时停一下车。

⑧ 給火燙到。
　　给火燙到。Gěi huǒ tàngdào.
　　火でやけどをしました。㊮ 被火烫了。

また、"給"が動作の到達する人・場所を導く場合、普通話では「"給"+名詞(N)+動詞句(VP)」(NにVPする)という語順ですが、台湾華語では「動詞句+"給"+名詞」という語順になることが一般的です。

⑨ 打電話給他。
　　打电话给他。Dǎ diànhuà gěi tā.
　　彼に電話をかけます。㊮ 给他打电话。

❹ "用〜的"
"用"の後は動詞で、"用〜的"全体で方法を表わします。「"用"+動詞(V)+"的"+動詞句(VP)」(Vという方法でVPする)というフレーズを作ることも可能です。

⑩ 用走的去。
　　用走的去。Yòng zǒu de qù.
　　歩いて行きます。㊮ 走着去。

⑪ 有吃過用烤的包子嗎？
　　有吃过用烤的包子吗？　Yǒu chīguo yòng kǎo de bāozi ma?
　　焼いた肉まんを食べたことはありますか？㊮ 吃过烤的包子吗？

❺ 受け答えのことば
会話での受け答えが普通話と異なっている場合もあります。たとえば、「どういたしまして」には、"不客氣(不客气) Bú kèqi"が使われますが、"不會(不会) Bú huì"も使われます。「おはようございます」は"早安 Zǎo'ān"です。普通話では"早上好"あるいは"你早"と言うでしょう。「さようなら」は、英語由来の"拜拜 bàibai"(バイバイ)が、老若男女を問わずよく使われます。

⑫ 謝謝。—不會。
　　谢谢。—不会。Xièxie.—Bú huì.
　　ありがとう。—どういたしまして。㊮ 谢谢。—不谢。／不客气。

また、「いいえ」と言う場合、"沒有"を使うことがよくあります。

⑬ 你們是一起的嗎？—沒有。
　　你们是一起的吗？—没有。Nǐmen shì yìqǐ de ma?—Méiyǒu.
　　あなたたちはいっしょですか？—いいえ。㊮ 你们是一起的吗?—不是。

台湾華語と普通話は共通する部分も多いのですが、紹介しましたように異なる部分も少なくないのです。つまり、中国語とは、平板な一元的なことばではなく、地域ごとの特色がある多元的な豊かな言語世界をなしているのです。この辞典が、このような豊かな中国語空間を逍遥するガイドブックとなり、さらに読者のみなさん自身の中国語空間を広げる一助となれば望外の喜びです。

(遠藤雅裕)

この辞典の使い方

この本と併せて、対応するDVD-ROM(イラスト・動画やMP3の音声データなどを収録)をご利用いただければ、より効果的に学習できます

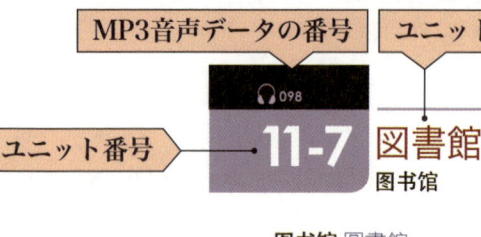

MP3音声データの番号
ユニットのタイトル(日本語・中国語)

ユニット番号 → 098 11-7 **图书馆**
图书馆

図解番号
イラスト中にある白抜き数字との対応を示す

见出し語

普通话(簡体字)
台灣華語(繁体字)
ピンイン(ローマ字発音)

※黒い太字が中国大陸で用いられる「普通话」、青い文字が台湾で用いられる「台灣華語」を示す。中国大陸と台湾で同じ単語を使う場合は、双方の単語の後にピンインを表示し、単語か発音のどちらか一つでも異なる場合は、それぞれの単語の後にピンインを表示した

图书馆 圖書館 túshūguǎn
library 図書館
(量)座 zuò

①借书处 借書處 jièshūchù
check-out desk
貸出口、貸出カウンター

②借书 借書 jiè//shū
to borrow books
本の貸出し;本を借りる
★ 去图书馆 qù túshūguǎn〜
　図書館に行って本を借りる
★ 办理 bànlǐ〜
　本の貸出し手続きをする

③借书证 借書證
jièshūzhèng
library card
図書カード、貸出カード
★ 办理 bànlǐ〜 貸出カードをつくる

④续借 續借 xùjiè
to renew 貸出期間の延長(をする)
★ 办理 bànlǐ〜
　貸し出し期間の延長手続きをする

⑤图书管理员 圖書管理員
túshū guǎnlǐyuán
librarian 司書、図書館員

⑥还书处 還書處
huánshūchù
return desk
返却口、返却カウンター

⑦还书 還書 huán//shū
to return books
本の返却;本を返す
★ 去图书馆 qù túshūguǎn〜
　図書館に行って本を返却する
★ 办理 bànlǐ〜 本の返却手続きをする

⑧书名 書名 shūmíng
title 書名

⑨作者 作者 zuòzhě
author 作者、著者

⑩出版社 出版社 chūbǎnshè
publisher 出版社
(量)家 jiā
★ 在〜工作 zài〜gōngzuò 出版社で働く

⑪过期 guò//qī 過期 guò//qí
to be overdue
返却期限切れ(になる)
★ 这本书〜了 zhè běn shū〜le
　この本は返却期限切れです

⑫开架 開架 kāijià
open-shelf (書棚が)開架式

⑬书架 書架 shūjià
bookshelf 本棚

⑭小说 小說 xiǎoshuō
novel 小説
(量)本 běn; 部 bù
★ 看 kàn〜 小説を読む
★ 写 xiě〜 小説を書く
★ 长篇 chángpiān〜 長編小説
★ 短篇 duǎnpiān〜 短編小説
★ 科幻 kēhuàn〜 SF小説

⑮期刊 qīkān 期刊 qíkān
journal 定期刊行物

⑯检索 檢索 jiǎnsuǒ
to search 検索(する)

⑰外文书 外文書 wàiwénshū
foreign book 洋書、外国図書

ノンブル(ページ) → 216

見出し語の英語訳と日本語訳

// 二つの漢字の間に別の単語を入れられることを示す

Section 11: 教育 教育

注意
⑮㉑ デジタル化された定期刊行物や論文を"电子期刊 diànzī qīkān""电子论文 diànzī lùnwén"と呼ぶ。デジタル化された書籍は"电子书 diànzīshū"(電子書籍)。
㉜㉝ パソコンなどでプリントアウトすることを"打印 dǎyìn""列印 lièyìn"と言い、その機械を"打印机 dǎyìnjī""列表机 lièbiǎojī"と呼ぶ。"复印 fùyìn"はコピー、複写すること。

⑱ **工具书** 工具書 gōngjùshū
reference book 辞書・事典類、レファレンス図書

⑲ **词典** cídiǎn
詞典／辭典 cídiǎn
dictionary 辞典、辞書
★ 查 chá~：辞書で調べる
★ 翻 fān~：辞書をめくる

⑳ **百科全书** 百科全書 bǎikē quánshū
encyclopedia 百科事典、百科全書
★ 查 chá~：百科事典で調べる

㉑ **杂志** 雜誌 zázhì
magazine 雑誌
圖 本 běn
★ 看 kàn~：雑誌を読む
★ 办 bàn~：雑誌を創刊する

㉒ **报纸** 報紙 bàozhǐ
newspaper 新聞紙
圖 份 fèn
★ 读 dú~：看 kàn~：新聞を読む
★ 订 dìng~：新聞を購読する

㉓ **论文** 論文 lùnwén
thesis; dissertation 論文
★ 写 xiě~：論文を書く
★ 读 dú~：論文を読む

㉔ **画册** 畫冊 huàcè
picture book 絵本、図鑑
圖 本 běn

㉕ **闭架** 閉架 bìjià
closed-shelf (書棚が)閉架式

㉖ **遗失** 遺失 yíshī
to have lost なくす、紛失する
★ 那本书~了 nà běn shū~le：その本をなくしてしまいました

㉗ **封面** 封面 fēngmiàn
cover 表紙

㉘ **封底** 封底 fēngdǐ
back cover 裏表紙

㉙ **扫描仪** sǎomiáoyí
掃描機 sǎomiáojī
scanner スキャナー

㉚ **缩微胶卷／微缩卷片** suōwēi jiāojuǎn／wēisuō juǎnpiàn
縮微捲片 suōwéi juǎnpiàn
microfilm マイクロフィルム

㉛ **阅览室** 閱覽室 yuèlǎnshì
reading room 閲覧室
★ 在~看报 zài~kàn bào：閲覧室で新聞を読む

㉜ **复印室** fùyìnshì 影印室 yǐngyìnshì
copy room 複写室、コピールーム

㉝ **复印机** fùyìnjī 影印機 yǐngyìnjī
copy machine コピー機
圖 台 tái
★ 用~复印 yòng~fùyìn：コピー機でコピーする

217

注意 日本人読者に必要と思われる語彙・発音・文化背景などの補足説明を記した

~ この部分には見出し語が入る

／ どちらの見出し語も使えることを示す

: 見出し語の日本語訳の補足説明

; 並列された日本語訳のニュアンスが異なることを示す

· 父亲fù·qīnのようなピンイン中の·は、発音が軽声でも良いことを示す

量詞 見出し語を数えるときに用いる

用例 コロケーションを中心とした例句

015

DVD-ROM教材の使い方

必要システムについて

- CPU：Intel Pentium4以上
- OS：日本語Windows XP以上
- メモリ：256MB RAMが必要
  （512MB以上をお勧めします）
- DVD-ROMドライブ
- 高画質なディスプレー（16bit以上）
- サウンドカード、スピーカー、マイク
- 500MB以上のハードディスクの空き容量
- Microsoft Media Player 9.0以上

DVD-ROMのインストールについて

- Step 1： 日本語の指示に従って操作して下さい。
- Step 2： DVD-ROMディスクをDVD-ROMドライブに入れて下さい。
- Step 3： お手持ちのパソコンが自動インストール可能な場合、インストール時に「中国語生活図解辞典」の画面が表示されます。

◎自動インストールができない場合：

❶ お手持ちのパソコンが自動インストール不可能な場合、マイコンピュータのエクスプローラにあるDVDドライブのAutoRun.exeプログラムをクリックし、実行して下さい。

❷ AutoRun.exeプログラムを実行してもディスクがインストールされない場合、当ディスクのセットアップファイルを開き、setup.exeプログラムの実行を行って、インストールを開始して下さい。

操作説明について

1)「メインメニュー」について

❶ 全画面は14のトピック（セクション）に分けられ、見たい画面をトピック別にクリックし、選択することができます。

❷ 左側❶のトピック（セクション）別項目をクリックすると、トピック（セクション）ごとの各ユニット名が表示され、各ユニットの図解学習画面やトピック（セクション）の「会話練習」、「文化の窓」等の画面とリンクします。リンクされた画面をクリックすると、各項目の学習内容が表示されます。

❸ (1) 「索引」にジャンプすることができます。

  (2) LiveABCサイトにリンクします。

  (3) 「ディスク使用説明」にジャンプすることができます。

❹ 「メインメニュー」画面を終了します。

⚠ これはDVD-ROMです。必ずパソコン（PC）のDVD-ROMドライブを使用し、テレビ、ビデオなどの映像用ドライブは用いないでください。テレビ、ビデオなどでお使いになると、それらの機器の故障の原因となる場合があります。

2) 図解学習について

画面内でカーソルを動かすと、絵の光るところがあります。学習したいイラストにカーソルを合わせてクリックすると、簡体字/繁体字とピンイン、英語訳、日本語訳、用例、量詞などの文法学習内容が表示され、中国語の単語が音声朗読されます。

左下❶の「ツールバー」をクリックすると、ツールバーファンクションが開きます。

3) ツールバーについて

❶ 終了：ここをクリックすると、DVD-ROMディスクのプログラムを終了します。

❷ メインメニュー：ここをクリックすると、メインメニュー画面に戻ります。

❸ 目次：全てのユニット名が表示され、ここから各ユニットの学習内容を選択できます。

❹ 全て表示：全ての単語がリストアップされ、単語それぞれのピンインと英語訳、日本語訳、文法学習を見ることができ、音声朗読を聴くことができます。

❺ 逐一表示：ここでは、番号順にユニットの単語とピンイン、英語訳、日本語訳、文法学習、音声朗読が表示されます。マウスを動かすだけで停止します。

❻ リピート朗読：学習したい単語のイラストを選択しクリックすれば、繰り返し聴くことができます。再度「リピート朗読」ボタンをクリックすると停止します。

❼ 発音速度：発音の速度を遅くすることができます。

❽ 録音：ここをクリックすると、録音機能が始まります。

(1) 録音したい単語を選びます。
録音する前にその単語のオリジナルの音声を確認することができます。

(2) 録音ボタンを選びます。

(3) オリジナルの音声が流れてから、マイクに向け自分の音声を吹き込みます。

(4) 音声を吹き込んだら、スペースキーを押します。録音動作はこれで完了となります。

(5) 「再生」をクリックすると、自分が録音した音声を聴くことができます。

DVD-ROM教材の使い方

(6) 「戻る」をクリックすると、前の画面に戻ります。

❿ 注意：各ユニットの単語の使用上の注意点を見ることができます。

❾ リスニングテスト：リスニング能力が向上したかどうかを測ることができます。

(1) 「リスニングテスト」機能をクリックし、テストをスタートします。
(2) 聴こえてきた音声と一致する単語のイラストをクリックします。
(3) 「もう一度聴く」機能で、もう一度聴くことができます。

⓫ 印刷：各ユニットの単語をファイルとして保存、またはプリントアウトしたい時に利用できます。

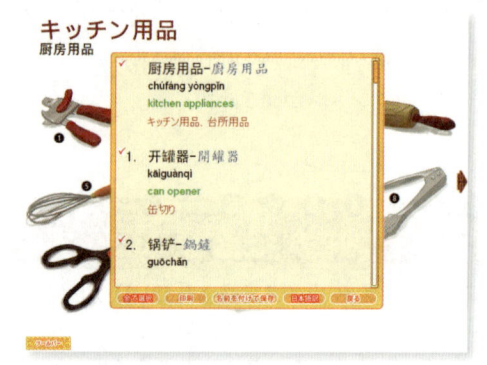

⓬ 解説：図解学習操作の使用説明を確認することができます。

4)「会話練習」について

この辞典には、それぞれのトピック（セクション）ごとに一つずつ、全部で14の「会話練習」があります。DVD-ROMでは、ビデオ映像や会話テキストで学習することができます。メインメニューの「目次」から「会話練習」をクリックすると閲覧することができます。

- ビデオモード

ビデオ映像は、会話の内容を寸劇にしているので、文や句の使い方、タイミング等を学べます。中国語や日本語の字幕に切り替えることもできます。

❶「ユニット選択」:各ユニットのタイトルを確認することができます。

❷「テキストモード」:テキスト中心の学習機能で会話が確実に勉強できます。

❸「メインメニュー」:最初の画面に戻ります。

❹「終了」:ビデオモード学習を終了します。

❺中国語／日本語字幕をオンかオフに選択することができます。

❻ビデオ映像再生ツールバー

❼音声調節／ボリュームコントロール

- テキストモード
テキストモードでは、文の学習やピンイン、日本語訳を学習することができます。

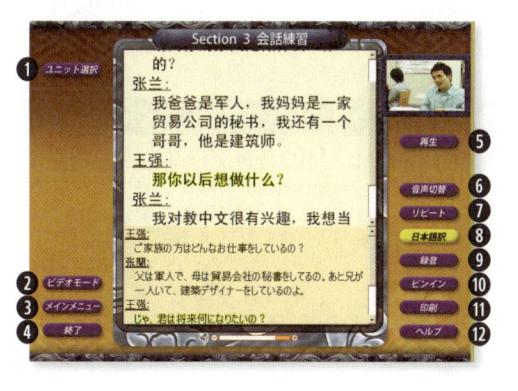

❶「ユニット選択」:各ユニットのタイトルを確認することができます。

❷「ビデオモード」:ビデオ映像中心に学習します。

❸「メインメニュー」:最初の画面に戻ります。

❹「終了」:テキストモード学習を終了します。

❺「再生」:音声を流します。

❻「音声切替」:音声のスピードを調整できます。

❼「リピート」:単語の音声をリピートで確認できます。

❽「日本語訳」:会話の日本語訳を確認できます。

❾「録音」をクリックすると、録音機能が始まります。詳細はP.17の❽「録音」をご参照ください。

❿「ピンイン」:会話のピンインを確認することができます。

⓫「印刷」:そのユニットの会話内容を印刷、または名前をつけてファイルとして保存することができます。

⓬「ヘルプ」:ビデオモード／テキストモードについての説明です。

5)「文化の窓」について

この辞典には、それぞれのトピック（セクション）ごとに一つずつ、全部で14の文化コラムがあります。メインメニューの「目次」から「文化の窓」をクリックすると閲覧することができます。

DVD-ROM教材の使い方

6) 索引について

「索引」には「トピック別」、「ピンイン順」、「50音順」の三種類の索引が含まれます。

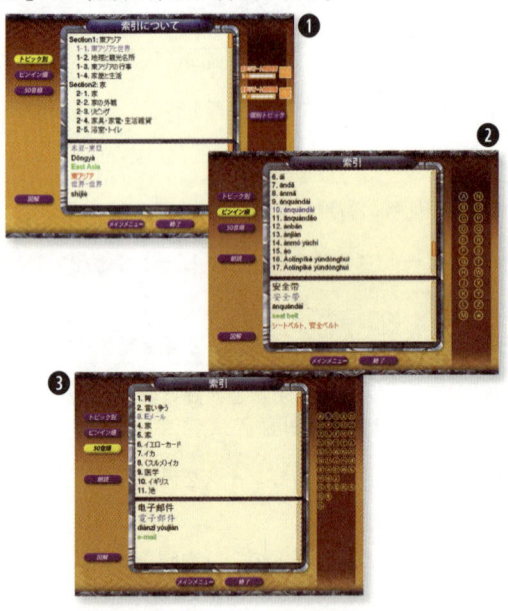

❶ トピック別：各トピック（セクション）ごとに分類されています。トピック別に中国語単語、ピンイン、英語訳、日本語訳、音声朗読を確認することができます。

❷ ピンイン順：全ての中国語単語はピンインで表記され、アルファベット順に分類されています。調べたい単語をクリックすると、中国語漢字、英語訳、日本語訳、音声朗読を確認することができます。

❸ 50音順：全ての日本語単語はあいうえお順に分類されています。調べたい単語をクリックすると、その単語の中国語訳、ピンイン、英語訳、音声朗読を確認することができます。

※実際のDVD-ROMの仕様は若干、変更となる場合もあります。

個別機能の説明

❶ トピック別：トピック（セクション）別の索引に切り替えます。

❷ ピンイン順：中国語のピンイン索引に切り替えます。

❸ 50音順：日本語の50音順索引に切り替えます。

❹ 図解：調べたい単語から直接その単語のイラストにリンクします。

❺ 音声リピート間隔時間：単語音声朗読のリピート再生間隔を調節することができます。

❻ 音声リピート朗読回数：単語音声朗読のリピート再生回数を選択することができます。

◎注意：「音声リピート間隔時間」と「音声リピート朗読回数」を設定してから、「再生」キーをクリックして下さい。

❼ 全トピック（セクション）／個別トピック（セクション）：音声朗読の範囲を「全トピック」または「個別トピック」ごとに選択することができます。

❽ 朗読：「ピンイン順」または「50音順」を選択してから、「朗読」機能をクリックすると、その単語の中国語や日本語の発音を聴くことができます。

MP3音声データについて

当DVD-ROMはMP3音声データも搭載されており、MP3プレーヤーやパソコン、iPhoneなどにもインストールすることができます。データは、ディスク内にあるMP3ファイルから取得できます。「マイコンピュータ」から、DVD-ROMをダブルクリックではなく、右クリックで「開く」を選択してください。その中のMP3フォルダーをダブルクリックすると、001から120までのMP3ファイルが見つかります。

Section 1
東アジア 东亚

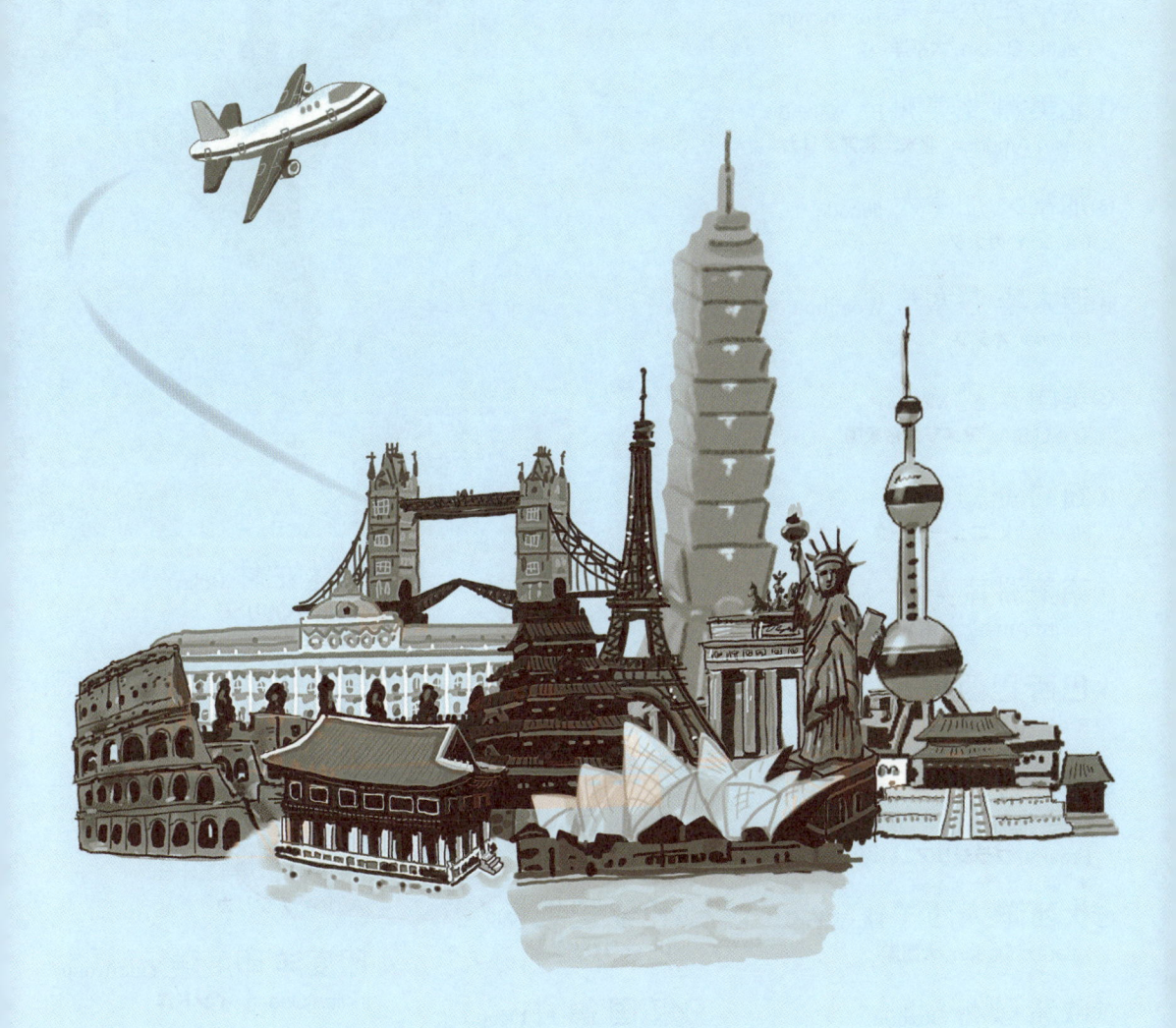

1-1 東アジアと世界
东亚与世界

东亚 東亞 Dōngyà
East Asia　東アジア

世界 世界 shìjiè
the world　世界

① **太平洋** 太平洋 Tàipíngyáng
Pacific Ocean　太平洋

② **北美洲** 北美洲 Běi Měizhōu
North America　北米、北アメリカ

③ **加拿大** 加拿大 Jiānádà
Canada　カナダ

④ **渥太华** 渥太華 Wòtàihuá
Ottawa　オタワ

⑤ **美国** 美國 Měiguó
The U.S.A.　アメリカ合衆国

⑥ **纽约** 紐約 Niǔyuē
New York　ニューヨーク

⑦ **南美洲** 南美洲 Nán Měizhōu
South America　南米、南アメリカ

⑧ **巴西** 巴西 Bāxī
Brazil　ブラジル

⑨ **巴西利亚** 巴西利亞 Bāxīlìyà
Brasilia　ブラジリア

⑩ **大西洋** 大西洋 Dàxīyáng
Atlantic Ocean　大西洋

⑪ **欧洲** 歐洲 Ōuzhōu
Europe　ヨーロッパ、欧州

⊙ 都市

⑫ **英国** 英國 Yīngguó
The U.K.　イギリス

⑬ **伦敦** 倫敦 Lúndūn
London　ロンドン

⑭ **法国** Fǎguó
法國 Fǎguó / Fàguó
France　フランス

⑮ **巴黎** 巴黎 Bālí
Paris　パリ

⑯ **德国** 德國 Déguó
Germany　ドイツ

⑰ **柏林** 柏林 Bólín
Berlin　ベルリン

⑱ **意大利** Yìdàlì 義大利 Yìdàlì
Italy　イタリア

⑲ **罗马** 羅馬 Luómǎ
Rome　ローマ

⑳ **非洲** 非洲 Fēizhōu
Africa　アフリカ

㉑ **印度洋** 印度洋 Yìndùyáng
Indian Ocean　インド洋

㉒ **印度** 印度 Yìndù
India　インド

Section 1: 東アジア 东亚

注意 ㉞㉟ 台湾や台北の"台"の繁体字表記は、正式には"臺"だが、台湾では"台"の字体も広く使用されている。

㉓ **新德里** 新德里 Xīndélǐ
New Delhi ニューデリー

㉔ **亚洲** 亞洲 Yàzhōu
Asia アジア

㉕ **俄罗斯／俄国** 俄羅斯／俄國 Éluósī／Éguó
Russia ロシア

㉖ **莫斯科** 莫斯科 Mòsīkē
Moscow モスクワ

㉗ **中国** 中國 Zhōngguó
China 中国

㉘ **北京** 北京 Běijīng
Beijing 北京

㉙ **上海** 上海 Shànghǎi
Shanghai 上海

㉚ **韩国** 韓國 Hánguó
Korea 韓国

㉛ **首尔** 首爾 Shǒu'ěr
Seoul ソウル

㉜ **日本** 日本 Rìběn
Japan 日本

㉝ **东京** 東京 Dōngjīng
Tokyo 東京

㉞ **台湾** 臺灣 Táiwān
Taiwan 台湾

㉟ **台北** 臺北 Táiběi
Taipei 台北

㊱ **东南亚国家联盟／东盟** Dōngnányà guójiā liánméng／Dōngméng
東南亞國協 Dōngnányà guóxié
ASEAN アセアン、東南アジア諸国連合

㊲ **新加坡** 新加坡 Xīnjiāpō
Singapore シンガポール

㊳ **大洋洲** 大洋洲 Dàyángzhōu
Oceania オセアニア、大洋州

㊴ **澳洲** 澳洲 Àozhōu
Australia オーストラリア、豪州

㊵ **悉尼** Xīní 雪梨 Xuělí
Sydney シドニー

㊶ **南极洲** 南極洲 Nánjízhōu
Antarctica 南極(大陸)

1-2 地理と観光名所

地理与观光名胜

🎧 002

地理 地理 dìlǐ
geography 地理

观光名胜 觀光名勝 guānguāng míngshèng
tourist attraction 観光名所

① **高原** 高原 gāoyuán
plateau 高原
量 座 zuò

② **森林** 森林 sēnlín
forest 森、森林
量 座 zuò；片 piàn
★ 在～散步 zài~sànbù 森を散歩する

③ **湖** 湖 hú
lake 湖
量 座 zuò；个 ge

④ **瀑布** 瀑布 pùbù
waterfall 滝、瀑布《ばくふ》
量 道 dào；条 tiáo

⑤ **山** 山 shān
mountain 山
量 座 zuò
★ 登 dēng~ 登山をする
★ 爬 pá~ 山に登る

⑥ **河(流)** 河(流) hé(liú)
river 川
量 条 tiáo

⑦ **池塘** 池塘 chítáng
pond 池、ため池

⑧ **树林** 樹林 shùlín
woods 林
量 片 piàn

⑨ **山谷** 山谷 shāngǔ
valley 渓谷、谷間
量 条 tiáo

⑩ **盆地** 盆地 péndì
basin 盆地

⑪ **平原** 平原 píngyuán
plain 平野、平原

⑫ **海港** 海港 hǎigǎng
harbor 港、海港

⑬ **海边** 海邊 hǎibiān
seaside 海辺
★ 在～玩耍 zài~wánshuǎ 海辺で遊ぶ

⑭ **海滩** 海灘 hǎitān
beach ビーチ、浜辺
量 片 piàn

⑮ **岛** 島 dǎo
island 島
量 座 zuò

⑯ **海** 海 hǎi
sea 海
量 片 piàn

⑰ **海浪** 海浪 hǎilàng
wave 波

⑱ **万里长城** 萬里長城
Wànlǐ Chángchéng
The Great Wall 万里の長城
★ 登 dēng~；爬 pá~ 万里の長城に登る

Section 1: 東アジア 东亚

注意

②⑧ "森林"は"树林"よりもっと広い樹林を指す。

⑬⑭ 海と陸地の接触している部分を"海滩"と言う。この部分が砂地だった場合は"沙滩 shātān"（砂浜）と言う。"海滨 hǎibīn"（海浜）は"海边"を含むが、海辺だけでなく、海から近い比較的広い範囲も含むのに対し、"海边"は砂浜や海水浴場などの海と陸の境目あたりを指す。

⑯ "海"は普通、単独では用いず、"大海"など2字以上の語として使う。

⑲ "东方明珠塔"は上海のテレビ塔で、上海発展のシンボル。

⑳ "豫园"は明代に作られた上海の名園。

㉑ "东京塔"とも言う。

㉔ "景福宫"はソウルにある朝鮮王朝の王宮。

㉕ "济州岛"は韓国最大の島で世界自然遺産。

㉖ "台北101"は地上101階の超高層ビル。

㉗ "士林夜市"は台北市にある台湾最大規模のナイトマーケット。

---

⑲ **东方明珠塔** 東方明珠塔
Dōngfāng Míngzhūtǎ
The Oriental Pearl Tower
オリエンタルパールタワー、東方明珠塔
★ 登 dēng~　东方明珠塔に登る

⑳ **豫园** 豫園 Yùyuán
Yu Garden　豫園
★ 逛 guàng~　豫園を見物する

㉑ **东京铁塔** 東京鐵塔
Dōngjīng tiětǎ
Tokyo Tower　東京タワー
★ 登 dēng~　東京タワーに登る

㉒ **浅草寺** 淺草寺 Qiǎncǎosì
Asakusa Temple
浅草寺《せんそうじ》
★ 游览 yóulǎn~　浅草寺を見物する

㉓ **金阁寺** 金閣寺 Jīngésì
Kinkaku Temple
金閣寺《きんかくじ》

㉔ **景福宫** 景福宮 Jǐngfúgōng
Gyeongbok Palace
景福宫《キョンボックン》
★ 去~观光 qù~guānguāng
景福宮に観光に行く

㉕ **济州岛** 濟州島 Jìzhōudǎo
Jeju Island　済州島《チェジュとう》

㉖ **台北101** 臺北101
Táiběi Yīlíngyī
Taipei101　台北101

㉗ **士林夜市** 士林夜市
Shìlín Yèshì
Shilin Night Market　士林夜市
★ 逛 guàng~
士林のナイトマーケットをぶらつく

㉘ **台北故宫** 臺北故宮
Táiběi Gùgōng
National Palace Museum
台北故宫博物院
★ 参观 cānguān~
台北の故宮博物館を見学する

1-3 東アジアの行事
东亚节庆

节庆 節慶 jiéqìng
holiday　行事、お祭り、お祝い

典礼 典禮 diǎnlǐ
ceremony　儀式、式典

① **新年** 新年 xīnnián
The New Year　お正月、新年
- ★ 迎 yíng～　新しい年を迎える
- ★ 庆祝 qìngzhù～　正月を祝う
- ★ 过 guò～　新年を過ごす

② **烟火** yānhuo 煙火 yānhuǒ
fireworks　花火
- ★ 放 fàng～　花火を打ち上げる

③ **除夕** Chúxī 除夕 Chúxì
New Year's Eve　大晦日《おおみそか》
- ★ 过 guò～　大晦日を過ごす

④ **鞭炮** 鞭炮 biānpào
firecracker　爆竹
- ★ 放 fàng～　爆竹を鳴らす

⑤ **压岁钱** 壓歲錢 yāsuìqián
red envelope　お年玉
- ★ 收 shōu～; 领 lǐng～　お年玉をもらう
- ★ 发 fā～　お年玉を配る
- ★ 给 gěi～　お年玉をあげる
- ★ 要 yào～　お年玉をねだる

⑥ **春节** 春節 Chūnjié
Chinese New Year; Lunar New Year　旧正月、春節

⑦ **元宵节** 元宵節 Yuánxiāojié
Lantern Festival　元宵節、小正月：旧暦1月15日の祭り

⑧ **灯笼** dēnglong 燈籠 dēnglóng
lantern　ランタン、ちょうちん
- ★ 提 tí～　ちょうちんを持つ
- ★ 挂 guà～　ランタンをぶらさげる

⑨ **清明节** 清明節 Qīngmíngjié
Tomb-sweeping Festival
清明節：春分後15日目、だいたい新暦の4月5日前後。祖先の墓参りをする
- ★ ～去扫墓 qù sǎomù　清明節に墓参りに行く

⑩ **端午节** 端午節 Duānwǔjié
Dragon Boat Festival　端午の節句：旧暦の5月5日
- ★ ～吃粽子 chī zòngzi　端午の節句では、ちまきを食べる

⑪ **龙舟** 龍舟 lóngzhōu
Dragon boat　ドラゴンボート、竜船
- ★ 划 huá～　ドラゴンボートを漕ぐ
- ★ 赛 sài～　ドラゴンボート(の速さ)を競う

⑫ **中秋节** 中秋節 Zhōngqiūjié
Mid-Autumn Festival
中秋節：旧暦の8月15日。月見をし、月餅を食べる
- ★ ～吃月饼 chī yuèbing　中秋の節句には月餅を食べる

⑬ **情人节** 情人節 Qíngrénjié
Valentine's Day　バレンタインデー
- ★ 过 guò～　バレンタインデーを過ごす

Section 1: 東アジア 东亚

注意

※ 各行事名の後ろに"快乐kuàilè"をつけると、お祝いを述べる言葉になる。例えば、"圣诞节快乐 Shèngdànjié kuàilè!"（メリークリスマス）、"父亲节快乐 Fùqīnjié kuàilè!"（父の日おめでとう）など。

⑰ 日本の七夕は、中国から伝わったとされるが、七夕の過ごし方とその意味は、現在ではずいぶん異なる。日本では、願い事を家族全員で短冊に書いて笹につるすのに対し、中国では、平和と幸福を願って祭る。しかし今では、七夕は"中国情人节 Zhōngguó qíngrénjié"（チャイニーズバレンタインデー）と呼ばれ、男性から女性への愛の告白の日となっている。

⑲ "圣诞节"は台湾では"耶誕節 Yēdànjié"とも言う。

⑭ **情人节礼物** 情人節禮物 Qíngrénjié lǐwù
Valentine's Day present　バレンタインデーの贈り物
★ 送 sòng~　バレンタインデーのプレゼントを送る
★ 收到 shōudào~　バレンタインデーの贈り物を受け取る

⑮ **母亲节** 母親節 Mǔqīnjié
Mother's Day　母の日

⑯ **父亲节** 父親節 Fùqīnjié
Father's Day　父の日

⑰ **七夕** Qīxī 七夕 Qīxī
Qixi: the seventh evening of the seventh month
七夕《たなばた》

⑱ **万圣节前夕** Wànshèngjié qiánxī
萬聖節前夕 Wànshèngjié qiánxī
Halloween　ハロウィン：万聖節（11月1日）の前夜祭
★ 过 guò~　ハロウィンを祝う

⑲ **圣诞节** 聖誕節 Shèngdànjié
Christmas　クリスマス
★ 过 guò~　クリスマスを祝う

⑳ **圣诞老人** 聖誕老人 Shèngdàn lǎorén
Santa Claus　サンタクロース

㉑ **参拜** cānbài 參拜／拜拜 cānbài/ bàibài
to pay homage to the gods　参拝、お参り(する)
★ ~神社 shénshè　神社に参拝する
★ ~寺庙 sìmiào　寺院にお参りする

㉒ **神社** 神社 shénshè
shrine　神社

㉓ **寺庙** 寺廟 sìmiào
temple　寺院、廟

㉔ **礼拜** 禮拜 lǐbài
to go to mass　礼拝(する)
★ 到教堂 dào jiàotáng~　教会へ行って礼拝する
★ 到清真寺 dào qīngzhēnsì~　モスクへ行って礼拝する

㉕ **教堂** 教堂 jiàotáng
church　教会

㉖ **清真寺** 清真寺 qīngzhēnsì
mosque　イスラム教礼拝所、モスク

1-4 家屋と生活
房子与生活

房子 房子 fángzi
house 家、家屋

生活 生活 shēnghuó
life 生活、暮らし

① **公寓／单元楼** gōngyù/ dānyuánlóu
　公寓 gōngyù
　apartment アパート
　量 幢 zhuàng；[一棟の]栋 dòng；套 tào
　★ 租 zū～　アパートを借りる

② **连排别墅** liánpái biéshù
　透天厝 tòutiāncuò
　townhouse タウンハウス
　量 幢 zhuàng；栋 dòng

③ **骑楼** 騎樓 qílóu
　arcade
　アーケード；2階が歩道の上に突き出た建物

④ **高级公寓** gāojí gōngyù　豪宅 háozhái
　mansion 高級住宅、高級マンション

⑤ **别墅** 別墅 biéshù
　villa 別荘、ヴィラ
　量 幢 zhuàng；栋 dòng；套 tào

⑥ **四合院** 四合院 sìhéyuàn
　siheyuan (Chinese courtyard house)
　四合院《しごういん》

⑦ **蒙古包** 蒙古包 Ménggǔbāo
　Mongolian yurt
　ゲル、パオ：フェルト製の丸いテント

⑧ **三合院** 三合院 sānhéyuàn
　sanheyuan (Chinese courtyard house)　三合院

⑨ **庆贺生日** qìnghè shēngrì　慶生 qìngshēng
　to celebrate a birthday 誕生日を祝う

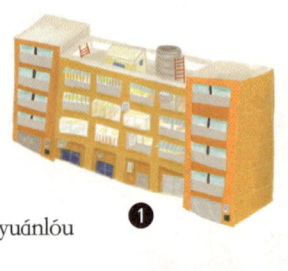

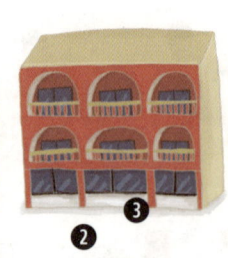

⑩ **寿星** 壽星 shòuxīng
　birthday person その日が誕生日の人

⑪ **生日蛋糕** 生日蛋糕 shēngrì dàngāo
　birthday cake バースデーケーキ
　量 块 kuài
　★ 吃 chī～　バースデーケーキを食べる
　★ 切 qiē～　バースデーケーキを切る

⑫ **蜡烛** 蠟燭 làzhú
　candle 蠟燭《ろうそく》
　★ 点 diǎn～　ろうそくをつける
　★ 吹 chuī～　ろうそくを吹き消す

Section 1: 東アジア 东亚

注意

① 台湾では、他人と一緒にバストイレ、キッチン、リビングなどを共同で使って住むアパートを"雅房 yǎfáng"と言う。中国のアパートには、"公寓"のほか、"团结户 tuánjiéhù""筒子楼 tǒngzilóu"もある。"公寓"は一軒一軒独立した空間で、設備など他人と共同で使うことはないが、"筒子楼"は同じ階の人と、キッチン、浴室を共同使用する。"团结户"は、二人以上の住人が家屋をルームシェアすることで、キッチン、浴室などを共同で使う。

② "透天厝"は台湾特有の建築様式で、地下から地上までの所有権がそれぞれ独立している。"別墅"と違い、"透天厝"のほうが坪数が小さく、他の家屋と隣り合って繋がっている。それに対し、"別墅"は土地も広く、他の家と繋がっていない。

③ "骑楼"は中国南部や台湾でよく見られる建築様式で、建物の一階にアーケード通りのような人が歩ける廊下をつくる。廊下の上は、建物の二階になっていて屋根の役割も果たしている。このような建築になったのは、中国南部や台湾は雨が多いためである。

⑬ **生日礼物** 生日禮物 shēngrì lǐwù
birthday present　バースデープレゼント
- ★ 送 sòng~　バースデープレゼントを贈る
- ★ 收到 shōudào~　バースデープレゼントを受け取る

⑭ **新年倒计时** xīnnián dàojìshí
新年倒數 xīnnián dàoshǔ
New Year's countdown　新年のカウントダウン
- ★ 参加 cānjiā~　新年のカウントダウンに参加する

⑮ **拜年** 拜年 bài//nián
to give New Year's greetings　年始回りをする
- ★ 给亲戚朋友 gěi qīnqi péngyou~　親戚友人宅を年始回りする

⑯ **团圆饭** 團圓飯 tuányuánfàn
reunion meal
(年越しの)一家団欒《いっかだんらん》の食事
- ★ 吃 chī~　一家団欒の食事をする

⑰ **打麻将** 打麻將 dǎ májiàng
to play mahjong　マージャンをする

⑱ **包饺子** 包餃子 bāo jiǎozi
to wrap dumplings　餃子を作る

⑲ **泡茶** 泡茶 pào//chá
to make tea　お茶をいれる

会話練習 🎧 005

李惠美：天明，你这个暑假去哪儿玩儿了？ Lǐ Huìměi: Tiānmíng, nǐ zhège shǔjià qù nǎr wánr le?	天明、この夏休みどこへ遊びに行った？
张天明：我去了日本。 Zhāng Tiānmíng: Wǒ qùle Rìběn.	日本へ行ってきたよ。
李惠美：看了什么有意思的东西吗？ Lǐ Huìměi: Kànle shénme yǒu yìsi de dōngxi ma?	何かおもしろい物を見た？
张天明：我去看了东京铁塔，也去参拜了浅草寺。你呢？ Zhāng Tiānmíng: Wǒ qù kànle Dōngjīng tiětǎ, yě qù cānbàile Qiáncǎosì. Nǐ ne?	東京タワーを見に行って、それから浅草寺にもお参りに行ったよ。君は？
李惠美：我去欧洲了。去了意大利和德国，明年我也想去日本看看。 Lǐ Huìměi: Wǒ qù Ōuzhōu le. Qùle Yìdàlì hé Déguó, míngnián wǒ yě xiǎng qù Rìběn kànkan.	私はヨーロッパへ行ったわ。イタリアとドイツにね。 来年は私も日本に行ってみたいな。

世界遺産

　アジア地域に旅行に行ったら、街の中をみてまわるのも楽しいが、ユネスコが定める世界遺産（文化遺産、自然遺産または複合遺産）に登録されている場所を見てまわり、悠久のアジアの歴史に触れてみるのも興味深い。

　まずは中華人民共和国。中国には世界遺産に登録されているものだけでも40近くある。なかでも、万里の長城（"万里长城 Wànlǐ Chángchéng"）(1987年登録) が最も有名といっても過言ではないだろう。約7,000キロの「壁」といわれる世界遺産は、北京から比較的近く気軽にいける観光地「八達嶺」（"八达岭 Bādálǐng"）が人気だ。このほか北京には、歴史の舞台となった紫禁城・故宮（"故宫 Gùgōng"）(1987年登録)、天の子である皇帝が天との会話をする場とされた天壇（"天坛 Tiāntán"）(1998年登録)、西太后の離宮であった頤和園（"颐和园 Yíhéyuán"）(1998年登録) など、観るべきところが豊富にある。

▲ 八達嶺の万里の長城

　次に韓国をみてみよう。ソウル市内にある韓国ドラマの舞台となり日本人にも有名な昌徳宮（チャンドックン）(1997年登録) は、韓国にある王宮の中で最も長い間、王が暮らしたところだ。隣接する宗廟（チョンミョ）(1995年登録) は、朝鮮王朝歴代の王と王妃らの位牌を祀る祖先祭祀場で、ここでは朝鮮王族の末裔一族により宗廟大祭が行われる。これは、朝鮮王朝の先祖に対する祭祀で、朝鮮時代の祭祀の中で規模が最も大きく、2001年には宗廟祭礼と祭礼楽（祭礼の音楽や踊り）がユネスコ世界無形遺産に登録されている。

　最後に台湾をみてみると、台湾はユネスコへの加盟が認められていないために世界遺産に登録されているものは一つもない。では、世界遺産に匹敵するものがないのか、というとまったく逆である。日本人観光客にも有名な阿里山森林鉄道、太魯閣渓谷、淡水の紅毛城、金瓜石の太子賓館周辺など数多く存在する。現在、これらの「遺産」は台湾の人々の手によって大切に保護されている。

▲ 淡水の紅毛城

Section 2
家 家

2-1 家

家 jiā
home 家

① **大楼** 大樓 dàlóu
building 建物、ビル
量 幢 zhuàng；[一棟の]棟 dòng

② **铁窗** 鐵窗 tiěchuāng
iron window サッシ；鉄格子の窓
★ 打开 dǎkāi～ 格子窓を開ける
★ 关上 guānshang～ サッシの窓を閉める

③ **电梯** 電梯 diàntī
elevator エレベーター
量 部 bù
★ 搭 dā～；坐 zuò～；乘 chéng～
エレベーターにのる

④ **游泳池** 游泳池 yóuyǒngchí
swimming pool 水泳プール
量 座 zuò

⑤ **大门** 大門 dàmén
main gate 正門、表門
量 扇 shàn
★ 打开 dǎkāi～ 正門を開ける
★ 关上 guānshang～ 表門を閉める

⑥ **保安** bǎo'ān 管理員 guǎnlǐyuán
security guard 管理人；警備員
量 位 wèi

⑦ **围墙** 圍牆 wéiqiáng
fence フェンス、囲い；塀

⑧ **公寓** 公寓 gōngyù
apartment アパート
量 套 tào

⑨ **阳台** 陽臺 yángtái
balcony ベランダ、バルコニー

⑩ **邻居** 鄰居 línjū
neighbor 近所；隣人

⑪ **顶楼** 頂樓 dǐnglóu
roof 屋上；最上階
★ 上 shàng～ 屋上に上《のぼ》る

Section 2: 家 家

⑫ **楼梯** 樓梯 lóutī
stairs 階段
★ 走 zǒu~ 階段を使う
★ 爬 pá~ 階段を上る

⑬ **竹竿** 竹竿 zhúgān
bamboo pole 物干し竿

⑭ **车库** 車庫 chēkù
garage 車庫、ガレージ

⑮ **院子** 院子 yuànzi
yard 庭、中庭

⑯ **门铃** 門鈴 ménlíng
door bell 呼び鈴、ブザー、チャイム
★ 按 àn~ 呼び鈴を押す

⑰ **门锁** 門鎖 ménsuǒ
lock （ドア・門の）ロック、錠
★ 开 kāi~ ロックを解除する

⑱ **钥匙** 鑰匙 yàoshi
key 鍵
量 把 bǎ

⑲ **门把手** 門把手
ménbǎshou
door handle ドアノブ、取っ手
★ 拉 lā~ ドアを開ける

⑳ **花园** 花園 huāyuán
garden 花壇、庭園

㉑ **信箱** 信箱 xìnxiāng
mailbox 郵便受け、ポスト
★ 开 kāi~ 郵便受けを開ける

⑱ カード式で施錠するドアの場合、そのドアのカードを "门卡 ménkǎ" と言う。

033

2-2 家の外観
家的外观

外观 外觀 wàiguān
exterior 外観

① **屋顶** 屋頂 wūdǐng
roof 屋根

② **烟囱** 煙囪 yāncōng
chimney 煙突《えんとつ》

③ **阁楼** 閣樓 gélóu
attic 屋根裏部屋、中2階

④ **卫星天线** 衛星天線 wèixīng tiānxiàn
satellite-television antenna （衛星放送）アンテナ
量架 jià

⑤ **天窗** 天窗 tiānchuāng
skylight 天窓《てんまど》
★ 打开 dǎkāi〜 天窓を開ける

⑥ **篮筐** 籃框 lánkuāng
basketball hoop バスケットリング

⑦ **百叶窗** 百葉窗 bǎiyèchuāng
blinds ブラインド、鎧戸《よろいど》
★ 拉开 lākāi〜 ブラインドを開ける
★ 关上 guānshang〜 鎧戸を閉める

⑧ **窗户** 窗戶 chuānghu
window 窓
★ 打开 dǎkāi〜 窓を開ける
★ 关上 guānshang〜 窓を閉める
★ 锁上 suǒshang〜 窓の鍵をかける

⑨ **门** 門 mén
door 門、ドア
★ 敲 qiāo〜 ドアをノックする
★ 开 kāi〜 ドアを開ける
★ 关 guān〜 ドアを閉める

⑩ **灯** 燈 dēng
light 電気、灯り
★ 开 kāi〜 灯りをつける
★ 关 guān〜 電気を消す

⑪ **灯泡** 燈泡 dēngpào
light bulb 電球

⑫ **锁** 鎖 suǒ
lock 錠前、ロック
★ 开 kāi〜 ロックを解除する
★ 上 shàng〜 施錠する

⑬ **鞋架** 鞋架 xiéjià
shoe rack 靴棚

⑭ **鞋柜** 鞋櫃 xiéguì
shoe cabinet 靴箱

⑮ **狗屋** 狗屋 gǒuwū
kennel 犬小屋
量间 jiān

Section 2: 家 家

㉓ "草坪"は、家の庭の芝生を指し、公園などにある広い芝生は"草地 cǎodì"と言う。

⑳ **小阳台** 小陽臺 xiǎoyángtái
veranda ベランダ

㉑ **围栏** 圍欄 wéilán
fence 囲い、柵、フェンス

㉒ **灌木丛** 灌木叢 guànmùcóng
bush 低木の茂み、草むら

㉓ **草坪** 草坪 cǎopíng
lawn 芝生
量 片 piàn

㉔ **洒水器** 灑水器 sǎshuǐqì
sprinkler スプリンクラー

㉕ **车道** 車道 chēdào
driveway 車道

㉖ **除草机** 除草機 chúcǎojī
lawnmower 芝刈り機

㉗ **门口** 門口 ménkǒu
entrance; gate 出入口
★ 在～等 zài~děng 玄関先で待つ

⑯ **宠物食品** 寵物食品 chǒngwù shípǐn
pet food ペットフード

⑰ **门槛** 門檻 ménkǎn
door steps （門の）敷居
★ 跨过 kuàguò～ 玄関を入る

⑱ **遮雨棚** 遮雨棚 zhēyǔpéng
rain shelter ひさし

⑲ **落地窗** 落地窗 luòdìchuāng
French door
掃き出し窓；(大きな)サッシ窓
★ 打开 dǎkāi～ 掃き出し窓を開ける
★ 关上 guānshàng～ サッシ窓を閉める

035

2-3 リビング
客厅

客厅 客廳 kètīng
living room リビング、客間

① **天花板** 天花板 tiānhuābǎn
ceiling 天井(板)

② **墙壁** 牆壁 qiángbì
wall 壁
量 面 miàn

③ **时钟** 時鐘 shízhōng
clock （大型）時計

④ **画** 畫 huà
painting 絵、絵画
量 幅 fú; 张 zhāng
★ 画 huà～ 絵を描く

⑤ **电风扇** 電風扇 diànfēngshàn
fan 扇風機
量 台 tái
★ 开 kāi～ 扇風機を回す
★ 关 guān～ 扇風機を止める

⑥ **电视** 電視 diànshì
television テレビ
量 台 tái
★ 开 kāi～ テレビをつける
★ 关 guān～ テレビを消す

⑦ **电视柜** 電視櫃 diànshìguì
TV stand テレビ台

⑧ **鱼缸** 魚缸 yúgāng
fish tank 水槽、金魚鉢

⑨ **书柜** 書櫃 shūguì
bookcase 本棚、本箱

⑩ **落地灯** 落地燈 luòdìdēng
floor lamp フロアランプ；
(床に置く)電気スタンド
量 盏 zhǎn
★ 开 kāi～ 電気スタンドをつける
★ 关 guān～ フロアランプを消す

⑪ **地板** 地板 dìbǎn
floor 床、床板

⑫ **地毯** 地毯 dìtǎn
rug 絨毯《じゅうたん》
量 块 kuài
★ 铺 pū～ 絨毯を敷く

⑬ **耳机** 耳機 ěrjī
headphones イヤホーン、ヘッドホーン
量 副 fù
★ 戴上 dàishang～ イヤホーンをつける
★ 摘下 zhāixia～ ヘッドホーンをはずす

Section 2: 家 家

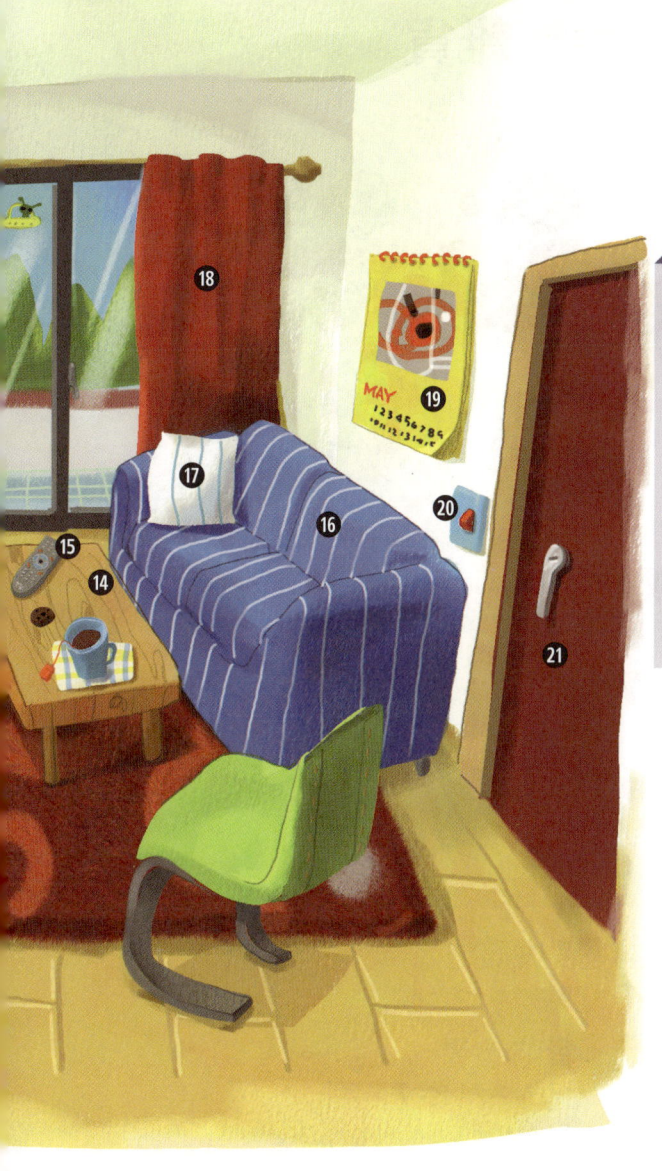

⑪ "地板"は材質に応じ言い方も分ける。例えば "木质地板 mùzhì dìbǎn"（ウッドデッキ、フローリング）、"大理石地板 dàlǐshí dìbǎn"（大理石の床）、"瓷砖地板 cízhuān dìbǎn"（タイル張りの床）、"塑料地板 sùliào dìbǎn"（塩化ビニール樹脂の床、リノリウムの床）など。

⑰ 抱えたり枕にするソファのクッションは、"抱枕 bàozhěn"とも言う。

⑲ カレンダーには"月历"（月めくりカレンダー）と、"日历 rìlì"（日めくり）、"年历 niánlì"（1年分のこよみが1枚になったカレンダー）の3種類がある。

⑭ **茶几** chájī 茶几 chájǐ
coffee table コーヒーテーブル、茶卓

⑮ **遥控器** 遙控器 yáokòngqì
remote control リモコン
★ 使用 shǐyòng～ リモコンを使う
★ 用～关电视 yòng～guān diànshì リモコンでテレビを消す

⑯ **沙发** 沙發 shāfā
sofa ソファ
量 张 zhāng
★ 坐在～上 zuò zài～shàng ソファに座る

⑰ **靠垫** 靠墊 kàodiàn
cushion クッション

⑱ **窗帘** 窗簾 chuānglián
curtain カーテン
量 条 tiáo；块 kuài
★ 拉开 lākāi～ カーテンを開ける
★ 拉上 lāshang～ カーテンを閉める

⑲ **月历** 月曆 yuèlì
calendar （月ごとにめくる）カレンダー
量 本 běn
★ 撕 sī～ カレンダーを切り取る
★ 翻 fān～ カレンダーをめくる

⑳ **开关** 開關 kāiguān
light switch 電源、スイッチ
★ 打开 dǎkāi～ スイッチをつける
★ 关上 guānshang～ 電源を消す

㉑ **门** 門 mén
door ドア、戸、扉
量 扇 shàn；道 dào
★ 开 kāi～ ドアを開ける
★ 关 guān～ 扉を閉める

2-4 家具・家電・生活雜貨

家具・家电・生活杂货

家具 家具 jiājù
furniture 家具

家电 家電 jiādiàn
home appliances 家電

生活杂货 生活雜貨 shēnghuó záhuò
household items 生活雜貨

① **扶手椅** 扶手椅 fúshǒuyǐ
armchair アームチェア、ひじ掛け椅子
量 把 bǎ
★ 坐在~上 zuò zài~shàng ひじ掛け椅子に座る

② **躺椅** 躺椅 tǎngyǐ
recliner リクライニングチェア

③ **摇椅** 搖椅 yáoyǐ
rocking chair ロッキングチェア、揺り椅子

④ **茶几** chájī 茶几 chájǐ
end table テーブル、茶卓

⑤ **电话** 電話 diànhuà
telephone 電話(機)
★ 打 dǎ~ 電話をかける
★ 接 jiē~ 電話を取る
★ 挂断 guàduàn~ 電話を切る

⑥ **花瓶** 花瓶 huāpíng
vase 花瓶

⑦ **垃圾桶** lājītǒng
垃圾桶 lèsètǒng
trash can ごみ箱、くずかご
★ ~满了 mǎn le ごみ箱が(ごみで)いっぱいだ

⑧ **空调** kōngtiáo 冷氣 lěngqì
air conditioner エアコン、クーラー
量 台 tái
★ 开 kāi~; 打开 dǎkāi~ エアコンをつける
★ 关 guān~; 关上 guānshang~ クーラーを消す

⑨ **暖炉** 暖爐 nuǎnlú
heater ヒーター

⑩ **音响** 音響 yīnxiǎng
stereo ステレオ、音響機器
量 台 tái
★ 用~听音乐 yòng~tīng yīnyuè ステレオで音楽を聴く

⑪ **LED 灯泡** LED 燈泡 LED dēngpào
LED bulb LED(発光ダイオード)電球
★ 换 huàn~ LED電球に換える

⑫ **DVD 机／影碟机** DVD jī/ yǐngdiéjī
DVD 播放器 DVD bòfàngqì
DVD player DVDプレイヤー

⑬ **吸尘器** 吸塵器 xīchénqì
vacuum cleaner 掃除機

Section 2: 家家

⑭ 洗剤は形状に応じ名称も異なる。例えば液状なら"洗衣液"、粉状なら"洗衣粉 xǐyīfěn"、固形状なら"洗衣錠 xǐyīdìng"と言う。

⑲ 熨衣板 yùnyībǎn
燙衣板 tàngyībǎn
ironing board　アイロン台

⑳ 熨斗　熨斗 yùndǒu
iron　アイロン
★ 用~熨衣服 yòng~yùn yīfu　服にアイロンをかける

㉑ 抹布 mābù　抹布 mǒbù
rag　雑巾《ぞうきん》、布巾《ふきん》
量 条 tiáo; 块 kuài
★ 用~擦桌子 yòng~cā zhuōzi　布巾でテーブルを拭く

㉒ 洗衣网　洗衣網 xǐyīwǎng
laundry bag　洗濯ネット

㉓ 扫把　掃把 sàobǎ
broom　ほうき
量 支 zhī

㉔ 簸箕 bòji　畚箕 běnjī
dustpan　ちりとり

㉕ 拖把　拖把 tuōbǎ
mop　モップ

㉖ 洗衣机　洗衣機 xǐyījī
washing machine　洗濯機
★ 用~洗衣服 yòng~xǐ yīfu　洗濯機で服を洗う

㉗ 烘干机　烘乾機 hōnggānjī
dryer　乾燥機

⑭ 洗衣液 xǐyīyè　洗衣精 xǐyījīng
laundry detergent　（洗濯用の）液状洗剤
★ 倒入~洗衣服 dàorù~xǐ yīfu　洗剤を入れて洗濯する
★ 放 fàng~　洗剤を入れる

⑮ 柔顺剂 róushùnjì
衣物柔軟精 yīwù róuruǎnjīng
fabric softener　（洗濯用の）柔軟剤
★ 加 jiā~　柔軟剤を加える

⑯ 漂白粉／漂白液 piǎobáifěn/ piǎobáiyè
漂白劑 piǎobáijì
bleach　漂白剤、さらし粉
★ 加 jiā~　漂白剤を入れる

⑰ 衣架　衣架 yījià
hanger　ハンガー

⑱ 夹子 jiāzi　夾子 jiázi
clothespin　洗濯バサミ

2-5 浴室・トイレ
浴室・卫生间

浴室 浴室 yùshì
bathroom 浴室

卫生间／厕所
wèishēngjiān/ cèsuǒ

厕所 cèsuǒ
toilet お手洗い、トイレ

① **瓷砖** 瓷磚 cízhuān
tile タイル
量 块 kuài

② **架子** 架子 jiàzi
shelf 棚、台

③ **镜子** 鏡子 jìngzi
mirror 鏡
量 面 miàn
★ 照 zhào～ 鏡を見る

④ **插座** 插座 chāzuò
socket コンセント；ソケット

⑤ **浴巾** 浴巾 yùjīn
bath towel バスタオル
量 条 tiáo

⑥ **毛巾** 毛巾 máojīn
towel タオル、手ぬぐい
量 条 tiáo
★ 拧 níng～；拧干 nínggān～ タオルを絞る

⑦ **剃须刀／刮胡刀** tìxūdāo/ guāhúdāo
刮鬍刀 guāhúdāo
razor ひげそり、かみそり
★ 电动 diàndòng～ 電気かみそり

⑧ **梳子** 梳子 shūzi
hairbrush くし、ヘアブラシ
量 把 bǎ
★ 用～梳头 yòng～shūtóu くしで髪をとかす

⑨ **牙膏** 牙膏 yágāo
toothpaste 練り歯磨き、歯磨き粉
量 管 guǎn；支 zhī
★ 挤 jǐ～ 歯磨きをしぼり出す

⑩ **牙刷** 牙刷 yáshuā
toothbrush 歯ブラシ
量 支 zhī；把 bǎ
★ 用～刷牙 yòng～shuāyá 歯ブラシで歯を磨く
★ 电动 diàndòng～ 電動歯ブラシ

Section 2: 家 家

⑬ **手纸** shǒuzhǐ 衛生紙 wèishēngzhǐ
toilet paper **トイレットペーパー；ちり紙**
量 卷 juǎn

⑭ **水箱** 水箱 shuǐxiāng
toilet tank **（トイレの）水槽、タンク**

⑮ **马桶** 馬桶 mǎtǒng
toilet **便器**
★ 冲水 chōngshuǐ~ 水洗トイレ

⑯ **全自动马桶** quánzìdòng mǎtǒng
免治馬桶 miǎnzhì mǎtǒng
bidet **温水洗浄便座、ウォシュレット〈商標〉**

⑰ **排水孔** 排水孔 páishuǐkǒng
drain **排水口**

⑱ **脚踏垫** 腳踏墊 jiǎotàdiàn
bath mat **足拭きマット、バスマット**
★ 在~上把脚擦干 zài~shàng bǎ jiǎo cāgān
バスマットで足を拭く

⑲ **浴帘** 浴簾 yùlián
shower curtain **シャワーカーテン**
★ 拉上 lāshang~ シャワーカーテンを閉める

⑳ **喷头／莲蓬头** 噴頭／蓮蓬頭
pēntóu/ liánpengtóu
showerhead **シャワーヘッド、ノズル**
★ 打开 dǎkāi~ シャワーを出す
★ 关上 guānshang~ シャワーを止める

㉑ **浴缸** 浴缸 yùgāng
bathtub **バスタブ**

⑪ **洗脸盆** 洗臉盆 xǐliǎnpén
washstand **洗面台**

⑫ **水龙头** 水龍頭 shuǐlóngtóu
tap; faucet **蛇口《じゃぐち》**
★ 打开 dǎkāi~ 蛇口を回す
★ 关上 guānshang~ 水道を閉める
★ 拧 níng~ 蛇口をひねる

2-6 バス用品と化粧品
浴室用品与化妆品

浴室用品 浴室用品 yùshì yòngpǐn
bath products　バス用品、アメニティーグッズ

化妆品 化妝品 huàzhuāngpǐn
cosmetics　化粧品

卫生间用品 wèishēngjiān yòngpǐn
廁所用品 cèsuǒ yòngpǐn
toiletries　トイレ用品

① **洗面奶** xǐmiànnǎi 洗面乳 xǐmiànrǔ
facial wash　洗顔乳液
量[チューブ]管 guǎn；[瓶]瓶 píng；条 tiáo

② **洗发水／洗发液** xǐfàshuǐ/ xǐfàyè
洗髮精 xǐfǎjīng
shampoo　ヘアシャンプー
量瓶 píng

③ **润发液／润发露** rùnfàyè/ rùnfàlù
潤髮乳／潤絲精 rùnfǎrǔ/ rùnsījīng
conditioner　ヘアコンディショナー、リンス

④ **沐浴液** mùyùyè 沐浴乳 mùyùrǔ
shower gel　ボディソープ

⑤ **香皂** 香皂 xiāngzào
soap　（化粧）石鹸
量块 kuài

⑥ **润肤露** rùnfūlù
身體乳液 shēntǐ rǔyì/ shēntǐ rǔyè
body lotion　スキンローション、乳液

⑦ **吹风机** 吹風機 chuīfēngjī
blow-dryer　ドライヤー

⑧ **棉棒** miánbàng 棉花棒 miánhuābàng
cotton swab　綿棒
量根 gēn；支 zhī

⑨ **指甲剪／指甲刀**
zhǐjiǎjiǎn/ zhǐjiǎdāo
指甲刀 zhǐjiǎdāo
nail clipper　爪切り

⑩ **纸巾／面巾纸**
zhǐjīn/ miànjīnzhǐ
面紙 miànzhǐ
tissue
ティッシュペーパー；
紙ナプキン；ペーパータオル
量[箱]盒 hé；[枚]张 zhāng

⑪ **香水** 香水 xiāngshuǐ
perfume　香水
量瓶 píng
★ 喷上 pēnshang～
香水を吹きかける

⑫ **体重秤** tǐzhòngchèng
體重計 tǐzhòngjì
scales　体重計

⑬ **洗衣篮** 洗衣籃 xǐyīlán
laundry basket
洗濯用バスケット、洗濯かご

Section 2: 家　家

> **注意**
> ⑯ 日焼け止めクリームなどは形状に応じ言い方も異なる。例えば、液体なら"防晒霜／防曬油"または"防晒液 fángshàiyè"、クリーム状なら"防晒乳 fángshàirǔ"。
> ⑳ アイラインは、"眼线 yǎnxiàn"と言う。
> ㉒ 一般には"梳子 shūzi"（くし）と言う。

⑳ **眼线笔** 眼線筆 yǎnxiànbǐ
eyeliner　アイライナー

㉑ **腮红** 腮紅 sāihóng
blush　チーク、ほお紅
★ 涂 tú～　ほお紅を塗る

㉒ **发刷** fàshuā 髮刷 fǎshuā
hairbrush　ヘアブラシ

㉓ **口红** 口紅 kǒuhóng
lipstick　口紅
★ 涂 tú～　口紅を塗る

㉔ **指甲油** 指甲油 zhǐjiǎyóu
nail polish　マニキュア(液)
★ 抹 mǒ～; 涂 tú～　マニキュアを塗る

㉕ **卸妆水** xièzhuāngshuǐ
卸妝油 xièzhuāngyóu
makeup remover
メイク落とし、クレンジングオイル
★ 抹 mǒ～　メイク落としをする

㉖ **面膜** 面膜 miànmó
facial mask
シートマスク、フェイシャルパック
★ 敷 fū～　フェイシャルパックをする

⑭ **浴袍** 浴袍 yùpáo
bathrobe　バスローブ
★ 穿 chuān～　バスローブを着る

⑮ **浴帽** 浴帽 yùmào
shower cap　シャワーキャップ
★ 戴 dài～　シャワーキャップをかぶる

⑯ **防晒霜** fángshàishuāng
防曬油 fángshàiyóu
sunscreen　日焼け止めクリーム
★ 擦 cā～; 抹 mǒ～; 涂 tú～
日焼け止めクリームを塗る

⑰ **粉饼** 粉餅 fěnbǐng
compact foundation
(固形の)ファンデーション

⑱ **眉笔** 眉筆 méibǐ
eyebrow pencil
アイブロウ・ペンシル

⑲ **眼影** 眼影 yǎnyǐng
eye shadow　アイシャドー
★ 画 huà～; 涂 tú～
アイシャドーをつける

043

2-7 寝室
卧室

🎧 012

卧室 臥室 wòshì
bedroom 寝室

① **闹钟** 鬧鐘 nàozhōng
alarm clock 目覚まし時計
★ 设 shè~；上 shàng~ アラームを設定する
★ ~响了 xiǎng le 目覚まし時計が鳴った
★ 关 guān~；按 àn~ 目覚ましを止める

② **相框** xiàngkuàng 相框 xiàngkuāng
picture frame 写真立て

③ **相片** 相片 xiàngpiàn
photo 写真
量 张 zhāng

④ **台灯** 檯燈 táidēng
lamp 電気スタンド
★ 开 kāi~ 電気スタンドをつける
★ 关 guān~ 電気スタンドを消す

⑤ **床头柜** chuángtóuguì 床頭几 chuángtóujī
nightstand ナイトテーブル
★ ~上放着一个相框 shàng fàngzhe yí ge xiàngkuàng
ナイトテーブルの上に写真立てがある

⑥ **床柜** chuángguì 床頭櫃 chuángtóuguì
headboard cabinet ヘッドボードキャビネット

⑦ **枕头** 枕頭 zhěntou
pillow まくら

⑧ **枕头套** 枕頭套 zhěntoutào
pillowcase まくらカバー

⑨ **床** 床 chuáng
bed ベッド、寝台
★ 躺在~上 tǎng zài~shàng ベッドに横になる

⑩ **床垫** 床墊 chuángdiàn
mattress マットレス

⑪ **床单** 床單 chuángdān
sheet シーツ
★ 铺 pū~ シーツを敷く

⑫ **被子** 被子 bèizi
comforter 掛け布団
★ 盖 gài~ 布団をかける
★ 叠 dié~ 掛け布団をたたむ

⑬ **拖鞋** 拖鞋 tuōxié
slippers スリッパ
★ 穿 chuān~ スリッパを履く
★ 脱 tuō~ スリッパを脱ぐ

⑭ **脚凳** 腳凳 jiǎodèng
footstool スツール、足のせ台

Section 2: 家 家

⑤⑥ ベッドの隣にあるローテーブルは"床头柜／床頭几"、ベッドの枕元にあるキャビネットは"床柜／床頭櫃"と言う。

⑨ 一人用のベッドは"单人床 dānrénchuáng"（シングルベッド）、二人用のベッドは"双人床 shuāngrénchuáng"（ダブルベッド）、ソファ型のベッドは"沙发床 shāfāchuáng"（ソファベッド）と言う。

⑮ **衣橱** 衣櫥 yīchú
wardrobe 洋服だんす
★ 拉开 lākāi～ 洋服ダンスを開ける
★ 关上 guānshang～ タンスを閉める

⑯ **书挡** 書擋 shūdǎng
bookend ブックエンド
★ 摆 bǎi～ ブックエンドを置く

⑰ **衣柜** 衣櫃 yīguì
closet 洋服だんす、クローゼット

⑱ **护肤品** hùfūpǐn 保養品 bǎoyǎngpǐn
skin care products スキンケア用品
★ 擦 cā～；抹 mǒ～ スキンケアをする

⑲ **化妆品** 化妝品 huàzhuāngpǐn
cosmetics 化粧品

⑳ **梳妆台** 梳妝臺 shūzhuāngtái
vanity 化粧台

045

2-8 キッチン
厨房

厨房 廚房 chúfáng
kitchen　キッチン、台所

① **冰箱** 冰箱 bīngxiāng
refrigerator　冷蔵庫
量 台 tái
★ 打开 dǎkāi～　冷蔵庫を開ける
★ 关上 guānshang～　冷蔵庫を閉める
★ 把食物放到～里 bǎ shíwù fàngdào～li
　食べ物を冷蔵庫にしまう

② **围裙** 圍裙 wéiqún
apron　エプロン
★ 穿上 chuānshang～　エプロンを着ける

③ **咖啡壶** 咖啡壺 kāfēihú
coffee maker　コーヒーメーカー

④ **抽油烟机／换气扇**
chōuyóuyānjī/ huànqìshàn
抽油煙機 chōuyóuyānjī
range fan　換気扇
★ 打开 dǎkāi～　換気扇を回す
★ 关上 guānshang～　換気扇を止める

⑤ **碗柜** 碗櫃 wǎnguì
cupboard　食器戸棚

⑥ **微波炉** wēibōlú 微波爐 wéibōlú
microwave oven　電子レンジ
★ 用～加热 yòng～jiārè　電子レンジで加熱する

⑦ **碗架** 碗架 wǎnjià
dish rack　（水切り用の）皿立て

⑧ **勺子** 勺子 sháozi
ladle　お玉、さじ、ひしゃく

⑨ **菜刀** 菜刀 càidāo
cleaver　包丁
量 把 bǎ
★ 用～切 yòng～qiē　包丁で切る

⑩ **平底锅** 平底鍋 píngdǐguō
pan　フライパン

⑪ **电磁炉** 電磁爐 diàncílú
induction-heating cooker
ＩＨヒーター、クッキングヒーター
量 台 tái
★ 打开 dǎkāi～　クッキングヒーターをつける
★ 关上 guānshang～　ＩＨヒーターを消す

⑫ **煤气炉** méiqìlú 瓦斯爐 wǎsīlú
gas stove　ガスレンジ、ガスコンロ
★ 打开 dǎkāi～　ガスコンロをつける
★ 关上 guānshang～　ガス（コンロ）を消す

Section 2: 家 家

⑨ 刀・ナイフ類を"刀子 dāozi"と言うが、細かく分類すると"菜刀"以外にも、"水果刀 shuǐguǒdāo"（果物ナイフ）、"面包刀 miànbāodāo"（パンナイフ）などがある。
⑥⑪ "微波炉"も"电磁炉"も電気調理器具である。"电磁炉"は、ガスコンロと同じように鍋の底を温める。
⑩⑬ "平底锅"も"炒菜锅"も用途と形状により細分化された名称で、主に食べ物全般を温めるのに使う調理器具は"锅 guō"（鍋）と言う。他にも"油炸锅 yóuzháguō"（揚物用鍋）、"汤锅 tāngguō"（スープ用鍋）などがある。

⑬ **炒菜锅** 炒菜鍋 chǎocàiguō
wok 中華鍋

⑭ **水槽** 水槽 shuǐcáo
sink シンク、流し

⑮ **调理台** tiáolǐtái 流理臺 liúlǐtái
countertop 調理台、カウンター

⑯ **案板** ànbǎn 砧板 zhēnbǎn
cutting board まな板
量块 kuài
★ 在～上切 zài~shàng qiē まな板の上で切る

⑰ **洗碗机** 洗碗機 xǐwǎnjī
dishwasher 食器洗い機

⑱ **烤箱** 烤箱 kǎoxiāng
oven オーブン、天火
量台 tái

⑲ **柜子** 櫃子 guìzi
cabinet 棚、戸棚

⑳ **榨汁机** zhàzhījī 果汁機 guǒzhījī
blender ミキサー、ジューサー
量台 tái

㉑ **电饭锅** diànfànguō 電鍋 diànguō
rice cooker 電気炊飯器
量台 tái
★ 用～煮 yòng~zhǔ 電気炊飯器で炊く

㉒ **电热水壶** 電熱水壺 diànrè shuǐhú
electric kettle 電気ポット

㉓ **烤面包机** 烤麵包機 kǎomiànbāojī
toaster トースター、パン焼き器

2-9 キッチン用品
厨房用品

厨房用品 廚房用品 chúfáng yòngpǐn
kitchen appliances **キッチン用品、台所用品**

①开罐器 開罐器 kāiguànqì
can opener **缶切り**

②锅铲 鍋鏟 guōchǎn
spatula **フライ返し**
量只 zhī
★ 用～炒菜 yòng~chǎo cài
フライ返しを使って野菜を炒める

③饭铲 fànchǎn 飯匙 fànchí
rice spatula **しゃもじ、めしじゃくし**

④擀面杖 gǎnmiànzhàng
桿麵棍 gǎnmiàngùn
rolling pin **麵棒**
量根 gēn

⑤搅蛋器 jiǎodànqì 打蛋器 dǎdànqì
whisk **泡立て器、ホイッパー**

⑥削皮刀 削皮刀 xiāopídāo
peeler **ピーラー、皮剥き器**

⑦刀子 刀子 dāozi
knife **ナイフ**
量把 bǎ

⑧夹子 jiāzi 夾子 jiázi
tongs **トング(はさみ道具)**

⑨厨房剪刀 廚房剪刀 chúfáng jiǎndāo
kitchen scissors **キッチンばさみ**
量把 bǎ
★ 用～剪 yòng~jiǎn キッチンばさみで切る

⑩茶壶 茶壺 cháhú
teapot **急須《きゅうす》、ティーポット**

⑪杯子 杯子 bēizi
cup **ティーカップ、湯飲み**

Section 2: 家 家

⑫ **马克杯** 馬克杯 mǎkèbēi
mug　マグカップ

⑬ **隔热手套** 隔熱手套 gérè shǒutào
oven glove　オーブングローブ、キッチン用手袋
量只 zhī; 副 fù
★ 戴 dài～　キッチン用手袋をはめる

⑭ **隔热垫** 隔熱墊 gèrèdiàn
hot pad　鍋敷き
★ 垫 diàn～　鍋敷きを敷く

⑮ **洗碗布** xǐwǎnbù 菜瓜布 càiguābù
scouring pad　（台所用の）たわし、スポンジ
量块 kuài

⑯ **洗洁精** xǐjiéjīng 洗碗精 xǐwǎnjīng
dish soap　食器洗い用洗剤

⑰ **铝箔纸** 鋁箔紙 lǚbózhǐ
aluminum foil　アルミホイル
★ 铺 pū～　アルミホイルをかける

聴注

⑪ "酒杯 jiǔbēi"（グラス、杯）、"汤杯 tāngbēi"（スープ皿）、"啤酒杯 píjiǔbēi"（ビールジョッキ）、"水杯 shuǐbēi"（コップ）など、飲み物の種類に応じ言い方も異なる。

⑱ **保鲜膜** 保鮮膜 bǎoxiānmó
plastic wrap　ラップフィルム
★ 盖上 gàishang～　ラップをかける

⑲ **开酒器** 開酒器 kāijiǔqì
cork opener　ワインオープナー
★ 用～开葡萄酒 yòng～kāi pútaojiǔ
ワインオープナーでワインを開ける

⑳ **保鲜盒** 保鮮盒 bǎoxiānhé
food container　タッパー、保存容器

㉑ **制冰盒** 製冰盒 zhìbīnghé
ice cube tray　アイストレー

049

会話練習 🎧015

李明德：进来吧，美琪。这边是我家客厅。
Lǐ Míngdé: Jìnlái ba, Měiqí. Zhèbiān shì wǒ jiā kètīng.

美琪、入ってきて。ここがうちのリビングだよ。

张美琪：好大的沙发和电视。还有一张坐起来一定很舒服的躺椅。
Zhāng Měiqí: Hǎo dà de shāfā hé diànshì. Hái yǒu yì zhāng zuò qilai yídìng hěn shūfu de tǎngyǐ.

大きなソファとテレビね。それに座ったら気持ち良さそうなリクライニングチェアもある。

李明德：再给你介绍一下，这里是厨房，还有浴室。
Lǐ Míngdé: Zài gěi nǐ jièshào yíxià, zhèli shì chúfáng, hái yǒu yùshì.

それから、こっちがキッチンと浴室。

张美琪：你的房间在哪里？我可以去坐坐吗？
Zhāng Měiqí: Nǐ de fángjiān zài nǎli? Wǒ kěyǐ qù zuòzuo ma?

あなたの部屋はどこ？入ってみてもいいかな？

李明德：在这里。你能不能帮我把灯打开，开关在门旁边。
Lǐ Míngdé: Zài zhèli. Nǐ néng bu néng bāng wǒ bǎ dēng dǎkāi, kāiguān zài mén pángbiān.

こっちだよ。電気つけてくれる？スイッチはドアのそばにあるよ。

张美琪：好。哇！你的房间又大又漂亮！
Zhāng Měiqí: Hǎo. Wa! Nǐ de fángjiān yòu dà yòu piàoliang!

OK。わあ、すごい！広くてきれいな部屋ね！

玄関

　北京や上海、台北の一般的なマンションには、玄関ドアが二重になっているところがある。外側にある普通のドアを開けると鉄格子のようなドアがある。これは防犯上、万が一の際に、外の扉だけを開け安全を確保するのが目的だ。最近では鉄格子のドアにかわって日本のセキュリティー会社が安全管理するところもでてきているが、二重扉のマンションはまだまだ一般的だ。

　さて、玄関ドアを開けると、多くの場合そこには居間が広がる。日本の一戸建てやマンションのように玄関をあけ廊下を進んだ奥に居間、ということは少ないようだ。これはそのまま、（鉄格子の扉をあける）安心な相手であればすぐに家族のなかに（居間に）受け入れる、という懐の深さが空間に表れているといえるのかもしれない。

　ところで、靴はどこで脱いだらいいだろうか？実は、中国人や台湾人のマンションには、日本の「玄関」のように、下履きが許されそこで靴を脱いでおくという空間が室内にはない。どこまでが下履きでよく、どこからが上履き（スリッパ）なのかという「境界線」がわからずに迷ってしまう。ある家では玄関ドアの外で靴を脱ぎ、靴は部屋のなかの玄関マットの上に置き、また、ある家では玄関ドアの内側にある敷物の上で靴を脱ぎ、靴は部屋の外に置く。どうしたらいいか、と家の人に聞くと、ほとんどの場合が「だいたい」でいい、という。郷に入れば郷に従う（"入乡随俗 rù xiāng suí sú"）のが一番いいようだ。

Section 3
人人

3-1 人の一生
人的一生

🎧 016

出生 出生 chūshēng
to be born　生まれる、誕生する
★ ～于北京 yú Běijīng　北京で生まれる

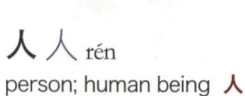

人 人 rén
person; human being　人

一生 一生 yìshēng
one's whole life　一生、生涯

① **婴儿** 嬰兒 yīng'ér
baby　赤ちゃん、赤ん坊

② **幼儿** 幼兒 yòu'ér
toddler　幼児、幼な子

③ **小孩儿** xiǎoháir 小孩 xiǎohái
child　子ども
[量] 个 ge; [何人か] 些 xiē; [大勢] 群 qún
★ 生 shēng～　子どもを生む

④ **儿童** 兒童 értóng
child　児童

⑤ **男孩儿** nánháir 男孩 nánhái
boy　男の子

⑥ **女孩儿** nǚháir 女孩 nǚhái
girl　女の子

⑦ **青少年** 青少年 qīngshàonián
teenager　青少年、少年少女

⑧ **年轻人** 年輕人 niánqīngrén
young person　青年、若者

⑨ **成人** 成人 chéngrén
adult　成人、おとな

⑩ **男人** 男人 nánrén
man　男性、男の人

⑪ **女人** 女人 nǚrén
woman　女性、女の人

⑫ **结婚** 結婚 jié//hūn
marry　結婚(する)
★ A跟B A gēn B～; A和B A hé B～
　AとBが結婚する
★ 登记 dēngjì～　婚姻を届け出る
★ 结过两次婚 jiéguo liǎng cì hūn
　2度、結婚したことがある

⑬ **婚礼** 婚禮 hūnlǐ
wedding ceremony　結婚式
★ 举行 jǔxíng～　結婚式を行う
★ 参加 cānjiā～　結婚式に参加する

Section 3: 人人

死去 死去 sǐqù
to die 死ぬ、死亡する

注意
⑩⑪ 台湾では"男生 nánshēng"や"女生 nǔshēng"は男女の若者を指す。中国大陸では男子学生や女子学生の意味。

⑭ **蜜月** 蜜月 mìyuè
honeymoon ハネムーン
★ 度 dù～ ハネムーンを過ごす
★ ～旅行 lǔxíng 新婚旅行

⑮ **夫妇** 夫婦 fūfù
husband and wife 夫婦、夫妻
量 对 duì

⑯ **怀孕** 懷孕 huái//yùn
to be pregnant 妊娠する
★ 她～了 tā～le 彼女は妊娠した

⑰ **孕妇** 孕婦 yùnfù
pregnant woman 妊婦
★ 给～让座 gěi～ràng zuò
妊婦に席を譲る

⑱ **吵架** 吵架 chǎo//jià
to fight 言い争う、口喧嘩する
★ 他们一次架也没吵过
tāmen yí cì jià yě méi chǎoguo
彼らは1度も喧嘩をしたことがない

⑲ **离婚** 離婚 lí//hūn
divorce 離婚（する）
★ A跟B A gēn B～; A和B A hé B～
AとBが離婚する
★ 离过一次婚 líguo yí cì hūn
1度、離婚した

⑳ **中年人** 中年人 zhōngniánrén
middle-aged person 中年、中高年

㉑ **老年人** 老年人 lǎoniánrén
the elderly 老人、お年寄り

㉒ **老先生** 老先生 lǎoxiānsheng
elderly man おじいさん、ご老人

㉓ **老太太** 老太太 lǎotàitai
elderly woman おばあさん、老婦人

㉔ **葬礼** 葬禮 zànglǐ
funeral 葬式
★ 举行 jǔxíng～ 葬式をとり行う

㉕ **棺材** 棺材 guāncai
coffin 棺桶《かんおけ》

3-2 家庭・親戚関係
家庭・亲戚关系

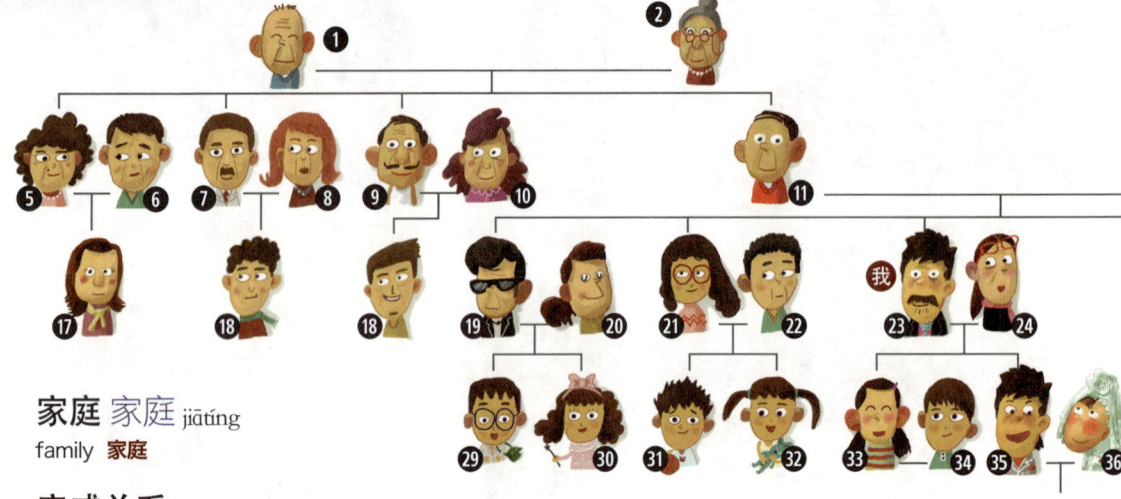

家庭 家庭 jiātíng
family　家庭

亲戚关系 qīnqi guān·xì
親戚關係 qīnqī guānxì
relatives　親戚関係、親類

① **祖父／爷爷** 祖父／爺爺
zǔfù/ yéye
paternal grandfather
(父方の)祖父、おじいさん

② **祖母／奶奶** 祖母／奶奶
zǔmǔ/ nǎinai
paternal grandmother
(父方の)祖母、おばあさん

③ **外公／老爷** wàigōng/ lǎoye
外公 wàigōng
maternal grandfather
(母方の)祖父、おじいさん

④ **外婆／姥姥** wàipó/ lǎolao
外婆 wàipó
maternal grandmother
(母方の)祖母、おばあさん

⑤ **姑姑** 姑姑 gūgu
aunt (father's sister)
(父の姉妹)おば、おばさん

⑥ **姑父** gūfu 姑丈 gūzhàng
uncle (姑姑's husband)
(父の姉妹の夫)おじ、おじさん

⑦ **叔叔** shūshu 叔叔 shúshu
uncle (father's younger brother)
(父の弟)おじ、おじさん

⑧ **婶婶** 嬸嬸 shěnshen
aunt (叔叔's wife)
(父の弟の妻)おば、おばさん

⑨ **伯父** 伯父 bófù
uncle (father's elder brother)
(父の兄)おじ、おじさん

⑩ **伯母** 伯母 bómǔ
aunt (伯父's wife)
(父の兄の妻)おば、おばさん

⑪ **父亲／爸爸** 父親／爸爸
fù·qīn/ bàba
father　父親、父、お父さん

⑫ **母亲／妈妈** 母親／媽媽
mǔ·qīn/ māma
mother　母親、母、お母さん

⑬ **舅舅** 舅舅 jiùjiu
uncle (mother's brother)
(母方の)おじ、おじさん

⑭ **舅妈** 舅媽 jiùmā
aunt (舅舅's wife)
(母方のおじの妻)おば、おばさん

⑮ **姨妈／姨姨** yímā/ yíyí
姨媽／阿姨 yímā/ āyí
aunt (mother's sister)
(母の既婚の姉妹)おば、おばさん

⑯ **姨父** yífu 姨丈 yízhàng
uncle (姨妈's husband)
(母の姉妹の夫)おじ、おじさん

Section 3: 人 人

注意

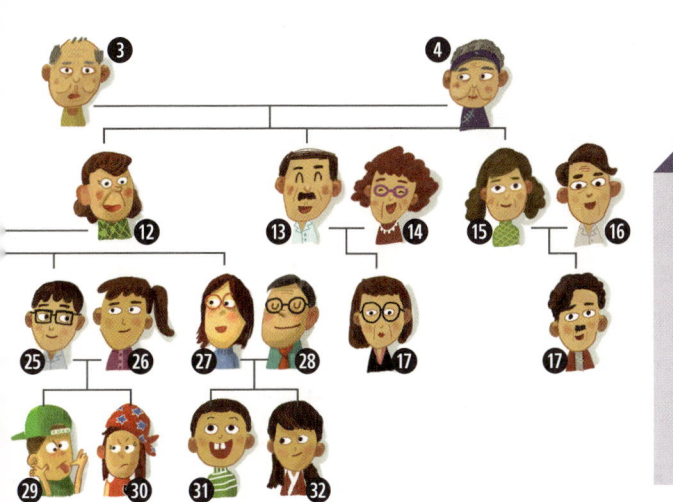

⑦⑨⑩⑮ "伯父、伯母"は家族以外の友人や同僚の父母に対しても使う。例えば、同級生の父親や母親を"伯父"や"伯母"と呼ぶ。"叔叔、阿姨"は知らない他人に対しても使うことができるが、たいていは自分のおじやおばの年齢ぐらいの人に用いる。

⑮ 台湾では、"姨媽"は母の姉を指し、"阿姨"は母の妹を指す。

㊲ 孫娘は、特に"孙女 sūnnǚ"と呼ぶ。

⑰ **表哥／表姐／表弟／表妹** 表哥／表姊／表弟／表妹 biǎogē/ biǎojiě/ biǎodì/ biǎomèi
cousin (姑姑, 舅舅 and 姨妈's children)
(姓の異なる)いとこ
いとこの兄さん/姉さん、
いとこの弟/妹

⑱ **堂哥／堂姐／堂弟／堂妹** 堂哥／堂姊／堂弟／堂妹 tánggē/ tángjiě/ tángdì/ tángmèi
cousin (伯父 and 叔叔's children)
(姓の同じ)いとこ
いとこの兄さん/姉さん、
いとこの弟/妹

⑲ **哥哥** 哥哥 gēge
elder brother 兄、お兄さん

⑳ **嫂子** sǎozi 大嫂 dàsǎo
sister-in-law (哥哥's wife)
義理の姉、兄嫁、おねえさん

㉑ **姐姐** 姊姊 jiějie
elder sister 姉、お姉さん

㉒ **姐夫** jiěfu 姊夫 jiěfū
brother-in-law (姐姐's husband)
義理の兄、姉婿、おにいさん

㉓ **丈夫／先生** 丈夫／先生
zhàngfu/ xiānsheng
husband 夫、主人、旦那さん

㉔ **妻子／太太** 妻子／太太
qīzi/ tàitai
wife 妻、家内、奥さん

㉕ **弟弟** 弟弟 dìdi
younger brother 弟

㉖ **弟妹** 弟妹 dìmèi
sister-in-law (弟弟's wife) 弟の妻

㉗ **妹妹** 妹妹 mèimei
younger sister 妹

㉘ **妹夫** mèifu 妹夫 mèifū
brother-in-law (妹妹's husband)
妹の夫

㉙ **侄子** 侄(姪)子 zhízi
nephew (brother's son)
(兄弟の息子)甥

㉚ **侄女** 姪女 zhínǚ
niece (brother's daughter)
(兄弟の娘)姪

㉛ **外甥** wàisheng
外甥 wàishēng
nephew (sister's son)
(姉妹の息子)甥

㉜ **外甥女** wàishengnǚ
外甥女 wàishēngnǚ
niece (sister's daughter)
(姉妹の娘)姪

㉝ **女儿** 女兒 nǚ'ér
daughter 娘

㉞ **女婿** nǚxu 女婿 nǚxù
son-in-law 娘婿

㉟ **儿子** 兒子 érzi
son 息子

㊱ **媳妇** 媳婦 xífù
daughter-in-law 嫁

㊲ **孙子** 孫子 sūnzi
grandchild 孫

055

3-3 顔と体
脸与身体

脸 臉 liǎn
face 顔

身体 身體 shēntǐ
body 体、身体

① 头 頭 tóu
head 頭
- ★ 摇 yáo～ 頭を振る
- ★ 点 diǎn～ うなずく、首を振る
- ★ 抬 tái～ 顔を上げる
- ★ 转 zhuǎn～ 振り向く

② 头发 tóufa 頭髮 tóufǎ
hair 髪の毛
- ★ 梳 shū～ 髪をとかす
- ★ 剪 jiǎn～ 髪を切る

③ 额头 額頭 étóu
forehead 額《ひたい》

④ 眉毛 méimao 眉毛 méimáo
eyebrow 眉毛、眉

⑤ 眼皮 眼皮 yǎnpí
eyelid まぶた
- ★ 双 shuāng～ 二重《ふたえ》まぶた
- ★ 单 dān～ 一重《ひとえ》まぶた

⑥ 眼睫毛 眼睫毛 yǎnjiémáo
eyelash まつげ

⑦ 眼睛 yǎnjing 眼睛 yǎnjīng
eye 目
- ★ 眨 zhǎ～ まばたきする
- ★ 闭 bì～ 目をつむる

⑧ 鼻子 鼻子 bízi
nose 鼻
- ★ 擤 xǐng～ 鼻をかむ

⑨ 脸颊 臉頰 liǎnjiá
cheek 頬《ほお》

⑩ 牙齿 牙齒 yáchǐ
tooth 歯
量 颗 kē

⑪ 嘴巴 嘴巴 zuǐba
mouth 口
- ★ 张开 zhāngkāi～ 口を開ける
- ★ 闭上 bìshang～ 口を閉じる

⑫ 下巴 下巴 xiàba
chin あご

⑬ 脖子 脖子 bózi
neck 首

⑭ 肩膀 肩膀 jiānbǎng
shoulder 肩

⑮ 胸 胸 xiōng
chest 胸
- ★ 挺 tǐng～ 胸を張る

⑯ 腰 腰 yāo
waist 腰
- ★ 扭 niǔ～ 腰をねじる

⑰ 肚子 肚子 dùzi
belly お腹《なか》、腹

⑱ 肚脐 肚臍 dùqí
navel へそ

⑲ 手 手 shǒu
hand 手
- ★ 举 jǔ～ 手を上げる
- ★ 挥 huī～ 手を振る
- ★ 握 wò～ 手を握る、握手する
- ★ 拍 pāi～ 手をたたく、拍手する

⑳ 屁股 pìgu 屁股 pìgǔ
buttocks お尻

㉑ 腿 腿 tuǐ
leg 脚《あし》

㉒ 脚 腳 jiǎo
foot 足

㉓ 脚跟 腳跟 jiǎogēn
heel かかと

㉔ 手掌 手掌 shǒuzhǎng
palm 掌、手のひら

㉕ 手指 手指 shǒuzhǐ
fingers （手の）指

㉖ 拇指 拇指 mǔzhǐ
thumb 親指

㉗ 食指 食指 shízhǐ
index finger 人差し指

㉘ 中指 中指 zhōngzhǐ
middle finger 中指

㉙ 无名指 無名指 wúmíngzhǐ
ring finger 薬指

㉚ 小指 小指 xiǎozhǐ
little finger 小指

Section 3: 人 rén

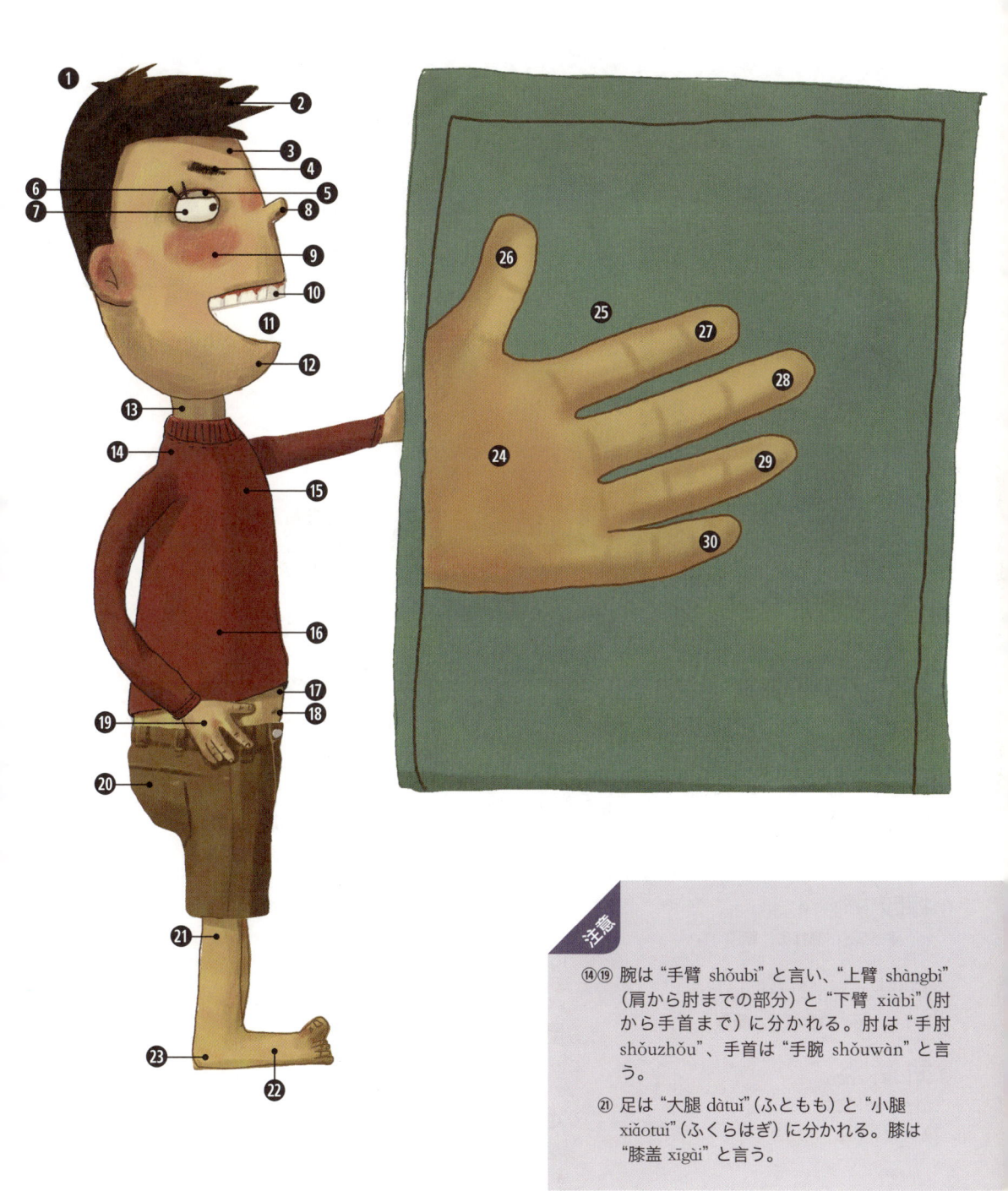

> **注意**
>
> ⑭⑲ 腕は "手臂 shǒubì" と言い、"上臂 shàngbì"（肩から肘までの部分）と "下臂 xiàbì"（肘から手首まで）に分かれる。肘は "手肘 shǒuzhǒu"、手首は "手腕 shǒuwàn" と言う。
>
> ㉑ 足は "大腿 dàtuǐ"（ふともも）と "小腿 xiǎotuǐ"（ふくらはぎ）に分かれる。膝は "膝盖 xīgài" と言う。

057

3-4 動作
肢体表现

肢体 肢體 zhītǐ
body and limbs 体、肢体《したい》

① **摔跤** 摔跤 shuāi//jiāo
to fall down 倒れる、転ぶ

② **跌倒** diēdǎo 跌倒 diēdǎo
to fall over つまずく、転ぶ

③ **站** 站 zhàn
to stand 立つ
★ ~起来 qilai 立ち上がる

④ **跪** 跪 guì
to kneel ひざまずく
★ ~下 xia かがむ

⑤ **蹲** 蹲 dūn
to squat しゃがむ
★ ~下来 xialai しゃがみこむ

⑥ **倒立** 倒立 dàolì
to do a handstand 逆立ちする

⑦ **走** 走 zǒu
to walk 歩く
★ ~人行道 rénxíngdào 歩道を歩く

⑧ **跑** 跑 pǎo
to run 走る

⑨ **爬** 爬 pá
to crawl 這《は》う、よじ登る
★ ~起来 qilai 這い上がる

⑩ **跳** 跳 tiào
to jump 跳《と》ぶ
★ ~起来 qilai 飛び上がる

⑪ **踢** 踢 tī
to kick 蹴《け》る
★ ~足球 zúqiú サッカーボールを蹴る

Section 3: 人

② "跌倒"は体が地面に転倒することを指す。体の重心が不安定で倒れたなら"摔倒 shuāidǎo"（転んで倒れる）、足がもつれたり、何かにひっかかって転倒した場合は"绊倒 bàndǎo"（つまずいて倒れる）と言う。滑って転んだならば"滑倒 huádǎo"（滑って転ぶ）と言う。

⑬ "躺"の状態には"平躺 píngtǎng"（仰向け）と"侧躺 cètǎng"（横向き）がある。"平躺"は背中が下になっている状態で、"侧躺"は体が側面になっていて、体の右か左の一方が下を向いている状態を指す。

⑫ 坐 坐 zuò
to sit 座る
★ ～下来 xialai 座り込む

⑬ 躺 躺 tǎng
to lie down 横になる、横たわる
★ ～下来 xialai 横になる

⑭ 趴 趴 pā
to lie face down
うつ伏せになる、腹ばいになる
★ ～下来 xialai 腹ばいになる

⑮ 背 背 bēi
to carry (something) on (one's) back
背負う、おんぶする
★ ～书包 shūbāo カバンを背負う

⑯ 抖 抖 dǒu
to tremble; to shake ふるえる
★ ～全身 quánshēn 全身がふるえる

⑰ 跨 跨 kuà
to step over (something)
跨《また》ぐ、踏み出す
★ ～过栏杆 guò lángān 手すりをまたぐ

⑱ 伸懒腰 伸懒腰 shēn lǎnyāo
to stretch
腰を伸ばす、ストレッチをする

⑲ 盘腿 盤腿 pán//tuǐ
to sit cross-legged あぐらをかく

⑳ 跪坐 跪坐 guì//zuò
seiza; to sit on one's heels
正座する

059

3-5 日々の暮らし
日常生活

日常生活 日常生活 rìcháng shēnghuó
everyday life
日々の暮らし、日常生活

① **吃** 吃 chī
to eat 食べる

② **喝** 喝 hē
to drink 飲む

③ **穿** 穿 chuān
to wear (clothing) 着る；穿《は》く

④ **戴** 戴 dài
to wear (accessories)
身に付ける、かぶる

⑤ **脱** 脱 tuō
to take off 脱ぐ

⑥ **洗** 洗 xǐ
to wash 洗う

⑦ **吃饭** 吃飯 chī//fàn
to eat a meal
ご飯を食べる、食事する

⑧ **睡觉** 睡覺 shuì//jiào
to sleep 眠る、寝る
★ 睡了一觉 shuìle yí jiào ひと眠りした
★ 睡午觉 shuì wǔjiào 昼寝をする

⑨ **洗澡** 洗澡 xǐ//zǎo
to take a shower
体を洗う、シャワーを浴びる

⑩ **泡澡** 泡澡 pào//zǎo
to have a bath
風呂につかる、風呂で身体を洗う
★ 泡了一个小时澡 pàole yí ge xiǎoshí zǎo
1時間入浴した

⑪ **洗衣服** 洗衣服 xǐ yīfu
to do the laundry （衣服を）洗濯する

⑫ **晾衣服** 晾衣服 liàng yīfu
to hang up the laundry
（衣服を）干す、乾かす

⑬ **做饭** 做飯 zuò//fàn
to cook 料理する、ご飯を作る

⑭ **洗碗** 洗碗 xǐ//wǎn
to wash the dishes
食器を洗う、茶碗を洗う

Section 3: 人 人

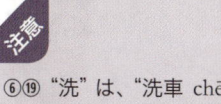

⑥⑲ "洗"は、"洗车 chē"(洗車する)や"洗杯子 bēizi"(コップを洗う)のように、いろいろな物に対して使うことができるが、"洗牙 yá"(歯を洗う)とは言えない。

⑨⑩ "洗澡"には、"淋浴 línyù"(シャワーを浴びる、水浴びする)と"泡澡"がある。

⑬ 料理をすることを"煮饭 zhǔfàn"とも言う。

⑯ 掃除機を使って掃除することを"吸地 xī//dì"と言う。

⑮ **打扫** 打掃 dǎsǎo
to clean 掃除をする
★ ~房间 fángjiān 部屋を掃除する

⑯ **扫地** 掃地 sǎo//dì
to sweep the floor
(床や地面を)掃く、掃除する

⑰ **拖地** 拖地 tuō//dì
to mop the floor モップがけする

⑱ **起床** 起床 qǐ//chuáng
to get up 起きる、起床する

⑲ **刷牙** 刷牙 shuā//yá
to brush one's teeth 歯を磨く

⑳ **洗脸** 洗臉 xǐ//liǎn
to wash one's face 顔を洗う

㉑ **上厕所** 上廁所 shàng cèsuǒ
to go to the bathroom トイレに行く

㉒ **倒垃圾** dào lājī
倒垃圾 dào lèsè
to take out the garbage
ごみを捨てる

㉓ **看电视** 看電視 kàn diànshì
to watch TV テレビを見る

㉔ **上床睡觉** 上床睡覺
shàngchuáng shuìjiào
to go to bed 寝る、床に入る

㉕ **休息** xiūxi 休息 xiūxí
to rest 休む、休憩する

㉖ **浇花** 澆花 jiāo//huā
to water plants
花に水をやる、水やりする

㉗ **玩游戏** 玩遊戲 wán yóuxì
to play a game ゲームする、遊ぶ

㉘ **看报纸** 看報紙 kàn bàozhǐ
to read the newspaper 新聞を読む

㉙ **听音乐** 聽音樂 tīng yīnyuè
to listen to music 音楽を聞く

㉚ **聊天儿** liáo//tiānr
聊天 liáo//tiān
to chat おしゃべりする、雑談する

061

3-6 表情、気持ち、性格

表情、情绪与性格

表情 表情 biǎoqíng
expression 表情

情绪 情緒 qíngxù
emotion 気持ち、情緒

性格 性格 xìnggé
personality 性格

① **笑** 笑 xiào
to laugh 笑う
★ ～了 le 笑った
★ ～出来 chulai 笑い出す

② **哭** 哭 kū
to cry （声を出して）泣く
★ ～了 le 泣いた
★ ～出来 chulai 泣き出す

③ **生气** 生氣 shēng//qì
to be angry 怒る、腹を立てる
★ 生我的气 shēng wǒ de qì 私に腹を立てる

④ **高兴** 高興 gāoxìng
to be happy 嬉しい；喜ぶ

⑤ **酒窝儿** jiǔwōr 酒窝 jiǔwō
dimple えくぼ

⑥ **兴奋** 興奮 xīngfèn
to be excited 興奮する

⑦ **惊讶** 驚訝 jīngyà
to be surprised 驚く、びっくりする

⑧ **担心** 擔心 dān//xīn
to be worried 心配する
★ 为你 wèi nǐ ～ 君のことを心配する

⑨ **尴尬** 尷尬 gāngà
to be embarrassed; to feel awkward
気まずい、ばつが悪い

⑩ **轻松** 輕鬆 qīngsōng
to be relaxed
楽である、（精神的な）負担にならない

⑪ **害羞** 害羞 hài//xiū
to be shy 恥ずかしがる

⑫ **热情** 熱情 rèqíng
to be passionate
心のこもっている、熱意あふれる

⑬ **冷淡** 冷淡 lěngdàn
to be aloof 冷たい、冷淡である

⑭ **开朗** 開朗 kāilǎng
to be optimistic 明るい、朗らかである

⑮ **有自信** 有自信 yǒu zìxìn
to be confident 自信がある

⑯ **善变** 善變 shànbiàn
to be fickle 気まぐれである

⑰ **顽固** 頑固 wángù
to be stubborn 頑固である

⑱ **随和** 隨和 suíhe
to be easy-going
気のおけない、人付き合いのよい

⑲ **身材** 身材 shēncái
figure 体格、スタイル
★ ～很好 hěn hǎo スタイルがいい

Section 3: 人 人

> **注意**
>
> ④ "高兴"（嬉しい）のほかに、"快乐 kuàilè"（楽しい）も喜びを表現する言葉である。この二つの違いは：
>
> "高兴"は短時間喜んでいる気持ち、"快乐"は性格や長時間続く喜びの気持ちである。また、行事やお祝い事で祝う人が喜びを表現したい時も "……快乐"（…おめでとう）を使う。
>
> 我很高兴你来了。来てくれて嬉しいです。
> ×我很快乐你来了。
>
> 小明是一个快乐的人。小明は楽しい人だ。
> ×小明是一个高兴的人。
>
> 祝你生日快乐！誕生日おめでとう！
> ×祝你生日高兴！

⑳ **高** 高 gāo
to be tall **（背が）高い**
★ 个子 gèzi～ 背が高い
★ 不太 bú tài～ そんなに高くない
★ 非常 fēicháng～ とても高い

㉑ **矮** 矮 ǎi
to be short **（背丈が）低い**
★ 有点儿 yǒudiǎnr～ ちょっと背が低い

㉒ **胖** 胖 pàng
to be fat **太っている**

㉓ **结实** 結實 jiēshi
to be fit
（体が）引き締まっている、丈夫である

㉔ **瘦** 瘦 shòu
to be thin **細い、やせている**

㉕ **苗条** 苗條 miáotiao
to be slender
（体が）スリムである、スマートである
★ 身材 shēncái～ 体つきがスリムである

㉖ **长相** 長相 zhǎngxiàng
one's appearance
見た目、外見、容貌

㉗ **肤色** 膚色 fūsè
skin tone **肌の色**

㉘ **秃头** 禿頭 tūtóu
to be bald **禿《は》げている**

㉙ **痣** 痣 zhì
mole **ほくろ**
量 颗 kē

㉚ **胡子** 鬍子 húzi
moustache **ひげ**
★ 刮 guā～ ひげを剃る
★ 留 liú～ ひげを伸ばす

3-7 職業 1
职业一

职业 職業 zhíyè
occupation 職業、仕事

① **业务员** 業務員 yèwùyuán
salesman 営業員、セールスマン

② **助理** 助理 zhùlǐ
assistant アシスタント

③ **秘书** 祕書 mìshū
secretary 秘書

④ **经理** 經理 jīnglǐ
manager マネージャー

⑤ **记者** 記者 jìzhě
reporter 記者
★ ～报导新闻 bàodǎo xīnwén　記者がニュースを伝える

⑥ **老师／教师** 老師／教師 lǎoshī/ jiàoshī
teacher 教師、先生
★ ～教书 jiāoshū　先生が授業する

⑦ **教授** 教授 jiàoshòu
professor 教授
★ 正 zhèng～　教授
★ 副 fù～　准教授

⑧ **公务员** 公務員 gōngwùyuán
civil servant 公務員
★ 国家 guójiā～　国家公務員

⑨ **警察** 警察 jǐngchá
police officer 警察官
★ ～抓坏人 zhuā huàirén　警察が悪人を捕まえる

⑩ **消防员** 消防員 xiāofángyuán
firefighter 消防士
★ ～救火 jiùhuǒ　消防士が消火する

⑪ **军人** 軍人 jūnrén
soldier 軍人
★ ～保卫国家 bǎowèi guójiā　軍人が国家を守る

⑫ **司机** 司機 sījī
driver 運転手
★ ～开车 kāichē　運転手が車を運転する

⑬ **飞行员** 飛行員 fēixíngyuán
pilot （飛行機の）パイロット、操縦士
★ ～开飞机 kāi fēijī　パイロットが飛行機を操縦する

⑭ **农夫** 農夫 nóngfū
farmer 農家の人、農民
★ ～种田 zhòngtián　農民が田植えをする

Section 3: 人 人

> **注意**
>
> 相手の職業を尋ねるときの聞き方は以下の4通りである：
>
> 1. "请问您在哪儿高就？Qǐngwèn nín zài nǎr gāojiù?"（とても丁寧な聞き方で、相手の会社名を尋ねる場合に使う）
> 2. "请问您是做哪一行的？Qǐngwèn nín shì zuò nǎ yì háng de?"（丁寧な聞き方で、相手の職業が何かを尋ねる場合に使う）
> 3. "请问您在哪儿工作？Qǐngwèn nín zài nǎr gōngzuò?"（1よりも丁寧さがやや劣る普通の聞き方）
> 4. "请问您是做什么工作的？Qǐngwèn nín shì zuò shénme gōngzuò de?"（2よりも丁寧さがやや劣る普通の聞き方）

⑮ **渔夫** 漁夫 yúfū
fisherman 漁師
★ ～捕鱼 bǔyú 漁師が魚を捕る

⑯ **厨师** 廚師 chúshī
chef 料理人、板前、コック
★ ～做菜 zuòcài コックさんが料理する

⑰ **建筑师** jiànzhùshī 建築師 jiànzhúshī
architect 建築家、建築デザイナー

⑱ **技工** 技工 jìgōng
mechanic 整備士、技術士、機械修理工

⑲ **木匠** mùjiang 木匠 mùjiàng
carpenter 大工、木工職人
★ ～打家具 dǎ jiāju 大工さんが家具を作る

⑳ **工人** 工人 gōngrén
laborer 労働者、作業員

㉑ **水电工** 水電工 shuǐdiàngōng
plumber 配管工、水道工事人

3-8 職業2
职业二

① **医生** 醫生 yīshēng
doctor 医者
★ ~看病 kànbìng 医者が診察する

② **护士** hùshi 護士 hùshì
nurse 看護師、ナース
★ ~护理病人 hùlǐ bìngrén
看護師が患者の世話をする

③ **科学家** 科學家 kēxuéjiā
scientist 科学者

④ **工程师** 工程師 gōngchéngshī
engineer エンジニア

⑤ **政治家** 政治家 zhèngzhìjiā
politician 政治家

⑥ **商人** 商人 shāngrén
businessman 商人、ビジネスマン
★ ~做买卖 zuò mǎimài 商人が取引する

⑦ **企业家** qǐyèjiā 企業家 qǐyèjiā
entrepreneur 企業家、事業主

⑧ **律师** 律師 lǜshī
lawyer 弁護士
★ 请 qǐng~ 弁護士をお願いする

⑨ **法官** 法官 fǎguān
judge 裁判官

⑩ **导游** 導遊 dǎoyóu
tour guide ガイド

⑪ **中介** zhōngjiè 仲介 zhòngjiè
agent ブローカー
★ ~公司 gōngsī 仲介業者

⑫ **男演员** 男演員 nányǎnyuán
actor 俳優、男優
★ ~演戏 yǎnxì 男優が演じる

⑬ **女演员** 女演員 nǚyǎnyuán
actress 女優

Section 3: 人 人

> 注意
>
> "位 wèi"（名）は、"一位演员"（俳優1名）、"三位运动员"（3人のスポーツ選手）のように、身分や職業を数える時に使う。この時、"个 ge"も使えるが、"位"のほうが相手を尊敬した言い方になる。

⑰ **音乐家** 音樂家 yīnyuèjiā
musician **音楽家、ミュージシャン**
★ ～演奏音乐 yǎnzòu yīnyuè
ミュージシャンが音楽を演奏する

⑱ **舞蹈家** wǔdǎojiā 舞蹈家 wǔdǎojiā
dancer **ダンサー、舞踊家**
★ ～跳舞 tiàowǔ ダンサーが踊る

⑲ **雕塑家** 雕塑家 diāosùjiā
sculptor **彫刻家**

⑳ **服务员** fúwùyuán 服務生 fúwùshēng
waiter **接客係、ホールスタッフ**
★ ～为客人服务 wèi kèrén fúwù
係員が客にサービスする

⑭ **歌手** 歌手 gēshǒu
singer **歌手**
★ ～唱歌 chànggē 歌手が歌う

⑮ **发型设计师** fàxíng shèjìshī
髮型設計師 fàxíng shèjìshī
hairstylist **美容師、ヘアースタイリスト**
★ ～剪头发 jiǎn tóufa 美容師が髪を切る

⑯ **艺术家** 藝術家 yìshùjiā
artist **芸術家、アーティスト**

㉑ **店员** 店員 diànyuán
clerk **店員**

㉒ **运动员** 運動員 yùndòngyuán
athlete **スポーツ選手**
★ 足球 zúqiú ～ サッカー選手
★ 田径 tiánjìng ～ 陸上（競技）のアスリート

067

会話練習 🎧 024

王强：请问你的家人是做什么工作的?
Wáng Qiáng: Qǐngwèn nǐ de jiārén shì zuò shénme gōngzuò de?

ご家族の方はどんなお仕事をしているの?

张兰：我爸爸是军人，我妈妈是一家贸易公司的秘书，我还有一个哥哥，他是建筑师。
Zhāng Lán: Wǒ bàba shì jūnrén, wǒ māma shì yì jiā màoyì gōngsī de mìshū, wǒ hái yǒu yí ge gēge, tā shì jiànzhùshī.

父は軍人で、母は貿易会社の秘書をしてるの。あと兄が一人いて、建築デザイナーをしているのよ。

王强：那你以后想做什么?
Wáng Qiáng: Nà nǐ yǐhòu xiǎng zuò shénme?

じゃ、君は将来何になりたいの?

张兰：我对教中文很有兴趣，我想当中文老师。
Zhāng Lán: Wǒ duì jiāo Zhōngwén hěn yǒu xìngqù, wǒ xiǎng dāng Zhōngwén lǎoshī.

私は、中国語を教えることに興味があるから、中国語の先生になりたいわ。

結婚式

　現代の結婚は、結婚写真（"婚纱照 hūnshāzhào"）専門の写真館（"照相馆 zhàoxiàngguǎn"）で二人の写真集をつくることから始まる（もちろん、プロポーズ（"求婚 qiúhūn"）が先だが）。女性はウェディングドレス（"婚纱 hūnshā"）やチャイナドレス（"旗袍 qípáo"）、男性はスーツや燕尾服など様々な衣装で、室内のほか公園、大学のキャンパスなどで撮影する。写真集のほか、特別な1枚はたたみ大に引き伸ばし、式当日会場入り口に飾る。なお、式場選びは伝統的には新婦の両親が行うが、最近では新郎新婦自身で選ぶことが増えている。

　日取りがきまったら、宴席に出席してほしいメンバーに声をかけるが、出席者全員に招待状（"喜帖 xǐtiě"、口語では"红色炸弹 hóngsè zhàdàn"）を出すのではない。友人や職場、グループなどの代表者だけに送り、彼らから連絡する。事前の出欠連絡はいらないかわりに、招待するほうも座席表を用意しない。人数は200人から300人あるいはそれ以上。親戚、新郎新婦の友人のほか、両親の友人、近所の人などもいる。来場者が多ければ多いほど本人たち、両親の人脈の広さを表すので、主催側はとにかく多くの人に声をかける。

　式当日、参加者はご祝儀をお年玉袋のような紅い袋（"红包 hóngbāo"）に入れ持っていくが、語呂合わせで2（"双双对对 shuāngshuāng duìduì"、お似合いの二人揃って）、6（"六六大顺 liùliù dàshùn"、何事も全てが順調）、8（"发财 fācái"、お金が儲かる）の偶数を使った数字の金額が喜ばれる。お祝いの品を持っていくのもよいが「傘」（"雨伞 yǔsǎn"）、「扇子」（"扇子 shànzi"）、「目覚まし時計」（"闹钟 nàozhōng"）は避けたい。「伞 sǎn」と「扇 shàn」の発音は「散 sàn（散る、離れる、別れる）」に通じ、「闹钟」の「钟 zhōng」の発音は「终 zhōng（終える）」に通じると考えられているからである。これは、日本の結婚式でも「別れる」「再び」「終える」といった言葉がタブー視されているのと同じである。

Section 4
食べ物 食物

4-1 スーパーマーケット
超级市场

超级市场 超級市場 chāojí shìchǎng
supermarket スーパーマーケット

① **转门** zhuànmén 旋轉門 xuánzhuǎnmén
turnstile 回転式木戸

② **冷冻食品** 冷凍食品 lěngdòng shípǐn
frozen food 冷凍食品

③ **乳制品** 乳製品 rǔzhìpǐn
dairy products 乳製品

④ **罐头(食品)** 罐頭（食品）
guàntou (shípǐn)
canned food 缶詰（食品）
★ 开 kāi~ 缶詰を開ける

⑤ **面包** 麵包 miànbāo
bread パン
★ 切 qiē~ パンを切る

⑥ **(饭菜的)半成品** (fàncài de) bànchéngpǐn
即時餐 jíshícān
ready-made meal; microwave dinner
レトルト食品、インスタント食品
★ 加热 jiārè~ レトルト食品を加熱する

⑦ **零食** 零食 língshí
snack おやつ、間食

⑧ **试吃品** 試吃品 shìchīpǐn
free sample 試食品

⑨ **肉类** 肉類 ròulèi
meat 肉類

⑩ **海鲜** 海鮮 hǎixiān
seafood 生鮮魚介類

⑪ **顾客** 顧客 gùkè
customer 客、顧客

⑫ **手推车** 手推車 shǒutuīchē
cart カート、手押し車
★ 推 tuī~ カートを押す

⑬ **蔬菜** 蔬菜 shūcài
vegetable 野菜

⑭ **水果** 水果 shuǐguǒ
fruit 果物
★ 挑 tiāo~ フルーツを選ぶ
★ 称 chēng~ 果物（の重さ）を量る

⑮ **篮子** 籃子 lánzi
basket かご、手提げ
★ 提 tí~ かごを持つ

Section 4: 食べ物 食物

※ スーパーマーケットの売り場は、商品の種類によって区分けされている。例えば "水果区 shuǐguǒqū"（果物売り場）、"面包区 miànbāoqū"（パン売り場）、"生活用品区 shēnghuó yòngpǐnqū"（生活用品売り場）、"冷冻食品区 lěngdòng shípǐnqū"（冷凍食品売り場）などのように、"区 qū" を用いて売り場を示す。

⑯ **收银台** 收銀臺 shōuyíntái
checkout counter　**会計、レジ、支払いカウンター**
★ 去~付钱 qù~fù qián　レジに行ってお金を払う

⑰ **收银员** 收銀員 shōuyínyuán
cashier　**レジ係**

⑱ **生活用品** 生活用品 shēnghuó yòngpǐn
essential goods　**生活用品**

⑲ **信用卡** 信用卡 xìnyòngkǎ
credit card　**クレジットカード**
★ 刷 shuā~　（クレジット）カードを使う

⑳ **现金** 現金 xiànjīn
cash　**現金**
★ 付 fù~　現金を払う

㉑ **熟食** 熟食 shúshí
deli products　**お惣菜、デリカ**

㉒ **塑料袋儿** sùliàodàir 塑膠袋 sùjiāodài
plastic bag　**ビニール袋、ポリ袋**

㉓ **收据** 收據 shōujù
receipt　**レシート、領収書**
★ 开 kāi~　領収書を書く

㉔ **会员卡** 會員卡 huìyuánkǎ
membership card　**メンバーズカード、会員カード**
★ 出示 chūshì~　会员カードを見せる

㉕ **购物袋儿** gòuwùdàir 購物袋 gòuwùdài
shopping bag　**買い物袋、ショッピングバッグ**

㉖ **服务台** 服務臺 fúwùtái
information desk
サービスカウンター、インフォメーションセンター
★ 去~询问 qù~xúnwèn　サービスカウンターに行って聞く

4-2 果物
水果

水果 水果 shuǐguǒ
fruits 果物

①桃子 桃子 táozi
peach モモ
★ ～味道很香 wèidao hěn xiāng
モモは味が良い

②李子 李子 lǐzi
plum スモモ
★ ～有点儿酸 yǒudiǎnr suān
スモモは少し酸っぱい

③草莓 草莓 cǎoméi
strawberry イチゴ
量 颗 kē
★ ～酱 jiàng イチゴジャム

④樱桃 樱桃 yīngtáo
cherry サクランボ

⑤香瓜 香瓜 xiāngguā
honeydew melon メロン、マクワウリ

⑥哈密瓜 哈密瓜 hāmìguā
cantaloupe メロン、ハミウリ、マスクメロン
★ ～是新疆的特产 shì Xīnjiāng de tèchǎn
ハミウリは新疆（ウイグル）の特産物である

⑦西瓜 西瓜 xīguā
watermelon スイカ
★ 切 qiē～ スイカを切る

⑧木瓜 木瓜 mùguā
papaya パパイヤ
★ 削～皮 xiāo~pí パパイヤの皮を剥く

⑨芒果 芒果 mángguǒ
mango マンゴー
★ ～干 gān 干しマンゴー

⑩柿子 柿子 shìzi
persimmon カキ

⑪梨 lí 梨子 lízi
apple pear ナシ

⑫猕猴桃 míhóutáo
奇異果 qíyìguǒ
kiwi キウイ（フルーツ）

⑬柠檬 檸檬 níngméng
lemon レモン
★ 榨～汁 zhà~zhī レモンの汁を搾る

⑭橘子 橘子 júzi
tangerine ミカン
★ 剥 bāo～ ミカン（の皮）を剥く

⑮橙子 chéngzi 柳丁 liǔdīng
orange オレンジ、ダイダイ
★ ～汁 zhī オレンジジュース

Section 4: 食べ物 食物

注意

⑦ スイカはそれぞれ"果皮 guǒpí"(皮)と"果肉 guǒròu"(果肉)と"籽 zǐ"(種)に分けることができる。

㉑㉔ 台湾の"莲雾"と中国南部の"龙眼"はともに亜熱帯地域の果物なので、旅する機会があればぜひ食べてみるとよい。"莲雾"はマレー半島原産の果物。

㉒㉖ 大陸と台湾では、ほとんどの果物の名称が同じであるが、まったく違った言い方の果物もある。例えば、グアバやパイナップル。"芭樂"は台湾語「パッラー」の音訳である。

※ 果物の量詞は、果物の形状によって違う。丸い果物なら"颗 kē"か"粒 lì"で数え、バナナのような細長くて比較的硬い果物は"根 gēn"を使う。ブドウやライチのような一つの枝からいくつも実がなる果物には、"串 chuàn"を使う。

※ 量り売りの単位は、"斤 jīn"(中国大陸では一斤=500g、台湾では一斤=600g)がよく使われる。

---

⑯ **葡萄柚** 葡萄柚 pú·táoyòu
grapefruit グレープフルーツ

⑰ **葡萄** 葡萄 pú·táo
grape ブドウ
★ ～酒 jiǔ ブドウ酒

⑱ **百香果** 百香果 bǎixiāngguǒ
passion fruit
パッションフルーツ：
クダモノトケイソウの実〈食用〉

⑲ **苹果** 蘋果 píngguǒ
apple リンゴ
★ ～派 pài アップルパイ

⑳ **香蕉** 香蕉 xiāngjiāo
banana バナナ
(量)根 gēn; [房の場合]串 chuàn

㉑ **莲雾** 蓮霧 liánwù
wax apple レンブ

㉒ **番石榴** fānshíliu 芭樂 bālè
guava グアバ

㉓ **荔枝** 荔枝 lìzhī
lychee ライチ、レイシ
★ 剝～皮 bāo~pí ライチの皮を剥く

㉔ **龙眼** 龍眼 lóngyǎn
longan リュウガン
★ 一斤 yì jīn~ 重さ1斤のリュウガン

㉕ **榴莲** 榴槤 liúlián
durian ドリアン

㉖ **菠萝** bōluó 鳳梨 fènglí
pineapple パイナップル

4-3 野菜
蔬菜

蔬菜 蔬菜 shūcài
vegetables 野菜

① **青椒** 青椒 qīngjiāo
green pepper ピーマン

② **南瓜** 南瓜 nán·guā
pumpkin カボチャ

③ **玉米** 玉米 yùmǐ
corn トウモロコシ
量 粒 lì;［1本で］根 gēn

④ **番薯／地瓜** 番薯／地瓜 fānshǔ/ dìguā
sweet potato サツマイモ

⑤ **马铃薯／土豆** mǎlíngshǔ/ tǔdòu
馬鈴薯 mǎlíngshǔ
potato ジャガイモ、バレイショ
量 颗 kē

⑥ **芋头** 芋頭 yùtou
taro サトイモ
★ 把～切成块 bǎ~qiēchéng kuài
サトイモをぶつ切りにする

⑦ **莲藕** 蓮藕 lián'ǒu
lotus root レンコン

⑧ **胡萝卜** 胡蘿蔔 húluóbo
carrot ニンジン
★ 把～切成丝 bǎ~qiēchéng sī
ニンジンを千切りにする

⑨ **(白)萝卜** (白)蘿蔔 (bái)luóbo
radish ダイコン；ラディッシュ

⑩ **茄子** 茄子 qiézi
eggplant ナス

⑪ **黄瓜** 黃瓜 huáng·guā
cucumber キュウリ
量 条 tiáo

⑫ **丝瓜** 絲瓜 sī·guā
loofah ヘチマ
量 条 tiáo

⑬ **牛蒡** 牛蒡 niúbàng
burdock ゴボウ
量 根 gēn

⑭ **竹笋** 竹筍 zhúsǔn
bamboo shoot タケノコ

⑮ **芦笋** 蘆筍 lúsǔn
asparagus アスパラガス
量 根 gēn

⑯ **花椰菜** huāyēcài
花椰菜 huāyécài
cauliflower カリフラワー

⑰ **生菜** 生菜 shēngcài
lettuce レタス；サラダ菜

⑱ **卷心菜** juǎnxīncài
高麗菜 gāolìcài
cabbage キャベツ

⑲ **大白菜** 大白菜 dàbáicài
Chinese cabbage ハクサイ
量 棵 kē

⑳ **豆芽儿** dòuyár
豆芽菜 dòuyácài
bean sprouts モヤシ

Section 4: 食べ物 食物

> 注意
> ② カボチャは、"果皮 guǒpí"(皮)と"果肉 guǒròu"(果肉)と"果实 guǒshí"(種)に分けられる。
> ⑤ 中国ではジャガイモを"土豆"とも言うが、台湾では"土豆"は"花生 huāshēng"(ピーナッツ)を指す。
> ㉖ 食べられる部分は、"菜梗 càigěng"(茎)と"菜叶 càiyè"(葉)である。
> ㉘〜㉛ ネギ、ショウガ、ニンニク、トウガラシのような、食材の風味を一層引き立たせるものを"辛香料 xīnxiāngliào"(香辛料)と言う。

㉑ 韭菜 韭菜 jiǔcài
Chinese chives ニラ
量把 bǎ

㉒ 空心菜 空心菜 kōngxīncài
water spinach クウシンサイ

㉓ 蘑菇 蘑菇 mógu
mushroom マッシュルーム

㉔ 香菇 香菇 xiānggū
shiitake シイタケ
★ 把〜切成片 bǎ〜qiēchéng piàn
シイタケを薄く切る

㉕ 番茄／西红柿 fānqié/ xīhóngshì
番茄 fānqié
tomato トマト
★ 把〜切成丁 bǎ〜qiēchéng dīng
トマトをさいの目に切る

㉖ 芹菜 芹菜 qíncài
celery セロリ；キンサイ
★ 把〜切成段 bǎ〜qiēchéng duàn
セロリを輪切りにする

㉗ 洋葱 洋蔥 yángcōng
onion タマネギ

㉘ 葱 蔥 cōng
scallion ネギ

㉙ 蒜 suàn 蒜頭 suàntóu
garlic ニンニク

㉚ 姜 薑 jiāng
ginger ショウガ
★ 把〜磨成末 bǎ〜móchéng mò
ショウガをすりつぶす

㉛ 辣椒 辣椒 làjiāo
chili pepper トウガラシ

㉜ 九层塔 九層塔 jiǔcéngtǎ
basil バジル、バジリコ

㉝ 茭白 jiāobái
茭白筍 jiāobáisǔn
wildrice stem マコモダケ

4-4 肉
肉

肉 肉 ròu
meat
肉：単に"肉"と言うと普通は豚の肉を指す
★ 吃 chī～　肉を食べる

① 羊肉 羊肉 yángròu
mutton　マトン
★ 烤 kǎo～　マトンを焼く

② 小羊腿 小羊腿 xiǎoyángtuǐ
leg of lamb　ラム、子羊のモモ肉

③ 牛肉 牛肉 niúròu
beef　牛肉、ビーフ
★ 炖 dùn～　牛肉を煮込む

④ 牛腩 牛腩 niúnǎn
flank　牛バラ肉

⑤ 牛腱 牛腱 niújiàn
shank　牛筋;(牛の)スネ肉

⑥ 肋眼 肋眼 lèiyǎn
rib eye　リブロース

⑦ 丁骨 丁骨 dīnggǔ
T bone
Tボーン：T字形の骨にヒレとロースがついたもの

⑧ 火鸡肉 火雞肉 huǒjīròu
turkey
ターキー、シチメンチョウ

⑨ 鸡肉 雞肉 jīròu
chicken　鶏肉
★ 炸 zhá～　チキンを油で揚げる

⑩ 鸡胸肉 雞胸肉 jīxiōngròu
chicken breast　鶏胸肉

⑪ 鸡翅 雞翅 jīchì
chicken wing　鶏の手羽先

⑫ 鸡腿 雞腿 jītuǐ
chicken drumstick　鶏モモ肉
★ 剁 duò～　鶏のモモをぶつ切りにする

⑬ 猪肉 豬肉 zhūròu
pork　豚肉
★ 炒 chǎo～　豚肉を炒める

Section 4: 食べ物 食物

> **注意**
>
> ※ 肉類に "排 pái" が付くとひと固まりの料理を指す。骨はない場合が多いが、骨がついていることもある。"牛排 niúpái"（ビーフステーキ）、"猪排 zhūpái"（ポークステーキ）、"羊排 yángpái"（マトンステーキ）、"鸡排 jīpái"（チキンステーキ）など。
>
> ※ 肉には、"皮 pí"（皮）、"肥肉 féiròu"（脂身）、"瘦肉 shòuròu"（赤身）の区別がある。

⑭ **肉馅** 絞肉 ròuxiàn 絞肉 jiǎoròu
minced meat 挽肉《ひきにく》

⑮ **排骨** 排骨 páigǔ
rib （スペア）リブ、あばら肉
★ ～面 miàn パイコー麺

⑯ **五花肉** 五花肉 wǔhuāròu
pork belly 豚バラ肉

⑰ **猪脚** 豬腳 zhūjiǎo
pig knuckle 豚足《とんそく》

⑱ **肉丸** 肉丸 ròuwán
meatball 肉団子、ミートボール
★ 捏 niē～ 肉団子を作る

⑲ **肉排** 肉排 ròupái
meat chop
ミートチョップ、厚切りの肉
★ 煎 jiān～ 厚切り肉を焼く

⑳ **肉丝** 肉絲 ròusī
shredded meat 細切り肉
★ 切 qiē～ 肉を細切りにする

㉑ **肉片** 肉片 ròupiàn
fillet 薄切り肉

㉒ **培根** 培根 péigēn
bacon ベーコン

㉓ **火腿** 火腿 huǒtuǐ
ham ハム

㉔ **香肠** 香腸 xiāngcháng
sausage ソーセージ、腸詰め
量 根 gēn

㉕ **意大利腊肠** Yìdàlì làcháng
義大利臘腸 Yìdàlì làcháng
salami サラミ

4-5 生鮮魚介類
海鮮

海鮮 海鮮 hǎixiān
seafood 生鮮魚介類、シーフード

① **墨鱼／乌贼** mòyú/ wūzéi
墨魚／烏賊／花枝
mòyú/ wūzéi/ huāzhī
cuttlefish; calamari イカ
量 只 zhī

② **鱿鱼** 魷魚 yóuyú
squid （スルメ）イカ
★ 切 qiē~ イカを切る
★ 把~切花 bǎ~qiē huā
イカを飾り切りする

③ **章鱼** 章魚 zhāngyú
octopus タコ
★ 烤 kǎo~ タコを焼く

④ **遮目鱼** zhēmùyú
虱目魚 shīmùyú
milkfish サバヒー
量 尾 wěi; 条 tiáo

⑤ **鲳鱼** 鯧魚 chāngyú
pomfret マナガツオ

⑥ **黄鱼** 黃魚 huángyú
yellow croaker イシモチ

⑦ **鳟鱼** 鱒魚 zūnyú
trout マス

⑧ **鲇鱼** 鯰魚 niányú
catfish ナマズ

⑨ **石斑鱼** 石斑魚 shíbānyú
grouper ハタ

⑩ **乌鱼** 烏魚 wūyú
gray mullet ボラ、カムルチー

⑪ **泥鳅** 泥鰍 níqiū
loach ドジョウ

⑫ **鳝鱼** 鱔魚 shànyú
swamp eel タウナギ

⑬ **鳗鱼** 鰻魚 mányú
eel ウナギ

⑭ **鲤鱼** 鯉魚 lǐyú
carp コイ

⑮ **金枪鱼片** jīnqiāngyúpiàn
鮪魚片 wěiyúpiàn
tuna fillet マグロ(の刺身、切り身)
量 片 piàn

⑯ **三文鱼片** sānwényúpiàn
鮭魚片 guīyúpiàn
salmon fillet サーモン(の刺身、切り身)

⑰ **鳕鱼片儿** xuěyúpiànr
鱈魚片 xuěyúpiàn
cod fillet タラ(の刺身、切り身)

Section 4: 食べ物 食物

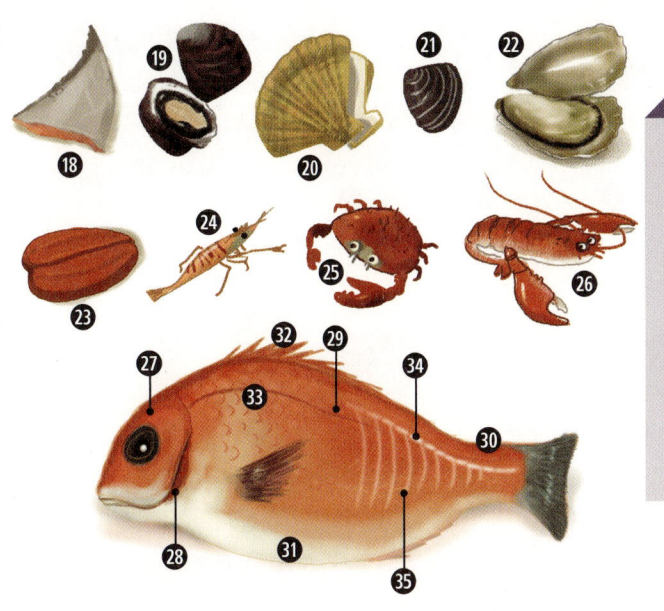

※ 食用の魚は、"河鱼 héyú"（淡水魚）（"淡水鱼 dànshuǐyú" とも言う）と "海鱼 hǎiyú"（海水魚）に分けられる。

①② "乌贼" と "鱿鱼" は、似ていて間違えやすい軟体魚介類で、"乌贼" は体型が丸く、肉厚なのに対し、"鱿鱼" は体型が大きく、足の先端がとがっている。市場に出回っている "鱿鱼" はすでに加工された物であることが多い。

⑲〜㉒ は "贝类 bèilèi" に属す。食用の乾燥貝柱は "干贝 gānbèi" と言う。

⑱ **鱼翅** 魚翅 yúchì
shark fin フカヒレ

⑲ **鲍鱼** 鮑魚 bàoyú
abalone アワビ
量 片 piàn
★ 泡 pào〜
　アワビを水につけてもどす

⑳ **扇贝** 扇貝 shànbèi
scallop ホタテ(ガイ)

㉑ **蛤蜊** géli 蛤蜊／蛤蠣 géli/géli
clam アサリ；シオフキガイ
量 颗 kē
★ 让〜吐沙 ràng〜tǔ shā
　アサリの砂抜きをする

㉒ **牡蛎** mǔlì
牡蠣／蚵仔 mǔlì/ézǐ
oyster カキ
量 粒 lì

㉓ **乌鱼子** 烏魚子 wūyúzǐ
mullet roe カラスミ

㉔ **虾** 蝦 xiā
shrimp エビ
量 只 zhī
★ 挑〜的泥肠 tiāo〜de nícháng
　エビのはらわたを取る

㉕ **螃蟹** 螃蟹 pángxiè
crab カニ

㉖ **龙虾** 龍蝦 lóngxiā
lobster ロブスター；イセエビ

㉗ **鱼头** 魚頭 yútóu
fish head 魚の頭

㉘ **鳃** 鰓 sāi
fish gills えら

㉙ **鱼身** 魚身 yúshēn
body of fish 魚の身

㉚ **鱼尾** 魚尾 yúwěi
fish tail 魚の尾

㉛ **鱼肚** 魚肚 yúdù
fish stomach 魚の腹

㉜ **鱼鳍** 魚鰭 yúqí
fish fins ひれ

㉝ **鱼鳞** 魚鱗 yúlín
fish scales 鱗《うろこ》

㉞ **鱼骨** 魚骨 yúgǔ
fishbone 魚の骨

㉟ **鱼刺** 魚刺 yúcì
small fishbone 魚の小骨

4-6 飲み物
饮料

饮料 飲料 yǐnliào
beverage 飲み物

① 可乐 可樂 kělè
cola コーラ
量[コップの]杯 bēi；[缶の]罐 guàn、听 tīng；[瓶の]瓶 píng；[ケースの]箱 xiāng

② 沙士 沙士 shāshì
root beer
ルートビア：植物の根を発酵させて作る甘味炭酸飲料

③ 汽水 汽水 qìshuǐ
soda ソーダ、炭酸飲料

④ 冰沙 冰沙 bīngshā
smoothie; slushie
スムージー：果物、ミルク、氷などを混ぜて作る冷たい飲み物

⑤ 热巧克力 熱巧克力 rèqiǎokèlì
hot chocolate
ココア、ホットチョコレート
★ 泡 pào～；冲 chōng～ ココアを作る

⑥ 啤酒 啤酒 píjiǔ
beer ビール
量[ダースの]打 dá；[瓶の]瓶 píng；[コップの]杯 bēi；[缶の]罐 guàn
★ 喝 hē～ ビールを飲む

⑦ 生啤酒 生啤酒 shēngpíjiǔ
draft beer 生ビール
量[コップの]杯 bēi；[ジョッキの]扎 zhā

⑧ 罐装啤酒 罐裝啤酒 guànzhuāng píjiǔ
canned beer 缶ビール

⑨ 瓶装啤酒 瓶裝啤酒 píngzhuāng píjiǔ
bottled beer 瓶ビール

⑩ 苹果酒 蘋果酒 píngguǒjiǔ
cider シードル、リンゴ酒

⑪ 鸡尾酒 雞尾酒 jīwěijiǔ
cocktail カクテル
★ 调 tiáo～ カクテルを作る

⑫ 牛奶 牛奶 niúnǎi
milk 牛乳、ミルク
★ 挤 jǐ～ 牛乳をしぼる
★ 木瓜 mùguā～ パパイヤ(果汁入り)牛乳

⑬ 酸奶 suānnǎi 優酪乳 yōuluòrǔ
drinking yogurt ヨーグルト

⑭ 豆浆 豆漿 dòujiāng
soy milk 豆乳

⑮ 米浆 米漿 mǐjiāng
rice and peanut milk
ミージャン：米とピーナッツでつくられたライスドリンク

⑯ 有机饮料 有機飲料 yǒujī yǐnliào
organic drink 有機飲料

⑰ 能量饮料 néngliàng yǐnliào 機能性飲料 jīnéngxìng yǐnliào
energy drink
機能性飲料：食物繊維などを入れたりして体調を整える効果をもつ飲み物

Section 4: 食べ物 食物

⑱ **矿泉水** 礦泉水 kuàngquánshuǐ
mineral water ミネラルウォーター

⑲ **柠檬水** 檸檬水 níngméngshuǐ
lemonade レモネード、レモン水

⑳ **果汁** 果汁 guǒzhī
juice ジュース、果汁
★ 榨 zhà~ 果汁をしぼる

㉑ **白葡萄酒** bái pú·táojiǔ
白酒 báijiǔ
white wine 白ワイン
★ 开 kāi~ 白ワインを開ける

㉒ **红酒** 紅酒 hóngjiǔ
red wine 赤ワイン
★ 倒 dào~ 赤ワインをつぐ

㉓ **香槟** 香檳 xiāngbīn
Champagne シャンパン

㉔ **威士忌** 威士忌 wēishìjì
whisky ウイスキー

㉕ **黄酒／老酒** 黃酒／老酒
huángjiǔ/ lǎojiǔ
huangjiu (yellow wine)
（中国の）醸造酒、ラオチュウ

㉖ **白酒** 白酒 báijiǔ
baijiu (white liquor)
（中国の）蒸留酒、パイチュウ
★ ~度数高 dùshu gāo
パイチュウはアルコール度数が高い

㉗ **高粱酒** gāoliangjiǔ
高粱酒 gāoliángjiǔ
sorghum wine コーリャン酒

㉘ **绍兴酒** 紹興酒 shàoxīngjiǔ
Shaoxing wine
紹興酒《しょうこうしゅ》

㉙ **米酒** 米酒 mǐjiǔ
rice wine
（台湾の）調理酒：モチ米を原料
にした蒸留酒

注意

④ "冰沙"は氷と具材を一緒にミキサーにかけてできた飲み物で、入れるトッピングが違うと呼び方も違ってくる。マンゴーが入ったものは"芒果冰沙 mángguǒ bīngshā"、イチゴが入ったものは"草莓冰沙 cǎoméi bīngshā"と呼ぶ。

⑫ "牛奶"は乳脂肪成分の割合に応じ、"全脂 quánzhī"（成分調整牛乳）、"低脂 dīzhī"（低脂肪牛乳）、"脱脂 tuōzhī"（無脂肪牛乳）の3種類に分けられる。

⑳ "果汁"は果汁の飲み物の総称で、それぞれの果物を示すには、"汁 zhī"の前に果物の名前を加えればよい。例えば"苹果汁 píngguǒzhī"（リンゴジュース）、"葡萄汁 pú·táozhī"（グレープジュース）、"芒果汁 mángguǒzhī"（マンゴージュース）など。

㉑㉒㉖ "红酒"と"白酒"は、"红葡萄酒 hóng pú·táojiǔ"と"白葡萄酒"の略称である。中国の伝統的な蒸留酒も"白酒"と呼ぶので注意が必要。

㉔ ウイスキーには、"加水 jiāshuǐ"（水割り）、"加冰块 jiā bīngkuài"（オンザロック）、"加苏打水 jiā sūdǎshuǐ"（炭酸割り、ハイボール）などの飲み方がある。

4-7 おやつと軽食
零食与小吃

零食 零食 língshí
snack　おやつ、間食

小吃 小吃 xiǎochī
snack　軽食：店や屋台で食べる一品料理

① **臭豆腐** 臭豆腐 chòudòufu
stinky tofu
臭豆腐：豆腐を発酵させて作る臭みのある食品
量[皿の]盘 pán; […人分の]份 fèn

② **炒米粉** 炒米粉 chǎomǐfěn
fried rice noodles　焼きビーフン

③ **肉圆** 肉圓 ròuyuán
fried steamed meat ball
台湾バーワン：米とサツマイモの粉をまぜた生地で豚肉餡を包み、低温の油でゆっくりと揚げたもの

④ **卤肉饭** 滷肉飯 lǔròufàn
stewed minced pork served over rice
(台湾の)煮込み豚肉かけご飯
量碗 wǎn

⑤ **鱼丸汤** 魚丸湯 yúwántāng
fish ball soup　魚の団子スープ

⑥ **蚵仔面线** 蚵仔麵線 ézǐ miànxiàn
oyster noodles　カキ入り煮込みそうめん

⑦ **肉羹面** 肉羹麵 ròugēngmiàn
pork with noodles in thick soup
(豚肉と魚のすり身)とろみ餡かけ煮込み麺

⑧ **牛肉面** 牛肉麵 niúròumiàn
beef noodles
牛肉の角切煮込み麺、ニューロウ麺

⑨ **卤味** 滷味 lǔwèi
foods stewed with soy sauce
台湾の醬油煮込み料理

⑩ **咸酥鸡** 鹹酥雞 xiánsūjī
fried chicken with salt and pepper
(鶏肉の)から揚げ

⑪ **刨冰** 刨冰 bàobīng
ice shavings　かき氷、シャーベット
★ 选~的料 xuǎn~de liào　かき氷の具を選ぶ

⑫ **糖葫芦** 糖葫蘆 tánghúlu
sugarcoated tomatoes on a stick
果物の飴がけ：赤いサンザシの実などを串に刺し飴をまぶした甘酸っぱい菓子
量串 chuàn

⑬ **豆花** 豆花 dòuhuā
tofu pudding
豆乳プリン：やわらかい豆腐の一種。調味料をかけて食べる。台湾ではデザートのひとつ

Section 4: 食べ物 食物

注意

※ これらは、台湾や中国でよく見られる軽食の類で、量は少なく、正式な料理ではないので、"小吃"と呼ばれる。

① "臭豆腐"には、油で揚げた"脆皮臭豆腐 cuìpí chòudòufu"と、蒸した"清蒸臭豆腐 qīngzhēng chòudòufu"があり、後者の方が臭みが強い。

⑮ 焼き餃子は、鉄板の上で餃子を焼いた料理。蒸したものを"蒸饺 zhēngjiǎo"と言う。

㉓㉔ "油条"と"烧饼"は朝ごはんの代表的なメニューだが、"小吃"として出される場合は、午後から夜にかけても売られる。

⑭ **水饺** 水餃 shuǐjiǎo
boiled dumpling 水ギョーザ
★ 煮 zhǔ～ 水ギョーザをゆでる

⑮ **锅贴儿** guōtiēr 鍋貼 guōtiē
pan-fried dumpling 焼きギョーザ

⑯ **包子** 包子 bāozi
meat bun 肉まん、中華まんじゅう

⑰ **小笼包** 小籠包 xiǎolóngbāo
steamed pork dumpling 小籠包、ショーロンポー
量 [蒸籠の] 笼 lóng; [一つ一つの] 个 ge
★ 蒸 zhēng～ ショーロンポーを蒸す

⑱ **皮** pí 外皮 wàipí
skin (of dumpling) 皮《かわ》
★ 擀饺子 gǎn jiǎozi～ ギョーザの皮を薄くのばす

⑲ **馅** xiàn 內餡 nèixiàn
filling (of dumpling) 餡《あん》
★ 包 bāo～ 餡を包む

⑳ **馒头** 饅頭 mántou
steamed bread 蒸しパン、マントー

㉑ **豆干** 豆乾 dòugān
dried tofu 味付け押し豆腐

㉒ **刀削面** 刀削麵 dāoxiāomiàn
sliced noodles
トウショウメン：包丁で小麦粉の生地の塊を削って茹でた麺

㉓ **油条** 油條 yóutiáo
fried bread stick ヨウティアオ：細長い揚げパン
量 根 gēn

㉔ **烧饼** shāobing 燒餅 shāobǐng
clay-oven roll
シャオビン：外の生地が硬い中華風パン

083

4-8 中華グルメ
中国美食

中国美食 中國美食 Zhōngguó měishí
famous Chinese dishes　中華グルメ

① **北京烤鸭** 北京烤鴨 Běijīng kǎoyā
Peking duck　北京ダック
量 只 zhī

② **宫保鸡丁** 宮保雞丁 gōngbǎo jīdīng
Kung Pao chicken
さいの目切り鶏肉とカシューナッツの唐辛子炒め

③ **红烧狮子头** 紅燒獅子頭 hóngshāo shīzitóu
stewed pork balls　巨大ミートボールのスープ蒸し

④ **古老肉** gǔlǎoròu 糖醋肉 tángcùròu
sweet and sour spare ribs　スブタ

⑤ **鱼香肉丝** 魚香肉絲 yúxiāng ròusī
shredded pork with garlic sauce　細切り肉の四川炒め

⑥ **麻婆豆腐** 麻婆豆腐 mápó dòufu
mapo tofu　マーボドウフ

⑦ **干煸四季豆** 乾煸四季豆 gānbiān sìjìdòu
fried beans, Sichuan style　インゲン豆とひき肉の炒め物

⑧ **佛跳墙** 佛跳牆 fótiàoqiáng
Buddha jumps over the wall
山海珍味の壺詰め蒸し煮：乾物を主体とする様々な高級食材を数日かけて調理する福建の伝統的な高級スープ料理

⑨ **火锅** 火鍋 huǒguō
hot pot　鍋料理、中国風寄せ鍋

⑩ **菜脯蛋** 菜脯蛋 càifǔdàn
egg with dried radish　切干大根の入った玉子焼き

⑪ **米糕** 米糕 mǐgāo
rice cake　もち米を使った豚肉入り蒸しご飯

⑫ **东坡肉** 東坡肉 dōngpōròu
pork belly stew　豚肉の角煮、トンポーロウ

⑬ **红烧鱼** 紅燒魚 hóngshāoyú
braised fish with soy sauce　イシモチの醤油煮
量 条 tiáo

⑭ **酸辣汤** 酸辣湯 suānlàtāng
hot and sour soup
サンラータン：コショウや酢で味付けした酸味と辛みのあるスープ

⑮ **回锅肉** 回鍋肉 huíguōròu
twice cooked pork　ホイコーロー

⑯ **干烧虾仁** 乾燒蝦仁 gānshāo xiārén
dried-braised shrimp with chili sauce　エビチリ

⑰ **蚂蚁上树** 螞蟻上樹 mǎyǐ shàng shù
vermicelli with spicy minced pork
春雨と豚ひき肉の煮込み料理

Section 4: 食べ物 食物

中国人の食事の座次

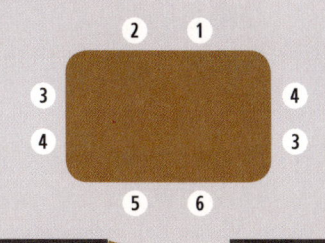

1. 男主宾／男主賓 nánzhǔbīn 男性の主賓
2. 女主宾／女主賓 nǚzhǔbīn 女性の主賓
3. 男宾／男賓 nánbīn 男性客
4. 女宾／女賓 nǚbīn 女性客
5. 男主人／男主人 nánzhǔrén 男性の主人
6. 女主人／女主人 nǚzhǔrén 女性の主人

⑧ "佛跳墙"はスープ料理で、だしは具材の煮出しなので、香りが深い。名前の由来は、唐の修行僧がある日、隣の家屋から高官をもてなす料理の美味しそうな香りに我慢できなくなり、何十年もの修行をやめて、お寺の塀を飛び越えて隣家へ行ったという言い伝えから。

⑨ "火锅"は、いろいろな具材を鍋にいれて調理する中国北部の伝統的な料理で、中国東北の"酸菜白肉锅 suāncài báiròu guō"(豚肉と発酵ハクサイの鍋料理)や四川の"麻辣火锅 málà huǒguō"(激辛鍋)が有名。

⑰ "蚂蚁上树"は料理の形がアリが木に登っているさまと似ているので、こう呼ばれる。木は"粉丝 fěnsī"(春雨)で作り、アリは炒めた豚ひき肉で作る。

⑱ 台湾料理の"三杯雞"にある"三杯"は、"酱油 jiàngyóu"(醤油)、"酒 jiǔ"(酒)、"麻油 máyóu"(ゴマ油)を1:1:1の割合で混ぜた汁を指す。これに鶏肉を加え炒めて作った料理である。

⑱ **三杯鸡** 三杯雞 sānbēijī
three cup chicken
酒と醬油とゴマ油の鶏肉炒め蒸し料理

⑲ **麻油鸡** 麻油雞 máyóujī
chicken with sesame oil
鶏肉のゴマ油炒め入り酒煮込み

⑳ **梅菜扣肉** méicài kòuròu
梅乾扣肉 méigān kòuròu
braised pork with pickled vegetables
豚肉とタカナの醬油蒸し

㉑ **青椒肉丝** 青椒肉絲 qīngjiāo ròusī
sliced pork with green pepper
チンジャオロースー：ピーマンと肉の千切り炒め

㉒ **糖醋鱼** 糖醋魚 tángcùyú
sweet and sour fish　白身魚の甘酢あんかけ

085

会話練習 🎧033

王月: 李华，你也来超级市场买东西啊？买些什么？ Wáng Yuè: Lǐ Huá, nǐ yě lái chāojí shìchǎng mǎi dōngxi a? Mǎi xiē shénme?	李华、あなたもスーパーに来てたの？何を買った？
李华: 明天我家有客人要来，我妈叫我来买一些蔬菜、水果和零食。对了，你知道熟食区在哪里吗？ Lǐ Huá: Míngtiān wǒ jiā yǒu kèrén yào lái, wǒ mā jiào wǒ lái mǎi yìxiē shūcài、shuǐguǒ hé língshí. Duì le, nǐ zhī·dào shúshíqū zài nǎli ma?	明日うちにお客が来るから、母に野菜と果物とおやつを買ってくるように頼まれたんだ。そうだ、惣菜売り場はどこかわかる？
王月: 熟食区在乳制品区旁边，你从这里直走再往左拐就是。 Wáng Yuè: Shúshíqū zài rǔzhìpǐnqū pángbiān, nǐ cóng zhèli zhí zǒu zài wǎng zuǒ guǎi jiù shì.	お惣菜売り場は、乳製品売り場の隣だったわ。ここから真っ直ぐ行って左に曲がるとあるから。
李华: 谢谢。 Lǐ Huá: Xièxie.	ありがとう。

餃子

　中国に行ったら豪勢な料理も食べたいが、家庭料理（"家常菜 jiāchángcài"）の餃子も食べてみたい、と思う方も多いのでは？食堂で店員さんが「リャン（"两 liǎng"）はどれくらいにしますか？」と聞いてくる前にちょっと予習。リャンとは50グラム、餃子1個の皮を作る小麦粉が約10グラムなので5個分だ。これをベースに考えて、メニューを見よう。一般的に餃子といえば水餃子（"水饺 shuǐjiǎo"）を指し、日本人が好んで食べる焼き餃子は（"锅贴 guōtiē"）という。北京や東北地方では水餃子、上海はじめ南の地方では焼き餃子や蒸し餃子がよく食べられるようだ。手作り（"手工 shǒugōng"）の比較的厚い皮の餃子は水餃子で、機械で作った薄い皮の餃子は焼き餃子で食べるとおいしい。

▲水餃子

　さて、作り方の種類がきまったら、次は餃子の具（"饺子馅 jiǎozi xiàn"）を選ぶ。豚肉（"猪肉 zhūròu"）、牛肉（"牛肉 niúròu"）、ニラ（"韭菜 jiǔcài"）、シイタケ（"香菇 xiānggū"）、ハクサイ（"白菜 báicài"）、エビ（"虾 xiā"）など選択肢が豊富にあるので目移りする。もちろん全部を注文して食べきれなかったら残りを持ち帰る（"打包 dǎ bāo"）こともできるが、餃子は熱いうちがおいしいので悩んでしまう。

▲焼き餃子

　「水餃子はニラとエビのものを1両ずつ、焼き餃子はハクサイで2両、お願いします」などと注文して安心していると、店員さんはさらに聞いてくる。「ほかになにか要りますか？（"还要什么吗？Hái yào shénme ma?"）」。ここで、なにもいりません、というと、店員さんはちょっと怪訝そうな顔をするかもしれない。実は、餃子は中国では「ご飯」と同じ主食のひとつと考えられているため、店員さんはお客がおかずを注文するのを待っていたのだ。

　餃子は、見た目は同じでも国や地域、店や家によって味に違いがある。各地を食べ歩き、みなさんの好みに合った（"对你的口味 duì nǐ de kǒuwèi"）餃子を見つけてみるのも、面白いかもしれない。なお、台湾では餃子を個数（1個、2個、3個…）で注文する店が多いため、"两"の心配はなさそうだ。

Section 5
食事 用餐

🎧 034

5-1 中華レストラン
中餐馆

中餐馆／中餐厅
中餐館／中餐廳
zhōngcānguǎn / zhōngcāntīng
Chinese restaurant　中華レストラン
量 家 jiā

用餐 用餐 yòng//cān
dining　食事(をする)

① **小吃店** 小吃店 xiǎochīdiàn
deli　軽食堂、屋台

② **菜单** 菜單 càidān
menu　メニュー、献立表
量 份 fèn
★ 看 kàn~　メニューを見る

③ **面** 麵 miàn
noodles　麺類、麺
★ 点 diǎn~　麺を頼む
★ 你喜欢吃白饭，还是吃~?
　 Nǐ xǐhuan chī báifàn, háishi chī~?
　 あなたは、ご飯が好きですか、
　 それとも麺が好きですか？

④ **米饭** mǐfàn　白飯 báifàn
rice　ご飯もの、ご飯
量 碗 wǎn

⑤ **汤** 湯 tāng
soup　スープ

⑥ **最低消费** 最低消費 zuìdī xiāofèi
minimum purchase　最低消費額
★ ~是多少钱 shì duōshao qián?
　 最低消費額はいくらですか？

⑦ **服务费** 服務費 fúwùfèi
service fee　サービス料
★ 含 hán~　サービス料を含む

⑧ **订位** 訂位 dìng//wèi
to reserve a table　(席を)予約する；席の予約
★ 打电话 dǎ diànhuà~　電話で席を予約する
★ 上网 shàngwǎng~　インターネットで席を予約する

⑨ **点菜** 點菜 diǎn//cài
to place an order　オーダー(する)、料理を注文する

⑩ **并桌** 併桌 bìng//zhuō
to share a table　相席《あいせき》(する)
★ 和别人 hé biérén~　よその人と相席する

⑪ **单点** 單點 dāndiǎn
à la carte　単品で頼む、アラカルトで注文する

⑫ **上菜** 上菜 shàng//cài
to serve a dish　料理を並べる

⑬ **套餐** 套餐 tàocān
set meal　セットメニュー、定食
量 份 fèn

⑭ **点心** diǎnxin　點心 diǎnxin
snack　デザート、スイーツ
量 份 fèn; 块 kuài

088

Section 5: 食事 用餐

注意

※ 中国語にはいろいろなレストランの呼び方がある。"餐馆""餐厅"以外にも、"饭馆 fànguǎn"、"酒楼 jiǔlóu"などがある。"饭店 fàndiàn"はもともと食べ物を売っている場所を意味したが、今では"酒店 jiǔdiàn""旅馆 lǚguǎn"と同じくホテルを指す。

⑦ 中国のレストランでは、メニューの脇に"服务费"が表記されている場合もある。

⑯ 並ばなくてはならない人気のあるお店では、客を待たせない対策として、"号码牌"を配り、店員が番号を呼んだ客や機械が点滅した番号の客から入って食事をとる。

⑳ "服务费"が必要な場合は、"小费"をあげなくても良い。

㉑ 会計をする場合、"买单"、"埋单 máidān"または"结账"と言う。

㉒ バイキングレストランも、鍋料理屋も、"吃到饱 chīdàobǎo"(食べ放題)の形式をとる。会計の時は、何人で食べたか"按人数计费 àn rénshù jìfèi"(人数計算)で料金が決まる。

⑮ **领位** lǐng//wèi **带位** dài//wèi
to lead patrons to their seats (席まで)案内する
★ 服务员 fúwùyuán〜 店員が案内する

⑯ **号码牌** 號碼牌 hàomǎpái
number card 番号札、整理券
★ 发 fā〜 番号札を配る
★ 领 lǐng〜 番号札を受け取る

⑰ **小菜** 小菜 xiǎocài
side dish おつまみ、酒の肴
(量)盘 pán
★ 叫 jiào〜 酒の肴を頼む

⑱ **打包** 打包 dǎ//bāo
to have a doggy bag (残った料理を)持ち帰る
★ 我要 wǒ yào〜 (残った)料理を持ち帰りたい

⑲ **柜台** 櫃檯 guìtái
counter (店の)カウンター、レジ

⑳ **小费** 小費 xiǎofèi
tips チップ
★ 给 gěi〜 チップを渡す

㉑ **买单／结账** 買單／結帳 mǎi//dān/ jié//zhàng
to pay the bill 会計(する)、勘定(を支払う)
★ 麻烦您 máfan nín〜 お勘定をしてください

㉒ **自助餐** 自助餐 zìzhùcān
buffet
バイキング料理、セルフサービスの食事；ビュッフェ

㉓ **招牌** 招牌 zhāopái
sign 看板；お勧め
★ 〜菜 cài お勧め料理

㉔ **小吃摊** 小吃攤 xiǎochītān
stall 屋台

㉕ **外卖店** 外賣店 wàimàidiàn
take-away restaurant テイクアウトできる店、出前する店

5-2 料理とメニュー
菜肴和菜单

麻婆豆腐 ❶
- 价格：RMB 50 ❷
- 食材：豆腐、绞肉、辣椒、花椒 ❸
- 介绍：麻婆豆腐是川菜的代表菜肴，又麻又辣的味道深受中外人士的喜爱 ❹

菜肴 càiyáo　料理 liàolǐ
dish　料理

菜单 菜單 càidān
menu　メニュー

① 菜名 菜名 càimíng
title of dish　料理名

② 价格 價格 jiàgé
price　価格、値段
- ★ ～不贵 bú guì　値段は高くない
- ★ ～太贵了 tài guì le　価格が高すぎる
- ★ ～很便宜 hěn piányi　価格がとても安い

③ 食材 食材 shícái
ingredient　食材、料理の材料
- ★ 这道菜的～是什么？
  zhè dào cài de～shì shénme？
  この料理の材料は何ですか？

④ 介绍 介紹 jièshào
description　紹介、説明
- ★ 我来～一下 wǒ lái~yíxià
  ご説明致します

⑤ 开胃菜 開胃菜 kāiwèicài
appetizer　オードブル、前菜

⑥ 沙拉 沙拉 shālā
salad　サラダ
量 份 fèn

⑦ 汤 湯 tāng
soup　スープ

⑧ 三明治 三明治
sānmíngzhì
sandwich　サンドイッチ

⑨ 意大利面 Yìdàlìmiàn
義大利麵 Yìdàlìmiàn
spaghetti; pasta
スパゲッティ、パスタ

⑩ 千层面 千層麵
qiāncéngmiàn
lasagna　ラザニア

⑪ 烤鸡 烤雞 kǎojī
roast chicken　ローストチキン
量 只 zhī; 份 fèn

⑫ 牛排 牛排 niúpái
steak　ステーキ
量 份 fèn

⑬ 饺子 餃子 jiǎozi
dumplings　ギョーザ

Section 5: 食事 用餐

注意

※ 台湾のほとんどの屋台では、店員が客のためにオーダーをとることがないので、客自らメニュー・注文表の空欄に "桌号 zhuōhào"（席の番号）と食べる分の "数量 shùliàng"（数量）を記入し、店員に渡す。

※ レストランの中には "毎日特餐 měirì tècān"（今日のおすすめ料理）があり、その日限定のサービス価格で提供したり、日替わり料理が出てくる所もある。

⑭ **墨西哥饼** 墨西哥餅
Mòxīgēbǐng
taco
タコス：トウモロコシ粉の薄焼きに、肉・野菜やチーズなどを包んで食べるメキシコ料理

⑮ **港式点心** gǎngshì diǎnxin
港式點心 gǎngshì diǎnxin
dim sum
香港スタイルの軽食、ヤムチャ

⑯ **炒饭** 炒飯 chǎofàn
fried rice チャーハン

⑰ **炒面** 炒麵 chǎomiàn
fried noodles
やきそば

⑱ **汤面** 湯麵 tāngmiàn
noodles with soup タン麺、汁そば

⑲ **馅饼** 餡餅 xiànbǐng
pasty
（ひき肉や野菜などの）餡入りパイ、焼き饅頭

⑳ **苹果派** 蘋果派 píngguǒpài
apple pie アップルパイ

㉑ **果冻** 果凍 guǒdòng
jelly; jello ゼリー

㉒ **巧克力蛋糕** 巧克力蛋糕
qiǎokèlì dàngāo
chocolate cake チョコレートケーキ
（量）块 kuài

㉓ **布丁** 布丁 bùdīng
pudding プリン

㉔ **泡芙** 泡芙 pàofú
cream puff シュークリーム

㉕ **蛋塔** 蛋塔 dàntǎ
egg tart エッグタルト

5-3 西洋レストラン
西餐厅

西餐厅 西餐廳 xīcāntīng
western-style restaurant
西洋レストラン；
ファミリーレストラン

① **男服务员** nánfúwùyuán
　男服務生 nánfúwùshēng
waiter　男性店員、ウエーター

② **冰桶** 冰桶 bīngtǒng
ice bucket　アイスペール

③ **茶壶** 茶壺 cháhú
teapot　ティーポット

④ **咖啡壶** 咖啡壺 kāfēihú
coffeepot　コーヒーポット

⑤ **餐车** 餐車 cānchē
food wagon
フードワゴン、ケータリング
★ 推 tuī～　フードワゴンを押す

⑥ **女服务员** nǚfúwùyuán
　女服務生 nǚfúwùshēng
waitress　女性店員、ウエイトレス

⑦ **桌布** 桌布 zhuōbù
tablecloth　テーブルクロス、テーブル掛け

⑧ **菜单** 菜單 càidān
menu　メニュー、献立表

⑨ **胡椒瓶** hújiāopíng　**胡椒罐** hújiāoguàn
pepper shaker　胡椒入れ

⑩ **盐瓶** yánpíng　**鹽罐** yánguàn
salt shaker　ソルトシェーカー、塩入れ

⑪ **账单** 帳單 zhàngdān
bill　明細、伝票、勘定書
★ 要 yào～　明細をもらう
★ 付 fù～　勘定を払う

⑫ **牙签** 牙籤 yáqiān
toothpick　ようじ、つまようじ
(量) 枝 zhī；根 gēn

⑬ **餐垫** 餐墊 cāndiàn
place mat　(食卓の)ランチョンマット
★ 墊 diàn～　ランチョンマットを敷く

Section 5: 食事 用餐

注意

※ 西洋レストランではフルコースを頼むと、"开胃菜 kāiwèicài"（オードブル）、"前菜 qiáncài"（アントレ）、"主餐 zhǔcān"（メインディッシュ）、"甜点 tiándiǎn"（デザート）の順序で料理が出てくる。

※ 西洋レストランでの一連の流れ："说明用餐人数 shuōmíng yòngcān rénshù"（食事する人数を伝える）→ "等候带位 děnghòu dàiwèi"（席に案内されるまで待機する）→ "就坐 jiùzuò"（席につく）→ "看菜单 kàn càidān"（メニューを見る）→ "点菜 diǎncài"（オーダーする）→ "用餐 yòngcān"（食事する）→ "买单 mǎidān" "结账 jiézhàng"（会計）

⑤ 列車の「食堂車」の意味もある。

⑭ **餐巾** 餐巾 cānjīn
napkin テーブルナプキン
★ 铺 pū~ テーブルナプキンを敷く

⑮ **包厢** 包廂 bāoxiāng
VIP room 個室、VIPルーム
★ 订 dìng~ 個室を予約する

⑯ **咖啡杯** 咖啡杯 kāfēibēi
coffee cup コーヒーカップ

⑰ **吧台** 吧檯 bātái
bar バー、バーカウンター

⑱ **烛台** 燭臺 zhútái
candlestick
蠟燭《ろうそく》立て、燭台《しょくだい》、キャンドルスタンド

⑲ **柜台** 櫃檯 guìtái
counter （お店の）カウンター、レジ

⑳ **领班** 領班 lǐngbān
host; hostess マネージャー、チーフ

㉑ **小费箱** 小費箱 xiǎofèixiāng
tips box チップ箱

5-4 ファストフード店
快餐店

快餐店 kuàicāndiàn　速食店 sùshídiàn
fast food restaurant　ファストフード店

① **酸黄瓜**　酸黃瓜 suānhuáng·guā
pickles　ピクルス、漬け物

② **餐巾纸／纸巾**　餐巾紙／紙巾
cānjīnzhǐ／zhǐjīn
paper napkins　テーブルナプキン、紙ナプキン
量张 zhāng；[箱の]包 bāo

③ **吸管**　吸管 xīguǎn
straw　ストロー
量根 gēn
★ 用～喝 yòng～hē　ストローで飲む

④ **打包袋**　打包袋 dǎbāodài
doggie bag　(料理の残りの)持ち帰り用袋
★ 请给我一个 qǐng gěi wǒ yí ge～
持ち帰り用の袋をください

⑤ **烤饼／薄煎饼** kǎobǐng／báojiānbǐng
煎餅 jiānbǐng
pancakes　ホットケーキ、パンケーキ

⑥ **比萨饼** bǐsàbǐng　披薩 pīsà
pizza　ピザ
量片 piàn；块 kuài

⑦ **鸡块儿** jīkuàir　雞塊 jīkuài
chicken nuggets　チキンナゲット

⑧ **甜甜圈**　甜甜圈 tiántiánquān
doughnuts　ドーナツ

⑨ **洋葱圈**　洋蔥圈 yángcōngquān
onion rings　オニオンリング

⑩ **牛角面包** niújiǎo miànbāo　可頌 kěsòng
croissant　クロワッサン

⑪ **冰淇淋**　冰淇淋 bīngqílín
ice cream　アイスクリーム
量[台湾で]球 qiú；[大陸で]份 fèn；个 ge

⑫ **带走** dàizǒu　外帶 wàidài
(food) to go　テイクアウト、持ち帰り
★ 我要 wǒ yào～　持ち帰ります

Section 5: 食事 用餐

> ⑦㉓ "鸡块儿"は骨を取り除いた鶏肉で作った物を指し、"炸鸡"は鶏もも肉、鶏の手羽先、鶏むね肉など骨がついている物を指す。
> ⑪ "冰淇淋"は、甘みのある氷菓子全体の総称としても使える。また、"双淇淋 shuāngqílín"はソフトクリームを指す。
> ⑬ "凳子"と"椅子 yǐzi"の違いは、"凳子"には"靠背 kàobèi"（背もたれ）がないが、"椅子"にはある。

⑬ **凳子** 凳子 dèngzi
stool スツール、(背もたれのない)丸椅子

⑭ **汉堡** 漢堡 hànbǎo
hamburger ハンバーガー

⑮ **奶酪／起司** nǎiluò/ qǐsī
乳酪／起司 rǔluò/ qǐsī
cheese チーズ

⑯ **起司汉堡** 起司漢堡 qǐsī hànbǎo
cheeseburger チーズバーガー

⑰ **在这儿吃** zài zhèr chī **內用** nèiyòng
(food) for here 店内で食事する
★ 我要 wǒ yào~ 私は店内で食事をします
★ 您要~还是带走? nín yào~háishi dàizǒu?
店内で食べますか、それともお持ち帰りしますか?

⑱ **热狗** 熱狗 règǒu
hot dog ホットドッグ
量[南方で]支 zhī; [北方で]个 ge

⑲ **奶昔** nǎixī 奶昔 nǎixí
milk shake ミルクセーキ
量杯 bēi

⑳ **薯条** 薯條 shǔtiáo
French fries ポテトフライ、フライドポテト
量[一人分の]包 bāo; [一本の]根 gēn

㉑ **餐盘** 餐盤 cānpán
serving tray （料理をのせる）トレー
★ 用~装食物 yòng~zhuāng shíwù
トレーに食べ物をのせる

㉒ **百吉饼** bǎijíbǐng 貝果 bèiguǒ
bagel ベーグル

㉓ **炸鸡** 炸雞 zhájī
fried chicken フライドチキン

㉔ **松饼** sōngbǐng 瑪芬 mǎfēn
muffins マフィン

㉕ **华夫饼** huáfūbǐng 鬆餅 sōngbǐng
waffle ワッフル

5-5 日本料理
日本料理

日本料理 日本料理 Rìběn liàolǐ
Japanese cuisine 日本料理

① **日本料理店** 日本料理店
Rìběn liàolǐdiàn
Japanese restaurant 日本料理屋
(量)家 jiā

② **门帘** 門簾 ménlián
curtain のれん
★ 掀 xiān~ のれんをめくる

③ **榻榻米** 榻榻米 tàtàmǐ
tatami 畳《たたみ》
★ 铺 pū~ 畳を敷く
★ 坐在~上 zuò zài~shàng 畳の上に座る

④ **日式凉面** 日式涼麵
Rìshì liángmiàn
Japanese cold noodles
ざるそば；そうめん

⑤ **日本酒** 日本酒 Rìběnjiǔ
sake 日本酒
(量)瓶 píng

⑥ **酒瓶** 酒瓶 jiǔpíng
wine bottle 徳利《とっくり》

⑦ **酒杯** 酒杯 jiǔbēi
wine cup おちょこ、ぐい呑み

⑧ **寿司** 壽司 shòusī
sushi 寿司《すし》
(量)份 fèn
★ 点 diǎn~ 寿司を頼む

⑨ **咖喱猪排饭** gālí zhūpáifàn
咖哩豬排飯 kālí zhūpáifàn
deep-fried pork and curry rice カツカレー

⑩ **餐盘** 餐盤 cānpán
tray （料理をのせる）トレー、おぼん

⑪ **拉面** 拉麵 lāmiàn
ramen ラーメン
(量)碗 wǎn

⑫ **盖饭** 蓋飯 gàifàn
donburi どんぶり
★ 牛肉 niúròu~ 牛丼

⑬ **寿喜烧** 壽喜燒 shòuxǐshāo
sukiyaki すき焼き

⑭ **套餐** tàocān 定食 dìngshí
set meal 定食
★ 吃 chī~ 定食を食べる

Section 5: 食事 用餐

注意

⑤ 日本酒は"清酒 qīngjiǔ"とも言う。

⑧ 寿司の種類は多く、中国語でも"卷寿司 juǎnshòusī"（巻き寿司）、"握寿司 wòshòusī"（握り寿司）、"散寿司 sǎnshòusī"（散らし寿司）という表現を用いることが多い。

⑱ 串焼きは各食材を竹串に刺して焼く料理で、"鸡肉烤串 jīròu kǎochuàn"（鶏肉の串焼き）、"猪肉烤串 zhūròu kǎochuàn"（豚肉の串焼き）、"蔬菜烤串 shūcài kǎochuàn"（野菜の串焼き）などがある。

㉔ おでんは、台湾でもよく見る食べ物で、"黑輪 hēilún"とも呼ばれる。

---

⑮ **酱汤** jiàngtāng **味噌湯** wèicēngtāng
miso soup 味噌汁
量 碗 wǎn

⑯ **天妇罗** 天婦羅 tiānfùluó
tempura 天ぷら

⑰ **腌渍小菜** 醃漬小菜 yānzì xiǎocài
pickled vegetables お新香、漬物
量 碟 dié

⑱ **烤串** kǎochuàn **串燒** chuànshāo
kebab 串焼き
量 支 zhī; 串 chuàn

⑲ **火锅** huǒguō **涮涮鍋** shuànshuànguō
shabushabu hot pot しゃぶしゃぶ(鍋)

⑳ **生鱼片** 生魚片 shēngyúpiàn
sashimi さしみ

㉑ **筷架** 筷架 kuàijià
chopsticks holder 箸置き

㉒ **卫生筷／一次性筷子** wèishēngkuài/ yícìxìng kuàizi
衛生筷 wèishēngkuài
disposable chopsticks 割り箸
量 副 fù; 双 shuāng

㉓ **湿手巾** shīshǒujīn **濕紙巾** shīzhǐjīn
wet wipes おしぼり
★ 用～擦手 yòng~cā shǒu おしぼりで手を拭く

㉔ **关东煮** 關東煮 guāndōngzhǔ
oden おでん

㉕ **蒸蛋羹** zhēngdàngēng **茶碗蒸** cháwǎnzhēng
chawan-mushi 茶碗蒸し

5-6 食器
餐具

餐具 餐具 cānjù
tableware; cutlery 食器

① 筷子 筷子 kuàizi
chopsticks 箸
- 量 双 shuāng; [片方だけ]支 zhī
- ★ 拿 ná~ 箸を持つ
- ★ 握 wò~ 箸を握る
- ★ 用~夹 yòng~jiā 箸で挟む

② 叉子 叉子 chāzi
fork フォーク
- 量 根 gēn; 支 zhī
- ★ 用~吃水果 yòng~chī shuǐguǒ
  フォークで果物を食べる

③ 色拉叉／沙拉叉 sèlāchā/ shālāchā
沙拉叉 shālāchā
salad fork サラダフォーク

④ 汤匙 湯匙 tāngchí
spoon スプーン、ちりれんげ、さじ
- 量 根 gēn
- ★ 用~舀汤 yòng~yǎo tāng スプーンでスープをかき混ぜる
- ★ 用~盛 yòng~chéng さじで盛り付ける

⑤ 茶匙 茶匙 cháchí
teaspoon ティースプーン、茶さじ

⑥ 搅拌棒 攪拌棒 jiǎobànbàng
stirring paddle; stick ヘラ
- ★ 用~搅拌 yòng~jiǎobàn ヘラでかき混ぜる

⑦ 牛排刀 牛排刀 niúpáidāo
steak knife ステーキナイフ
- ★ 用~切 yòng~qiē ステーキナイフで切る

⑧ 餐刀 餐刀 cāndāo
dinner knife （食事用の）ナイフ

⑨ 奶油刀 奶油刀 nǎiyóudāo
butter knife バターナイフ
- ★ 用~涂奶油 yòng~tú nǎiyóu バターナイフでバターを塗る

⑩ 碗 碗 wǎn
bowl お碗、茶碗
- ★ 用~装 yòng~zhuāng お碗に入れる

⑪ 大浅盘 大淺盤 dàqiǎnpán
platter トレー、プレート、大皿

Section 5: 食事 用餐

※ 食器には用途や形状、大きさに応じさまざまな呼び方がある。また用途や形状の説明をすることで、言い表したい食器を指すこともできる。

形状: "深 shēn"(深い)、"浅 qiǎn"(浅い)、"大 dà"(大きい)、"小 xiǎo"(小さい)

用途: "甜点 tiándiǎn"(デザート)、"点心 diǎnxin"(点心/飲茶)、"沙拉 shālā"(サラダ)、"沾酱 zhānjiàng"(ソース)

種類: "盘 pán"(皿)、"匙 chí"(スプーン)、"叉 chā"(フォーク)、"碗 wǎn"(お碗)

組み合わせ: "沾酱盘 zhānjiàng pán"(ソース皿)、"大沙拉碗 dà shālāwǎn"(サラダプレート)、"点心叉 diǎnxinchā"(デザート用フォーク)

⑫ **盘子** 盤子 pánzi
plate 皿
★ 请拿~过来 qǐng ná~guòlái 皿を持ってきてください

⑬ **碟子** 碟子 diézi
saucer 小鉢、小皿
★ 请换一下 qǐng huàn yíxià~ 小皿を換えてください

⑭ **比萨刀** bǐsàdāo 披薩刀 pīsàdāo
pizza cutter ピザカッター
★ 用~切比萨饼 yòng~qiē bǐsàbǐng ピザカッターでピザを切る

⑮ **色拉匙／沙拉匙** sèlāchí/ shālāchí
沙拉匙 shālāchí
salad servers サラダスプーン

⑯ **甜点叉** 甜點叉 tiándiǎnchā
dessert fork デザート用フォーク

⑰ **餐巾环** 餐巾環 cānjīnhuán
napkin ring ナプキンリング、テーブルナプキンホルダー

⑱ **汤盘** 湯盤 tāngpán
soup plate スーププレート、スープ用の深皿

⑲ **点心盘** diǎnxinpán 點心盤 diǎnxīnpán
dessert plate デザートプレート

⑳ **色拉盘／沙拉盘** sèlāpán/ shālāpán
沙拉盤 shālāpán
salad plate サラダプレート

5-7 調理法
烹饪法

烹饪法 pēngrènfǎ **調理法** tiáolǐfǎ
cooking style 調理法

烹饪 烹飪 pēngrèn
cook 料理する

① **烤** 烤 kǎo
to bake （あぶるように）焼く
- ～面包 miànbāo パンを焼く
- ～鸡 jī 鶏肉を焼く；グリルチキン
- ～肉 ròu 肉を焼く

② **火烤** 火烤 huǒkǎo
to grill グリルする、網焼きにする

③ **烧烤** 燒烤 shāokǎo
to barbecue 焼く、バーベキューする
- 野外 yěwài ～ 野外バーベキュー

④ **炸** 炸 zhá
to deep-fry 揚げる
- ～鸡排 jīpái 鶏肉を揚げる、フライドチキンにする

⑤ **炒** 炒 chǎo
to stir-fry 炒める
- ～豆芽菜 dòuyácài もやしを炒める

⑥ **煎** 煎 jiān
to fry （少量の油で）焼く、いためる
- ～牛排 niúpái ステーキを焼く

⑦ **熬** 熬 áo
to simmer （長時間）煮詰める、煮込む
- ～汤 tāng スープを煮込む

⑧ **煮** 煮 zhǔ
to boil 煮る、ゆでる
- ～鸡蛋 jīdàn 玉子をゆでる

⑨ **烫** 燙 tàng
to blanch ゆがく、湯通しする
- ～青菜 qīngcài 野菜を湯通しする

⑩ **炖** 燉 dùn
to stew （とろ火で）煮詰める、煮込む
- ～牛肉 niúròu 牛肉を煮込む

Section 5: 食事 用餐

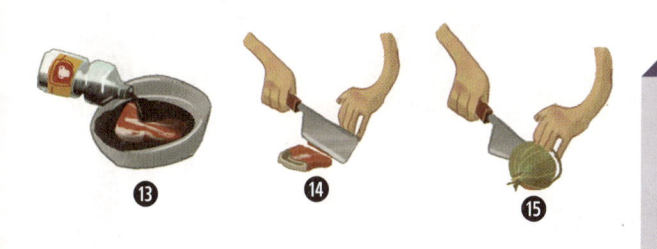

① "烤"の料理には、1) グリルやオーブンで焼く方法、2) ホットプレートで焼く方法、3) 炭火で焼く方法、の3種類の調理法がある。
⑪ 蒸して調理することを"清蒸 qīngzhēng" とも言う。

⑪ 蒸 蒸 zhēng
to steam　蒸す、ふかす
★ ～包子 bāozi　肉まんを蒸す

⑫ 拌 拌 bàn
to toss　かき混ぜる、混ぜ合わせる
★ ～色拉 sèlā　サラダを混ぜ合わせる

⑬ 腌 醃 yān
to marinate　漬ける、塩漬けする
★ ～萝卜 luóbo　大根を漬ける

⑭ 剁 剁 duò
to chop　ぶつ切りにする
★ ～猪脚 zhūjiǎo　豚足をぶつ切りにする

⑮ 切 切 qiē
to cut　切る
★ ～蛋糕 dàngāo　ケーキを切る

⑯ 卤 滷 lǔ
to stew with soy sauce　（醤油などで）煮込む
★ ～猪肉 zhūròu　豚肉を煮込む

⑰ 削 削 xiāo
to peel　（皮を）むく、削る
★ ～皮 pí　皮をむく

⑱ 擦 cā 刨 bào
to grate　擦《す》る、おろす、けずる
★ ～萝卜丝 luóbo sī　ダイコンをおろす

⑲ 撒 撒 sǎ
to sprinkle　（塩などを）ふる、まき散らす
★ ～胡椒粉 hújiāofěn　胡椒をふる

⑳ 包 包 bāo
to wrap　包む
★ ～饺子 jiǎozi　餃子をつくる

㉑ 熏 燻 xūn
to smoke　燻《いぶ》す、燻製にする
★ ～火腿 huǒtuǐ　ハムを燻す、燻製ハムにする

5-8 調味料
调料／佐料

调料／佐料 tiáoliào/ zuǒliào
調味料／佐料 tiáowèiliào/ zuǒliào
condiments　調味料

① **冰糖** 冰糖 bīngtáng
rock candy　氷砂糖
★ 放 fàng～　氷砂糖を入れる

② **砂糖** 砂糖 shātáng
sugar　砂糖、ざらめ
(量)匙 chí
★ 放 fàng～　砂糖を入れる
★ 加 jiā～　砂糖を加える
★ 少许 shǎoxǔ～　砂糖ひとつまみ

③ **盐** 鹽 yán
salt　塩、食塩
(量)匙 chí
★ 放 fàng～　塩を入れる
★ 加 jiā～　塩を加える
★ 少许 shǎoxǔ～　塩少々

④ **胡椒** 胡椒 hújiāo
pepper　胡椒
★ 撒～粉 sǎ～fěn　胡椒の粉をふる

⑤ **味精** 味精 wèijīng
MSG (monosodium glutamate)
うまみ調味料、味の素〈商標〉

⑥ **柴鱼片** 柴魚片 cháiyúpiàn
dry bonito shavings　鰹節《かつおぶし》
★ 撒 sǎ～　鰹節をふりかける

⑦ **醋** 醋 cù
vinegar　酢
★ 倒 dào～　酢を入れる

⑧ **米酒** 米酒 mǐjiǔ
rice wine　米酒：モチ米などで作った調理酒

⑨ **色拉油／沙拉油** sèlāyóu/ shālāyóu
沙拉油 shālāyóu
cooking oil　サラダ油

⑩ **橄榄油** 橄欖油 gǎnlǎnyóu
olive oil　オリーブオイル

⑪ **酱油** 醬油 jiàngyóu
soy sauce　醤油《しょうゆ》
★ 打 dǎ～　醤油を買う

⑫ **香油** 香油 xiāngyóu
sesame oil　ゴマ油
★ 淋 lín～　ゴマ油をたらす

⑬ **玉米淀粉** yùmǐdiànfěn
玉米粉 yùmǐfěn
corn starch
コーンスターチ：トウモロコシのデンプン
★ 加 jiā～　コーンスターチを加える

Section 5: 食事 用餐

注意

④ 胡椒は、"黑胡椒 hēihújiāo"（黒胡椒）と"白胡椒 báihújiāo"（白胡椒）に分けられる。通常胡椒は粉状になっていることから"胡椒粉 hújiāofěn"とも言う。

⑦ 酢は、味も色も濃い"黑醋／乌醋 hēicù/wūcù"（黒酢/香酢）と、透明色の"白醋 báicù"（酢/米酢）がある。

⑪ 醤油は、広東、香港地域では"生抽 shēngchōu"とも言われる。色が濃く味が薄い"老抽 lǎochōu"は色づけの為によく利用される。

⑫ "香油"は白ゴマ油を指し、"黑麻油 hēimáyóu"は、黒ゴマから抽出したものを指す。

⑬⑭ "玉米淀粉"と"太白粉"以外に、台湾料理の"蚵仔煎 ézǐjiān"（カキ玉子焼き）に使われるのが、サツマイモを原料とした"地瓜粉 dìguāfěn"である。

⑮ カレーは調味料として売っている場合、"咖喱粉 gālífěn"（カレー粉）や"咖喱块 gālíkuài"（カレールウ）と表記される。

⑰ からしには、西洋料理の"黄芥末 huángjièmo"（マスタード）と、寿司に合わせる"绿芥末 lùjièmo"（わさび）がある。

⑭ **太白粉** tàibáifěn　太白粉
potato starch　片栗粉《かたくりこ》

⑮ **咖喱** gālí　咖哩 kālí
curry　カレー
★ ～粉 fěn　カレー粉

⑯ **酱** jiàng　味噌 wèicēng
miso　味噌《みそ》

⑰ **芥末** jièmo　芥末 jièmò
mustard　からし

⑱ **番茄酱** 番茄醬 fānqiéjiàng
ketchup　トマトケチャップ

⑲ **辣椒酱** 辣椒醬 làjiāojiàng
chili sauce　チリソース、トウガラシ味噌
★ 加 jiā～　チリソースを加える

⑳ **沙茶酱** 沙茶醬 shāchájiàng
shacha sauce　サテソース、ピーナッツソース

㉑ **豆瓣儿酱** dòubànrjiàng
豆瓣醬 dòubànjiàng
bean paste
トウバンジャン：大豆などで作ったひき割り味噌

㉒ **辣油** 辣油 làyóu
chili oil　ラー油

㉓ **蚝油** 蠔油 háoyóu
oyster sauce　オイスターソース、カキ油

㉔ **甜料酒** tiánliàojiǔ　味醂 wèilín
mirin　みりん

5-9 味
味道

味道 味道 wèi·dào
flavor; taste 味

① **辣** 辣 là
spicy （ひりひりして）辛い
★ 味道很 wèi·dào hěn~ とても辛い
★ 有点儿 yǒudiǎnr~ 少し辛い

② **超辣** 超辣 chāolà
extremely spicy 激辛《げきから》

③ **好吃** 好吃 hǎochī
delicious おいしい、美味

④ **甜** 甜 tián
sweet 甘い

⑤ **酸** 酸 suān
sour 酸っぱい

⑥ **咸** 鹹 xián
salty 塩辛い、しょっぱい

⑦ **苦** 苦 kǔ
bitter 苦い

⑧ **恶心** 噁心 ěxin
disgusting 気持ち悪い、吐き気がする
★ 看起来有点儿 kàn qilai yǒudiǎnr~
見た感じ少し気持ち悪い

⑨ **难吃** 難吃 nánchī
bad-tasting まずい

⑩ **清淡** 清淡 qīngdàn
light; bland 味が薄い、あっさりしている
★ 这道菜很 zhè dào cài hěn~
これはとてもあっさりしている

⑪ **油腻** 油膩 yóunì
greasy 油っぽい、脂っこい
★ 太~了 tài~le あまりにも脂っこい

⑫ **不好消化** 不好消化 bù hǎo xiāohuà
heavy 重たい、もたれる

⑬ **味道重** wèi·dào zhòng
味道強烈 wèi·dào qiángliè
strong 味が濃い；においが強烈

Section 5: 食事 用餐

⑬ ⑭ ⑮ ⑯

⑰ ⑱ ⑲ ⑳

⑭ **筋道** jīndao 有彈性 yǒu tánxìng
chewy　歯ごたえがある、腰がある

⑮ **脆口** 脆口 cuìkǒu
crispy　サクサクする、パリパリする

⑯ **清爽** 清爽 qīngshuǎng
refreshing　爽やか、あっさりして口当たりがよい

⑰ **清香** 清香 qīngxiāng
fragrant　香ばしい、すがすがしい香りがする
★ 闻起来很 wén qilai hěn～　とてもすがすがしい香りがする

⑱ **顺口** 顺口 shùnkǒu
easy to swallow　食べやすい、口当たりがよい

⑲ **丰富** 豊富 fēngfù
flavorful　風味豊か
★ 味道很 wèi·dào hěn～　とても風味豊かな味がする

⑳ **有深度的味道** 有深度的味道
yǒu shēndù de wèi·dào
flavor with depth　奥深い味、深みのある味わい
★ 这是很 zhè shi hěn～　これはとても奥深い味だ

㉑

注意

※ 香りも、味も、中国語では"味道"と言う。味や香りを表す時、いろいろな副詞で表現の程度を言い表すことができる。

"有一点儿 yǒu yìdiǎnr"（ちょっと/少し）："这碗牛肉面有一点儿辣。Zhè wǎn niúròumiàn yǒu yìdiǎnr là."（この牛肉麺はちょっと辛い）

"不太 bú tài"（そんなに～ない）："我觉得臭豆腐不太好吃。Wǒ juéde chòudòufu bú tài hǎochī."（臭豆腐はそんなにおいしくないと思う）

"很 hěn"（とても：強調して発音する場合）："北京烤鸭很好吃。Běijīng kǎoyā hěn hǎochī."（北京ダックはとてもおいしい）

"好 hǎo"（すごく）："这碗酸辣汤好辣。Zhè wǎn suānlàtāng hǎo là."（このサンラータンはすごく辛い）

"非常 fēicháng"（非常に）："这道三杯鸡非常咸。Zhè dào sānbēijī fēicháng xián."（この鶏肉炒めは非常に塩辛い）

"超 chāo"（超）："这个西瓜超甜。Zhè ge xīguā chāo tián."（このスイカは超甘い）

※ "吃起来 chī qilai"（食べた感じ）を加えると、味に対する評価、感想を述べることができる。例えば"糖醋鱼吃起来酸酸甜甜的，很好吃。Tángcùyú chī qilai suānsuān tiántián de, hěn hǎochī."（白身魚の甘酢あんかけは、食べた感じが酸っぱくてしかも甘く、とてもおいしい）

※ 香りに関する感想を述べる時、"鸡排闻起来很香 jīpái wén qilai hěn xiāng"（鶏の素揚げはいい香りがする）のように"闻起来… wén qilai …"（…香りがする）と言うことができる。

㉑ **高雅的味道** 高雅的味道
gāoyǎ de wèi·dào
elegant flavor　上品な味

5-10 エスニック料理
民族菜肴

民族菜肴 mínzú càiyáo
民族料理 mínzú liàolǐ
ethnic cuisine　エスニック料理

①**韩国餐厅** 韓國餐廳 Hánguó cāntīng
Korean restaurant　韓国レストラン
量 家 jiā

②**豆腐锅** 豆腐鍋 dòufuguō
tofu pot　豆腐チゲ
量 份 fèn

③**牛排骨汤** 牛排骨湯 niúpáigǔtāng
ox rib soup　ユッケジャン

④**人参鸡汤** 人参雞湯 rénshēn jītāng
ginseng chicken　サムゲタン

⑤**辣炒年糕** 辣炒年糕 làchǎo niángāo
stir-fried rice cake　トッポギ
量 盘 pán
★ 点 diǎn~　トッポギを頼む

⑥**韩式拌饭** 韓式拌飯 Hánshì bànfàn
bibimbab　ビビンバ

⑦**韩国泡菜** 韓國泡菜 Hánguó pàocài
kimchi　キムチ

⑧**铜盘烤肉** 銅盤烤肉 tóngpán kǎoròu
Korean BBQ　韓国風焼肉

⑨**海鲜煎饼** 海鮮煎餅 hǎixiān jiānbǐng
seafood pancake　チヂミ

⑩**泡菜炒饭** 泡菜炒飯 pàocài chǎofàn
kimchi fried rice　キムチチャーハン

⑪**韩式辣椒酱** 韓式辣椒醬
Hánshì làjiāojiàng
Korean chili paste　コチュジャン

⑫**紫菜饭卷** 紫菜飯捲 zǐcài fànjuǎn
Korean sushi roll　キムパプ、韓国風のりまき

⑬**韩式冷面** 韓式冷麵 Hánshì lěngmiàn
Korean cold noodles　冷麺《れいめん》、ネンミョン

⑭**石锅拌饭** 石鍋拌飯 shíguō bànfàn
dolsot bibimbab　石焼ビビンバ

⑮**泰国餐厅** 泰國餐廳 Tàiguó cāntīng
Thai restaurant　タイレストラン

⑯**酸辣汤** 酸辣湯 suānlàtāng
hot and sour soup　トムヤムクン

⑰**鱼露** 魚露 yúlù
fish sauce　ナンプラー

⑱**泰式咖喱饭** Tàishì gālífàn
泰式咖哩飯 Tàishì kālífàn
Thai curry rice　タイカレー

Section 5: **食事 用餐**

⑦ キムチとは韓国風漬物の総称で、一番ポピュラーな材料はハクサイ。しかしキムチにもいろいろな種類があり、"黄瓜泡菜 huángguā pàocài"(キュウリのキムチ)や"萝卜泡菜 luóbo pàocài"(ダイコンのキムチ)、"韭菜泡菜 jiǔcài pàocài"(ニラのキムチ)などもある。

⑱ タイカレーでよく見るのは"黄咖喱 huánggālí"(黄色いカレー)と"绿咖喱 lùgālí"(薄緑色のカレー)と"红咖喱 hónggālí"(赤いカレー)の3種類で、黄色のカレーは比較的まろやかだが、薄緑と赤いカレーは辛い。

㉗ フォーは、具材に応じ呼び方も異なる。ポピュラーなのは牛肉をいれた"牛肉河粉 niúròu héfěn"(フォー・ボー)と、鶏肉を入れた"鸡肉河粉 jīròu héfěn"(フォー・ガー)である。

⑲ **柠檬鱼** 檸檬魚 níngméngyú
lemon fish 酸味のあるソースで和えた魚料理

⑳ **凉拌海鲜** 涼拌海鮮 liángbàn hǎixiān
seafood salad シーフードサラダ

㉑ **泰式炒河粉** 泰式炒河粉
Tàishì chǎohéfěn
Thai fried rice noodles (pad thai) パッタイ

㉒ **凉拌青木瓜** 涼拌青木瓜
liángbàn qīngmùguā
green papaya salad 青いパパイヤのサラダ

㉓ **虾饼** 蝦餅 xiābǐng
shrimp cake えびのさつま揚げ

㉔ **越南餐厅** 越南餐廳 Yuènán cāntīng
Vietnamese restaurant ベトナムレストラン

㉕ **黄金煎饼** 黃金煎餅 huángjīn jiānbǐng
Vietnamese pancake バインセオ、ベトナム風お好み焼き

㉖ **越南三明治** 越南三明治 Yuènán sānmíngzhì
Vietnamese sandwich
バインミー、ベトナム風サンドイッチ

㉗ **越式河粉** 越式河粉 Yuèshì héfěn
pho フォー

㉘ **越南年粽** 越南年粽 Yuènán niánzòng
Vietnamese cake バインチュン、ベトナム風ちまき

㉙ **炸春卷** 炸春捲 zháchūnjuǎn
deep-fried spring roll 揚げ春巻き

㉚ **生春卷** 生春捲 shēngchūnjuǎn
raw spring roll 生春巻き

5-11 お茶とコーヒー
茶和咖啡

🎧 044

茶 茶 chá
tea 茶、お茶

咖啡 咖啡 kāfēi
coffee コーヒー

① 茶艺馆 茶藝館 cháyìguǎn
tea house
(中国式の)喫茶店、茶芸館
量 家 jiā

② 泡茶 泡茶 pào//chá
to make tea
お茶をいれる、お茶を立てる
★ 泡了一壶茶 pàole yì hú chá
ひと急須分のお茶をいれた

③ 沏茶 沏茶 qī//chá
to brew tea
お茶をいれる、お茶を立てる

④ 茶壶 茶壺 cháhú
tea pot 急須、ティーポット

⑤ 茶匙 茶匙 cháchí
tea spoon 茶さじ、ティースプーン
量 根 gēn

⑥ 茶罐 茶罐 cháguàn
tea jar 茶缶、茶筒

⑦ 茶杯 茶杯 chábēi
tea cup 湯飲み、ティーカップ

⑧ 茶叶 茶葉 cháyè
tea leaf 茶葉
量 [500グラム単位]斤 jīn；
[50グラム単位]两 liǎng

⑨ 斟茶 斟茶 zhēn//chá
to pour tea
(目上の人へ)お茶を差し出す

⑩ 茶盘 茶盤 chápán
tea plate
茶器を置く盆；ティープレート

⑪ 茶叶袋 cháyèdài 茶包 chábāo
tea bag ティーバッグ

⑫ 花草茶 花草茶 huācǎochá
herbal tea ハーブティー

⑬ 敬茶 敬茶 jìng//chá
to offer tea お茶をすすめる

⑭ 普洱茶 普洱茶 pǔ'ěrchá
pu'er tea プーアル茶

⑮ 香片 香片 xiāngpiàn
jasmine tea ジャスミンティー

⑯ 乌龙茶 烏龍茶 wūlóngchá
oolong tea ウーロン茶

⑰ 绿茶 綠茶 lǜchá
green tea 緑茶、日本茶

Section 5: 食事 用餐

注意

②③ "泡"は「湯の中に茶の葉を浸す」の意で、"沏"は「茶葉に熱湯をかける」の意。

④〜⑦ 急須やティーカップ、ティースプーンなどお茶をいれる時に使う器具を"茶具 chájù"（茶器）と言う。

⑮ "香片"は"茉莉花茶 mòlìhuāchá"の別名だが、伝統的な喫茶店では"香片"と呼ばれる。

⑰⑱ 中国には、紅茶・緑茶以外に、"白茶 báichá"という発酵が浅いお茶があり、原産地は福建、雲南地区である。

㉖ インスタントコーヒーは、コーヒーの粉をブレンドしたものだが、クリームと砂糖も一緒に入っているインスタントコーヒーを"三合一速溶咖啡 sānhéyī sùróng kāfēi"と言う。

⑱ **红茶** 紅茶 hóngchá
black tea 紅茶
量杯 bēi

⑲ **品茶** 品茶 pǐn//chá
to taste tea お茶を味わう

⑳ **咖啡厅** 咖啡廳 kāfēitīng
café カフェ、喫茶店
量家 jiā

㉑ **咖啡机** 咖啡機 kāfēijī
coffee machine コーヒーメーカー
★ 用〜煮咖啡 yòng〜zhǔ kāfēi
コーヒーメーカーでコーヒーをいれる

㉒ **咖啡豆** 咖啡豆 kāfēidòu
coffee bean コーヒー豆
★ 磨 mó〜 コーヒー豆を挽く

㉓ **咖啡杯** 咖啡杯 kāfēibēi
coffee cup コーヒーカップ

㉔ **咖啡壶** 咖啡壺 kāfēihú
coffee pot コーヒーポット

㉕ **咖啡粉** 咖啡粉 kāfēifěn
coffee powder コーヒーパウダー

㉖ **速溶咖啡** sùróng kāfēi
即溶咖啡 jíróng kāfēi
instant coffee
インスタントコーヒー
★ 冲 chōng〜
インスタントコーヒーをいれる

㉗ **卡布奇诺** 卡布奇諾 kǎbùqínuò
cappuccino カプチーノ

㉘ **热巧克力** 熱巧克力
rèqiǎokèlì
hot chocolate ホットココア

㉙ **拿铁** 拿鐵 nátiě
latte カフェラテ、カフェ・オ・レ

㉚ **黑咖啡** 黑咖啡 hēikāfēi
black coffee ブラックコーヒー

㉛ **摩卡** 摩卡 mókǎ
mocha （コーヒーの）モカ

㉜ **搅拌棒** 攪拌棒 jiǎobànbàng
stirring stick マドラー；ホイッパー
★ 用〜搅拌咖啡 yòng〜jiǎobàn kāfēi
マドラーでコーヒーをかき混ぜる

㉝ **咖啡伴侣／奶精**
kāfēi bànlǚ / nǎijīng
奶精 nǎijīng
coffee creamer
（コーヒーに入れる）クリーム
★ 加 jiā〜 クリームを加える

㉞ **浓缩咖啡** 濃縮咖啡
nóngsuō kāfēi
espresso エスプレッソコーヒー

会話練習 🎧 045

中山理恵：请问牛排套餐有什么？
Zhōngshān Lǐhuì: Qǐngwèn niúpái tàocān yǒu shénme?

ステーキセットには何がついていますか？

服务员：套餐里有色拉、汤、牛排跟甜点。
Fúwùyuán: Tàocān li yǒu sèlā、tāng、niúpái gēn tiándiǎn.

セットはサラダとスープ、ステーキとデザートです。

中山理恵：请问甜点是什么甜点？
Zhōngshān Lǐhuì: Qǐngwèn tiándiǎn shì shénme tiándiǎn?

デザートは何ですか？

服务员：今天的甜点是苹果派。
Fúwùyuán: Jīntiān de tiándiǎn shì píngguǒpài.

本日のデザートはアップルパイです。

中山理恵：好，我要一份牛排套餐。
Zhōngshān Lǐhuì: Hǎo, wǒ yào yí fèn niúpái tàocān.

そうですか、じゃあ、ステーキセット一人前ください。

牛肉麺

　日本の庶民的な食べ物の代表格といえば、ラーメンといっても過言ではない。ラーメンは中国が起源とされているので、湯気のなか慌ただしく麺をすすりながら「いつかは本場中国のラーメンを食べてみたい」などと考えた人も少なくないのではないか。

　では、中国や台湾ではどのような麺類があるのか？日本でも有名なタンタン麺（"担担面 dàndànmiàn"）、あっさりした味が人気のタンツー麺（"担仔面 dānzǐmiàn"）、ソーメンに似た細い麺の陽春麺（"阳春面 yángchūnmiàn"）、小麦粉の塊を包丁で削って鍋にいれることから名前がついた刀削麺（"刀削面 dāoxiāomiàn"）のほか日本式うどん（"乌冬面 wūdōngmiàn"）など種類も豊富にある。

　なかでも一番庶民的な麺類といえば牛肉麺（"牛肉面 niúròumiàn"）だ。やや大きめの器に、牛肉をよく煮込んだスープとうどんのような白い麺が入り、その上に牛肉の角切りが加えてある。牛肉には骨がついていることもあるが、口のなかで骨を分け、取り出したりしながら食べればよい。また、ほうれん草や餃子をトッピングしたり、麺を刀削麺にして刀削牛肉麺にしたりもできるので、バリエーションが豊富だ。本場の台湾では牛肉麺専門のチェーン店も複数展開されているほど庶民的な食べ物である。

　しかしながらこの"牛肉面"は、不思議なことに、"担担面"、"担仔面"、"刀削面"ほどには日本で知られていない。旅行や出張などで中国大陸や台湾などに行かれたら是非ためしてみてほしい。

© vixyao from flickr

Section 6
衣服 衣服

6-1 中国服
中式服装

中式服装 中式服装 zhōngshì fúzhuāng
Chinese clothes 中国服

服装 服装 fúzhuāng
clothes 服装、身なり

① **旗袍** 旗袍 qípáo
cheongsam チャイナドレス、チーパオ
量件 jiàn
★ 订做 dìngzuò～ チャイナドレスをオーダーメイドする
★ 穿 chuān～ チャイナドレスを着る
★ 脱 tuō～ チャイナドレスを脱ぐ

② **立领** 立領 lǐlǐng
Mandarin collar 立ち襟、詰め襟

③ **偏襟** 偏襟 piānjīn
lapel trimming ボタンのななめがけ

④ **布钮扣** 布鈕釦 bùniǔkòu
cloth button 布製ボタン

⑤ **裙衩** 裙衩 qúnchà
a slit in the skirt （スカートの）スリット

⑥ **肚兜** 肚兜 dùdōu
Chinese halter top 前掛け

⑦ **绣花鞋** 繡花鞋 xiùhuāxié
embroidered shoes （女性用の）刺繍靴
量双 shuāng; 只 zhī

⑧ **对襟棉袄** 對襟棉襖 duìjīn mián'ǎo
cotton-padded jacket with buttons down the front
（綿入れの）チャイナコート、中華ジャケット

⑨ **棉裤** 棉褲 miánkù
cotton pants 綿入れのズボン；コットンパンツ

112

Section 6: 衣服 衣服

> **注意**
> ① 中国の伝統的なチャイナドレスの特徴は"立领"(詰め襟)、"贴身 tiēshēn"(タイト)、"开衩 kāichà"(スリット入り)である。
> ⑪ "唐装"は満州の民族衣装である"马褂 mǎguà"から改良されたもので、その特徴は"立领"、"对襟 duìjīn"(前打ち合わせ)、"连袖 liánxiù"(筒袖)、"盘扣 pánkòu"(巻き型ボタン)である。
> ⑮ "中山装"は孫文の号、中山に由来する衣服(孫文はいつもこのスタイルの衣服を着ていたため)で、外見は軍服に似ている。前に四つのポケットと上下左右対称のデザインが特徴である。シルエットが崩れにくく、少しタイトなデザインが体の姿勢を良く見せる。

⑩ **背心** 背心 bèixīn
vest ベスト、チョッキ

⑪ **唐装** 唐装 tángzhuāng
Tang suit チャイナ服、中華ジャケット
量 套 tào
★ 换上 huànshang~ チャイナ服に着替える

⑫ **长袍** 長袍 chángpáo
robe チャンパオ:中国の伝統的な男性用フォーマル服
量 件 jiàn

⑬ **大襟** 大襟 dàjīn
larger lapel
(コートやジャケットなどの)折り襟、襟の折り返し:中国服の上前おくみの部分

⑭ **底襟** 底襟 dǐjīn
smaller lapel
"大襟"の裏地:中国服の下前おくみの部分

⑮ **中山装** 中山裝 zhōngshānzhuāng
Chinese tunic suit 中山服、人民服
量 套 tào
★ 订做 dìngzuò~ 人民服を作る

⑯ **风纪扣** 風紀扣 fēngjìkòu
top button of a tunic or shirt 第一ボタン、襟元のボタン

⑰ **衣扣** 衣扣 yīkòu
button (衣服の)ボタン
★ 扣上 kòushang~ ボタンをとめる
★ 解开 jiěkāi~ ボタンをはずす

⑱ **袖笼** 袖籠 xiùlóng
sleeve 袖ぐり、スリーブ

⑲ **下摆** 下擺 xiàbǎi
bottom half of clothing (洋服の)裾

6-2 洋服
西式服装

西式服装 xīshì fúzhuāng
西服 xīfú
Western clothes　洋服、洋装

① 连衣裙 liányīqún
洋装 yángzhuāng
dress　ワンピース
★ 穿上 chuānshang~　ワンピースを着る
★ 脱下 tuōxia~　ワンピースを脱ぐ

② 礼服 禮服 lǐfú
gown　礼服、式服
量 套 tào

③ 西装／套装 西裝／套裝
xīzhuāng/ tàozhuāng
suit　スーツ

④ 衬衫 襯衫 chènshān
shirt　シャツ、ワイシャツ
量 件 jiàn
★ 熨 yùn~　シャツにアイロンをかける

⑤ 领子／衣领 領子／衣領
lǐngzi/ yīlǐng
collar　襟《えり》
★ 把~竖起来 bǎ~shù qǐlai　襟を立てる

⑥ 袖子 袖子 xiùzi
sleeve　袖《そで》
★ 挽 wǎn~　袖をまくる

⑦ 钮扣 鈕扣 niǔkòu
button　ボタン
★ 扣 kòu~　ボタンをはめる
★ 解 jiě~　ボタンをはずす

⑧ 背心 背心 bèixīn
vest　ベスト、ノースリーブ
★ 穿 chuān~　ベストを着る

⑨ T恤 T恤 T-xù
T-shirt　Tシャツ
★ 脱掉 tuōdiào~　Tシャツを脱ぐ

⑩ 裙子 裙子 qúnzi
skirt　スカート
量 条 tiáo
★ 穿 chuān~　スカートをはく

⑪ 裤子 褲子 kùzi
pants　パンツ、ズボン
量 条 tiáo
★ 脱 tuō~　ズボンを脱ぐ

⑫ 牛仔裤 niúzǎikù
牛仔褲 niúzǐkù
jeans　ジーンズ、ジーパン
量 条 tiáo

⑬ 短裤 短褲 duǎnkù
shorts　短パン、半ズボン

⑭ 四角裤 四角褲 sìjiǎokù
boxers; briefs　ボクサーパンツ

Section 6: 衣服 衣服

⑥ 袖の長さで"长袖 chángxiù"(長袖)と"短袖 duǎnxiù"(半袖)に分けられる。

㉔ "睡衣"は上下揃っているものか上半身に着るもので、パジャマのズボンは"睡裤 shuìkù"と呼ぶ。"睡袍 shuìpáo"(ナイトガウン、バスローブ)は、風呂上がり、寝る前や起床後に着る部屋着である。"女睡袍 nǚshuìpáo"というとネグリジェも指す。

㉖ 下着には"三角裤 sānjiǎokù"(ブリーフ)、"四角裤 sìjiǎokù"(ボクサーパンツ)、"平口内裤 píngkǒu nèikù"(トランクス)、"丁字裤 dīngzìkù"(ティーバック)などがある。

㉗ 女性水着でビキニは"比基尼泳装 bǐjīní yǒngzhuāng"と言う。男性水着は下半身だけのものが多いので"泳裤 yǒngkù"(海水パンツ)と言う。

⑮ **毛衣** 毛衣 máoyī
sweater セーター
★ 编织 biānzhī～ セーターを編む
★ 干洗 gānxǐ～ セーターをドライクリーニングする

⑯ **针织衫** 針織衫 zhēnzhīshān
knitted top ニット

⑰ **罩衫** 罩衫 zhàoshān
cardigan カーディガン

⑱ **大衣** 大衣 dàyī
coat オーバー、コート
★ 披上 pīshang～ コートを羽織る
★ 把～挂起来 bǎ～guà qilai オーバーを引っかける

⑲ **外套** 外套 wàitào
jacket ジャケット、上着

⑳ **羽绒外套** 羽絨外套 yǔróng wàitào
down coat ダウンジャケット、ダウンコート

㉑ **运动服** 運動服 yùndòngfú
sportswear スポーツウエア、ジャージー

㉒ **制服** 制服 zhìfú
uniform 制服、ユニフォーム
量 套 tào

㉓ **雨衣** 雨衣 yǔyī
raincoat レインコート、雨ガッパ

㉔ **睡衣** 睡衣 shuìyī
pajamas パジャマ
★ 换 huàn～ パジャマに着替える

㉕ **胸罩** 胸罩 xiōngzhào
bra ブラジャー
★ 穿 chuān～；戴 dài～ ブラジャーを着ける
★ 摘 zhāi～ ブラジャーをはずす

㉖ **内裤** 內褲 nèikù
underwear パンツ、パンティ
★ 穿 chuān～ パンツをはく
★ 脱 tuō～ パンティを脱ぐ

㉗ **泳装** 泳裝 yǒngzhuāng
swimsuit 水着

㉘ **泳帽** 泳帽 yǒngmào
swim cap 水泳帽
★ 戴 dài～ 水泳帽をかぶる

6-3 アクセサリー
衣服饰品

衣服 衣服 yīfu
clothes 衣服、服

饰品 飾品 shìpǐn
accessories アクセサリー、装身具

① 头巾 頭巾 tóujīn
bandana バンダナ、頭巾《ずきん》
量 条 tiáo
★ 绑 bǎng~ バンダナを巻く

② 发束 fàshù 髮束 fǎshù
hair elastic ヘアゴム

③ 发夹 fàjiā 髮夾 fǎjiá
hair clip ヘアピン
★ 夹 jiā~ ヘアピンをつける

④ 耳环 耳環 ěrhuán
earrings イヤリング、ピアス
量 副 fù; 对 duì
★ 戴 dài~ イヤリングをつける
★ 摘 zhāi~ イヤリングをはずす

⑤ 面纱 面紗 miànshā
veil ベール、ネッカチーフ
★ 蒙上 méngshang~ ベールをかぶる

⑥ 眼镜 眼鏡 yǎnjìng
eyeglasses メガネ
量 副 fù
★ 戴 dài~ メガネをかける
★ 配 pèi~ メガネをあつらえる
★ 摘 zhāi~ メガネをはずす

⑦ 墨镜 墨鏡 mòjìng
sunglasses サングラス
★ 戴 dài~ サングラスをする
★ 摘 zhāi~ サングラスをはずす

⑧ 皮包 皮包 píbāo
bag （革の）かばん

⑨ 钱包 錢包 qiánbāo
wallet 財布、札入れ
★ 丢 diū~ 財布をおとす

⑩ 背包 背包 bēibāo
backpack リュックサック
★ 背 bēi~ リュックサックを背負う

⑪ 围巾 圍巾 wéijīn
scarf マフラー、スカーフ
★ 围上 wéishang~ スカーフを巻く

⑫ 丝巾 絲巾 sījīn
silk scarf シルクのスカーフ

⑬ 项链 項鍊 xiàngliàn
necklace ネックレス
量 条 tiáo; 根 gēn
★ 戴 dài~ ネックレスをつける

⑭ 手镯／手链 手鐲／手鍊
shǒuzhuó/ shǒuliàn
bracelet ブレスレット、腕輪
★ 戴 dài~ ブレスレットをする

⑮ 手表 手錶 shǒubiǎo
wristwatch 腕時計
★ 戴 dài~ 腕時計をはめる
★ 摘 zhāi~ 腕時計をはずす

⑯ 领结 領結 lǐngjié
bow tie 蝶ネクタイ
★ 解 jiě~ 蝶ネクタイをほどく

⑰ 领带 領帶 lǐngdài
necktie ネクタイ
★ 系 jì~ ネクタイをしめる
★ 摘 zhāi~ ネクタイをはずす

⑱ 领带夹 lǐngdàijiā 領帶夾 lǐngdàijiá
tie clip （挟む形の）ネクタイピン

Section 6: 衣服 衣服

注意

⑦ サングラスは"太阳眼镜 tàiyáng yǎnjing"とも言う。

⑧⑩ "皮包""背包"や"书包 shūbāo"(学生かばん)、"提包 tíbāo"(手提げかばん)など、かばんの種類はさまざまだが、どう説明していいのかわからない場合は"包 bāo"が総称として使われる。

⑮ "手表"は腕につける時計で、ぶら下げるタイプ、またはポケットに入れておく時計は"怀表 huáibiǎo"(懐中時計)と言う。

㉖ 傘には"雨伞 yǔsǎn"と"阳伞 yángsǎn"(日傘)がある。また、携帯に便利なように折り畳めるタイプを"折叠伞 zhédiésǎn"(折り畳み傘)と言い、畳めないタイプを"直伞 zhísǎn"と言う。

㉙ "手绢 shǒujuàn"とも言う。

⑲ **袖扣** 袖扣 xiùkòu
cuff link カフスボタン

⑳ **胸花** 胸花 xiōnghuā
corsage コサージュ
★ 戴 dài~ コサージュをつける

㉑ **胸针** 胸针 xiōngzhēn
brooch ブローチ
★ 别 bié~ ブローチをつける

㉒ **手套** 手套 shǒutào
glove 手袋
(量)副 fù
★ 戴 dài~ 手袋をはめる

㉓ **皮带** 皮带 pídài
belt (革の)ベルト
(量)根 gēn
★ 系 jì~ ベルトをしめる

㉔ **皮带扣** 皮带扣 pídàikòu
belt hook ベルトフック
★ 扣 kòu~ ベルトのフックを穴に入れる

㉕ **皮带孔** 皮带孔 pídàikǒng
belt hole ベルトの穴
★ 打 dǎ~ ベルトに穴をあける

㉖ **伞** 伞 sǎn
umbrella 傘
★ 撑 chēng~ 傘をさす
★ 打 dǎ~ 傘を開く
★ 收 shōu~ 傘をつぼめる

㉗ **伞骨** 伞骨 sǎngǔ
umbrella rib 傘の骨

㉘ **伞柄** 伞柄 sǎnbǐng
umbrella handle 傘の柄

㉙ **手帕** 手帕 shǒupà
handkerchief ハンカチ
(量)块 kuài; 条 tiáo
★ 叠 dié~ ハンカチをたたむ
★ 用~擦手 yòng~cā shǒu
ハンカチで手をふく

6-4 帽子と靴
鞋帽

鞋帽 xiémào
鞋子與帽子 xiézi yǔ màozi
shoes and hats 靴と帽子

① **帽子** 帽子 màozi
hat 帽子
量 顶 dǐng
★ 戴 dài～; 戴上 dàishang～
　帽子をかぶる
★ 脱下 tuōxia～; 摘下 zhāixia～
　帽子をとる

② **棒球帽** 棒球帽 bàngqiúmào
cap 野球帽、キャップ

③ **针织帽** 針織帽 zhēnzhīmào
woolly hat; tuque ニット帽

④ **草帽** 草帽 cǎomào
straw hat 麦わら帽子

⑤ **鞋子** 鞋子 xiézi
shoes 靴、短靴
量 双 shuāng; [片方だけ]只 zhī
★ 穿 chuān～　靴を穿く
★ 脱 tuō～　靴を脱ぐ

⑥ **皮鞋** 皮鞋 píxié
leather shoes 革靴

⑦ **布鞋** 布鞋 bùxié
shoes made from fabrics
布靴《ぬのぐつ》

⑧ **高跟鞋** 高跟鞋 gāogēnxié
high-heeled shoes ハイヒール

⑨ **尖头鞋** 尖頭鞋 jiāntóuxié
pointed shoes ロングノーズ

⑩ **厚底鞋** 厚底鞋 hòudǐxié
platform shoes
厚底靴《あつぞこぐつ》

⑪ **靴子** 靴子 xuēzi
boots ブーツ

⑫ **运动鞋** 運動鞋 yùndòngxié
sneakers 運動靴、スポーツシューズ
★ 轻便 qīngbiàn～　スニーカー

⑬ **凉鞋** 涼鞋 liángxié
sandals サンダル

Section 6: 衣服 衣服

> **注意**
> ② 野球帽の帽子のつばを"帽舌 màoshé"と言い、それがカモのくちばしに似ていることからキャップを"鸭舌帽 yāshémào"とも言う。
> ⑫ 運動靴の種類はそれぞれ用途に応じ"跑步鞋 pǎobùxié"(ジョギングシューズ)、"篮球鞋 lánqiúxié"(バスケットシューズ)、"网球鞋 wǎngqiúxié"(テニスシューズ)などに区別される。
> ⑭ スリッパは、室内専用のものなら"室内拖鞋 shìnèi tuōxié"、室外なら"室外拖鞋 shìwài tuōxié"と言うように、場所に応じ呼び方が異なる。

⑭ **拖鞋** 拖鞋 tuōxié
slippers スリッパ

⑮ **夹脚拖鞋** jiājiǎo tuōxié
夾腳拖鞋 jiájiǎo tuōxié
flip-flops ビーチサンダル

⑯ **雨鞋** 雨鞋 yǔxié
rain boots
雨靴《あまぐつ》、レインシューズ

⑰ **雪鞋** 雪鞋 xuěxié
snowshoes
雪靴《ゆきぐつ》、かんじき

⑱ **脚蹼** jiǎopǔ 腳蹼 jiǎopú
flippers (潜水用の)足ひれ

⑲ **木屐** 木屐 mùjī
geta
下駄《げた》、木製サンダル

⑳ **休闲鞋** xiūxiánxié
帆布鞋 fānbùxié
canvas shoes
キャンバスシューズ、ズック靴

㉑ **鞋带** 鞋帶 xiédài
shoe laces 靴ひも
量条 tiáo; 根 gēn
★ 系 jì~ 靴ひもを結ぶ
★ 绑 bǎng~ 靴ひもを縛る

㉒ **袜子** 襪子 wàzi
socks 靴下、ソックス
量双 shuāng; [片方だけ]只 zhī
★ 穿 chuān~ 靴下をはく
★ 脱 tuō~ 靴下を脱ぐ

㉓ **丝袜** 絲襪 sīwà
stockings ストッキング

㉔ **裤袜** 褲襪 kùwà
panty hose
パンティーストッキング

6-5 和服
和服

① **女式和服** nǚshì héfú
　女性和服 nǚxìng héfú
　women's kimono　女性用着物

② **扇子** 扇子 shànzi
　sensu (fan)　扇子《せんす》
　量 把 bǎ
　★ 拿 ná～　扇子を持つ

③ **男式和服** nánshì héfú
　男性和服 nánxìng héfú
　men's kimono　男性用着物

④ **族徽** zúhuī　**家紋** jiāwén
　family crest　家紋《かもん》
　★ 绣 xiù～　家紋を縫いつける

⑤ **和服** 和服 héfú
　kimono　和服《わふく》、着物
　量 套 tào
　★ 穿上 chuānshang～　和服を着る
　★ 脱下 tuōxia～　和服を脱ぐ
　★ 订做 dìngzuò～　和服をあつらえる

⑥ **发簪** fàzān　髮簪 fǎzān
　hair pin　かんざし
　★ 别 bié～　かんざしをつける

⑦ **腰带** 腰帶 yāodài
　obi (belt)　帯
　★ 系 jì～　帯をしめる
　★ 解开 jiěkāi～　帯を解く

⑧ **带扣** 帶扣 dàikòu
　obishime (belt hook)　帯締め
　★ 系 jì～　帯締めをつける

⑨ **振袖** 振袖 zhènxiù
　furisode (sleeve)
　振袖《ふりそで》

⑩ **布袜** 布襪 bùwà
　tabi (split-toed socks)
　足袋《たび》
　★ 穿 chuān～　足袋を穿く
　★ 脱 tuō～　足袋を脱ぐ

⑪ **夹脚鞋** jiājiǎoxié
　夾腳鞋 jiājiǎoxié
　Japanese sandals　草履《ぞうり》

Section 6: 衣服 衣服

注意

① "女式和服"（女性用着物）は、袖の長さに応じ"长振袖 chángzhènxiù"（大振袖）、"中振袖 zhōngzhènxiù"（中振袖）、"小振袖 xiǎozhènxiù"（小振袖）がある。

⑰ 台湾の"中元祭／中元节 Zhōngyuánjì/Zhōngyuánjié"は霊や魂を送る日で、日本の"盂兰盆会"（お盆）は祖先を祭る日である。

⑫ **裤装** 褲裝 kùzhuāng
hakama (men's pants)
袴《はかま》

⑬ **武士礼服** 武士禮服 wǔshì lǐfú
kamishimo (samurai's dress)
裃《かみしも》

⑭ **浴衣** 浴衣 yùyī
yukata (casual kimono)
浴衣《ゆかた》
量件 jiàn

⑮ **折边** 折邊 zhébiān
eri (collar)　着物の襟《えり》

⑯ **圆扇** 圓扇 yuánshàn
round fan　団扇《うちわ》

⑰ **中元祭／盂兰盆会**
中元祭／盂蘭盆會
Zhōngyuánjì/ yúlánpénhuì
o-bon festival　お盆

⑱ **扫墓** 掃墓 sǎo//mù
to visit a grave　墓参り(する)

⑲ **夏日祭典** 夏日祭典 xiàrì jìdiǎn
summer festival　夏祭り

⑳ **焰火晚会** yànhuǒ wǎnhuì
煙火大會 yānhuǒ dàhuì
fireworks display　花火大会
★ 参加 cānjiā～　花火大会を見に行く

㉑ **盂兰盆舞** 盂蘭盆舞 yúlánpénwǔ
o-bon dancing　盆踊り
★ 跳 tiào～　盆踊りを踊る

6-6 色とサイズ
颜色与尺寸

🎧 051

颜色 顏色 yánsè
color 色

尺寸 尺寸 chǐcùn
size サイズ

① **红色** 紅色 hóngsè
red 赤
★ ～的衣服 de yīfu 赤い服

② **粉红色** 粉紅色 fěnhóngsè
pink ピンク、桃色

③ **橘色** 橘色 júsè
orange オレンジ色、だいだい色

④ **黄色** 黃色 huángsè
yellow 黄色

⑤ **绿色** 綠色 lǜsè
green 緑

⑥ **蓝色** 藍色 lánsè
blue 青

⑦ **紫色** 紫色 zǐsè
purple 紫

⑧ **咖啡色** 咖啡色 kāfēisè
brown 茶色

⑨ **黑色** 黑色 hēisè
black 黒

⑩ **白色** 白色 báisè
white 白

⑪ **灰色** 灰色 huīsè
gray 灰色、グレー

⑫ **米色** 米色 mǐsè
beige ベージュ

⑬ **银色** 銀色 yínsè
silver 銀色

⑭ **金色** 金色 jīnsè
gold 金色

⑮ **深色** 深色 shēnsè
dark 深い色、濃い色

⑯ **浅色** 淺色 qiǎnsè
light 薄い色、明るい色

Section 6: 衣服 衣服

⑧ "咖啡色"は"棕色 zōngsè"とも言う。
⑮⑯ "深"と"浅"は色の明るさを表し、色と組み合わせることで更に微妙な表現もできる。例えば"深红色 shēnhóngsè"(深い赤)、"浅绿色 qiǎnlǜsè"(薄緑)、"深灰色 shēnhuīsè"(濃い灰色) など。
⑰⑱ "格子"と"圆点"は衣服などの"图案 tú'àn"(図柄)である。
⑲ "条纹"は"直条纹 zhítiáowén"(縦じま)と"横条纹 héngtiáowén"(横じま)に分けられる。
㉕㉖ "公分"も"英寸"も"长度 chángdù"(長さ)の単位で、1インチは2.54センチである。

⑰ **格子** 格子 gézi
checked pattern チェック、格子柄《こうしがら》
★ ～图案的衣服 tú'àn de yīfu チェック柄の服

⑱ **圆点** 圓點 yuándiǎn
dotted pattern ドット柄、水玉

⑲ **条纹** 條紋 tiáowén
striped pattern しま模様、ストライプ

⑳ **素色** 素色 sùsè
single color 無地《むじ》、白地《しろじ》

㉑ **S号** S號 S hào
size S Sサイズ
★ 这件衣服是～的 zhè jiàn yīfu shì~de この服はSサイズです
★ ～有点儿小 yǒudiǎnr xiǎo Sサイズは少し小さい
★ 我要～的 wǒ yào~de Sサイズのをください

㉒ **M号** M號 M hào
size M Mサイズ

㉓ **L号** L號 L hào
size L Lサイズ
★ ～有点儿大 yǒudiǎnr dà Lサイズは少し大きい

㉔ **XL号** XL號 XL hào
size XL XLサイズ

㉕ **公分** 公分 gōngfēn
centimeter センチメートル
★ 二十二～高的高跟鞋 èrshí'èr~gāo de gāogēnxié 22センチのハイヒール

㉖ **英寸** yīngcùn (英)吋 (yīng)cùn
inch インチ
★ 五十～的电视 wǔshí~de diànshì 50インチのテレビ

123

会話練習 🎧052

叶美新：小奈，这里就是可以订制旗袍的服饰店。 Yè Měixīn: Xiǎonài, zhèli jiù shì kěyǐ dìngzhì qípáo de fúshìdiàn.	なっちゃん、ここはチャイナドレスが特注できる店なの。
奈奈子：太好了！来中国玩儿一定得做一件旗袍回去。 Nàinàizǐ: Tài hǎo le! Lái Zhōngguó wánr yídìng děi zuò yí jiàn qípáo huíqu.	やった！中国にきたら絶対にチーパオを作らなきゃ。
叶美新：等一下小姐会帮你量尺寸，你可以先选你喜欢的颜色。 Yè Měixīn: Děng yíxià xiǎojiě huì bāng nǐ liáng chǐcùn, nǐ kěyǐ xiān xuǎn nǐ xǐhuan de yánsè.	あとで店員さんが採寸してくれるから、さきに好きな色を選んだら？
奈奈子：你觉得紫色怎么样？还是选红色会更好一些？ Nàinàizǐ: Nǐ juéde zǐsè zěnmeyàng? Háishi xuǎn hóngsè huì gèng hǎo yìxiē?	紫ってどう思う？やっぱり赤の方がいいのかな？
叶美新：我觉得你皮肤白，紫色不错。服务员来帮你量尺寸了。 Yè Měixīn: Wǒ juéde nǐ pífū bái, zǐsè búcuò. Fúwùyuán lái bāng nǐ liáng chǐcùn le.	肌が白いから紫が似合うと思うよ。店員さんが寸法を測りに来たわ。
奈奈子：糟糕，我刚刚吃了火锅大餐！ Nàinàizǐ: Zāogāo, wǒ gānggāng chīle huǒguō dàcān!	どうしよう、さっき鍋のフルコースを食べたばかりなのに！

チャイナドレス

　チャイナドレス（"旗袍 qípáo"）と聞くと、みなさんはどんなイメージをお持ちだろうか？この服装は漢族の正装である。もともとは満州族の服装だが、１７世紀に満州族が清朝を興した後に、一般大衆にも広まっていった。"旗袍 qípáo"の"旗"は"旗人 qírén"に由来する。"旗人"とは満州貴族を指し、"袍 páo"には中国式の丈の長い服装、という意味がある。つまり、かつては丈が長くゆったりした民族服を指していた。清朝滅亡後もチャイナドレスは存続し、その後は漢族によって改良が加えられていった。いわゆる西洋式の袖なしで腰にスリットが入ったものとなったのは1940年代といわれている。

　いまでは世界中どこでもチャイナドレスをみることができるといっても過言ではない。しかし、現代のチャイナドレスは体型にあわせたものとなっているので、レディメイドではなくオーダーメイドで作る。また、体型が変われば作り直さなければならないため、費用もかかる。着用しても動きにくいなどの不便さがあるため、日常生活で着ることはほとんどなく、中国式レストランや結婚式などの儀礼以外ではほとんど目にすることがない。伝統的なチャイナドレスは日本人も含めた外国人には喜ばれても、中国の若い女性たちにはあまり人気がないようだ。

　しかし、最近では、チャイナドレスを見直す動きも出てきている。上半身のデザインを採り入れた、動きやすく見た目もかわいいワンピースやブラウスなども市場にでており、人気を集めているとか。チャイナドレスに対するイメージも変わっていくのかもしれない。

Section 7
都市・買い物 城市・购物

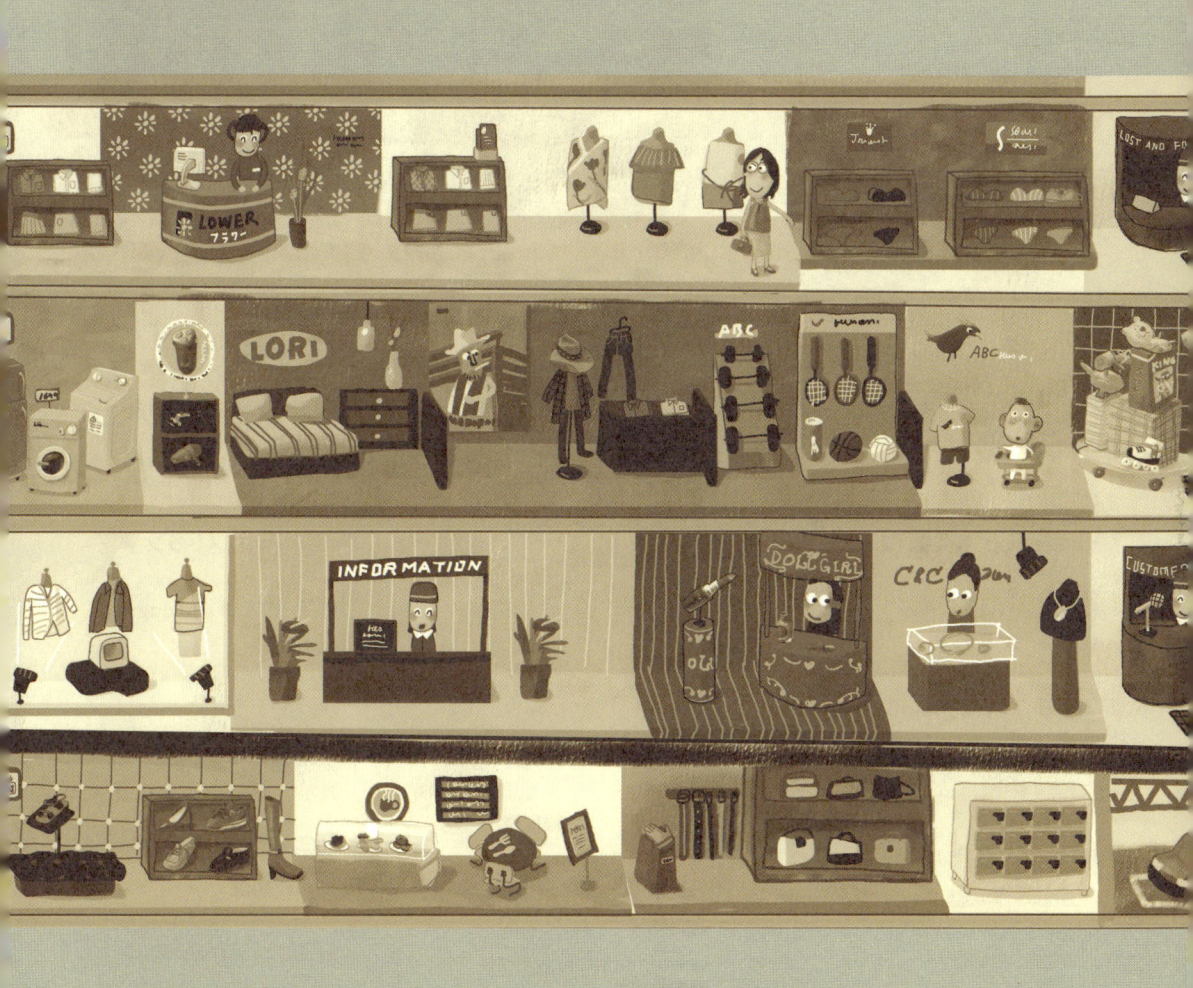

7-1 街
城市

城市 城市 chéngshì
city 街、都市
量 座 zuò

① **百货公司** 百貨公司
bǎihuò gōngsī
department store デパート、百貨店
量 家 jiā

② **KTV** KTV
karaoke bar カラオケ
★ 去~唱歌 qù~chànggē
カラオケに行って歌を歌う

③ **夜总会** yèzǒnghuì 夜店 yèdiàn
nightclub ナイトクラブ、クラブ
★ 去~喝酒 qù~hē jiǔ
ナイトクラブへ行って酒を飲む

④ **茶馆** 茶館 cháguǎn
tea house (中国式の)喫茶店
★ 去~喝茶 qù~hē chá
喫茶店へ行ってお茶を飲む

⑤ **咖啡店** 咖啡店 kāfēidiàn
coffee shop 喫茶店、コーヒーショップ

⑥ **街道** 街道 jiēdào
streets 大通り、街道

⑦ **公园** 公園 gōngyuán
park 公園
★ 去~散步 qù~sànbù
公園へ行き散歩する

⑧ **博物馆** 博物館 bówùguǎn
museum 博物館
★ 去~参观 qù~cānguān
博物館へ見学に行く

⑨ **广场** 廣場 guǎngchǎng
square 広場

⑩ **办公大楼** 辦公大樓
bàngōng dàlóu
office building オフィスビル
量 座 zuò

⑪ **鲜鱼店** xiānyúdiàn
魚販店 yúfàndiàn
fish shop 魚屋

⑫ **水果摊** 水果攤
shuǐguǒtān
fruit stand 果物屋

⑬ **杂货店** 雜貨店
záhuòdiàn
grocery store 雑貨屋

⑭ **电器城** diànqìchéng
電器行 diànqìháng
electric appliance store
家電量販店

⑮ **便利商店** 便利商店
biànlì shāngdiàn
convenience store
コンビニ(エンスストア)

⑯ **饭馆／餐厅** 飯館／餐廳
fànguǎn／cāntīng
restaurant レストラン

⑰ **银行** 銀行 yínháng
bank 銀行
★ 去~取钱 qù~qǔqián；
[台湾では] 领钱 lǐngqián
銀行へ行って金を引き出す
★ 去~存钱 qù~cúnqián
銀行へ行って金を預け入れる

⑱ **医院** 醫院 yīyuàn
hospital 病院
★ 去~看病 qù~kànbìng
病院へ行って診察を受ける

Section 7: 都市・買い物 城市・购物

注意

※ 何を売っている店かを説明したい時、一番簡単な方法は"店 diàn"を商品名の後ろに加えればよい。例えば"水果店 shuǐguǒdiàn"（果物屋）、"鞋店 xiédiàn"（靴屋）など。ただし"酒店 jiǔdiàn"や"饭店 fàndiàn"は酒や料理を提供する場所ではなく、"旅馆 lǚguǎn"（旅館、ホテル）を意味する。

① "百货商店 bǎihuò shāngdiàn"とも言う。省略して"百货"でもよい。

② 日本語の「カラオケ」の発音の影響を受け、中国語で"卡拉OK kǎlā-OK"と呼ばれる。1990年代以降、KTVとも呼ばれるようになった。

---

⑲ **邮局** 郵局 yóujú
post office　郵便局
★ 去～寄信 qù～jì xìn
　郵便局へ行って手紙を出す
★ 去～买邮票 qù～mǎi yóupiào
　郵便局へ行って切手を買う

⑳ **自动售货机** zìdòng shòuhuòjī
自動販賣機 zìdòng fànmàijī
vending machine
自動販売機、自販機
⑪台 tái

㉑ **饭店** 飯店 fàndiàn
hotel　ホテル

㉒ **健身房** 健身房 jiànshēnfáng
gym
スポーツジム、フィットネスクラブ
★ 去～运动 qù～yùndòng
　スポーツジムへ行って運動する

㉓ **书店** 書店 shūdiàn
bookstore　本屋、書店

㉔ **家具城** jiājùchéng
傢俱店 jiājùdiàn
furniture store　（大型）家具店

㉕ **摊子** tānzi 路邊攤 lùbiāntān
street vendor's stall　露店、屋台
★ 摆 bǎi～　屋台を並べる

㉖ **药店** yàodiàn 藥局 yàojú
pharmacy　薬局、ドラッグストア

㉗ **电影院** 電影院 diànyǐngyuàn
movie theater　映画館
★ 去～看电影 qù～kàn diànyǐng
　映画館へ行って映画をみる

㉘ **公安局** gōng'ānjú
警察局 jǐngchájú
police station　警察署
★ 去～报案 qù～bào'àn
　警察署に行き事件を通報する

㉙ **玩具店** 玩具店 wánjùdiàn
toy store　おもちゃ屋、玩具店

㉚ **面包店** 麵包店 miànbāodiàn
bakery　パン屋、ベーカリー

㉛ **美容院** 美容院 měiróngyuàn
beauty salon　美容院
★ 去～剪头发 qù～jiǎn tóufa
　美容院へ行って髪を切る
★ 去～烫头发 qù～tàng tóufa
　美容院へ行って髪にパーマをかける
★ 去～染头发 qù～rǎn tóufa
　美容院へ行って髪を染める
★ 去～洗头发 qù～xǐ tóufa
　美容院へ行って洗髪する

㉜ **熟食店** 熟食店 shúshídiàn
delicatessen　お惣菜屋、デリカ

㉝ **消防栓** 消防栓 xiāofángshuān
fire hydrant　消火栓

7-2 デパート
百货公司

百货公司 百貨公司 bǎihuò gōngsī
department store　デパート
量 家 jiā

① **电梯** 電梯 diàntī
elevator　エレベーター
量 部 bù
★ 搭 dā～; 坐 zuò～; 乘 chéng～
　エレベーターにのる

② **展示柜** 展示櫃 zhǎnshìguì
display counter　ディスプレー

③ **店员** 店員 diànyuán
salesclerk　店員
量 位 wèi
★ 请～介绍 qǐng～jièshào 店員に紹介してもらう
★ 请～推荐 qǐng～tuījiàn 店員のオススメを聞く

④ **女装部** 女裝部 nǚzhuāngbù
women's department　女性服売り場
★ 请问,～在哪儿? qǐngwèn,～zài nǎr?
　お伺いします、婦人服売り場はどこですか

⑤ **内衣部** 內衣部 nèiyībù
lingerie department　肌着売り場
★ ～在三楼 zài sān lóu 肌着売り場は3階です

⑥ **失物招领处** 失物招領處
shīwù zhāolǐngchù
lost-and-found center
遺失物カウンター、落とし物取扱所

⑦ **自动扶梯** zìdòng fútī　电扶梯 diànfútī
escalator　エスカレーター
★ 搭 dā～; 坐 zuò～; 乘 chéng～　エスカレーターにのる

⑧ **家电部** 家電部 jiādiànbù
household appliances department
(大型)家電売り場
★ 逛 guàng～　家電売り場を見て回る

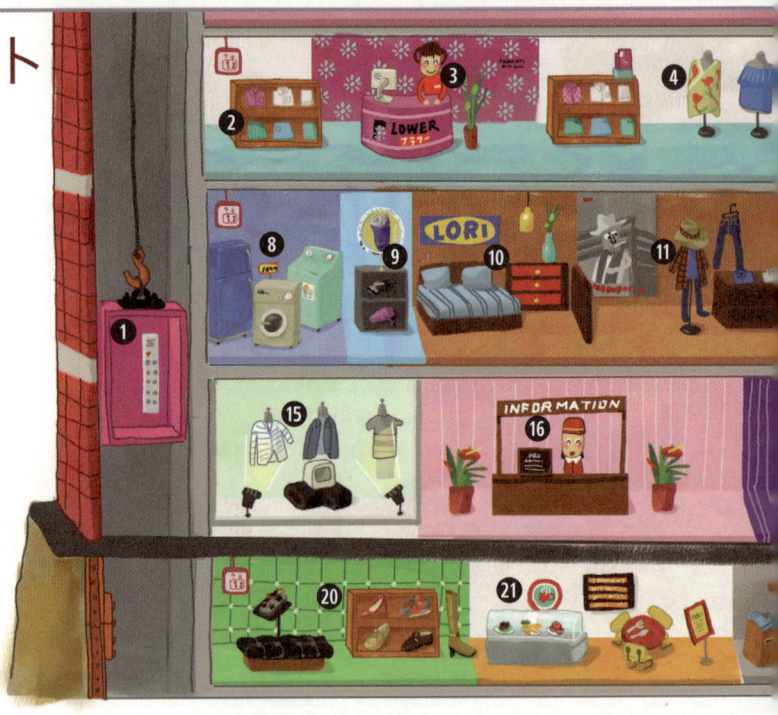

⑨ **小家电部** 小家電部 xiǎojiādiànbù
home electronics department　小型家電売り場

⑩ **家具部** 傢俱部 jiājùbù
home furnishing department　家具売り場

⑪ **青少年服饰部** 青少年服飾部
qīngshàonián fúshìbù
teen's department　ヤングファッション売り場

⑫ **运动器材部** yùndòng qìcáibù
運動用品部 yùndòng yòngpǐnbù
sporting-goods department　スポーツ用品売り場

⑬ **童装部** 童裝部 tóngzhuāngbù
children's department　子ども服売り場
★ ～在玩具部旁边 zài wánjùbù pángbiān
　子ども服売り場はおもちゃ売り場の隣です

⑭ **玩具部** 玩具部 wánjùbù
toy department　おもちゃ売り場

⑮ **男装部** 男裝部 nánzhuāngbù
men's department　紳士服売り場

Section 7: 都市・買い物 城市・购物

注意

① デパートでは"电梯小姐 diàntī xiǎojiě"と呼ばれるエレベーターガールが案内のサービスをする。客に対して"请问到几楼／几层？Qǐngwèn dào jǐ lóu/ jǐ céng?"（何階をご希望ですか？）と聞くので、"我要到六楼／层，谢谢。Wǒ yào dào liù lóu/ céng, xièxie."（6階をお願いします）と言えば、その階のボタンを押してくれる。

⑦ エスカレーターの上りを"上楼手扶梯 shànglóu shǒufútī"（上りエスカレーター）と言い、下りを"下楼手扶梯 xiàlóu shǒufútī"（下りエスカレーター）と言う。

⑯⑲ デパートのインフォメーションセンターやサービスカウンターでは、"寻人 xúnrén"（迷子）、"外汇 wàihuì"（外貨両替）、"询问 xúnwèn"（各種案内）、"婴儿车租借 yīng'érchē zūjiè"（ベビーカー貸し出し）、"换零钱 huàn língqián"（両替）などのサービスを提供している。

㉑ "美食街 měishíjiē"とも呼ぶ。

※ 洋服を買うにはまず"试穿 shìchuān"（試着）が必要になる。試着したい時、"请问可以试穿吗？Qǐngwèn kěyǐ shìchuān ma?"（試着してみてもいいですか？）と尋ねればよい。洋服を試着する場所を"试衣间 shìyījiān"（試着室）と言う。

※ 地下の階数を説明する時、"地下…楼 dìxià…lóu"と言い、地下一階なら"地下一楼 dìxià yī lóu"となる。

⑯ **问讯处** wènxùnchù **詢問處** xúnwènchù
information desk インフォメーションセンター、案内受付
★ 去～询问 qù~xúnwèn
インフォメーションセンターへ行って尋ねる

⑰ **化妆品部** 化妝品部 huàzhuāngpǐnbù
cosmetics department 化粧品売り場

⑱ **珠宝区** 珠寶區 zhūbǎoqū
jewelry department 宝飾品売り場

⑲ **服务台** 服務臺 fúwùtái
customer service center サービスカウンター

⑳ **鞋类区** 鞋類區 xiélèiqū
shoe department 靴売り場

㉑ **美食区** 美食區 měishíqū
food court 食品売り場、フードコート
★ 去～吃饭 qù~chīfàn
フードコートへ行ってご飯を食べる

㉒ **皮具部** píjùbù 皮件部 píjiànbù
leather goods department 革小物売り場

㉓ **存包处** cúnbāochù **置物櫃** zhìwùguì
lockers （コイン）ロッカー、一時荷物預かり
★ 把东西寄放在 bǎ dōngxi jìfàng zài~ 物をロッカーに預ける
★ 三号 sān hào~ 3番のロッカー

㉔ **地下停车场** 地下停車場 dìxià tíngchēchǎng
underground parking garage 地下駐車場
★ 把车停在 bǎ chē tíng zài~ 地下駐車場に車を停める
★ ～满了 mǎn le 地下駐車場は満杯です

7-3 銀行
银行

银行 銀行 yínháng
bank 銀行

① **监视器** 監視器 jiānshìqì
security camera
監視カメラ、モニターカメラ

② **硬币** 硬幣 yìngbì
coin 硬貨、コイン

③ **钞票** chāopiào 紙鈔 zhǐchāo
bill 紙幣、お札

④ **保险箱** 保險箱 bǎoxiǎnxiāng
safe 金庫
★ 开 kāi~ 金庫を開ける

⑤ **保险柜** 保險櫃 bǎoxiǎnguì
safe-deposit box 貸し金庫
★ 租 zū~ 貸し金庫を利用する

⑥ **窗口** 窗口 chuāngkǒu
counter; window カウンター、窓口
★ 五号 wǔhào~ 5番窓口

⑦ **开户** 開戶 kāi//hù
to open an account
新規口座の契約；口座を開く
★ 去银行 qù yínháng~
銀行へ行って口座を開く

⑧ **提款** 提款 tí//kuǎn
withdrawal
(預金の)引き出し；(預金を)引き出す

⑨ **银行出纳员** 銀行出納員
yínháng chūnàyuán
teller 銀行員、銀行窓口係

⑩ **外币兑换** 外幣兌換
wàibì duìhuàn
currency exchange 外貨両替
★ ~业务 yèwù 外貨を両替する業務

⑪ **警铃** 警鈴 jǐnglíng
alarm 警報、ベル
★ ~响了 xiǎng le 警報が鳴った

⑫ **汇款** 匯款 huì//kuǎn
cash remittance 送金(する)

⑬ **存款** 存款 cún//kuǎn
deposit 預金(する)

⑭ **自动提款机** 自動提款機
zìdòng tíkuǎnjī
ATM ATM、現金自動預払機
量 部 bù
★ 去~提款 qù~tíkuǎn
ATMでお金をおろす

⑮ **屏幕** píngmù 螢幕 yíngmù
screen; monitor
スクリーン、モニター、画面
★ 触摸 chùmō~ 画面に触れる

⑯ **按键** 按鍵 ànjiàn
button ボタン、キー
★ 按 àn~ ボタンを押す

⑰ **确认键** 確認鍵 quèrènjiàn
confirm key 確認ボタン

⑱ **取消键** 取消鍵 qǔxiāojiàn
delete key 取消ボタン

⑲ **更正键** 更正鍵
gēngzhèngjiàn
correct key
やり直しボタン、訂正キー

⑳ **密码** 密碼 mìmǎ
password パスワード、暗証番号
★ 输入 shūrù~ パスワードを入力する
★ ~忘记了 wàngjì le 暗証番号を忘れた

㉑ **转账** 轉帳 zhuǎn//zhàng
wire transfer 振替勘定(する)
★ 用自动提款机 yòng zìdòng tíkuǎnjī~
ATMで振替勘定する

Section 7: 都市・買い物 城市・购物

※ 銀行で行われるサービスは、"取钱／领钱 qǔqián/ lǐngqián"（引き出し）、"存钱 cúnqián"（預金）、"外汇 wàihuì"（外貨両替）、"汇款 huìkuǎn"（振込み、振り替え）、"贷款 dàikuǎn"（ローン）などである。

※ 銀行で各種手続きをする場合、"表格 biǎogé"（記入用紙）を書く必要がある。このような"表格"を"单子 dānzi"（書き付け）とも呼び、書類に記入するという動詞は"填 tián"を使う。したがって、記入用紙を書くことを"填表格 tián biǎogé"や"填单子 tián dānzi"と言う。

⑦ 銀行口座を"户头 hùtóu"と言う。

㉒ 运钞车 運鈔車 yùnchāochē
armored cash truck 現金輸送車
量辆 liàng

㉓ 股票 股票 gǔpiào
stock 株、株券
★ 买 mǎi~ 株を買う
★ 炒 chǎo~ 株に投資する
★ ~涨了 zhǎng le 株が上がった
★ ~跌了 diē le 株が下がった
★ 可以在银行买~吗?
   kěyǐ zài yínháng mǎi~ma?
   銀行で株を買えますか?

㉔ 汇票 匯票 huìpiào
money order 為替（手形）

㉕ 支票 支票 zhīpiào
check 小切手
★ 开 kāi~ 小切手をきる
★ 签 qiān~ 小切手にサインする
★ 兑现 duìxiàn~ 小切手を現金に換える

㉖ 旅行支票 旅行支票
lǚxíng zhīpiào
traveler's check
トラベラーズチェック

㉗ 存折 存摺 cúnzhé
passbook 預金通帳
量本 běn

㉘ 银行卡 yínhángkǎ
提款卡 tíkuǎnkǎ
cash card; ATM card
キャッシュカード、銀行カード
量张 zhāng
★ 用~取钱 yòng~qǔqián
   キャッシュカードでお金をおろす
★ 申请 shēnqǐng~
   キャッシュカードを申請する
★ 插入 chārù~
   キャッシュカードを入れる

㉙ 信用卡 信用卡 xìnyòngkǎ
credit card クレジットカード
量张 zhāng
★ 刷 shuā~ クレジットカードを使う
★ 申请 shēnqǐng~
   クレジットカードを申請する

㉚ 身份证 shēnfenzhèng
身分證 shēnfènzhèng
identity card 身分証(明書)
量张 zhāng

㉛ 居住证 jūzhùzhèng
居留證 jūliúzhèng
residence permit 居住証(明書)
★ 办 bàn~ 居住届けをする

㉜ 印章 印章 yìnzhāng
stamp 印鑑、はんこ
★ 盖 gài~ 印鑑をおす
★ 刻 kè~ 印鑑を彫る

㉝ 签名 簽名 qiān//míng
sign; autograph
サイン(する)、署名(する)
★ 在这里 zài zhèli~ ここにサインする

7-4 数字と貨幣
数字与货币

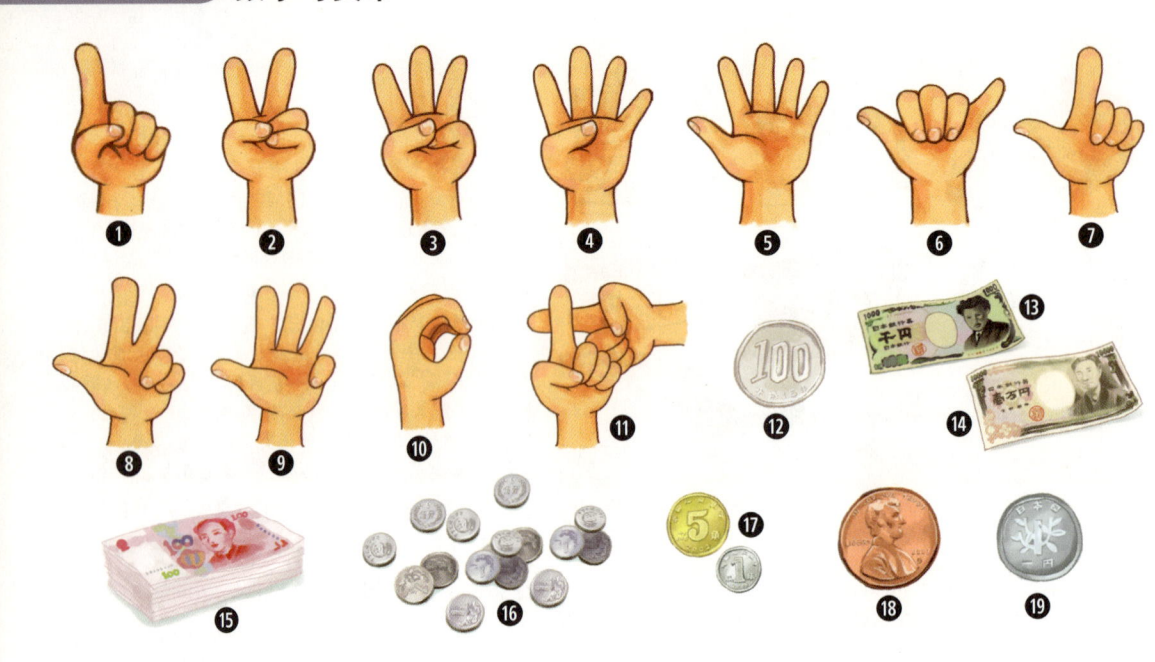

数字 數字 shùzì
number 数字

货币 貨幣 huòbì
money 貨幣；金錢

① 一 一 yī
one 一、1

② 二 二 èr
two 二、2

③ 三 三 sān
three 三、3

④ 四 四 sì
four 四、4

⑤ 五 五 wǔ
five 五、5

⑥ 六 六 liù
six 六、6

⑦ 七 七 qī
seven 七、7

⑧ 八 八 bā
eight 八、8

⑨ 九 九 jiǔ
nine 九、9

⑩ 零 零 líng
zero 零、0

⑪ 十 十 shí
ten 十、10

⑫ 百 百 bǎi
hundred 百、100

⑬ 千 千 qiān
thousand 千、1000

⑭ 万 萬 wàn
ten thousand 万、10000

⑮ 整钱 zhěngqián 整鈔 zhěngchāo
bill 紙幣；(一定の)まとまった金

⑯ 零钱 零錢 língqián
change 細かいお金、小錢
★ 换 huàn～ 小銭に換える
★ 找 zhǎo～ おつりを出す

⑰ 角 角 jiǎo
dime 角：貨幣単位、元の10分の一

⑱ 分 分 fēn
cent 分：貨幣単位、元の100分の一

⑲ 圆(元) 圓(元) yuán
dollar 円；元

Section 7: 都市・買い物 城市・购物

⑳ **一百块钱** 一百塊錢
yìbǎi kuài qián
100 dollars 百円；百元

㉑ **外币** 外幣 wàibì
foreign currency 外貨
★ 兑换 duìhuàn～ 外貨を両替する

㉒ **日币／日圆** 日幣／日圓
Rìbì / Rìyuán
Japanese Yen 日本円
★ 用～换人民币 yòng～huàn Rénmínbì
日本円を人民元に換える
★ ～对台币的汇率 duì Táibì de huìlǜ
日本円と台湾ドルの交換比率

㉓ **人民币** 人民幣 Rénmínbì
RMB 人民元
★ ～增值 zēngzhí 人民元が高くなる

㉔ **新台币** 新臺幣 xīn Táibì
New Taiwan Dollar 台湾元、台湾ドル

㉕ **港币** 港幣 Gǎngbì
Hong Kong Dollar 香港ドル

㉖ **韩元** 韓元 Hányuán
Korean Won 韓国ウォン

㉗ **美元** 美元 Měiyuán
US Dollar 米ドル
★ ～贬值 biǎnzhí 米ドルが安くなる

㉘ **英镑** 英鎊 Yīngbàng
Pound 英ポンド

㉙ **欧元** 歐元 Ōuyuán
Euro ユーロ

注意

※ 数字を読み上げる時、ゼロが数字の真ん中に出てきたら読み上げなければならない。例えば101なら"一百零一 yì bǎi líng yī"と読む。数字の間にゼロがたくさん並んでいる場合、一度だけ読めばよい。例えば100,001なら"十万零一 shí wàn líng yī"と読む。10が数字の下二桁に現れた場合、"一十 yī shí"と読む。従って、1,010は"一千零一十 yì qiān líng yī shí"と読む。

② 数字2の次に名詞や量詞がきた場合、"两 liǎng"を使う。例えば、"两个人 liǎng ge rén"（二人）、"两百 liǎngbǎi"、"两千 liǎngqiān"。

⑦⑧ 指による数字の示し方は、中国大陸と台湾
⑨⑪ では異なる場合もある。ここで示したのは台湾方式で、7〜10の指の表現が大陸方式と違う。中国で一般に使われる表示は小学館『中日辞典』『プログレッシブ単語帳中国語』などを参照のこと。

⑫⑬ 普通は、100は"一百 yìbǎi"、1000は"一千 yìqiān"と、"一"を付けて言う。

⑰ "角"は"毛 máo"とも言う。"10分"="1角"で、"10角"="1块 yí kuài"にあたる。3.25元は"三块两毛五分 sān kuài liǎng máo wǔ fēn"のように読む。

⑲ 「円」の旧字は「圓」で、"圓"と同じ。または"圓"は"元"と同じくyuánと発音し、同じ通貨単位に用いる。なお、口語では"块 kuài"が一般的。

7-5 屋台
摊贩

摊贩 攤販 tānfàn
vendor　屋台；露天商

宵夜 宵夜 xiāoyè
late-night snack　夜食
★ 吃 chī～　夜食を食べる

夜市 夜市 yèshì
night market　夜店、ナイトマーケット
★ 逛 guàng～　夜店をぶらつく

农贸市场／菜市场
nóngmào shìchǎng/ càishìchǎng

菜市場 càishìchǎng
market　自由市場、マーケット
★ 去～买菜 qù～mǎi cài　自由市場で野菜を買う

① **摊子** 攤子 tānzi
stall　屋台、露店、店
量 个 ge
★ 摆 bǎi～　店を並べる

② **摊位** 攤位 tānwèi
stall space　店舗スペース、屋台を出す場所
★ ～很大 hěn dà　店舗スペースが広い
★ ～很挤 hěn jǐ　店舗スペースが狭い

③ **书报亭** shūbàotíng　書報攤 shūbàotān
book and magazine stall　露店の本屋、ブックスタンド
★ 去～买杂志 qù～mǎi zázhì　露店の本屋に行って雑誌を買う

④ **水果摊儿** shuǐguǒtānr　水果攤 shuǐguǒtān
fruit stall　露店の果物屋
★ 去～买苹果 qù～mǎi píngguǒ
　露店の果物屋に行ってリンゴを買う

⑤ **饮料摊儿** yǐnliàotānr　飲料攤 yǐnliàotān
beverage stall　屋台の飲み物屋
★ 去～买红茶 qù～mǎi hóngchá
　屋台の飲み物屋に行って紅茶を買う

⑥ **服饰摊儿** fúshìtānr　服飾攤 fúshìtān
clothes stall　露店の衣服商
★ 去～买内衣 qù～mǎi nèiyī　露店の衣服商に行って下着を買う

⑦ **面包摊儿** miànbāotānr　麵包攤 miànbāotān
bread stall　露店のパン屋
★ ～前人很多 qián rén hěn duō
　露店のパン屋の前に人がたくさんいる

⑧ **纸袋** 紙袋 zhǐdài
paper bag　紙袋
★ 用～装 yòng～zhuāng　紙袋に入れる

⑨ **老板娘** 老闆娘 lǎobǎnniáng
female owner　おかみさん、女店主

⑩ **老板** 老闆 lǎobǎn
owner　主人、店主
量 位 wèi

⑪ **游戏摊儿** yóuxìtānr　遊戲攤 yóuxìtān
game stall　露店のゲーム屋
★ 去～玩套圈儿 qù～wán tàoquānr
　露店のゲーム屋に行って輪投げをする

⑫ **流动推车** 流動推車 liúdòng tuīchē
food trailer　移動屋台、フードトレーラー

Section 7: 都市・買い物 城市・购物

⑨⑩ "老板娘"は、もともと"老板"（店の主人）の奥さんを指しますが、いまは女性経営者に対しても使われる。

⑬⑳ "小吃摊儿"では2種類の調味料をよく見かける。黒い液体が"酱油 jiàngyóu"（醤油）で、透明な液体が"白醋 báicù"（酢）である。調味料はほかにも"辣椒酱 làjiāojiàng"（唐辛子ソース）などがある。

⑮ 夜市や街で見かける屋台では、値段がついていないこともあるので、食べたい物を指で指しながら"老板, 请问这个多少钱? Lǎobǎn, qǐngwèn zhèige duōshǎo qián?"（ご主人、これはいくらですか？）と尋ねればよい。

※ 台湾の夜市で売られている食べ物の中には、種類が多くてどうやって買えばいいかわからないものがある。こんな時、量詞"份 fèn"を使って聞けばよい。"一份"は、色々な食材を組み合わせた1人分の分量を表すのだが、"一份"には数量に決まりがなく一つだったり二つ以上だったりする場合もある。したがって、屋台で食べてみたい食べ物があったら、"老板, 我要一份这个。Lǎobǎn, wǒ yào yí fèn zhèige."（ご主人、これを1人分下さい）と言ってみるとよい。

⑬ **小吃摊儿** xiǎochītānr **小吃攤** xiǎochītān
snack stall 軽食の屋台、スナックの売店
★ 去～买臭豆腐 qù ～ mǎi chòudòufu
屋台に行って臭豆腐を買う

⑭ **面摊儿** miàntānr **麵攤** miàntān
noodle stall ラーメン屋台
★ 去～吃牛肉面 qù ～ chī niúròumiàn
ラーメン屋台に行って牛肉麺を食べる

⑮ **价目表** 價目表 jiàmùbiǎo
price board 値段表、価格リスト
★ 看 kàn～ 値段表をみる

⑯ **秤** 秤 chèng
scales 秤《はかり》
★ 用～称 yòng ～ chēng 秤で量る

⑰ **小菜柜台** xiǎocài guìtái **小菜櫃** xiǎocàiguì
side dish shelf 小鉢が入っている棚

⑱ **一次性汤碗** yícìxìng tāngwǎn
免洗湯碗 miǎnxǐ tāngwǎn
disposable bowl （紙皿、紙コップなどの）使い捨て食器

⑲ **一次性汤匙** yícìxìng tāngchí
免洗湯匙 miǎnxǐ tāngchí
disposable spoon 使い捨てレンゲ

⑳ **酱油瓶** 醬油瓶 jiàngyóupíng
sauce bottle 醤油瓶

㉑ **饰品摊儿** shìpǐntānr **飾品攤** shìpǐntān
accessory stall 露店のアクセサリー売り
★ 去～买项链 qù ～ mǎi xiàngliàn
露店のアクセサリー売りに行ってネックレスを買う

7-6 警察と消防
警察与消防

警察 警察 jǐngchá
the police 警察

消防 消防 xiāofáng
fire-fighting 消防

① **公安局** gōng'ānjú
警察局 jǐngchájú
police station 警察署、派出所
量 所 suǒ
★ 去 qù~ 警察に行く

② **便衣警察** 便衣警察
biànyī jǐngchá
plainclothes officer 私服警官

③ **交通警察** 交通警察
jiāotōng jǐngchá
traffic officer 交通警察官

④ **警帽** 警帽 jǐngmào
police hat 警察帽
★ 戴 dài~ 警察帽をかぶる

⑤ **哨子** 哨子 shàozi
whistle 笛、呼び子
★ 吹 chuī~ 笛を吹く

⑥ **臂章** 臂章 bìzhāng
rank insignia 記章、階級章
★ 佩戴 pèidài~ 階級章を付ける

⑦ **警徽** 警徽 jǐnghuī
badge 警察バッジ
★ 出示 chūshì~ 警察バッジを見せる

⑧ **手枪** 手槍 shǒuqiāng
gun 拳銃、ピストル
量 把 bǎ
★ [中国では]打 dǎ~；
[台湾では]开枪 kāiqiāng 拳銃を撃つ
★ 佩带 pèidài~ ピストルを携帯する

⑨ **腰带** 腰带 yāodài
duty belt ベルト
量 根 gēn；条 tiáo

⑩ **警棍** 警棍 jǐnggùn
police baton 警棒
量 根 gēn

⑪ **手铐** 手銬 shǒukào
handcuffs 手錠
量 副 fù
★ 用~铐起来 yòng~kào qǐlai
手錠をかける

⑫ **小偷** 小偷 xiǎotōu
thief 泥棒、空き巣
★ 抓 zhuā~ 泥棒を捕まえる

⑬ **巡警** 巡警 xúnjǐng
patrol officer 巡査
★ ~巡逻 xúnluó
巡査がパトロールする

⑭ **警犬** 警犬 jǐngquǎn
police dog 警察犬
量 条 tiáo

⑮ **警用摩托车** 警用摩托車
jǐngyòng mótuōchē
police motorcycle 白バイ
量 辆 liàng

⑯ **警车** jǐngchē 巡邏車 xúnluóchē
patrol car パトロールカー

Section 7: 都市・買い物 城市・购物

注意

① 中国大陆と香港では人民警察のことを"公安"という。

②③ "便衣警察"(私服警官)や"交通警察"(交通警察官)のように、特に警察の種類を特定する必要がない場合、単に"警察 jǐngchá"と呼べばよい。また、女性警官は"女警 nǚjǐng"と言う。刑事警察は略して"刑警 xíngjǐng"と呼ぶ。

⑫ "小偷"はこそ泥、空き巣狙いで、"扒手 páshǒu"はすりや置き引きを指す。泥棒が空き巣に入って物を盗むのを"闯空门 chuǎng kōngmén"と言い、物を取られた時は"抓小偷! Zhuā xiǎotōu!"(誰か泥棒を捕まえて!)と叫ぶとよい。

⑱ 交番へ通報することを"报警"と言い、遺失物の届け出をすることは"报案 bào'àn"と言う。

⑳㉒ "消防车""消防队""消防员"は"救火车 jiùhuǒchē""救火队 jiùhuǒduì""救火员 jiùhuǒyuán"とも言う。

※ 助けを呼ぶ時は、"救命! Jiùmìng!"(助けて)、"来人! Lái rén!"(誰か来て)、"快叫警察来! Kuài jiào jǐngchá lái!"(警察を呼んで)などと叫ぶとよい。

⑰ **警铃** 警鈴 jǐnglíng
siren サイレン、警報ベル
★ ～响了 xiǎng le サイレンが鳴った

⑱ **报警** 報警 bào//jǐng
to call the police 通報する
★ 打电话 dǎ diànhuà～ 電話で通報する
★ 报了一次警 bàole yí cì jǐng 警察に1度通報した

⑲ **笔录** 筆錄 bǐlù
written report 尋問調書
★ 做 zuò～ 尋問調書をとる
★ 录 lù～ 尋問の内容を録音する

⑳ **消防队** 消防隊 xiāofángduì
fire department 消防署、消防隊
★ 给～打电话 gěi～dǎ diànhuà 消防署に電話をかける

㉑ **云梯车** 雲梯車 yúntīchē
ladder truck はしご車

㉒ **消防车** 消防車 xiāofángchē
fire truck 消防車
㊤辆 liàng
★ 叫 jiào～ 消防車を呼ぶ

㉓ **消防员** 消防員 xiāofángyuán
fireman 消防員、消防士
㊤位 wèi

㉔ **水管** 水管 shuǐguǎn
hose ホース

7-7 通信とメディア
通讯与媒体

通讯 通訊 tōngxùn
communication 通信
★ ～器材 qìcái 通信機材

媒体 媒體 méitǐ
media メディア
★ 多 duō～ マルチメディア

① **邮递员** yóudìyuán
邮差 yóuchāi
mailman 郵便配達員
★ ～送信 sòng xìn
郵便配達員が手紙を配達する

② **邮筒** 郵筒 yóutǒng
post box 郵便ポスト
★ 把信投进 bǎ xìn tóujìn～
手紙を郵便ポストに入れる

③ **包裹** 包裹 bāoguǒ
package （郵便）小包
★ 寄 jì～ 小包を送る
★ 收到 shōudào～ 小包を受け取る

④ **快递** kuàidì
快遞／限時專送
kuàidì/ xiànshí zhuānsòng
express mail 速達（郵便）
★ 用～寄 yòng～jì 速達で出す
★ ～邮件 yóujiàn 速達郵便

⑤ **信件** 信件 xìnjiàn
letter 手紙、郵便書簡
量 封 fēng

⑥ **寄信人地址** jìxìnrén dìzhǐ
寄件人地址 jìjiànrén dìzhǐ
return address 差出人住所
★ 写 xiě～ 差出人住所を書く

⑦ **邮戳** 郵戳 yóuchuō
postmark 消印
★ 盖 gài～ 消印をおす

⑧ **邮票** 郵票 yóupiào
stamp （郵便）切手
量 张 zhāng
★ 贴 tiē～ 切手を貼る

⑨ **信封** 信封 xìnfēng
envelope 封筒

⑩ **挂号信** 掛號信 guàhàoxìn
registered mail 書留（郵便）

⑪ **收信人地址** shōuxìnrén dìzhǐ
收件人地址 shōujiànrén dìzhǐ
recipient's address （手紙の）宛先
★ 写上 xiěshang～ 宛先を書く

⑫ **邮政编码** yóuzhèng biānmǎ
郵遞區號 yóudì qūhào
zip code 郵便番号
★ 填写 tiánxiě～ 郵便番号を記入する

⑬ **航空信** 航空信 hángkōngxìn
airmail エアメール、航空郵便

⑭ **海运** 海運 hǎiyùn
sea mail 船便、海運
★ 寄 jì～ 船便で出す

⑮ **明信片** 明信片 míngxìnpiàn
postcard （郵便）はがき
量 张 zhāng
★ 写 xiě～ はがきを書く
★ 寄 jì～ はがきを送る

⑯ **报纸** 報紙 bàozhǐ
newspaper 新聞紙
★ 看 kàn～ 新聞紙を読む
★ 订 dìng～ 新聞を購読する

⑰ **电子邮件** 電子郵件
diànzǐ yóujiàn
e-mail Eメール
★ 写 xiě～ Eメールを書く
★ 发 fā～ Eメールを送信する

Section 7: 都市・買い物 城市・购物

> ③ 小包を送る方法には"海运 hǎiyùn"（船便）と、"空运 kōngyùn"（航空便）がある。
> ⑤ "信件"は書面で通信する方法の総称。一般に、必要なことを文字で伝える為に書き記す紙そのものを"信 xìn"と言い、動詞は"写 xiě"を使う。その動作を"写信 xiě xìn"（手紙を書く）と言う。
> ⑧ 郵便局ではがき用の切手を買う時、係員に"我要买三张寄到东京的明信片的邮票。Wǒ yào mǎi sān zhāng jìdào Dōngjīng de míngxìnpiàn de yóupiào"（東京に出すはがき用の切手を3枚下さい）と告げればよい。
> ⑰ "电子邮件"は英語でe-mailと表記することが多い。大陸では"伊妹儿 yīmèir"、台湾では"伊媚兒 yīmèir"と、英語発音の当て字もある。

⑱ **杂志** 雜誌 zázhì
magazine 雑誌
量 本 běn
★ 看 kàn～ 雑誌を読む

⑲ **电视** 電視 diànshì
television テレビ
★ 看 kàn～ テレビを見る
★ 开 kāi～ テレビをつける
★ 关 guān～ テレビを消す
★ ～节目 jiémù テレビ番組

⑳ **广播** guǎngbō
廣播 guǎngbō
broadcast （ラジオ）放送
★ 听 tīng～ 放送を聴く
★ ～讲座 jiǎngzuò ラジオ講座

㉑ **手机** 手機 shǒujī
mobile phone; cell phone
携帯電話
★ 打 dǎ～ 携帯電話をかける
★ 开 kāi～ 携帯の電源を入れる
★ 关 guān～ 携帯の電源を消す
★ 给～充电 gěi～chōngdiàn
携帯電話を充電する

㉒ **手机吊饰** 手機吊飾
shǒujī diàoshì
cell phone straps; charms; danglers
（携帯電話の）ストラップ

㉓ **手机铃声** 手機鈴聲
shǒujī língshēng
ringtone （携帯電話の）着信音
★ 设定 shèdìng～
携帯電話の着信音を設定する

㉔ **震动** 震動 zhèndòng
vibration バイブレーション
★ 调整 tiáozhěng～ バイブ機能を設定する

㉕ **短信** duǎnxìn 簡訊 jiǎnxùn
text message
（携帯電話の）ショートメール
★ 写 xiě～ ショートメールを打つ
★ 发 fā～ ショートメールを送信する
★ 收到 shōudào～
ショートメールを受け取る

㉖ **待机画面** 待機畫面
dàijī huàmiàn
stand-by image 待ち受け画面
★ 设定 shèdìng～
待ち受け画面の設定をする

㉗ **音量** 音量 yīnliàng
volume 音量、ボリューム
★ 设定 shèdìng～ 音量を設定する
★ 把～调大 bǎ～tiáodà 音量を大きくする
★ 把～调小 bǎ～tiáoxiǎo 音を小さくする

139

7-8 会社
公司

公司 公司 gōngsī
office; company 会社
(量)家 jiā

① **上班** 上班 shàng//bān
to go to work 出勤(する)

② **打卡** 打卡 dǎ//kǎ
to clock in タイムカードを押す

③ **门卡** 門卡 ménkǎ
entry card 入退室カード
(量)张 zhāng

④ **办公室** 辦公室 bàngōngshì
office オフィス、事務所

⑤ **下班** 下班 xià//bān
to get off from work 退勤(する)

⑥ **办公桌** 辦公桌 bàngōngzhuō
desk オフィスデスク、机
(量)张 zhāng

⑦ **活页夹** huóyèjiā
活頁夾 huóyèjiá
binder バインダー、ルーズリーフ綴じ

⑧ **出差** 出差 chū//chāi
to go on a business trip 出張(する)
★ 去台湾 qù Táiwān～ 台湾へ出張する

⑨ **过道** guòdào 走道 zǒudào
passage 廊下、通路

⑩ **文件柜** 文件櫃 wénjiàngùi
file cabinet
キャビネット、ファイル収納棚
★ 放进～里 fàngjìn～li
キャビネットにしまう

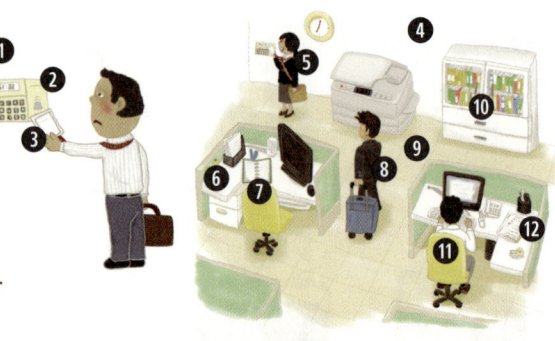

⑪ **加班** 加班 jiā//bān
to work overtime 残業(する)
★ ～到八点 dào bā diǎn
八時まで残業する

⑫ **文件夹** wénjiànjiā
文件夾 wénjiànjiá
file folder
ファイルホルダー；クリアファイル

⑬ **会议室** 會議室 huìyìshì
conference room 会議室
(量)间 jiān
★ 在～开会 zài～kāihuì
会議室で会議を行う

⑭ **开会** 開會 kāi//huì
to have a meeting
会議を行う、会を開く
★ 去礼堂 qù lǐtáng～
講堂で会議を行う

⑮ **茶水间** 茶水間 cháshuǐjiān
break room 休憩室
★ 去～泡茶 qù～pàochá
休憩室に行ってお茶を入れる

⑯ **加薪** 加薪 jiā//xīn
pay raise
給料アップ(する)、賃上げ(する)
★ 给员工 gěi yuángōng～
従業員の賃金をアップする

⑰ **午休** 午休 wǔxiū
lunch break 昼休み
★ ～时间去吃午饭 shíjiān qù chī wǔfàn
昼休みに昼食を食べる

⑱ **薪水** xīnshui 薪水 xīnshuǐ
salary 給料
★ 发 fā～ 給料を出す
★ 领 lǐng～ 給料をもらう
★ ～高 gāo 給料が高い
★ ～低 dī 給料が安い

Section 7: 都市・買い物 城市・购物

> 注意
> ⑱ ほとんどの会社が給料を一月ごとに計算して支払うので"月薪 yuèxīn"（月給）とも言う。一年ごとに計算して払う給与を"年薪 niánxīn"（年俸）と言う。
> ⑳ "面试"は"面谈 miàntán"とも言う。筆記試験は"笔试 bǐshì"と言う。
> ⑯㉕ "晋升"は同じ社内でもっと高い職位につくことである。成績が悪く降格されることを"降职 jiàngzhí"と言う。給料がアップすることを"加薪 jiāxīn"と言うが、その反対の"减薪 jiǎnxīn"（減給）もある。
> ㉖ "他被老板炒了。Tā bèi lǎobǎn chǎo le."（彼はボスに解雇された）のように、「解雇する」という場合、話し言葉では"开除"よりも"炒 chǎo"を良く使う。ここでの"炒"は"炒鱿鱼 chǎo yóuyú"（イカを炒める）に由来する。したがって"被炒鱿鱼"（イカのように炒められる）はリストラされることを意味するが、この言葉はもともと"卷铺盖 juǎn pūgài"（荷物をまとめる）から来ている。"卷铺盖"も解雇を意味し、"他卷铺盖走人了。Tā juǎn pūgài zǒu rén le."（彼はクビになり去った）と言うように使う。身一つで出て行くときに持っていくまるめた布団が、炒めたイカの形に似ていることから"炒鱿鱼"という言葉が生まれた。

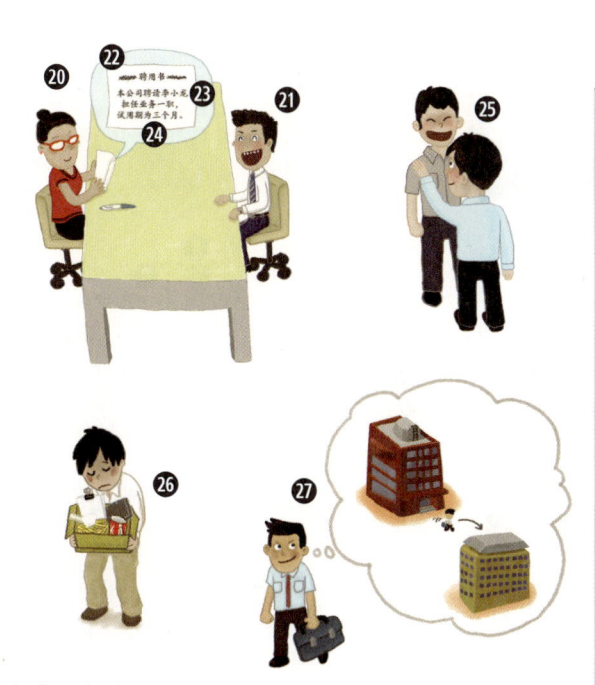

⑲ **奖金** 奬金 jiǎngjīn
bonus **ボーナス、賞与**
★ 发 fā～ ボーナスを出す
★ 年终 niánzhōng～ 年末の賞与

⑳ **面试** 面試 miànshì
interview **面接（する）**
量次 cì
★ 进行 jìnxíng～ 面接試験を受ける
★ 通过 tōngguò～ 面接に通る

㉑ **应聘** yìngpìn 應徵 yìngzhēng
to apply for a position
（求人募集に）応募する
★ 去公司 qù gōngsī～
会社の求人募集に応募する

㉒ **合同** hétong 契約 qìyuē
contract **契約**
★ 签 qiān～ 契約にサインする
★ 中止 zhōngzhǐ～ 契約を中断する

㉓ **录取** 錄取 lùqǔ
to accept for a job
採用（する）
★ 被～了 bèi～le 採用された

㉔ **试用期** shìyòngqī
試用期 shìyòngqī
probationary period **試用期間**

㉕ **晋升** jìnshēng 昇職 shēngzhí
to be promoted **昇進（する）**
★ ～为部长 wéi bùzhǎng
部長に昇進する

㉖ **开除** 開除 kāichú
to fire
リストラ（する）、解雇（する）
★ 被～了 bèi～le リストラされた
★ 把他～了 bǎ tā～le 彼を解雇した

㉗ **跳槽** tiào//cáo
跳槽／轉職 tiào//cáo/ zhuǎnzhí
to change jobs **転職（する）**
★ ～到那家公司 dào nà jiā gōngsī
あの会社へ転職する

141

7-9 行政サービス
行政服务

行政服务 行政服務
xíngzhèng fúwù
administrative services
行政サービス

① **派出所** pàichūsuǒ
戶政事務所
hùzhèng shìwùsuǒ
household registration office
役場；戸籍関係の行政事務所
量 间 jiān；[台湾では] 所 suǒ

② **户口簿** hùkǒubù
戶口名簿 hùkǒu míngbù
household certificate
住民票、戸籍簿
★ 申请 shēnqǐng～；办理 bànlǐ～
住民票を申請する

③ **户口抄件** hùkǒu chāojiàn
戶籍謄本 hùjí téngběn
household registration transcript
戸籍謄本
★ 申请 shēnqǐng～；办理 bànlǐ～
戸籍謄本を申請する

④ **身份证** shēnfenzhèng
身分證 shēnfènzhèng
identity card　身分証、身分証明書
★ 申请 shēnqǐng～；办理 bànlǐ～
身分証を申請する
★ ～不见了 bú jiàn le　身分証をなくす

⑤ **印鉴登记** 印鑑登記
yìnjiàn dēngjì
registration of seals　印鑑登録

⑥ **出生登记** 出生登記
chūshēng dēngjì
registration of birth　出生届
★ 办理 bànlǐ～　出生届を提出する

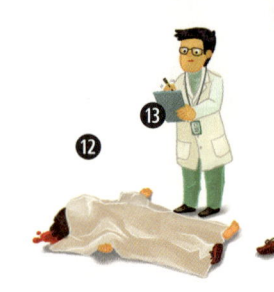

⑦ **出生证明** 出生證明
chūshēng zhèngmíng
birth certificate　出生証明(書)
★ 申请 shēnqǐng～　出生証明書を申請する

⑧ **结婚证明** 結婚證明
jiéhūn zhèngmíng
marriage certificate　婚姻証明(書)
★ 申请 shēnqǐng～　婚姻証明書を申請する

⑨ **结婚登记** 結婚登記
jiéhūn dēngjì
registration of marriage　婚姻届
★ 办理 bànlǐ～　婚姻届を提出する

⑩ **收养登记** 收養登記
shōuyǎng dēngjì
registration of adoption
養子縁組届

⑪ **离婚登记** 離婚登記
líhūn dēngjì
registration of divorce　離婚届

⑫ **死亡证明** 死亡證明
sǐwáng zhèngmíng
death certificate　死亡証明(書)

⑬ **死亡登记** 死亡登記
sǐwáng dēngjì
registration of death　死亡届

Section 7: 都市・買い物 城市・购物

注意

① 中国大陆では、"派出所"が戸籍管理を行い、日本の大きな巡査派出所と役所の住民窓口を兼ねた仕事をする。台湾では、戸籍届出、証明、申請など暮らしに必要な手続きをする場所を"戸政事務所"と言い、警察業務も行う中国大陆の"派出所"とは異なる。

②③ "户口簿"は家族構成を表すもので、"户口抄件"（戸籍謄本）は、個人の出生、結婚、住所移動などの詳細を示したものである。

⑤ "印鉴 yìnjiàn"は身分を識別するのにとても重要な役割を果たす道具で、"印鉴证明 yìnjiàn zhèngmíng"（印鑑証明）は、印鑑と申請人の関係を確認する証明書である。

⑦⑧ "结婚证明"は"结婚证书 jiéhūn zhèngshū"と言うことができるが、"出生证明"は"出生证书"と言うことはできない。

⑲ "退税"は所得税の還付を意味する以外に、外国人観光客が帰国する際の税金の還付にも使う。

⑭ **改换国籍** gǎihuàn guójí
歸化國籍 guīhuà guójí
naturalization **帰化(する)**

⑮ **迁入** 遷入 qiānrù
to move in **転入(する)**
★ ～户口 hùkǒu 住民票を移す
★ ～新居 xīnjū 新しい家へ入居する
★ ～登记 dēngjì 転入を届け出る

⑯ **迁出** 遷出 qiānchū
to move out **転出(する)**
★ ～户口 hùkǒu 住民登録を抹消する
★ ～登记 dēngjì 転出を届け出る

⑰ **更改姓名** 更改姓名
gēnggǎi xìngmíng
to change names **氏名変更(する)**

⑱ **报税** 報稅 bào//shuì
to do one's tax returns
確定申告(する)

⑲ **退税** 退稅 tuì//shuì
to get a tax refund **税金還付(を受ける)**
★ 申请 shēnqǐng～ 税金還付の請求をする

⑳ **补税** 補稅 bǔ//shuì
to pay overdue taxes
追徴課税を払う
★ 办理 bànlǐ～ 追加課税の手続きをする

㉑ **驾照** 駕照 jiàzhào
driver's licence
自動車免許、運転免許証
★ 考 kǎo～ 自動車免許の試験を受ける
★ 更新 gēngxīn～ 運転免許証を更新する

㉒ **学生证** 學生證
xuéshēngzhèng
student card **学生証(明書)**
★ 出示 chūshì～ 学生証を見せる

143

会話練習 🎧 062

王春美：小忍，我刚买的衣服的收据是不是在你那里？ Wáng Chūnměi: Xiǎorěn, wǒ gāng mǎi de yīfu de shōujù shì bu shì zài nǐ nàli?	忍ちゃん、さっき買った服のレシート、あなたの所にない？
大桥忍：我看看。我这里只有刚刚在家电部买的电子锅的收据。你要收据做什么？ Dàqiáo Rěn: Wǒ kànkan. Wǒ zhèli zhǐ yǒu gānggāng zài jiādiànbù mǎi de diànziguō de shōujù. Nǐ yào shōujù zuò shénme?	ちょっと見てみる。さっき家電売り場で買った電気釜のレシートならあるけど。それをどうするんだい？
王春美：别忘了，我们可以拿收据去十楼的旅客服务中心办理退税呢。 Wáng Chūnměi: Bié wàng le, wǒmen kěyǐ ná shōujù qù shí lóu de lǚkè fúwù zhōngxīn bànlǐ tuìshuì ne.	忘れた？10階のお客様サービスセンターにレシートを持っていくと、税金の還付手続きができるのよ。
大桥忍：你不说我都忘了。糟糕，我前几天买东西的收据全都扔了！ Dàqiáo Rěn: Nǐ bù shuō wǒ dōu wàng le. Zāogāo, wǒ qián jǐ tiān mǎi dōngxi de shōujù quán dōu rēng le!	君が言ってくれなかったら忘れるところだった。どうしよう、この前買った物のレシートは全部捨てちゃったよ！

統一領収書

　台湾で買い物や食事をし会計をすますと、ほとんどの店でレシートをくれる。これは統一領収書（"統一發票 tǒngyī fāpiào"）というもので、政府が店の税金逃れを防ぐ目的で領収書の様式を統一にしたものである。この領収書、実は国営のくじも兼ねている。

　くじは２か月をひとつの対象期間とし１年に６回行われる。それぞれの期間に発行された領収書の当選番号は、翌月２５日に新聞紙面やネット上に発表され、翌々月６日から３か月間が交換期間となる。例えば１月、２月に買い物をして得た領収書の当選番号は、３月２５日に発表、４月６日から７月５日までが交換期間となる。賞金は特賞（"特獎 tèjiǎng"）がなんと２００万元（日本円で約７００万円。１元＝３.５円で計算）で１等（"頭獎 tóujiǎng"）は２０万元。以下、２等が４万元、３等が１万元、４等が４千元、５等が１千元、一番下の６等（"六獎 liùjiǎng"、"陸獎 lùjiǎng"）は２百元となる。買い物をして領収書をもらい、当選し賞金までもらえる（かもしれない）なんて、素晴らしい制度ではないか！

　「でも、旅行者の私にとっては、くじを兼ねていてもタダの紙くず」などと思うなかれ！街中のいたるところに"捐發票 juān fāpiào"の文字が印字された透明プラスチック製の縦長ポストのようなものがある。不要な統一領収書は是非この中へ。みなさんがポストに投じた領収書が１千元でも、いやいや２百元でも当たりさえすれば、そのお金は援助を必要とする身体・知的障がい者、寝たきりの老人、海外の栄養失調の子どもたちなどに基金を通じて送金されることとなるからだ。どんな目的に使うかは、ポストに赤字で書いてある。みなさんが投函した一枚の統一領収書が、見知らぬ人の命を救うかもしれない。

　なお、北京でも台湾と同様の理由で領収書に「くじ」が導入されているが、こちらは、右上の銀色の部分をスクラッチするというもの。金額が書かれてあれば交換所で金銭と交換できる。はずれの場合には"谢谢您 Thank you"と書いてある。

写真提供：松尾　隆

Section 8
交通と旅 交通和旅游

8-1 街角
街道

街道 jiēdào 街頭 jiētóu
street 街角、街

交通 交通 jiāotōng
traffic; transportation 交通
★ ～信息 xìnxī （渋滞などの）交通情報

旅游 旅遊 lǚyóu
travel; trip 旅行する

① 高速铁路 高速鐵路
gāosù tiělù
high speed rail 高速鉄道
★ 搭 dā～;乘 chéng～ 高速鉄道に乗る

② 公园 公園 gōngyuán
park 公園
★ 在～慢跑 zài~mànpǎo
公園でジョギングする
★ 去～散步 qù~sànbù
公園へ行き散歩をする

③ 安全岛 安全島 ānquándǎo
safety median 安全地帯

④ 天桥 天橋 tiānqiáo
pedestrian bridge
步道橋、跨線《こせん》橋
★ 走 zǒu～ 歩道橋を歩く
★ 过 guò～ 歩道橋を渡る

⑤ 十字路口 十字路口
shízì lùkǒu
intersection 交差点、十字路
★ 过 guò～ 交差点を渡る

⑥ 路灯 路燈 lùdēng
streetlight 街路灯、街灯
★ ～亮了 liàng le 街灯がついた

⑦ 红绿灯 紅綠燈 hónglǜdēng
traffic light 信号、交通信号灯

⑧ 骑楼 騎樓 qílóu
arcade アーケード

⑨ 人行横道 rénxíng héngdào
斑马线 bānmǎxiàn
crosswalk 横断歩道
★ 走 zǒu～ 横断歩道を歩く

⑩ 拐角／拐角处
guǎijiǎo/ guǎijiǎochù
转角 zhuǎnjiǎo
corner 曲がり角

⑪ 道路标志 dàolù biāozhì
道路標示 dàolù biāoshì
street sign 道路標識
★ 注意 zhùyì～ 道路標識に注意する

⑫ 地铁入口 地鐵入口
dìtiě rùkǒu
subway entrance 地下鉄の入口
★ 在～等 zài~děng
地下鉄の入口で待っている

⑬ 人行道 人行道 rénxíngdào
sidewalk 歩道、人道
★ 走 zǒu～ 歩道を歩く

⑭ 马路 馬路 mǎlù
road 道路、大通り
量条 tiáo
★ 过 guò～ 道路を渡る
★ 穿越 chuānyuè～ 道路を横切る

⑮ 道路绿化带 dàolù lǜhuàdài
行道树 xíngdàoshù
street tree
街路樹、(道路の)グリーンベルト

⑯ 公交车站 gōngjiāochēzhàn
站牌／公車站牌
zhànpái/ gōngchē zhànpái
bus stop バス停（標識）
★ 在～等公车 zài~děng gōngchē
バス停でバスを待つ

⑰ 加油站 加油站 jiāyóuzhàn
gas station ガソリンスタンド
★ 去～加油 qù~jiāyóu
ガソリンスタンドでガソリンを入れる

⑱ 高速公路 高速公路
gāosù gōnglù
freeway 高速道路
★ 上 shàng～ 高速道路に入る
★ 走 zǒu～ 高速道路を走る
★ 下 xià～ 高速道路を下りる

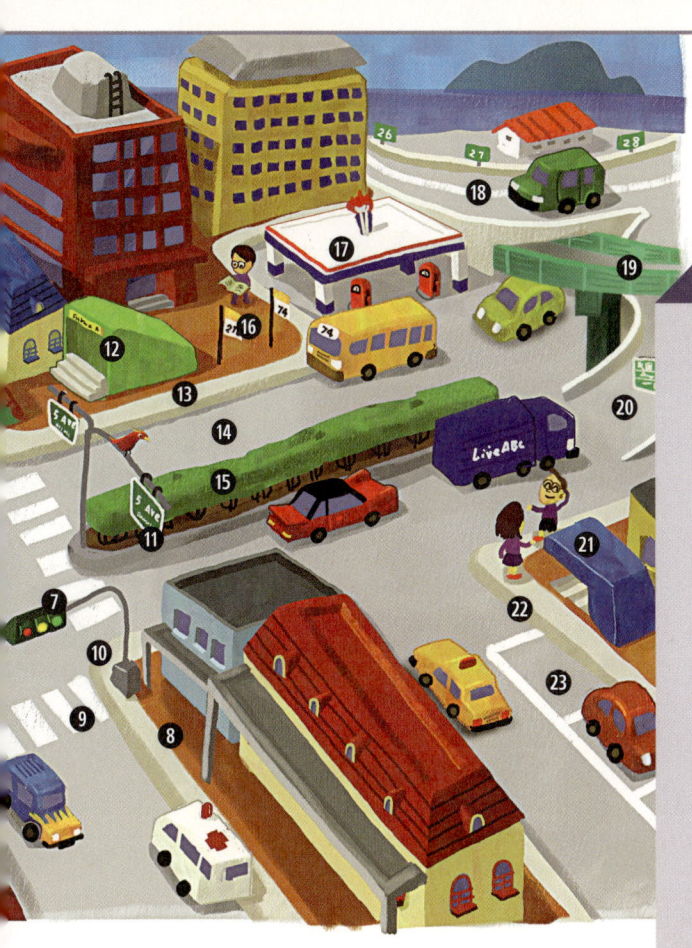

Section 8: 交通と旅 交通和旅游

※道を尋ねるときは、"请问，…怎么走？ Qǐngwèn,…zěnme zǒu?"（すみません、…まではどうやって行けばよろしいですか？）と言う。行きたい目的地を相手が知っている場合、以下の単語を使いながら説明してくれるだろう。

"左 zuǒ"（左）、"右 yòu"（右）、"直走 zhízǒu"（直進）、"左转 zuǒzhuǎn" "左拐 zuǒguǎi"（左折）、"右转 yòuzhuǎn" "右拐 yòuguǎi"（右折）

例："如果你要去那家电影院，在第二个路口右转，直走，然后在第一个路口左转，直走一会儿就到了。Rúguǒ nǐ yào qù nà jiā diànyǐngyuàn, zài dì èr ge lùkǒu yòuzhuǎn, zhízǒu, ránhòu zài dì yī ge lùkǒu zuǒzhuǎn, zhízǒu yíhuìr jiù dào le."（映画館に行くには、二番目の交差点の角を右に曲がってから直進し、最初の交差点の角を左に曲がって真っ直ぐ行くと着きます）。

① 略して"高铁 gāotiě"とも言う。
⑤ 略して"路口 lùkǒu"とも言う。

⑲ **立交桥** lìjiāoqiáo
高架橋 gāojiàqiáo
overpass
高架橋、立体交差橋
- ★ 上 shàng～ 高架橋に上がる
- ★ 下 xià～ 高架橋を下りる

⑳ **交流道** 交流道 jiāoliúdào
exit; entrance ramp; interchange
インターチェンジ
- ★ 上 shàng～ インターチェンジに入る
- ★ 下 xià～ インターチェンジを出る

㉑ **地下通道** dìxià tōngdào
地下道 dìxiàdào
underpass **地下道**
- ★ 走 zǒu～ 地下道を歩く
- ★ 过 guò～ 地下道を渡る

㉒ **路沿** lùyán **路緣石** lùyuánshí
curb **縁石、コンクリートブロック**

㉓ **停车位** 停車位 tíngchēwèi
parking space **駐車スペース**
- ★ 找 zhǎo～ 駐車スペースを探す
- ★ 把车停进 bǎ chē tíngjìn～ 駐車スペースに車を止める
- ★ ～满了 mǎn le 駐車場所は満杯だ

8-2 乗り物
交通工具

交通工具 交通工具 jiāotōng gōngjù
vehicles 乗り物、交通手段

① **轿车** 轎車 jiàochē
car 乗用車、セダン
量 辆 liàng
★ 开 kāi~ 乗用車を運転する

② **出租车** chūzūchē 計程車 jìchéngchē
taxi タクシー
★ 搭 dā~;乘 chéng~;坐 zuò~ タクシーに乗る
★ 叫 jiào~ タクシーを呼ぶ

③ **公共汽车／巴士** gōnggòng qìchē/ bāshì
公車／巴士 gōngchē/ bāshì
bus バス
★ 坐 zuò~ バスに乗る

④ **双层巴士** 雙層巴士 shuāngcéng bāshì
double-decker bus 二階建てバス

⑤ **火车** 火車 huǒchē
train 電車、汽車
量 列 liè
★ 搭 dā~;乘 chéng~;坐 zuò~ 電車に乗る

⑥ **地铁** 地鐵 dìtiě
subway 地下鉄
★ 乘 chéng~;坐 zuò~ 地下鉄に乗る

⑦ **自行车** zìxíngchē 腳踏車 jiǎotàchē
bicycle 自転車
量 辆 liàng
★ 骑 qí~ 自転車に乗る

⑧ **马车** 馬車 mǎchē
horse-drawn carriage 馬車、荷車

⑨ **摩托车** mótuōchē
摩托車／機車 mótuōchē/ jīchē
scooter; motorcycle バイク、オートバイ
量 辆 liàng
★ 骑 qí~ バイクに乗る

⑩ **消防车** 消防車 xiāofángchē
fire engine 消防車

⑪ **卡车** 卡車 kǎchē
truck トラック

⑫ **起重机** 起重機 qǐzhòngjī
crane クレーン車

⑬ **垃圾车** lājīchē 垃圾車 lèsèchē
garbage truck ごみ収集車

⑭ **单轨电车** 單軌電車 dānguǐ diànchē
monorail モノレール

⑮ **有轨电车** 有軌電車 yǒuguǐ diànchē
tram 路面電車

⑯ **无轨电车** 無軌電車 wúguǐ diànchē
trolley bus トロリーバス

⑰ **后车厢** 後車廂 hòuchēxiāng
trunk （車の）トランク
★ 打开 dǎkāi~ トランクを開ける

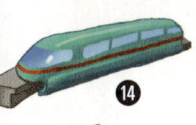

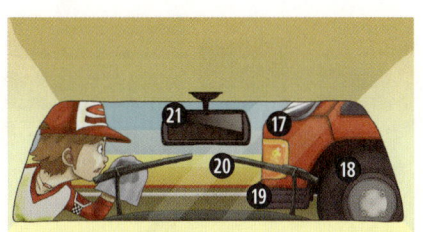

Section 8: 交通と旅 交通和旅游

※乗り物は"交通工具"と言い、自動車全般をさすときは、"汽车 qìchē""车"と言う。
② タクシーは"的士 dīshì"とも言い、タクシーを利用することを"打的 dǎdī"と言う。
⑥ 地下鉄は台湾では"捷運 jiéyùn"(MRT)と言う。"大眾捷運系統 dàzhòng jiéyùn xìtǒng"(Mass Rapid Transit)の略。
⑨ 台湾の"機車 jīchē"は、"機器腳踏車 jīqì jiǎotàchē"の略で、中国大陸で"机车(機車)"と言うと、機関車をさす。

⑱ **轮胎** 輪胎 lúntāi
tire (車の)タイヤ
(量)只 zhī
★ 换 huàn~ タイヤを換える
★ ~爆了 bào le タイヤがパンクする

⑲ **保险杆** 保險桿 bǎoxiǎngǎn
bumper (車の)バンパー
★ 撞到 zhuàngdào~ バンパーにぶつかる

⑳ **雨刷** 雨刷 yǔshuā
wiper (車の)ワイパー

㉑ **后视镜** 後視鏡 hòushìjìng
rear view mirror (車の)バックミラー

㉒ **仪表板** 儀表板 yíbiǎobǎn
dashboard (車の)ダッシュボード
★ 看 kàn~ ダッシュボードをみる

㉓ **方向盘** 方向盤 fāngxiàngpán
steering wheel (車の)ハンドル
★ 握 wò~ ハンドルを握る
★ 转 zhuǎn~ ハンドルをきる

㉔ **喇叭** 喇叭 lǎba
horn クラクション
★ 按 àn~ クラクションを鳴らす

㉕ **刹车** 煞車 shāchē
brake ブレーキ
★ 踩 cǎi~ ブレーキを踏む

㉖ **油门** 油門 yóumén
accelerator アクセル
★ 踩 cǎi~ アクセルを踏む

㉗ **驾驶座** 駕駛座 jiàshǐzuò
driver seat 運転席

㉘ **安全带** 安全帶 ānquándài
seat belt シートベルト
★ 系 jì~ シートベルトをしめる

㉙ **排挡杆／手挡** páidǎnggǎn/ shǒudǎng
排檔桿 páidǎnggǎn
shift lever シフトレバー
★ 拉 lā~ レバーを引く

㉚ **副驾驶座** 副駕駛座 fùjiàshǐzuò
passenger seat 助手席

8-3 電車・汽車
火车

🎧 065

火车 火車 huǒchē
train 汽車、電車
量 列 liè
★ 乘 chéng~；坐 zuò~　汽車に乗る

① 站台 zhàntái　**月臺** yuètái
platform
（駅の）ホーム、プラットホーム
★ 第一 dì yī~　第一ホーム
★ 在~等车 zài~děng chē
　ホームで電車を待つ

② 候车室 候車室 hòuchēshì
waiting room 待合室
★ 在~等候 zài~děnghòu
　待合室で（列車を）待つ

③ 补票处 補票處 bǔpiàochù
fare adjustment 精算所

④ 出口 出口 chūkǒu
exit 出口
★ 找 zhǎo~　出口をさがす

⑤ 入口 入口 rùkǒu
entrance 入口

⑥ 检票口 剪票口 jiǎnpiàokǒu
boarding entrance 改札口

⑦ 服务台 服務臺 fúwùtái
information desk
受付、インフォメーション
★ 去~询问 qù~xúnwèn
　受付へ行って尋ねる

⑧ 车票 車票 chēpiào
ticket 切符、乗車券
量 张 zhāng
★ 买 mǎi~　切符を買う
★ 订 dìng~　切符を予約する

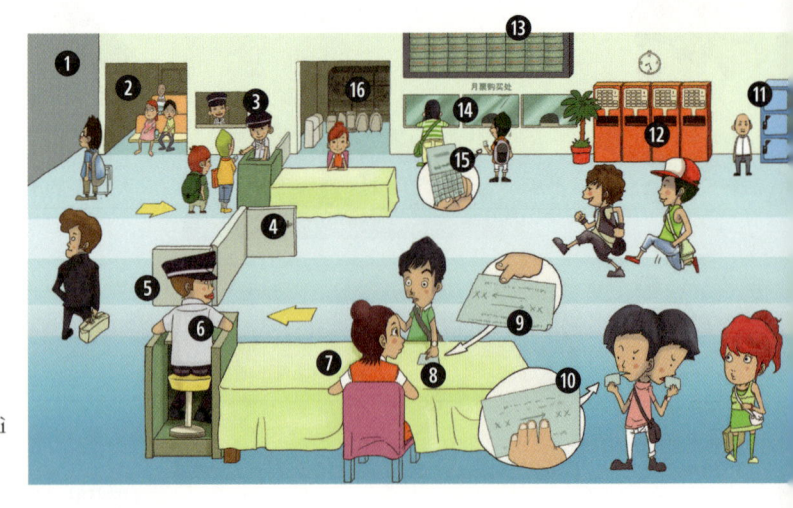

⑨ 往返票 wǎngfǎnpiào
來回票 láihuípiào
round-trip ticket 往復切符

⑩ 单程票 單程票 dānchéngpiào
one-way ticket 片道切符

⑪ 寄存箱 jìcúnxiāng
寄物箱 jìwùxiāng
locker ロッカー、コインロッカー
★ 把行李存到~里 bǎ xíngli cúndào~li
　荷物をロッカーにしまう

⑫ 自动售票机 自動售票機
zìdòng shòupiàojī
ticket machine
券売機、自動切符売り場

⑬ 时刻表 時刻表 shíkèbiǎo
timetable 時刻表
★ 看 kàn~　時刻表を見る

⑭ 售票处 售票處 shòupiàochù
ticketing 券売所、切符売り場
★ 去~买票 qù~mǎi piào
　切符売り場へ切符を買いに行く

⑮ 月票 月票 yuèpiào
monthly ticket; commuter pass
（月ぎめの）定期券

⑯ 行李寄存处 xíngli jìcúnchù
行李房 xínglǐfáng
baggage service room; left luggage
手荷物預かり所
★ 把行李寄放在 bǎ xíngli jìfàng zài
　荷物を手荷物預かり所へ預ける

⑰ 车厢 車廂 chēxiāng
carriage; car 車両
量 节 jié
★ 第二 dì èr~　第二車両

⑱ 特等车厢 特等車廂
tèděng chēxiāng
first-class car
特別車両、グリーン車

150

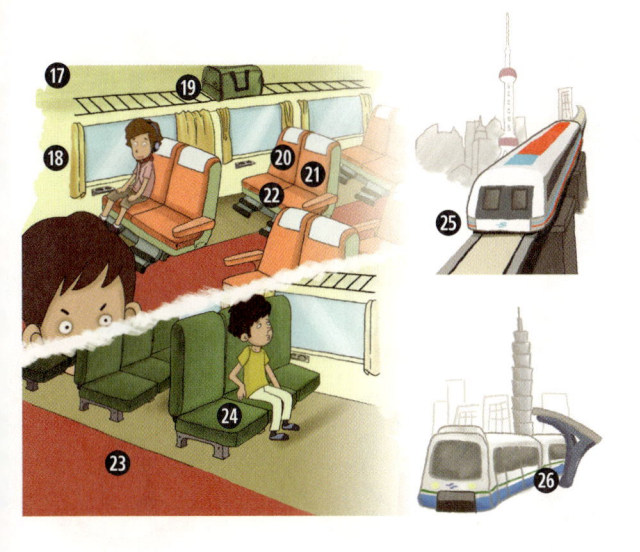

Section 8: 交通と旅 交通和旅游

⑲ **行李架** xínglǐjià
行李架 xínglǐjià
roof rack
荷物ラック、手荷物棚
★ 把行李放到~上
　bǎ xíngli fàngdào~shàng
　荷物を(手荷物)棚にのせる

⑳ **靠窗座位** 靠窗座位
kào chuāng zuòwèi
window seat　**窓側座席**

㉑ **靠通道座位**
kào tōngdào zuòwèi
靠走道座位
kào zǒudào zuòwèi
aisle seat　**通路側座席**

㉒ **软座** 軟座 ruǎnzuò
soft seat
**(列車の)軟らかいシート；
グリーン席**

㉓ **普通车厢** 普通車廂
pǔtōng chēxiāng
standard car　**普通車両**

㉔ **硬座** 硬座 yìngzuò
hard seat
(列車の)硬いシート；普通席

㉕ **磁浮列车** 磁浮列車
cífú lièchē
linear motor car
リニアモーターカー

㉖ **捷运** 捷運
jiéyùn
MRT
MRT、台北の新交通システム

注意

④⑤ 台湾のMRTや香港・北京などの地下鉄に乗る際、ほとんどの乗客は"储值车票卡 chǔzhí chēpiàokǎ"(チャージ機能が搭載されている切符)を使用している。改札口ではカードを"感应区 gǎnyìngqū"(カードタッチスペース)に触れるだけで出入りできる。台湾新幹線や上海リニアカーが使用している切符は紙製なので、改札口では切符を"插入票口 chārù piàokǒu"(切符挿入口)に入れないと出入りできない。

⑬ 時刻表には電車の"出发 chūfā"(出発)と"抵达 dǐdá"(到着)の時間が表示される。

⑭ 切符を買う時は、係員に"时间 shíjiān"(時間)、"目的地 mùdìdì"(目的地)、"数量 shùliàng"(枚数)、"票种 piàozhǒng"(切符の種類)、"车次 chēcì"(列車番号)を告げる。

以下の例のように、係員に買いたい切符を告げる。

"你好，我要两张三点半到北京的单程票。Nǐ hǎo, wǒ yào liǎng zhāng sān diǎn bàn dào Běijīng de dānchéngpiào." (こんにちは、三時半発北京行きの片道切符を2枚ください) もちろん、"软座"、"靠通道座位"などの条件も係員に告げることができる。

㉒㉔ "软座"と"硬座"は中国の鉄道にだけあるもので、"软座"はシートが軟らかく、長時間の乗車に適している。それに対して"硬座"はシートが硬く、価格も安いので、乗車時間が短い人にはおすすめである。中国は広く乗車距離も長いので、乗客が列車の中で夜を過ごすことも多い。列車は、寝台列車になっており、寝台の硬さに応じ"软卧 ruǎnwò"と"硬卧 yìngwò"の二種類に区別される。また3段ベッドの場合、上から"上铺 shàngpù"(上段ベッド)、"中铺 zhōngpù"(中段ベッド)、"下铺 xiàpù"(下段ベッド)と言う。

8-4 交通標識と信号
交通标志与信号

交通标志 交通標誌 jiāotōng biāozhì
traffic sign 交通標識

信号 信號 xìnhào
signal
信号、シグナル
★ 发 fā～ 信号を発する

① **上陡坡** shàngdǒupō
險升坡 xiǎnshēngpō
steep uphill slope 上り急勾配

② **下陡坡** xiàdǒupō
險降坡 xiǎnjiàngpō
steep downhill slope 下り急勾配

③ **双向交通** shuāngxiàng jiāotōng
雙向道 shuāngxiàngdào
two-way traffic
二方面通行、双方向通行

④ **注意行人** zhùyì xíngrén
當心行人 dāngxīn xíngrén
pedestrian crossing 歩行者注意

⑤ **注意信号灯** zhùyì xìnhàodēng
注意號誌 zhùyì hàozhì
signal ahead 信号機あり

⑥ **注意落石** 注意落石 zhùyì luòshí
falling rocks 落石注意

⑦ **路面不平** lùmiàn bùpíng
路面顛簸 lùmiàn diānbǒ
bumpy road 路面凹凸あり

⑧ **道路施工** 道路施工 dàolù shīgōng
under construction 道路工事中

⑨ **禁止掉头** jìnzhǐ diàotóu
禁止迴車 jìnzhǐ huíchē
no U-turn Uターン禁止

⑩ **禁止驶入** jìnzhǐ shǐrù
禁止任何車輛進入 jìnzhǐ rènhé chēliàng jìnrù
do not enter 車両進入禁止

⑪ **禁止右转** 禁止右轉 jìnzhǐ yòuzhuǎn
no right turn 右折禁止

⑫ **禁止左转** 禁止左轉 jìnzhǐ zuǒzhuǎn
no left turn 左折禁止

⑬ **停车让行** tíngchē ràng xíng
停車再開 tíngchē zài kāi
stop sign 一時停止

⑭ **环岛行驶** huándǎo xíngshǐ
圓環遵行方向 yuánhuán zūnxíng fāngxiàng
roundabout ロータリー進行方向

⑮ **单行道** 單行道 dānxíngdào
one-way road 一方通行

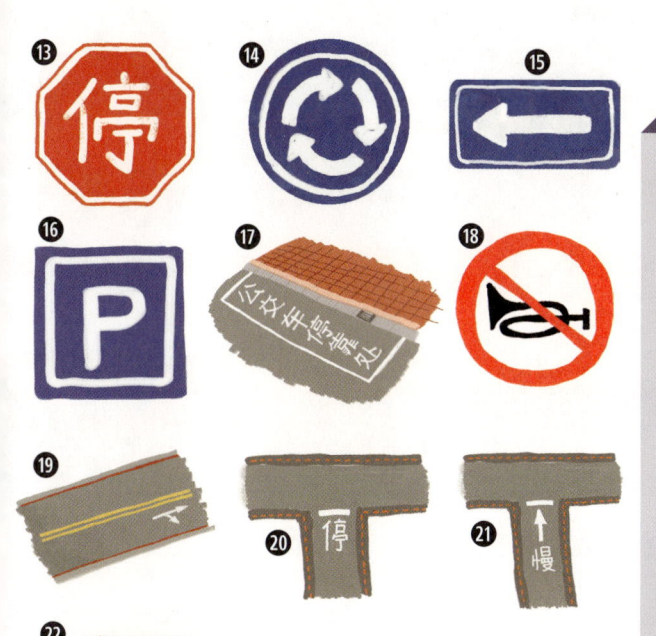

Section 8: 交通と旅 交通和旅游

※ 交通標識は全世界各地によってさまざまであるが、基本的に"禁止 jìnzhǐ"（禁止）、"警告 jǐnggào"（警告）、"指示 zhǐshì"（指示）の役割を持つ。

※ 基本的に三角形の標識は"警告"、円形は"禁止"、正方形の標識は"指示"を表す。香港の標識はイギリスの標識標準に合わせ、英語と中国語両方が書かれている。

※ 標識や道路標示はそれぞれの交通文化によって特色を持つ。例えば、オートバイは台湾でよく利用されている交通手段だが、道路の高速用車線には入れず、通行禁止となっている。したがって道路標示は"禁行機車 jìnxíng jīchē"（オートバイ通行禁止）と表示される。

㉓〜㉕ 交通信号は普通、"信号"とは言わず"红绿灯 hónglǜdēng"と言う。

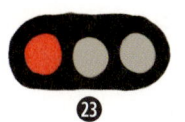

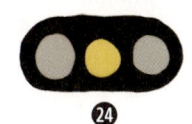

⑯ **停车场** 停車場 tíngchēchǎng
parking 駐車場

⑰ **公交车停靠处** gōngjiāochē tíngkàochù
公車停靠處 gōngchē tíngkàochù
bus stop バス停(留所)

⑱ **禁鸣喇叭** 禁鳴喇叭 jìnmíng lǎba
no honking クラクション禁止

⑲ **标线** 標線 biāoxiàn
road marking line 道路標示線

⑳ **停止线** 停止線 tíngzhǐxiàn
stop line 停止線
★ 在～前停车 zài~qián tíngchē
停止線で車を止める

㉑ **减速标线** 減速標線 jiǎnsù biāoxiàn
reduce speed line 減速標示線

㉒ **网状标线** 網狀標線 wǎngzhuàng biāoxiàn
net line
一時停止及び臨時駐車禁止区域

㉓ **红灯** 紅燈 hóngdēng
red light 赤信号
★ ～亮了 liàng le 赤信号に変わった

㉔ **黄灯** 黃燈 huángdēng
yellow light 黄信号
★ ～闪了 shǎn le 黄信号が点滅した

㉕ **绿灯** 綠燈 lǜdēng
green light 青信号
★ 开 kāi～ 信号が青になる

153

8-5 空港 机场

机场 機場 jīchǎng
airport　飛行場、空港

① **航站楼** hángzhànlóu
航廈 hángxià
terminal　エアターミナル
★ 第一 dì yī～　第一ターミナル

② **自动取票机** 自動取票機
zìdòng qǔpiàojī
self check-in machine
搭乗券の自動発券機
★ 去～取票 qù~qǔpiào
自動発券機で搭乗券を受け取る

③ **保险柜台** 保險櫃檯
bǎoxiǎn guìtái
insurance counter
保険取り扱いカウンター

④ **外币兑换处** 外幣兌換處
wàibì duìhuànchù
currency exchange　外貨両替所
★ 去～换钱 qù~huànqián
外貨両替所へ行って両替する

⑤ **办票柜台** bànpiào guìtái
登機報到櫃檯
dēngjī bàodào guìtái
check-in counter
チェックインカウンター

⑥ **旅客** 旅客 lǚkè
passenger　乗客、旅客
量 位 wèi

⑦ **地勤人员** 地勤人員
dìqín rényuán
airline representative　地上係員

⑧ **航空公司服务柜台**
航空公司服務櫃檯
hángkōng gōngsī fúwù guìtái
airline service counter
航空会社サービスカウンター

⑨ **行李** xíngli 行李 xínglǐ
luggage　(旅行の)荷物
量 件 jiàn
★ 寄存 jìcún～　荷物を預ける
★ 提 tí～　荷物を持つ
★ 打包 dǎbāo～　荷作りする
★ 托运 tuōyùn～　荷物を預ける
★ ～超重了 chāozhòng le
荷物が重量オーバーした

⑩ **手推车** 手推車 shǒutuīchē
luggage cart　カート、手押し車
量 台 tái; 辆 liàng
★ 用～拖行李 yòng~tuō xíngli
カートで荷物を引く

⑪ **行李搬运员**
xíngli bānyùnyuán
行李搬運員
xínglǐ bānyùnyuán
skycap　手荷物運搬員、赤帽

⑫ **入境大厅** 入境大廳
rùjìng dàtīng
arrival hall　入国ロビー

⑬ **海关** 海關 hǎiguān
customs　税関
★ 过 guò～　税関を通る
★ ～检查 jiǎnchá　税関の検査

⑭ **出入境** 出入境 chūrùjìng
immigration　出入国
★ 办理～手续 bànlǐ~shǒuxù
出入国手続きをする

⑮ **机场电车** 機場電車
jīchǎng diànchē
shuttle train
(空港内の)シャトル電車
★ 乘坐 chéngzuò～　シャトル電車に乗る

⑯ **取行李处** qǔxínglichù
行李提領處 xínglǐ tílǐngchù
luggage claim　荷物受け取り所
★ 去～领行李 qù~lǐng xíngli
荷物受け取り所で荷物を受け取る

Section 8: 交通と旅 交通和旅游

⑦ 現在の飛行機チケットは電子化されているため、飛行場での搭乗手続きは、パスポートを地上係員に提示するだけで良い。"你好，我要去福冈。Nǐ hǎo, wǒ yào qù Fúgāng."（こんにちは、私は福岡へ行きます）と伝えれば、席の予約記録を確認すると同時に、搭乗手続きもしてもらえる。

⑨ "行李"は、"随身行李 suíshēn xíngli"（身の回りの荷物）、"手提行李 shǒutí xíngli"（手荷物）、それから"寄存行李 jìcún xíngli"（預かり荷物）がある。"随身行李""手提行李"は乗客が飛行機に持っていく荷物で、"寄存行李"は預ける荷物である。荷物には"限重 xiànzhòng"（重量制限）がある。

⑰ **行李传送带** xíngli chuánsòngdài
行李輸送帶 xínglǐ shūsòngdài
luggage carousel
（荷物受け取りの）ターンテーブル

⑱ **出境大厅** 出境大廳
chūjìng dàtīng
departure lobby
出国ロビー

⑲ **服务台** 服務臺 fúwùtái
information desk
受付、カウンター
★ 去～咨询 qù~zīxún
サービスカウンターへ行き尋ねる

⑳ **塔台** 塔臺 tǎtái
control tower
航空管制塔、コントロールタワー

㉑ **免税商店** 免税商店
miǎnshuì shāngdiàn
duty-free shop **免税店**
★ 去～买礼物 qù~mǎi lǐwù
免税店へ行ってお土産を買う

㉒ **免税商品** 免税商品
miǎnshuì shāngpǐn
duty-free item **免税品**

㉓ **机场巴士** 機場巴士
jīchǎng bāshì
shuttle bus
シャトルバス、空港リムジンバス
★ 搭～去市区 dā~qù shìqū
シャトルバスに乗って市街へ行く

㉔ **观景台** 觀景臺
guānjǐngtái
observatory **展望台**
★ 在～看飞机起降 zài~kàn fēijī qǐjiàng
展望台で飛行機の離着陸を見る

会話

地勤：您好，请问到哪里？
Dìqín: Nín hǎo, qǐngwèn dào nǎli?
地上係員：こんにちは、どちらへご出発ですか？

旅客：我要到东京。
Lǚkè: Wǒ yào dào Dōngjīng.
乗客：東京です。

地勤：请出示您的护照。
Dìqín: Qǐng chūshì nín de hùzhào.
地上係員：パスポートを拝見させていただきます。

旅客：在这里。
Lǚkè: Zài zhèli.
乗客：これです。

8-6 搭乗手続き
登机手续

登机 登機 dēng//jī
to board (a plane) 搭乗(する)

手续 手續 shǒuxù
procedure 手続き
★ 办 bàn~　手続きをする

① **候机大厅** hòujī dàtīng
候機室 hòujīshì
boarding area
搭乗待合所、空港待合ロビー
★ 在~候机 zài~hòujī
空港待合ロビーで待機する

② **广播** guǎngbō　廣播 guǎngbò
announcement　アナウンス、放送
★ 听 tīng~　アナウンスを聴く

③ **金属探测器** 金屬探測器
jīnshǔ tàncèqì
metal detector　金属探知機
★ 用~检查 yòng~jiǎnchá
金属探知機で検査する

④ **排队** 排隊 pái//duì
to line up　並ぶ、列を作る
★ 在登机门前 zài dēngjīmén qián~
搭乗ゲートで並ぶ

⑤ **X光检测机** X光檢測機
X guāng jiǎncèjī
X-ray machine　X線検査

⑥ **随身行李** suíshēn xíngli
隨身行李 suíshēn xínglǐ
carry-on bag　手荷物
量件 jiàn
★ 携带 xiédài~　手荷物を持って行く

⑦ **行李吊牌** xíngli diàopái
行李吊牌 xínglǐ diàopái
luggage tag　荷物タグ

⑧ **晚点** wǎn//diǎn
誤點 wù//diǎn
to delay　遅延する、遅れる
★ 班机 bānjī~　飛行機が遅延する

⑨ **班机时刻表** 班機時刻表
bānjī shíkèbiǎo
flight-information board
フライト時刻表

⑩ **准时** 準時 zhǔnshí
to be on time
定刻に、時間どおりに
★ ~到达 dàodá　定刻通り到着する

⑪ **早到** 早到 zǎodào
to be early
早く着く、
(飛行機の到着が)早くなる

⑫ **取消** 取消 qǔxiāo
to cancel
取り消す、キャンセルする
★ 班机 bānjī~　飛行機の運行を取り消す

⑬ **登机口** dēngjīkǒu
登機門 dēngjīmén
boarding gate
搭乗口、出発ゲート

⑭ **屏幕** píngmù　螢幕 yíngmù
monitor
モニター、スクリーン、画面

⑮ **无线上网区** 無線上網區
wúxiàn shàngwǎngqū
wifi area　無線LANエリア
★ 去~上网 qù~shàngwǎng
無線LANエリアでインターネットする

⑯ **贵宾休息室** guìbīn xiūxishì
貴賓休息室 guìbīn xiūxíshì
VIP room　VIPルーム
★ 去~休息 qù~xiūxi
VIPルームに行って休む

Section 8: 交通と旅 交通和旅游

注意

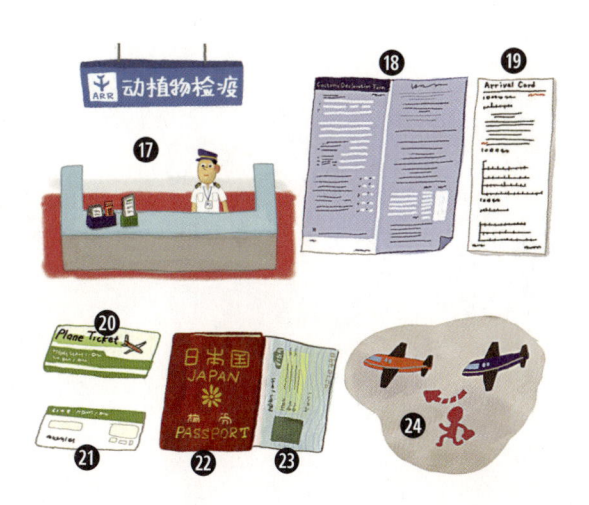

③⑤ 飛行機に乗る前に"金属探測器"、"X光検測機"などの検査を受けなければならない。これを"安全检查 ānquán jiǎnchá"、略して"安检 ānjiǎn"と呼ぶ。

⑳ 現在では紙のチケットはほとんど用いられなくなり、"电子机票 diànzǐ jīpiào"（電子チケット、eチケット）が使用されるようになった。

㉔ 乗り継ぎのための搭乗券がない場合、"转机柜台 zhuǎnjī guìtái"（乗り継ぎカウンター）で新しい搭乗券を発券してもらわなければならない。

搭乗アナウンス

搭乗中中航空CS-320班机前往大阪的旅客，现在请由八号门登机。
Dāchéng Zhōngzhōng hángkōng CS-320 bānjī qiánwǎng Dàbǎn de lǚkè, xiànzài qǐng yóu bā hào mén dēngjī.

中中航空CS-320便で大阪へご出発のお客様、只今から8番ゲートにて搭乗を開始いたします。

---

⑰ **动植物检疫** 動植物檢疫
dòngzhíwù jiǎnyì

quarantine station 検疫所

⑱ **海关申报单** 海關申報單
hǎiguān shēnbàodān

customs declaration form
税関申告書

量 张 zhāng
★ 填 tián～　税関申告書に記入する

⑲ **入境表格** 入境表格
rùjìng biǎogé

arrival card 入国カード

★ 填 tián～　入国カードに記入する

⑳ **机票** 機票 jīpiào

plane ticket
飛行機のチケット、航空券

量 张 zhāng
★ 买 mǎi～　航空券を購入する
★ 订 dìng～　航空券を予約する

㉑ **登机牌** dēngjīpái
登機證 dēngjīzhèng

boarding pass
搭乗券、ボーディングパス

★ 领 lǐng～　搭乗券を受け取る
★ 出示 chūshì～　搭乗券を示す

㉒ **护照** 護照 hùzhào

passport パスポート、旅券

量 本 běn
★ 申请 shēnqǐng～　パスポートを申請する
★ 验证 yànzhèng～　パスポートの認証を行う
★ ～到期 dàoqī　パスポートの期限が切れる
★ 更新 gēngxīn～　パスポートを更新する

㉓ **签证** 簽證 qiānzhèng

visa ビザ、査証

★ 申请 shēnqǐng～　ビザを申請する
★ 办理 bànlǐ～　ビザの手続きをする
★ ～到期 dàoqī　ビザの期限が切れる
★ 旅游 lǚyóu～　観光ビザ
★ 工作 gōngzuò～　就労ビザ

㉔ **转机** 轉機 zhuǎn//jī

to transfer （飛行機を）乗り継ぐ

★ 在上海 zài Shànghǎi～
　上海で飛行機を乗り継ぐ

8-7 飛行機 / 飞机

飞机 飛機 fēijī
airplane 飛行機
量架 jià
★ ~起降 qǐjiàng 飛行機が離着陸する

① 盥洗室 盥洗室 guànxǐshì
lavatory トイレ、化粧室、お手洗い
★ 去~洗脸 qù~xǐliǎn
化粧室に行って顔を洗う

② 空乘人员 kōngchéng rényuán
空服員 kōngfúyuán
flight attendant
キャビンアテンダント、客室乗務員
量位 wèi

③ 紧急出口 緊急出口 jǐnjí chūkǒu
emergency exit 非常用脱出口

④ 机上免税商品
機上免稅商品
jīshàng miǎnshuì shāngpǐn
duty-free item on plane 機内免税品
★ 购买 gòumǎi~ 機内免税品を買う

⑤ 选饮料 選飲料 xuǎn yǐnliào
to choose a drink 飲み物を選ぶ

⑥ 飞机餐 飛機餐 fēijīcān
meal (on the plane) 機内食
★ 点 diǎn~ 機内食を頼む

⑦ 戴耳机 戴耳機 dài ěrjī
to put on headphones
イヤホーンをつける

⑧ 遮阳板 遮陽板 zhēyángbǎn
window blinds
ブラインド
★ 拉下 lāxia~ ブラインドを下げる
★ 打开 dǎkāi~ ブラインドを上げる

⑨ 行李架 xínglǐjià
行李架 xínglǐjià
overhead compartment
荷物置き、荷物棚
★ 放进~中 fàngjìn~zhōng
荷物棚の中に入れる

⑩ 视听娱乐系统
shìtīng yúlè xìtǒng
個人視聽娛樂系統
gèrén shìtīng yúlè xìtǒng
in-flight entertainment
機内オーディオヴィジュアルエンターテインメントシステム

⑪ 折叠餐桌 折疊餐桌
zhédié cānzhuō
tray 折りたたみテーブル
★ 把~放下来 bǎ~fàng xialai
折りたたみテーブルを広げる
★ 把~收起来 bǎ~shōu qilai
折りたたみテーブルをしまう

⑫ 置物袋 置物袋 zhìwùdài
seat pocket シートポケット

⑬ 救生衣 救生衣 jiùshēngyī
life preserver 救命衣

⑭ 靠窗座位 靠窗座位
kào chuāng zuòwèi
window seat 窓側座席
★ 订 dìng~ 窓側の座席を予約する

⑮ 靠通道座位
kào tōngdào zuòwèi
靠走道座位
kào zǒudào zuòwèi
aisle seat 通路側座席

⑯ 安全带 安全帶 ānquándài
seat belt
シートベルト、安全ベルト
★ 系 jì~ シートベルトをしめる
★ 解开 jiěkāi~ シートベルトをはずす

Section 8: 交通と旅 交通和旅游

注意

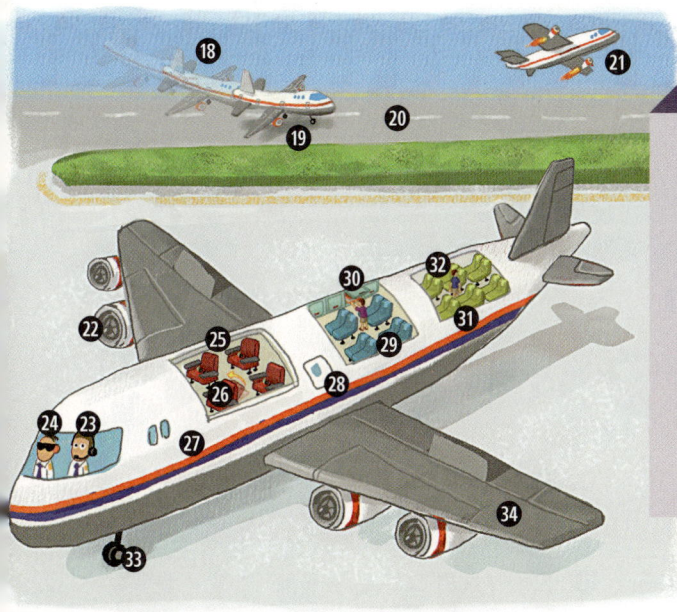

① 一般には "洗手间 xǐshǒujiān" と言う。

② "空乘人员" は男性、女性どちらにも使用できる。女性は "空中小姐 kōngzhōng xiǎojiě"、略して "空姐 kōngjiě" とも言う。

㉖ キャビンアテンダントに何か頼む場合、"服务钮 fúwùniǔ" を押し、"你好，可不可以给我一份报纸？ Nǐ hǎo, kě bù kěyǐ gěi wǒ yí fèn bàozhǐ?"（新聞紙をお願いします）や、"你好，可不可以帮我调直椅背？ Nǐ hǎo, kě bù kěyǐ bāng wǒ tiáozhí yǐbèi?"（椅子の背もたれを直してください）などと言う。

⑰ **扶手** 扶手 fúshǒu
armrest ひじ掛け

⑱ **降落** 降落 jiàngluò
to land 着陸(する)
★ 飞机 fēijī〜 飛行機が着陸する

⑲ **滑行** 滑行 huáxíng
to taxi 滑走(する)
★ 飞机正在 fēijī zhèngzài〜
飛行機が滑走している

⑳ **跑道** 跑道 pǎodào
runway 滑走路

㉑ **起飞** 起飛 qǐfēi
to take off 離陸(する)
★ 飞机 fēijī〜 飛行機が離陸する

㉒ **喷气发动机** pēnqì fādòngjī
噴射引擎 pēnshè yǐnqíng
jet engine ジェットエンジン

㉓ **机长** 機長 jīzhǎng
captain 機長

㉔ **副机长** 副機長 fùjīzhǎng
co-pilot 副操縦士

㉕ **头等舱** 頭等艙
tóuděngcāng
first class ファーストクラス

㉖ **调直椅背** tiáozhí yǐbèi
豎直椅背 shùzhí yǐbèi
to straighten one's seat
椅子を元の位置に戻す

㉗ **飞机机身** 飛機機身
fēijī jīshēn
fuselage 機体、(飛行機の)胴体

㉘ **舱门** 艙門 cāngmén
door (飛行機の)ドア

㉙ **商务舱** 商務艙
shāngwùcāng
business class ビジネスクラス

㉚ **放行李** fàng xíngli
放行李 fàng xínglǐ
to stow luggage 荷物を置く

㉛ **经济舱** 經濟艙 jīngjìcāng
economy class エコノミークラス

㉜ **找座位** 找座位
zhǎo zuòwèi
to find a seat 座席をさがす

㉝ **滑轮** 滑輪 huálún
landing gear (飛行機の)車輪

㉞ **机翼** 機翼 jīyì
wing (飛行機の)翼

8-8 ホテル / 饭店

🎧 070

饭店 飯店 fàndiàn
hotel　ホテル
★ 预订 yùdìng~　ホテルを予約する

① **大厅** 大廳 dàtīng
lobby　ロビー
★ 在~等 zài~děng　ロビーで待つ

② **门童** 門童 méntóng
doorman　ドアマン

③ **旅游团** lǚyóutuán
旅行團 lǚxíngtuán
tour group　ツアー団体

④ **导游** 導遊 dǎoyóu
tour guide　ガイド

⑤ **前台** qiántái 櫃檯 guìtái
reception　フロント、カウンター
★ 去~付钱 qù~fùqián
フロントに行ってお金を払う

⑥ **登记** 登記 dēngjì
to check-in　チェックイン（する）
★ 办理 bànlǐ~
チェックインの手続きをする

⑦ **退房** 退房 tuì//fáng
to check out　チェックアウト（する）
★ 办理 bànlǐ~　チェックアウトする

⑧ **电梯** 電梯 diàntī
elevator　エレベーター
★ 搭 dā~; 乘 chéng~; 坐 zuò~
エレベーターに乗る

⑨ **行李员** xíngliyuán
行李員 xínglǐyuán
bellhop　ベルマン
★ ~提行李 tí xíngli
ベルマンが荷物を持つ

⑩ **行李推车** xíngli tuīchē
行李推車 xíngli tuīchē
luggage cart　カート

⑪ **客房** 客房 kèfáng
room　部屋、客室
量 间 jiān

⑫ **单人房** 單人房 dānrénfáng
single room
シングルルーム、一人部屋
★ 要 yào~　シングルルームをたのむ

⑬ **叫醒服务** jiàoxǐng fúwù
起床服務 qǐchuáng fúwù
wake-up call service
モーニングコールサービス

⑭ **双人房** 雙人房
shuāngrénfáng
double room
ダブルルーム；ツインルーム、二人部屋

Section 8: 交通と旅 交通和旅游

※ ホテルは"酒店 jiǔdiàn""宾馆 bīnguǎn"などとも言う。

⑭ "双人房"には、"一张大床 yì zhāng dàchuáng"（ダブルベッド）と"两张小床 liǎng zhāng xiǎochuáng"（ツインベッド）の二つのタイプがある。

㉓ ホテルのプールは室内のスポーツジム内に設置されている場合、"室内游泳池 shìnèi yóuyǒngchí"（室内プール）と呼ぶ。屋外であれば、"露天游泳池／户外游泳池 lùtiān yóuyǒngchí/ hùwài yóuyǒngchí"（屋外プール）と言う。

⑮ 客房送餐服务 kèfáng sòngcān fúwù
客房服务 kèfáng fúwù
room service　ルームサービス
★ 叫 jiào〜　ルームサービスを呼ぶ

⑯ 宾客 bīnkè 房客 fángkè
guest　（ホテルなどの）客
★ 〜到了 dào le　お客様が到着した

⑰ 清理客房 清理客房
qīnglǐ kèfáng
room cleaning
ルームクリーニング、清掃

⑱ 商务中心 商務中心
shāngwù zhōngxīn
business center　ビジネスセンター
★ 去〜上网 qù〜shàngwǎng
ビジネスセンターへ行ってインターネットをする

⑲ 宴会厅 宴會廳 yànhuìtīng
banquet hall　宴会場、ホール

⑳ 行李房 xínglǐfáng
行李房 xínglǐfáng
luggage room　荷物一時預かり所

㉑ 浴池 yùchí 浴缸 yùgāng
bathtub　浴槽《よくそう》、湯ぶね

㉒ 桑拿中心 sāngná zhōngxīn
桑拿中心／三溫暖
sāngná zhōngxīn/ sānwēnnuǎn
sauna　サウナルーム

㉓ 游泳池 游泳池 yóuyǒngchí
swimming pool　プール

㉔ 健身中心 健身中心
jiànshēn zhōngxīn
fitness center　スポーツジム
★ 去〜运动 qù〜yùndòng
スポーツジムに行って運動する

㉕ 跑步机 跑步機 pǎobùjī
treadmill　ランニングマシン

161

会話練習 🎧 071

地勤人员：您好，请问到哪里？ Dìqín rényuán: Nín hǎo, qǐngwèn dào nǎli?	いらっしゃいませ、どちらにご出発ですか？
张家宜：两个人，到上海。 Zhāng Jiāyí: Liǎng ge rén, dào Shànghǎi.	上海まで2人。
地勤人员：两件托运行李吗？请把它们放到秤上面来。 Dìqín rényuán: Liǎng jiàn tuōyùn xíngli ma? Qǐng bǎ tāmen fàngdào chèng shàngmian lái.	預けるお荷物はふたつでよろしいですか？それではこちらの秤《はかり》にお載せ下さい。
王美香：好。哇，好重。 Wáng Měixiāng: Hǎo. Wa, hǎo zhòng.	はい。まあ、重い。
地勤人员：两位小姐，你们的行李好像有点儿太重了，你们要不要去整理一下？ Dìqín rényuán: Liǎng wèi xiǎojiě, nǐmen de xíngli hǎoxiàng yǒudiǎnr tài zhòng le, nǐmen yào bu yào qù zhěnglǐ yíxià?	お客様、お荷物が少し重いようです。もし良かったら少し減らしてみてはいかがでしょうか。
王美香：好的，我来看一下行李里面有什么东西是可以拿出来的。 Wáng Měixiāng: Hǎo de, wǒ lái kàn yíxià xíngli lǐmian yǒu shénme dōngxi shì kěyǐ ná chūlái de.	分かりました、何か出せるものがないか中を見てみます。

サイクリング

　意外に思うかもしれないが、台湾では近年になってようやく自転車の利用者が多くなり、自転車専用道路が整備されるようになったばかりだ。それまではバイクや自動車が中心で、自転車に乗る人は極めて少なかった。平地が少なく、冬でも平均気温が１５度を上回る台湾で自転車をこぐとすぐ汗をかき体力を消耗するほか、50ccのオートバイがすぐ脇を走行する環境は危険である、といわれていた。

　しかし、2000年頃から、自然豊かな台湾を見直す動きがでてきていることに加えて、エコブームと健康ブームが後押しし、今や空前の自転車ブーム到来といってもよいであろう。

　自転車専用サイクリングコースも年々整備されつつある。市内からほど近い淡水河や新店溪、大漢溪の河川敷にあるサイクリングコースは２０キロから３０キロにもおよぶだけでなく、沿道には野鳥の生息地をはじめ動植物の保護区、夕陽の絶景スポットなど楽しめる場所も多い。最近では郊外にもサイクリングコースが整備されてきているので休日になるとサイクリングに出かける家族も増えているとか。郊外だけでなく台北中心街にも自転車専用道路が設けられるようになったが、台北駅近くの地下ショッピングセンター街にまで自転車レーンがあるのには驚く。

　今では、台北市内の中心部を走るMRT（"捷運 jiéyùn"）に自転車をのせて移動することができるだけでなく、台北市政府によるレンタサイクルのサービスを利用できる。台北に行ったら自転車を借り、市内をのんびり観光してみるのも楽しいに違いない。

写真提供：松尾　隆

Section 9
娛樂 娱乐

9-1 娯楽と趣味
娱乐与嗜好

娱乐 娛樂 yúlè
amusement　娯楽、楽しみ

嗜好 嗜好 shìhào
hobbies　趣味

① **下国际象棋** xià guójì xiàngqí
　下西洋棋 xià xīyángqí
　to play chess　チェスをする

② **下象棋** 下象棋 xià xiàngqí
　to play Chinese chess　中国将棋をする

③ **打牌** 打牌 dǎ//pái
　to play cards　トランプで遊ぶ

④ **打麻将** 打麻將 dǎ májiàng
　to play mahjong　マージャンをする
　★ 跟朋友 gēn péngyou～
　　友達とマージャンをする

⑤ **画画儿** huà huàr　畫畫 huà huà
　to paint　絵を描く

⑥ **雕刻** 雕刻 diāokè
　sculpting　彫刻(をする)

⑦ **跳舞** 跳舞 tiào//wǔ
　dancing　ダンス(をする)
　★ 去舞厅 qù wǔtīng～
　　ダンスホールへ行ってダンスをする

⑧ **爬山** 爬山 pá//shān
　hiking　ハイキング(をする)、山を登る

⑨ **登山** 登山 dēng//shān
　mountain climbing　登山(をする)

⑩ **露营** 露營 lù//yíng
　camping　キャンプ(をする)
　★ 出去 chūqù～　キャンプへ行く

⑪ **钓鱼** 釣魚 diào//yú
　fishing　釣り(をする)

⑫ **园艺** 園藝 yuányì
　gardening　園芸、ガーデニング

⑬ **赏鸟** 賞鳥 shǎng//niǎo
　bird-watching　バードウォッチングする

⑭ **唱卡拉OK** chàng kǎlā OK
　唱KTV chàng KTV
　to sing karaoke　カラオケで歌う

⑮ **逛街** 逛街 guàng//jiē
　window shopping
　ウィンドウショッピング(する)、
　町をぶらぶら歩く
　★ [台湾での表現] 去百货公司
　　qù bǎihuò gōngsī～
　　デパートへ行ってウィンドウショッピングする

⑯ **摄影** 攝影 shèyǐng
　to photograph
　写真を撮る；ビデオ撮影をする

⑰ **看书／阅读** 看書／閱讀
　kàn shū/ yuèdú
　to read　読書をする
　★ 在家 zài jiā～　家で読書をする

⑱ **听音乐** 聽音樂 tīng yīnyuè
　to listen to music　音楽を聞く

⑲ **看电视** 看電視 kàn diànshì
　to watch TV　テレビを見る

Section 9: 娯楽 娱乐

⑱ ⑲ ⑳ ㉑ ㉒ ㉓ ㉔ ㉕ ㉖ ㉗

注意

※ 娯楽の内容に伴い動詞の使い方も異なる。

◎ 囲碁、将棋の類は "下 xià"："下棋 xià qí"（将棋）、"下五子棋 xià wǔzǐqí"（五目並べ）、"下围棋 xià wéiqí"（囲碁）。

◎ カードゲームもしくは手を動かすものは "打 dǎ"："打牌 dǎ pái"（トランプ）、"打桥牌 dǎ qiáopái"（ブリッジ）、"打扑克 dǎ pūkè"（ポーカー）、"打麻将 dǎ májiàng"（マージャン）、"打电动 dǎ diàndòng"（テレビゲーム）。

◎ 手、目、頭を同時に使うゲームは "玩 wán"："玩游戏 wán yóuxì"（ゲームする、遊ぶ）、"玩电脑 wán diànnǎo"（パソコンで遊ぶ）。

⑧⑨ "爬山" と "登山" は似ているようで意味が異なる。"爬山" は小高い山や坂を歩くことで、日本語のハイキングに近いが、"登山" は完全装備をして海抜の高い山を目指して登る。

⑯ "摄影"は、"照相 zhàoxiàng" と同じ意味だが、"摄影机 shèyǐngjī" "摄像机 shèxiàngjī" というとビデオカメラ、"照相机 zhàoxiàngjī" というと写真のカメラを指すことが多い。

㉔ "单口 dānkǒu 相声"（一人で演じる漫談）と "对口 duìkǒu 相声"（掛け合い漫才）がある。

㉕〜㉗ "插花"、"茶道"、"书法" は日本の伝統的な文化芸能である。中国文化圏にも "插花 chāhuā"、"泡茶 pàochá"、"写书法 xiě shūfǎ" といった、生活に密着した文化習慣がある。

⑳ **看电影** 看電影 kàn diànyǐng
to watch movies 映画を鑑賞する
★ 去电影院 qù diànyǐngyuàn～
映画館で映画を鑑賞する

㉑ **打电子游戏** dǎ diànzǐ yóuxì
打電動玩具／打電玩
dǎ diàndòng wánjù／dǎ diànwán
to play video games
テレビゲームで遊ぶ

㉒ **上网** 上網 shàng//wǎng
to surf the Internet
インターネットをする、ネットサーフィンする
★ 到网吧 dào wǎngbā～
ネットカフェでネットサーフィンする

㉓ **逛夜市** 逛夜市 guàng yèshì
to stroll in night markets
夜店をぶらつく、夜市へ行く

㉔ **相声** xiàngsheng
相聲 xiàngshēng
one-man comic talk; comic dialogue
漫談、漫才
★ 说 shuō～ 漫談をする

㉕ **插花** chāhuā 花道 huādào
kadou (the art of arranging flowers)
華道、お花

㉖ **茶道** 茶道 chádào
sadou (the art of tea-drinking)
茶道、お茶

㉗ **书法** shūfǎ 書道 shūdào
shodou (calligraphy)
書道、習字
★ 练习 liànxí～ 書道の練習をする

9-2 楽器
乐器

乐器 樂器 yuèqì
musical instrument 楽器
★ 古典 gǔdiǎn～ クラシック音楽の楽器

① 萨克斯 sàkèsī 薩克斯風 sàkèsīfēng
saxophone サックス、サキソホン
★ 吹 chuī～ サックスを吹く

② 长笛 長笛 chángdí
flute フルート
★ 吹 chuī～ フルートを吹く

③ 单簧管 dānhuángguǎn 豎笛 shùdí
clarinet クラリネット
★ 吹 chuī～ クラリネットを吹く

④ 双簧管 雙簧管 shuānghuángguǎn
oboe オーボエ
★ 吹 chuī～ オーボエを吹く

⑤ 长号 長號 chánghào
trombone トロンボーン
★ 吹 chuī～ トロンボーンを吹く

⑥ 法国号 Fǎguóhào
法國號 Fǎguóhào/ Fàguóhào
French horn （フレンチ）ホルン
★ 吹 chuī～ フレンチホルンを吹く

⑦ 小号 xiǎohào 喇叭 lǎba
trumpet トランペット
★ 吹 chuī～ トランペットを吹く

⑧ 大号 大號 dàhào
tuba チューバ
★ 吹 chuī～ チューバを吹く

⑨ 口琴 口琴 kǒuqín
harmonica ハーモニカ
★ 吹 chuī～ ハーモニカを吹く

⑩ 吉他 吉他 jítā
guitar ギター
★ 弹 tán～ ギターを弾く

⑪ 电吉他 電吉他 diànjítā
electric guitar エレキギター
★ 弹 tán～ エレキギターを弾く

Section 9: 娯楽 娱乐

※ 打楽器は、"打击乐器 dǎjī yuèqì""敲击乐器 qiāojī yuèqì"と言う。管楽器は、"管乐器 guǎnyuèqì"と言い、弦楽器は、"弦乐器 xiányuèqì"と言う。

※ コンピューター技術でさまざまな音をつくる楽器を"电子乐器 diànzǐ yuèqì"（電子楽器）と呼ぶ。

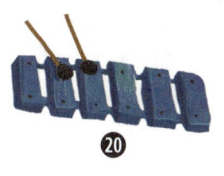

⑫ **竖琴** 豎琴 shùqín
harp ハープ、竪琴
★ 弹 tán〜　ハープを弾く

⑬ **小提琴** 小提琴 xiǎotíqín
violin バイオリン
★ 拉 lā〜　バイオリンを弾く

⑭ **大提琴** 大提琴 dàtíqín
cello チェロ
★ 拉 lā〜　チェロを弾く

⑮ **钢琴** 鋼琴 gāngqín
piano ピアノ
★ 弹 tán〜　ピアノを弾く

⑯ **电子琴** 電子琴 diànzǐqín
electric keyboard キーボード、電子鍵盤楽器
★ 弹 tán〜　キーボードを弾く

⑰ **手风琴** 手風琴 shǒufēngqín
accordion アコーディオン
★ 弹 tán〜; 拉 lā〜　アコーディオンを弾く

⑱ **铃鼓** 鈴鼓 línggǔ
tambourine タンバリン
★ 打 dǎ〜　タンバリンをたたく

⑲ **鼓** 鼓 gǔ
drum ドラム
★ 打 dǎ〜　ドラムをたたく

⑳ **木琴** 木琴 mùqín
xylophone 木琴、シロホン
★ 敲 qiāo〜　木琴をたたく

㉑ **沙锤** shāchuí 沙铃 shālíng
maracas マラカス
★ 摇 yáo〜　マラカスを振る

㉒ **响板** 響板 xiǎngbǎn
castanets カスタネット
★ 打 dǎ〜　カスタネットを鳴らす

9-3 アジアの楽器
东方乐器

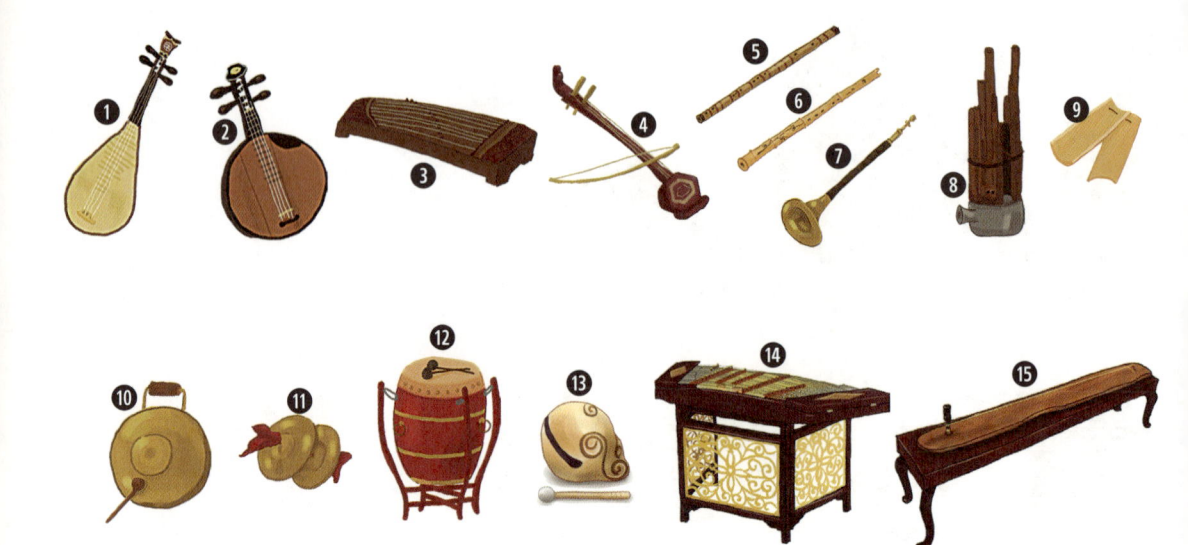

东方乐器 東方樂器 dōngfāng yuèqì
eastern musical instruments　アジアの楽器

① **琵琶** 琵琶 pípa
Chinese lute (pipa)　琵琶《びわ》
★ 弹 tán~　琵琶を弾く

② **月琴** 月琴 yuèqín
moon guitar　月琴《げっきん》
★ 弹 tán~　月琴を弾く

③ **古筝** 古箏 gǔzhēng
guzheng　琴《こと》、箏《そう》
★ 弹 tán~　琴を弾く

④ **二胡** 二胡 èrhú
Chinese violin (erhu)　二胡《にこ》
★ 拉 lā~　二胡を弾く

⑤ **笛** 笛 dí
Chinese transverse flute　横笛《よこぶえ》
★ 吹 chuī~　横笛を吹く

⑥ **箫** 簫 xiāo
Chinese vertical end-blown flute　簫《しょう》
★ 吹 chuī~　簫を吹く

⑦ **唢呐** 嗩吶 suǒnà
Chinese oboe　チャルメラ
★ 吹 chuī~　チャルメラを吹く

⑧ **笙** 笙 shēng
reed pipe wind instrument　笙《しょう》
★ 吹 chuī~　笙を吹く

⑨ **拍板／鼓板** 拍板／鼓板 pāibǎn/ gǔbǎn
clapper　拍板《はくばん》、拍子木《ひょうしぎ》
★ 打 dǎ~　拍子木をたたく

⑩ **锣** 鑼 luó
gong　銅鑼《どら》
★ 敲 qiāo~　銅鑼をたたく

⑪ **钹** 鈸 bó
Chinese cymbals　鈸《はつ》、シンバル
★ 敲 qiāo~　鈸をたたく

Section 9: 娯楽 娱乐

> ※ 東アジアの楽器は、特別な祭典や行事に演奏される事が多い。例えば"唢呐"と"锣"は中国の廟内行事に使用され、"神乐笛"は日本伝統雅楽の祭典で演奏される。また"能管"は、能や歌舞伎などの演目で演奏される。
>
> ⑮⑯ "一弦琴"はベトナムの伝統楽器で、もとは中国から渡ってきたとされる。"三弦琴"も同じく中国から渡ってきたもので、今は日本の代表的な伝統楽器になっている。

⑫ **大鼓** 大鼓 dàgǔ
Chinese drum 大太鼓《おおだいこ》
★ 打 dǎ〜 大太鼓を打つ

⑬ **木鱼** 木魚 mùyú
wooden fish; wooden block
木魚《もくぎょ》
★ 敲 qiāo〜 木魚をたたく

⑭ **扬琴** 揚琴 yángqín
Chinese hammered dulcimer 洋琴《ようきん》
★ 敲 qiāo〜 洋琴をたたく

⑮ **一弦琴** 一弦琴 yìxiánqín
single string 一弦琴《いちげんきん》
★ 弹 tán〜 一弦琴を弾く

⑯ **三弦琴** sānxiánqín
三弦琴／三味線 sānxiánqín/ sānwèixiàn
three strings 三味線《しゃみせん》、三線《さんしん》
★ 弹 tán〜 三味線を弾く

⑰ **日本琵琶** 日本琵琶 Rìběn pípa
Japanese biwa （日本の）琵琶《びわ》
★ 弹 tán〜 琵琶を弾く

⑱ **尺八** 尺八 chǐbā
Japanese end-blown flute 尺八《しゃくはち》
★ 吹 chuī〜 尺八を吹く

⑲ **胡弓** 胡弓 húgōng
Japanese bow string 胡弓《こきゅう》
★ 拉 lā〜 胡弓を弾く

⑳ **神乐笛** 神樂笛 shényuèdí
Japanese classical flute 神楽笛《かぐらぶえ》
★ 吹 chuī〜 神楽笛を吹く

㉑ **能管** 能管 néngguǎn
Japanese bamboo flute
能管《のうかん》：能や歌舞伎などに用いられる笛
★ 吹 chuī〜 能管を吹く

9-4 ナイトライフ
夜生活

夜生活 夜生活 yèshēnghuó
nightlife ナイトライフ

① **夜总会** yèzǒnghuì 夜店 yèdiàn
night club ナイトクラブ

② **迪厅** dítīng 迪斯可 dísīkě
disco ディスコ
★ 去～跳舞 qù~tiàowǔ
ディスコへ行って踊る

③ **沙发** 沙發 shāfā
sofa ソファ席；ラウンジルーム
(量)张 zhāng

④ **包厢** 包廂 bāoxiāng
private booth 個室、ボックス席
★ 订 dìng~ 個室を予約する

⑤ **舞池** 舞池 wǔchí
dance floor ダンスフロア
★ 在～跳舞 zài~tiàowǔ
ダンスフロアで踊る

⑥ **酒吧** 酒吧 jiǔbā
bar; pub; lounge bar バー
(量)家 jiā
★ 去～喝酒 qù~hē jiǔ
バーへ行ってお酒を飲む

⑦ **吧台** 吧檯 bātái
bar counter （バーの）カウンター
★ 在～点酒 zài~diǎn jiǔ
カウンターで酒を頼む

⑧ **调酒师** 調酒師 tiáojiǔshī
bartender バーテンダー
★ 向～点酒 xiàng~diǎn jiǔ
バーテンダーに酒を頼む

⑨ **鸡尾酒** 雞尾酒 jīwěijiǔ
cocktail カクテル
★ 调 tiáo~ カクテルを作る

⑩ **点唱机** 點唱機 diǎnchàngjī
jukebox ジュークボックス
★ 在～点歌 zài~diǎngē
ジュークボックスで曲を選ぶ

⑪ **游戏机** 遊戲機 yóuxìjī
arcade game ゲーム機
★ 玩 wán~ ゲーム機で遊ぶ

⑫ **桌上足球** 桌上足球
zhuōshàng zúqiú
table football テーブルサッカー
★ 玩 wán~ テーブルサッカーで遊ぶ

⑬ **台球** táiqiú 撞球 zhuàngqiú
pool; billiard ビリヤード
★ 打 dǎ~ ビリヤードをする

⑭ **台球杆** táiqiúgān
撞球竿 zhuàngqiúgān
pool cue キュー
(量)支 zhī; 根 gēn

⑮ **记分板** 記分板 jìfēnbǎn
score board
スコアボード、得点掲示板

⑯ **音乐餐厅** 音樂餐廳
yīnyuè cāntīng
live house ライブハウス
★ 去～吃饭 qù~chīfàn
ライブハウスへ行って食事する

⑰ **舞台** 舞臺 wǔtái
stage ステージ、舞台
★ 在～唱歌 zài~chànggē
ステージで歌う

⑱ **KTV** KTV
karaoke bar KTV、カラオケ
★ 去～唱歌 qù~chànggē
カラオケへ行って歌を歌う

Section 9: 娯楽 娱乐

> ⑥ 酒を飲む場所を"酒吧"と呼ぶ。店のサービスに応じ名称が異なる。例えば"钢琴酒吧 gāngqín jiǔbā"（ピアノバー）には、ピアノ演奏があり、"运动酒吧 yùndòng jiǔbā"（スポーツ観戦バー）では、スポーツ番組を放映しているのが特色である。"沙发酒吧 shāfā jiǔbā"（ソファバー）は、店内に色々なソファが設置され、くつろいで話ができるバーになっている。
>
> ⑧⑨ バーテンダーが酒瓶やグラスを投げたり回したりするのを"花式调酒 huāshì tiáojiǔ"（カクテルパフォーマンス）と言う。
>
> ⑩⑲ "点唱机"は"酒吧"でよく見かける機械で、お金を入れると聞きたい楽曲が演奏される。"点歌机"はカラオケボックスで歌いたい歌を入力再生する機械である。
>
> ⑯ "音乐餐厅"は、食事しながら演奏や歌を鑑賞する所である。live houseと英語で呼ぶことが多い。
>
> ⑳㉑㉕ "点歌、切歌、催歌"などはすべてカラオケ文化から出てきた語彙である。"点歌"は、歌いたい歌の番号を入力すること、"切歌"は、まだ歌い終わっていない歌を中断、終了することである。"催歌"は、入力した歌がなかなか出てこない場合、優先して出すよう催促することである。

⑲ **点歌机** 點歌機 diǎngējī
karaoke machine　カラオケ機器
量 台 tái

⑳ **切歌** 切歌 qiē//gē
to cut a song
（入れた）歌の演奏を中止する

㉑ **催歌** 催歌 cuī//gē
to rush a song
歌の呼び出し機能；曲を呼び出す

㉒ **麦克风** 麥克風 màikèfēng
microphone
マイク、マイクロホン
量 支 zhī
★ 拿 ná〜　マイクを持つ
★ 用〜唱歌 yòng〜chànggē
　マイクを使って歌う

㉓ **歌本** 歌本 gēběn
songbook　歌のリスト本、歌集

㉔ **遥控器** 遙控器 yáokòngqì
remote　リモコン
★ 用〜点歌 yòng〜diǎngē
　リモコンで曲を入力する

㉕ **点歌** 點歌 diǎn//gē
to request a song
歌を入れる、リクエストする

9-5 美容

美容

美容 美容 měiróng
beauty 美容

休闲 休閒 xiūxián
to refresh リフレッシュ(する)

① 剪发 jiǎn//fà 剪髮 jiǎn//fǎ
haircutting 髪を切る、ヘアーカット(する)
★ 去美容院 qù měiróngyuàn～
美容院へ行ってヘアーカットする

② 做头发 zuò tóufa 做頭髮 zuò tóufǎ
to style one's hair 髪を整える、ヘアーセット(する)

③ 洗头(发) xǐ//tóu(fa) 洗頭(髮) xǐ//tóu(fǎ)
to wash one's hair 髪を洗う、シャンプー(する)

④ 染发 rǎn//fà 染髮 rǎn//fǎ
to dye one's hair 髪を染める、カラーリング(する)

⑤ 烫发 tàng//fà 燙髮 tàng//fǎ
to perm one's hair パーマ(をかける)

⑥ 打薄 打薄 dǎbáo
to feather one's hair シャギー(にする)

⑦ 剪短 剪短 jiǎnduǎn
to cut short ショートカット(にする)

⑧ 长发 chángfà 長髮 chángfǎ
long hair ロングヘアー
★ 妹妹梳 mèimei shū～ 妹はロングヘアーです

⑨ 短发 duǎnfà 短髮 duǎnfǎ
short hair ショートヘアー
★ 剪成 jiǎnchéng～ ショートヘアにする

⑩ 卷发 juǎnfà 捲髮 juǎnfǎ
curly hair 巻き髪、カーリーヘア

⑪ 平头 平頭 píngtóu
crew cut スポーツ刈り、短い角刈り
★ 理 lǐ～ スポーツ刈りにする

⑫ 马尾 馬尾 mǎwěi
ponytail ポニーテール
★ 绑 bǎng～ ポニーテールにする
★ 束 shù～ ポニーテールに束ねる

Section 9: 娯楽 娱乐

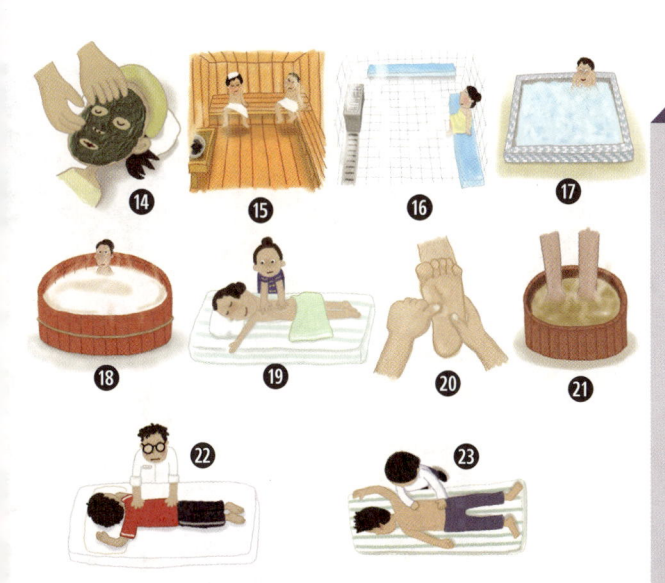

※ 客にヘアーカットする店を"美容院 měiróngyuàn"と呼ぶが、"理发店 lǐfàdiàn"、"发廊 fàláng"、"沙龙 shālóng"という言い方もある。

※ "挽面 wǎnmiàn"は西アジア、中央アジアから東アジアまで伝わる美容法の一つで、絹糸を使って顔中の産毛を抜いていくという民間技法である。

⑩ パーマをかけずに、生まれつき髪がカールしているのを"自然卷 zìránjuǎn"(天然パーマ)と言う。

⑲⑳ "按摩"は体の"穴道 xuédào"(経穴)を押して刺激し、神経の流れを良くするものである。押す場所に応じさまざまな名称がつけられている。"足底按摩"は台湾で非常に普及しているマッサージ法である。

㉒ "推拿"は中国に伝わる民間医療の一つで、整体師自ら腕と上半身を使って病人の体に圧力をかけ、こりをほぐしていく療法である。

⑬ **美甲** 美甲 měijiǎ
manicure マニキュア、ネイルケア
★ 做 zuò~ マニキュアを塗る

⑭ **脸部美容** liǎnbù měiróng 做臉 zuòliǎn
facial treatment フェイスエステ、美顔
★ 做 zuò~ フェイスエステをする

⑮ **桑拿浴** sāngnáyù
桑拿浴／三溫暖 sāngnáyù/ sānwēnnuǎn
sauna サウナ
★ 洗 xǐ~ サウナに行く

⑯ **蒸气浴** 蒸氣浴 zhēngqìyù
steam room スチームルーム、サウナ室

⑰ **水疗** 水療 shuǐliáo
hydrotherapy スパ、水治療法
★ 做 zuò~ スパに行く

⑱ **温泉** 溫泉 wēnquán
hot spring 温泉
★ 泡 pào~ 温泉につかる

⑲ **全身按摩** 全身按摩 quánshēn ànmó
full body massage 全身マッサージ
★ 做 zuò~ 全身マッサージをする

⑳ **足底按摩** zúdǐ ànmó
腳底按摩 jiǎodǐ ànmó
foot massage 足つぼマッサージ、足裏マッサージ

㉑ **足浴** 足浴 zúyù
foot bath フットバス、足浴

㉒ **推拿** 推拿 tuīná
Chinese manual therapy 整体、按摩

㉓ **针灸** 針灸 zhēnjiǔ
acupuncture 鍼灸《しんきゅう》

9-6 遊園地
游乐园

游乐园 遊樂園 yóulèyuán
amusement park; fair　遊園地
★ 去～玩儿 qù~wánr　遊園地に行って遊ぶ

主题公园 zhǔtí gōngyuán
主題樂園 zhǔtí lèyuán
theme park　テーマパーク

① **大门** 大門 dàmén
entrance gate　正門、正面ゲート

② **售票处** 售票處 shòupiàochù
ticketing　券売所、チケット売り場
★ 在～买票 zài~mǎi piào
チケット売り場で切符を買う

③ **开放时间** 開放時間
kāifàng shíjiān
opening time　営業時間、開園時間
★ ～从十点到六点
cóng shí diǎn dào liù diǎn
開園時間は10時から6時までです

④ **凉亭** 涼亭 liángtíng
gazebo
休憩所、見晴台《みはらしだい》、
あずまや
量 座 zuò
★ 在～休息 zài~xiūxi　休憩所で休む
★ 在～乘凉 zài~chéngliáng　見晴台で涼む

⑤ **小吃店** xiǎochīdiàn
點心吧 diǎnxīnbā
concession stand
スナック売り場、売店
量 家 jiā
★ 去～买东西吃 qù~mǎi dōngxi chī
スナック売り場へ行って買い食いする

⑥ **摩天轮** 摩天輪 mótiānlún
Ferris wheel　大観覧車

⑦ **海盗船** 海盗船
hǎidàochuán
swinging-ship ride　海賊船

⑧ **身高限制** 身高限制
shēngāo xiànzhì
height limit　身長制限
★ 这个游戏有 zhège yóuxì yǒu~
この乗り物は身長制限がある

⑨ **打靶场** 打靶場 dǎbǎchǎng
shooting range
シューティンググランド、射的場

⑩ **旋转木马** 旋轉木馬
xuánzhuǎn mùmǎ
merry-go-round
メリーゴーランド、回転木馬

⑪ **鬼屋** 鬼屋 guǐwū
haunted house　お化け屋敷

⑫ **碰碰车** 碰碰車 pèngpèngchē
bumper car　バンプカー
★ 玩儿 wánr～　バンプカーで遊ぶ

⑬ **现场表演** 現場表演
xiànchǎng biǎoyǎn
live entertainment
ライブパフォーマンス
★ 看 kàn～　ライブパフォーマンスを見る

⑭ **3D电影** 3D電影
sān-D diànyǐng
3D movie　3D映画
★ 看 kàn～　3D映画を見る

Section 9: 娯楽 娱乐

注意

② ほとんどの遊園地が"优惠票 yōuhuìpiào"（割引券）を提供しており、年齢と客層に応じ値段が異なる。例えば、"学生票 xuéshēngpiào"（学生料金）、"儿童票 értóngpiào"（子ども料金）、"团体票 tuántǐpiào"（団体割引料金）、"敬老票 jìnglǎopiào; 老年票 lǎoniánpiào"（シルバー料金）など。

⑤ 遊園地の"小吃店"で一番よく目にする食べ物は"爆米花 bàomǐhuā"（ポップコーン）、"热狗 règǒu"（ホットドッグ）、"冰淇淋 bīngqílín"（アイスクリーム）などである。

⑧ 遊園地の乗り物には、"身高限制"が設けられている。刺激が強い乗り物には"孕妇 yùnfù"（妊婦）や"心脏病患者 xīnzàngbìng huànzhě"（心臓に持病のある人）も乗れない場合がある。

⑮ **礼品店** 禮品店 lǐpǐndiàn
gift shop
売店、ギフトショップ、みやげ物店
★ 去～买礼物 qù～mǎi lǐwù
売店へ行ってお土産を買う

⑯ **游行** 遊行 yóuxíng
parade **パレード(する)**
★ 看 kàn～ **パレードを見る**

⑰ **小摊** xiǎotān 攤位 tānwèi
vendor's stand **出店、屋台**
★ 逛 guàng～ **屋台を見てまわる**

⑱ **套圈** tàoquān
套圈圈 tào quānquān
ring-toss **輪投げ**

⑲ **卡丁车** kǎdīngchē
小賽車 xiǎosàichē
go-cart
ゴーカート、レーシングカー
★ 玩儿 wánr～; 开 kāi～
ゴーカートを運転する

⑳ **咖啡杯** 咖啡杯 kāfēibēi
teacup ride **コーヒーカップ**
★ 坐 zuò～ **コーヒーカップに乗る**

㉑ **过山车** guòshānchē
雲霄飛車 yúnxiāo fēichē
roller coaster **ジェットコースター**
★ 坐 zuò～; 玩儿 wánr～
ジェットコースターに乗る

㉒ **划船** 划船 huá//chuán
to row a boat **ボートを漕ぐ；漕ぎ船**

㉓ **自由落体** 自由落體
zìyóu luòtǐ
free-fall ride **フリーフォール**
★ 坐 zuò～ **フリーフォールに乗る**

9-7 スポーツジム
健身房

健身房 健身房 jiànshēnfáng
fitness gym
スポーツジム、フィットネスクラブ
★ 去～运动 qù~yùndòng
スポーツジムに行き運動をする

①会员卡 會員卡 huìyuánkǎ
membership card
メンバーズカード、会員カード
★ 办 bàn~ 会員カードを作る
★ 出示 chūshì~ メンバーズカードを提示する

②按摩浴池 按摩浴池 ànmó yùchí
jacuzzi ジャグジー、泡風呂

③蒸气浴 zhēngqìyù
蒸氣室 zhēngqìshì
steam room スチームルーム
★ 使用～设施 shǐyòng~shèshī
スチーム室に入る

④桑拿浴 sāngnáyù
桑拿浴／三溫暖
sāngnáyù/ sānwēnnuǎn
sauna サウナ
★ 洗 xǐ~ サウナに入る

⑤更衣室 更衣室 gēngyīshì
locker room 更衣室
★ 去～换衣服 qù~huàn yīfu
更衣室に行って服を着替える

⑥瑜珈 瑜珈 yújiā
yoga ヨガ
★ 练 liàn~；做 zuò~ ヨガをする

⑦弹力球 彈力球 tánlìqiú
gym ball ジムボール、ヨガボール
★ 坐 zuò~ ジムボールに乗る

⑧软垫 軟墊 ruǎndiàn
gym mat （ジム）マット
★ 铺 pū~ マットを敷く

⑨冥想 冥想 míngxiǎng
meditation 瞑想(する)、メディテーション

⑩普拉提 pǔlātí 皮拉提斯 pílātísī
Pilates ピラティス：横になって筋肉を伸ばす柔軟体操

⑪跑步机 跑步機 pǎobùjī
treadmill ウォーキングマシン、ランニングマシン
★ 在～上跑步 zài~shàng pǎobù ウォーキングマシンを使って走る

⑫室内自行车 室內自行車 shìnèi zìxíngchē
indoor cycling エアロバイク
★ 骑 qí~ エアロバイクに乗る

Section 9: 娯楽 娱乐

※ "划船机 huáchuánjī"（舟漕ぎ機）は舟をこぐように、"滑雪机 huáxuěji" はスキーを滑っているように疑似体験できるマシンで、スポーツジムではよく見かける。

⑥ ヨガには、"哈达瑜珈 hādá yújiā"（ハタヨガ）、"力量瑜珈 lìliàng yújiā"（パワーヨガ）、"高温瑜珈 gāowēn yújiā"（ホットヨガ）などの区分がある。

⑬ **举重训练** 舉重訓練 jǔzhòng xùnliàn
weight training ベンチプレス、パワーリフティング
★ 做 zuò～;进行 jìnxíng～ ベンチプレスをする

⑭ **俯卧撑** fǔwòchēng 伏地挺身 fúdì tǐngshēn
push-ups 腕立て伏せ
★ 做 zuò～ 腕立て伏せをする

⑮ **仰卧起坐** 仰臥起坐 yǎngwò qǐzuò
sit-ups 腹筋、上体起こし
★ 做 zuò～ 腹筋をする

⑯ **胸部推举机** 胸部推舉機 xiōngbù tuījǔjī
vertical chest press チェストプレス
★ 使用 shǐyòng～ チェストプレスを使う

⑰ **腹肌训练椅** 腹肌訓練椅 fùjī xùnliànyǐ
abdominal bench シットアップベンチ

⑱ **背部拉力训练机** 背部拉力訓練機
bèibù lālì xùnliànjī
T-bar row バックエクステンション

⑲ **大腿外展机** 大腿外展機 dàtuǐ wàizhǎnjī
hip abductor
レッグストレッチャー、レッグエクステンション

⑳ **肩上推举** 肩上推舉 jiānshàng tuījǔ
shoulder press ショルダープレス

㉑ **哑铃** 啞鈴 yǎlíng
dumbbell ダンベル
★ 举 jǔ～ ダンベルを持ちあげる

㉒ **休息室** xiūxishì 休息室 xiūxìshì
recreation room 休憩室
★ 去～休息 qù～xiūxi 休憩室へ行って休む

177

9-8 映画と演劇
电影与戏剧

电影 電影 diànyǐng
movie 映画
★ 看 kàn~ 映画を見る

戏剧 戲劇 xìjù
drama 演劇、芝居
★ 古典 gǔdiǎn~ 古典演劇
★ 现代 xiàndài~ 現代劇

① **电影院** 電影院
diànyǐngyuàn
movie theater 映画館
⑱家 jiā

② **电影海报** 電影海報
diànyǐng hǎibào
movie poster 映画ポスター
⑱张 zhāng
★ 搜集 sōují~ 映画ポスターを集める

③ **早场** 早場 zǎochǎng
morning showing
(興行の)午前の部、早朝上映
★ 看~电影 kàn~diànyǐng
午前の部の映画を見る

④ **晚场** 晚場 wǎnchǎng
evening showing
(興行の)夜の部、夜間上映

⑤ **午夜场** 午夜場 wǔyèchǎng
midnight showing
(興行の)深夜の部、深夜上映

⑥ **科幻片** 科幻片 kēhuànpiàn
science-fiction film SF映画

⑦ **导演** 導演 dǎoyǎn
director 監督、演出家
★ ~拍电影 pāi diànyǐng
監督が映画を撮る

⑧ **演员** 演員 yǎnyuán
actor 役者、俳優
★ ~演戏 yǎnxì 俳優が芝居をする
★ 喜剧 xǐjù~ コメディアン

⑨ **武打片／功夫片**
wǔdǎpiàn/ gōngfupiàn
武打片／功夫片
wǔdǎpiàn/ gōngfūpiàn
kung-fu film カンフー映画

⑩ **卡通片** 卡通片 kǎtōngpiàn
animation アニメ映画

⑪ **电视节目** 電視節目
diànshì jiémù
TV program テレビ番組
★ 播出 bōchū~ テレビ番組を放送する

⑫ **儿童节目** 兒童節目
értóng jiémù
children's program
子ども向け番組、児童番組
★ 收看 shōukàn~ 児童番組を視聴する

⑬ **综艺节目** zōngyì jiémù
綜藝節目 zòngyì jiémù
variety show バラエティ番組
★ 观赏 guānshǎng~
バラエティ番組を見る

⑭ **日剧** 日劇 Rìjù
Japanese TV drama 日本のドラマ

⑮ **主角** zhǔjué 主角 zhǔjiǎo
lead actor （映画などの)主役
★ 女~章子怡 nǚ~Zhāng Zǐyí
主演女優はチャン・ツィイーです

⑯ **字幕** 字幕 zìmù
subtitles 字幕
★ 有~的电影 yǒu~de diànyǐng
字幕入りの映画
★ 切换 qiēhuàn~ 字幕に切り替える

⑰ **韩剧** 韓劇 Hánjù
Korean TV drama
韓国ドラマ、韓流ドラマ

Section 9: 娯楽 娱乐

⑬ ⑭ ⑮ ⑯ ⑰ ⑱

⑲ ⑳ ㉑ ㉒ ㉓ ㉔ ㉕ ㉖ ㉗ ㉘ ㉙ ㉚ ㉛

撮注

⑮ 映画の登場人物は"主角"(主役)と"配角 pèijué/ pèijiǎo"(脇役)に分けられる。男性の主役なら"男主角 nánzhǔjué/ nánzhǔjiǎo"、脇役なら"男配角 nánpèijué/ nánpèijiǎo"と呼ぶ。女性の場合、"女主角 nǚzhǔjué/ nǚzhǔjiǎo"、"女配角 nǚpèijué/ nǚpèijiǎo"と呼ぶ。

㉘ 中国各地にはそれぞれ伝統演劇があり、劇の名前は地名の略称の後に"剧 jù"をつけることが多い。例えば上海は"沪 Hù"と言い、上海の伝統演劇は"沪剧 Hùjù"と呼ぶ。他にも有名な地方演劇を例に挙げると、四川の"川剧 Chuānjù"、河南の"豫剧 Yùjù"がある。

㉘〜㉛ "京剧"には役柄がたくさんあり、下記の"花旦"、"武生"、"老生"のほか、若い男性役の"小生 xiǎoshēng"、老女役の"老旦 lǎodàn"、しとやかな女性役の"青衣 qīngyī"などがある。また、それぞれの"脸谱 liǎnpǔ"(くま取り)から役柄と性格がうかがえる。

⑱ **广告** 廣告 guǎnggào
commercial **コマーシャル、広告**
★ 做 zuò~　广告を作る
★ 插入 chārù~
　コマーシャルを間に入れる
★ ~费 fèi　广告費

⑲ **剧场** 劇場 jùchǎng
theater **劇場**

⑳ **舞台剧** 舞臺劇 wǔtáijù
play **舞台演劇**
量 出 chū・场 chǎng
★ 看 kàn~　舞台劇を見る
★ 演 yǎn~　劇を演じる

㉑ **音乐厅** 音樂廳 yīnyuètīng
music hall **コンサートホール**

㉒ **音乐会** yīnyuèhuì
音樂會／演奏會
yīnyuèhuì/ yǎnzòuhuì
orchestral concert
演奏会、コンサート
量 场 chǎng
★ 听 tīng~　演奏会に行く

㉓ **演唱会** 演唱會 yǎnchànghuì
(singers')concert **(歌唱)コンサート**

㉔ **音乐剧** 音樂劇 yīnyuèjù
musical **ミュージカル**
★ 看 kàn~　ミュージカルを見る

㉕ **歌剧** 歌劇 gējù
opera **オペラ**
★ 唱 chàng~　オペラを歌う
★ 演 yǎn~　オペラを演じる

㉖ **布袋戏** 布袋戲 bùdàixì
hand puppet show **人形劇**

㉗ **歌仔戏** 歌仔戲
gēzǎixì/ gēzǐxì
Taiwanese opera **台湾オペラ**

㉘ **京剧** 京劇 Jīngjù
Beijing opera **京劇**
★ 表演 biǎoyǎn~　京劇を上演する
★ 观赏 guānshǎng~　京劇を鑑賞する

㉙ **武生** 武生 wǔshēng
brave young man role in traditional opera
アクション専門の男性役
★ 扮 bàn~　"武生"に扮する

㉚ **老生** 老生 lǎoshēng
old man role in traditional opera
善良な中高年の男性役

㉛ **花旦** 花旦 huādàn
female role in traditional opera
溌剌とした若い女性役

会話練習 🎧 080

小林朋子：你假日的时候喜欢做什么休闲活动？ Xiǎolín Péngzǐ: Nǐ jiàrì de shíhou xǐhuan zuò shénme xiūxián huódòng?	休みの日は何をして過ごすのがいい？
李自强：我常常去户外露营、登山，我也很喜欢钓鱼。你呢？ Lǐ Zìqiáng: Wǒ chángcháng qù hùwài lùyíng、dēngshān, wǒ yě hěn xǐhuan diàoyú. Nǐ ne?	僕はキャンプしたり、登山したり、釣りをしたりするのが好きだな。君は？
小林朋子：我比较常待在家，我很喜欢跟朋友在家打牌、看DVD。 Xiǎolín Péngzǐ: Wǒ bǐjiào cháng dāi zài jiā, wǒ hěn xǐhuan gēn péngyou zài jiā dǎ pái、kàn DVD.	私は室内で過ごすことが多いわ。友達とトランプしたり、DVD見たりするのが好きよ。
李自强：你不要一直待在家嘛，应该多出来走走。这周末我带你去山上泡温泉，怎么样？ Lǐ Zìqiáng: Nǐ bú yào yìzhí dāi zài jiā ma, yīnggāi duō chūlai zǒuzou. Zhè zhōumò wǒ dài nǐ qù shān shang pào wēnquán, zěnmeyàng?	そんな家にばっかり引きこもってないで、もっと外に行こうよ。今週末、山の温泉に連れて行ってあげようか、どうする？
小林朋子：好啊，那我要不要带扑克去？ Xiǎolín Péngzǐ: Hǎo a, nà wǒ yào bu yào dài pūkè qù?	そうね、じゃトランプ持って行こうかな？

温泉

　台湾は数多くの温泉があることでも知られている。なかでも、台北市民にはMRT（"捷運 jiéyùn"）に乗って気楽にいける北投温泉やバスで行けるウーライ（"烏來 wūlái"）が人気だ。温泉には混浴露天風呂も多い。日本では裸だが、台湾の混浴露天風呂は、水着と帽子を着用しなければいけないため、女性でも抵抗なく入ることができる。利用者は、平日は近所の老人たちや旅行者が多いが、休日ともなると子連れでやってくる比較的若い夫婦やカップルなども多い。湯の温度はぬるま湯よりもやや温かいため、お湯につかったり外で冷ましたりして、比較的長い時間温泉を楽しむことができる。また、個室で仕切られた貸切風呂温泉もある。こちらは水着の着用は不要。一部屋あたりの料金は使用時間で計算されるため、恋人や家族で使えば割安だ。

　台湾には日本統治時代にできた日本式の建物をいまでも使い続けている昔ながらの温泉もあれば、部屋の窓からの眺望を重視した温泉、食事付きでのんびりできる温泉、女性にやさしいエステがついた温泉まで、その種類は豊富だ。普段はシャワーしか浴びない台湾人にとって、温泉につかるということは、お湯と戯れてリラックスし、明日への活力を生む健康ランドへ行くような感覚に似ているのかもしれない。

© MiNe (sfmine79) from flickr

Section 10
スポーツ 运动

10-1 スポーツ・体育 1
运动・体育一

运动 運動 yùndòng
sports; exercise スポーツ

体育 體育 tǐyù
physical exercise; PE 体育

①**跳伞** 跳傘 tiàosǎn
skydiving スカイダイビング
★ 玩儿 wánr〜 スカイダイビングをする

②**滑翔翼** 滑翔翼 huáxiángyì
hang-gliding ハンググライダー
★ 玩儿 wánr〜 ハンググライダーをする

③**划船** 划船 huá//chuán
boating ボート(を漕ぐ)

④**漂流** piāoliú 泛舟 fànzhōu
white water rafting ラフティング、川下り

⑤**游泳** 游泳 yóu//yǒng
swimming 水泳(をする)

⑥**花样滑冰** huāyàng huábīng 花式溜冰 huāshì liūbīng
figure skating フィギュアスケート

⑦**滑冰** huá//bīng 溜冰 liū//bīng
ice-skating アイススケート(をする)

⑧**旱冰** hànbīng 輪式溜冰 lúnshì liūbīng
roller skating ローラースケート
★ 滑 huá〜 ローラースケートをする

⑨**滚轴溜冰** gǔnzhóu liūbīng 直排輪 zhípáilún
in-line skating ローラーブレード

⑩**射箭** 射箭 shè//jiàn
archery アーチェリー(をする)

⑪**跑步** pǎo//bù 慢跑 mànpǎo
jogging ジョギング(をする)

Section 10: スポーツ 运动

> 注意
> ⑦⑧ ローラースケートの靴を"轮滑鞋 lúnhuáxié"と言う。アイススケートの靴は"滑冰鞋 huábīngxié"または"溜冰鞋 liūbīngxié"。
> ⑳ "极限运动"は、あらゆる危険性を伴うスポーツの総称で、"滑板"(スケートボード)、"攀岩"(ロッククライミング)、"冲浪 chōnglàng"(サーフィン)、"摩托车 mótuōchē"(オートバイ)などが含まれる。
> ㉒ "赛车"の代表的なものとして、"一级方程式赛车 yī jí fāngchéngshì sàichē"(F1レース)と、素人が遊ぶ"卡丁车 kǎdīngchē"(ゴーカート)がある。

⑫ **骑自行车** 騎自行車 qí zìxíngchē
cycling　サイクリング(をする)

⑬ **骑马** 騎馬 qí//mǎ
horseback riding　乗馬(する)

⑭ **滑板** 滑板 huábǎn
skateboarding　スケートボード、スケボー
★ 玩儿 wánr~　スケボーをする

⑮ **攀岩** 攀岩 pānyán
rock climbing　ロッククライミング

⑯ **露营** 露營 lù//yíng
camping　キャンプ(をする)
★ 去野外 qù yěwài~　野外でキャンプする

⑰ **溯溪** 溯溪 sùxī
river trekking　沢登り

⑱ **漆弹** 漆彈 qīdàn
paintball　ペイントボール：塗料弾による模擬戦
★ 玩儿 wánr~　ペイントボールゲームをする
★ 射 shè~　ペイントボールを撃つ

⑲ **飞镖** 飛鏢 fēibiāo
darts　ダーツ
★ 射 shè~；投 tóu~　ダーツを投げる

⑳ **极限运动** 極限運動 jíxiàn yùndòng
extreme sports　エクストリームスポーツ

㉑ **悠悠球** yōuyōuqiú 溜溜球 liūliūqiú
yo-yo　ヨーヨー

㉒ **赛车** 賽車 sàichē
car racing　カーレース；レーシングカー
★ 开 kāi~　レーシングカーを運転する

㉓ **蹦极** bèngjí 高空弹跳 gāokōng tántiào
bungee jumping　バンジージャンプ
★ 跳 tiào~　バンジージャンプをする

10-2 スポーツ・体育2
运动・体育二

① **保龄球** 保齡球 bǎolíngqiú
bowling ボーリング
- ★ 〜比赛 bǐsài ボーリング大会
- ★ 参加〜比赛 cānjiā 〜 bǐsài ボーリング大会に参加する
- ★ 投 tóu〜；掷 zhì〜 ボーリングの球を投げる
- ★ 学打 xué dǎ〜 ボーリングを習う
- ★ 练习打 liànxí dǎ〜 ボーリングの練習をする
- ★ 我会打 wǒ huì dǎ〜 私はボーリングができる
- ★ 〜瓶 píng （ボーリングの）ピン

② **篮球** 籃球 lánqiú
basketball バスケットボール

③ **手球** 手球 shǒuqiú
handball ハンドボール

④ **棒球** 棒球 bàngqiú
baseball ベースボール、野球

⑤ **躲避球** 躲避球 duǒbìqiú
dodgeball ドッジボール

⑥ **高尔夫球** 高爾夫球 gāo'ěrfūqiú
golf ゴルフ

⑦ **网球** 網球 wǎngqiú
tennis テニス

⑧ **垒球** 壘球 lěiqiú
softball ソフトボール

⑨ **乒乓球** pīngpāngqiú 桌球 zhuōqiú
table tennis 卓球、ピンポン
- ★ 〜单打 dāndǎ 卓球シングルス
- ★ 〜双打 shuāngdǎ 卓球ダブルス

⑩ **冰球** bīngqiú
冰上曲棍球 bīngshàng qūgùnqiú
ice hockey アイスホッケー

⑪ **曲棍球** 曲棍球 qūgùnqiú
field hockey ホッケー

⑫ **足球** 足球 zúqiú
soccer サッカー、フットボール
- ★ 踢 tī〜 サッカーをする

⑬ **橄榄球** 橄欖球 gǎnlǎnqiú
rugby ラグビー
- ★ 打 dǎ〜 ラグビーをする

⑭ **美式足球** 美式足球 Měishì zúqiú
American football アメリカンフットボール、アメフト

⑮ **门球／槌球** ménqiú/ chuíqiú
槌球 chuíqiú
croquet ゲートボール；クロッケー

Section 10: スポーツ 运动

注意

※ "打网球 dǎ wǎngqiú"（テニスする）、"打棒球 dǎ bàngqiú"（野球する）、"打高尔夫 dǎ gāo'ěrfū"（ゴルフをする）のように、球技の動詞はすべて"打 dǎ"を使用する。例外として"足球 zúqiú"（サッカー）は"踢 tī"（蹴る）を使う。

※ 球技道具には、"羽毛球拍 yǔmáo qiúpāi"（バドミントンラケット）や"网球拍 wǎngqiúpāi"（テニスラケット）などのように平面でボールを打つ"球拍 qiúpāi"（ラケット）がある。棒状の道具は"棒球棒 bàngqiúbàng"（バット）のように"球棒"と言い、細長い場合は"球杆 qiúgān"（キュー）と言う。"台球杆／撞球杆 táiqiúgān/ zhuàngqiúgān"など。

※ 球技はほとんどボールが球体であるから"颗 kē"の量詞を使って数える。バドミントンのシャトルコックのように形状が不規則な場合は"个 ge"を使う。

⑥ 略して"高球 gāoqiú"とも言う。
⑯ 中国大陸では"台球"は、"桌球 zhuōqiú"とも言う。
⑱ "羽毛球"の略称は"羽球 yǔqiú"。

⑯ **台球** táiqiú **撞球** zhuàngqiú
billiards ビリヤード

⑰ **排球** 排球 páiqiú
volleyball バレーボール
★ 〜队 duì バレーボールチーム

⑱ **羽毛球** 羽毛球 yǔmáoqiú
badminton バドミントン

⑲ **板球** 板球 bǎnqiú
cricket クリケット

⑳ **壁球** 壁球 bìqiú
squash スカッシュ

㉑ **地掷球** dìzhìqiú **地擲球** dìzhíqiú
petanque ペタンク、鉄球転がし

㉒ **马球** 馬球 mǎqiú
polo ポロ

㉓ **沙滩排球** 沙灘排球 shātān páiqiú
beach volleyball ビーチバレー

10-3 バスケットボールとバレーボール
篮球与排球

篮球 籃球 lánqiú
basketball **バスケットボール**
★ ~赛 sài バスケットボールの試合

排球 排球 páiqiú
volleyball **バレーボール**
★ ~队 duì バレーボールチーム

① **记分板** 記分板 jìfēnbǎn
scoreboard **スコアボード、得点掲示板**
★ ~记录分数 jìlù fēnshù
スコアボードで点数を記録する

② **教练** 教練 jiàoliàn
coach **コーチ、監督**
★ ~指导球员 zhǐdǎo qiúyuán
コーチがチームを指導する

③ **候补球员** hòubǔ qiúyuán
板凳球員 bǎndèng qiúyuán
bench player **補欠選手、控え選手**
★ 更换 gēnghuàn~ 控えの選手と交代する

④ **边线** 邊線 biānxiàn
sideline **サイドライン**
★ 踩到 cǎidào~ サイドラインを踏む

⑤ **运球** 運球 yùn//qiú
to dribble **ドリブル（する）**

⑥ **裁判** 裁判 cáipàn
referee **レフェリー、審判**
★ ~吹哨子 chuī shàozi
レフェリーが笛を吹く

⑦ **三分线** 三分線 sānfēnxiàn
three-point line
スリーポイントライン

⑧ **罚球线** 罰球線 fáqiúxiàn
free-throw line **フリースローライン**
★ 站在~后 zhàn zài~hòu
フリースローラインの後ろに立つ

⑨ **禁区** 禁區 jìnqū
key (hole) **フリースローレーン**
★ 走到 zǒudào~
フリースローレーンに入る

⑩ **篮筐** 籃框 lánkuāng
rim **（バスケット）ゴール**
★ 投进 tóujìn~
（バスケット）ゴールに入れる
★ 碰到 pèngdào~
（バスケット）ゴールにあたる

⑪ **篮网** 籃網 lánwǎng
net **（ゴールの）ネット、網**

⑫ **篮板** 籃板 lánbǎn
backboard **バックボード**
★ 打到 dǎdào~ バックボードにあたる
★ ~球 qiú リバウンドボール

⑬ **底线** 底線 dǐxiàn
back line **ベースライン**
★ 出了 chūle~ ベースラインを出る

⑭ **比赛区** 比賽區 bǐsàiqū
playing court **コート**
★ 在~外落地 zài~wài luòdì
コート外で着地する

Section 10: スポーツ 运动

※ バスケットのポジションと役割に"前锋 qiánfēng"（フォワード）、"中锋 zhōngfēng"（センター）、"后卫 hòuwèi"（ガード）がある。

※ バレーボールのポジションと役割に"主攻手 zhǔgōngshǒu"（センター）、"副攻手 fùgōngshǒu"（サイドプレーヤー）、"二传手 èrchuánshǒu"（セッター）、"自由人 zìyóurén"（リベロ）がある。

⑮ **下手接球** 下手接球 xiàshǒu jiēqiú
to receive （アンダー）レシーブ(する)

⑯ **攻击线** gōngjíxiàn
攻擊線 gōngjíxiàn
attack line アタックライン
★ 踩到 cǎidào～ アタックラインを踏む
★ 在～上落地 zài~shàng luòdì
アタックゾーンで着地する

⑰ **托球** 托球 tuō//qiú
to toss トス(する)
★ 托好球 tuō hǎo qiú いいトスを上げる

⑱ **球网** 球網 qiúwǎng
net ネット
★ 碰到 pèngdào～ ネットに触る

⑲ **触网** 觸網 chùwǎng
to touch the net
タッチネット(する)
★ 发球 fāqiú～
サーブがネットに触れる

⑳ **拦网** 攔網 lánwǎng
to block ブロック(する)

㉑ **扣杀** kòushā
扣殺／殺球 kòushā/ shāqiú
spike スパイク(する)
★ 大力 dàlì～ 力を込めてスパイクする

㉒ **持球** 持球 chí//qiú
to hold the ball
ホールディング(する)

㉓ **警告** 警告 jǐnggào
warning 警告(する)
★ 球员被 qiúyuán bèi～
選手が警告を受ける

㉔ **发球** 發球 fā//qiú
to serve サーブ(する)
★ 换 huàn～ サービスチェンジする
★ ～成功 chénggōng サーブに成功する

㉕ **犯规** 犯规 fàn//guī
to foul ファウル(する)
★ 球员 qiúyuán～ 選手がファウルする

㉖ **界外球** 界外球 jièwàiqiú
to be outside アウト

㉗ **无障碍区** 無障礙區 wúzhàng'àiqū
free zone フリーゾーン

10-4 野球
棒球

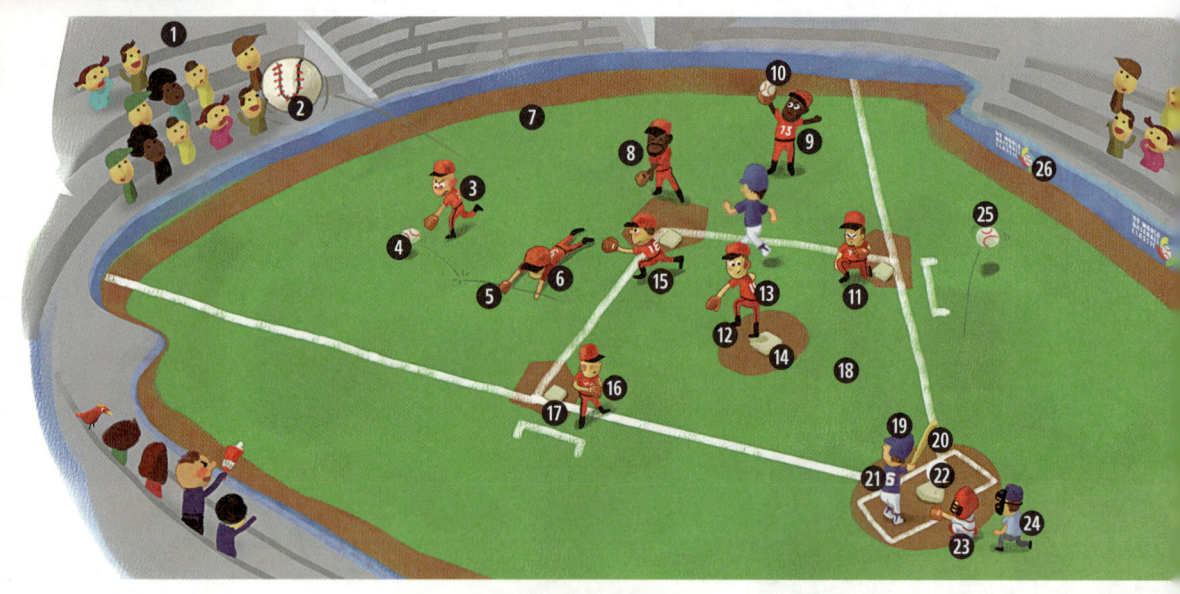

棒球 棒球 bàngqiú
baseball 野球
- ★ 打 dǎ～　野球をする
- ★ ～比賽 bǐsài　野球の試合
- ★ ～帽 mào　野球帽
- ★ ～手套 shǒutào　野球のグローブ

① **露天看台** 露天看臺 lùtiān kàntái
bleachers　屋根なし観覧席

② **全垒打** 全壘打 quánlěidǎ
home run　ホームラン、本塁打
- ★ 击出 jīchū～　ホームランを打つ

③ **左外野手** 左外野手 zuǒwàiyěshǒu
left fielder　レフト、左外野手

④ **安打** 安打 āndǎ
hit　ヒット、安打
- ★ 击出 jīchū～　ヒットを打つ

⑤ **手套** 手套 shǒutào
mitt　ミット、グローブ

⑥ **游击手** 游擊手 yóujīshǒu
shortstop　ショート

⑦ **外野** 外野 wàiyě
outfield　外野
- ★ 球飞到 qiú fēidào～　ボールが外野に飛ぶ

⑧ **中间手** 中間手 zhōngjiānshǒu
center fielder　センター

⑨ **右外野手** 右外野手 yòuwàiyěshǒu
right fielder　ライト、右外野手

⑩ **牺牲打** 犧牲打 xīshēngdǎ
sacrifice hit　犠牲フライ、犠打

⑪ **一垒手** 一壘手 yīlěishǒu
first baseman　ファースト、一塁手

⑫ **投手** 投手 tóushǒu
pitcher　ピッチャー、投手
- ★ ～投球 tóuqiú　ピッチャーがボールを投げる

⑬ **棒球衣** 棒球衣 bàngqiúyī
baseball uniform　野球ユニフォーム

⑭ **投手板** 投手板 tóushǒubǎn
pitcher's plate　ピッチャーズ・プレート

⑮ **二垒手** 二壘手 èrlěishǒu
second baseman　セカンド、二塁手

⑯ **三垒手** 三壘手 sānlěishǒu
third baseman　サード、三塁手

⑰ **垒包** 壘包 lěibāo
base　ベース、塁《るい》
- ★ 踩 cǎi～　ベースを踏む

Section 10: スポーツ 运动

注意

④ "安打"には、"一垒安打 yīlěi āndǎ"（一壘打）、"二垒安打 èrlěi āndǎ"（二壘打）、"三垒安打 sānlěi āndǎ"（三壘打）がある。

⑲ "打击手"は"打者 dǎzhě"とも言う。走者を"跑者 pǎozhě"と呼ぶ。

㉗㉘ 投球の判定の宣告については、例えば2ボール2ストライクなら"两好两坏 liǎng hǎo liǎng huài"と言う。

⑱ **内野** 內野 nèiyě
infield 内野

⑲ **打击手** dǎjīshǒu
打擊手 dǎjīshǒu
batter バッター、打者

⑳ **球棒** 球棒 qiúbàng
bat バット
★ 握 wò～ バットを握る

㉑ **背号** 背號 bèihào
player number 背番号

㉒ **本垒板** 本壘板 běnlěibǎn
home plate ホームベース、本塁

㉓ **捕手** 捕手 bǔshǒu
catcher キャッチャー、捕手
★ ～接球 jiēqiú
キャッチャーがボールを受けとる

㉔ **裁判** 裁判 cáipàn
umpire 審判、アンパイア

㉕ **界外球** 界外球 jièwàiqiú
foul ファウル
★ 击出 jīchū～ ファウルになる

㉖ **世界棒球经典赛**
世界棒球經典賽
Shìjiè bàngqiú jīngdiǎnsài
World Baseball Classic
ワールドベースボールクラシック、WBC

㉗ **好球** 好球 hǎoqiú
strike ストライク
★ 投出 tóuchū～ ストライクを投げる
★ 判为 pàn wéi～ ストライクになる

㉘ **坏球** 壞球 huàiqiú
ball ボール

㉙ **三振** 三振 sānzhèn
strike out
三振、スリーストライクバッターアウト
★ 打者被 dǎzhě bèi～
打者が三振をとられる
★ 投出 tóuchū～ 三振をとる

㉚ **触身球** 觸身球 chùshēnqiú
hit by pitch 死球、デッドボール
★ 投出 tóuchū～ デッドボールを投げる

㉛ **四坏球保送**
四壞球保送
sìhuàiqiú bǎosòng
base on balls 四球、フォアボール
★ 打者被 dǎzhě bèi～
打者がフォアボールになる

㉜ **大联盟** 大聯盟 dàliánméng
Major League Baseball
メジャーリーグ、大リーグ

10-5 テニスと卓球
网球与乒乓球

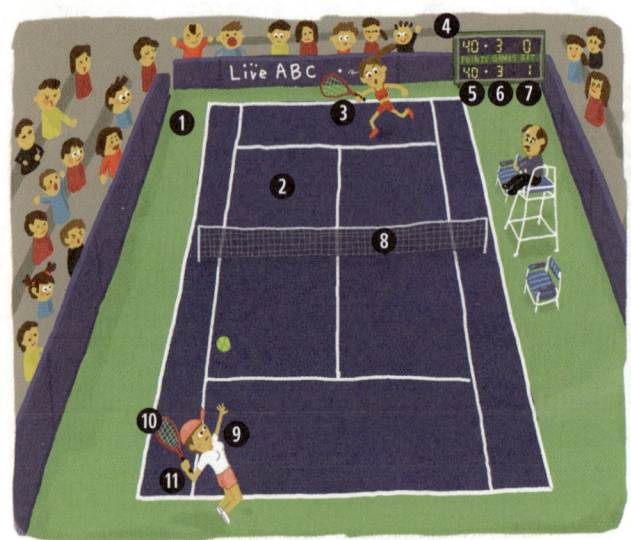

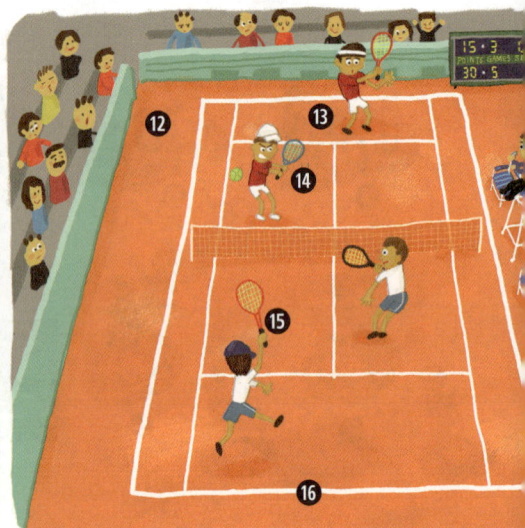

网球 網球 wǎngqiú
tennis テニス

乒乓球 pīngpāngqiú
桌球 zhuōqiú
table tennis 卓球

① **硬地球场** 硬地球場
yìngdì qiúchǎng
hard court ハードコート
★ 在~比赛 zài~bǐsài
ハードコートで試合する

② **单打** 單打 dāndǎ
singles game シングルス
★ ~比赛 bǐsài シングルスの試合

③ **正手击球** zhèngshǒu jīqiú
正手擊球 zhèngshǒu jīqiú
forehand stroke
フォアハンド、フォア

④ **平分** 平分 píngfēn
deuce ジュース、引き分け、同点
★ 现在比分是 xiànzài bǐfēn shì~
現在の得点はジュースだ

⑤ **分** 分 fēn
point ポイント、得点
★ 拿下一 náxià yì~
1ポイントをとる

⑥ **局** 局 jú
game ゲーム
★ 拿下第一 náxià dì yī~
最初のゲームを勝つ

⑦ **盘** 盤 pán
set セット
★ 拿下两 náxià liǎng~ 2セットをとる

⑧ **球网** 球網 qiúwǎng
net ネット
★ 触 chù~ ネットに触れる

⑨ **发球** 發球 fā//qiú
to serve サーブ(する)
★ ~失误 shīwù
サービスフォールトをする
★ 大力 dàlì~ 力をこめてサーブする

⑩ **球拍** 球拍 qiúpāi
racket ラケット
量 副 fù; 只 zhī
★ 握 wò~ ラケットを握る

⑪ **握拍** 握拍 wòpāi
grip グリップ

⑫ **红土球场** 紅土球場
hóngtǔ qiúchǎng
clay court クレイコート

⑬ **双打** 雙打 shuāngdǎ
doubles game ダブルス

Section 10: スポーツ 運動

注意

※ 球技の試合の得点を告げる場合、"(分数)比(分数) fēnshù bǐ fēnshù"(×点対×点)という言い方をする。例えばテニスの試合でAが第一セット4ゲーム取って、Bが6ゲームの場合、"在第一盘的比赛，A对B的比分是四比六。Zài dì yī pán de bǐsài, A duì B de bǐfēn shì sì bǐ liù."(第一セットでは、A対Bのゲームカウントは4対6です)と言う。

③⑭ "正手击球"と"反手击球"は、テニスと卓球に共通した打ち方で、"正手拍 zhèngshǒupāi"、"反手拍 fǎnshǒupāi"とも言う。

㉔㉕ ラケットの握り方には二種類あり、"直拍""横拍"と言うが、"直板 zhíbǎn""横板 héngbǎn"とも言う。

⑭ **反手击球** 反手擊球 fǎnshǒu jīqiú
backhand stroke
バックハンド、逆手打ち

⑮ **扣杀** kòushā 殺球 shāqiú
smash スマッシュ(する)

⑯ **底线** 底線 dǐxiàn
baseline ベースライン
★ 出了 chūle〜 ベースラインを出る

⑰ **球台** 球臺 qiútái
table 卓球台

⑱ **球网** 球網 qiúwǎng
net ネット
★ 没过 méi guò〜 ネットを越えなかった

⑲ **发球** 發球 fā//qiú
to serve サーブ(する)
★ 〜出界 chūjiè サーブが台の外に出る

⑳ **接发球** 接發球 jiē fāqiú
to receive レシーブ(する)

㉑ **交换方位** 交換方位 jiāohuàn fāngwèi
to change ends チェンジエンド(する)

㉒ **旋转球** 旋轉球 xuánzhuǎnqiú
loop drive
ループドライブ、スピンボール

㉓ **乒乓球拍** pīngpāngqiúpāi
桌球拍 zhuōqiúpāi
racket (卓球の)ラケット

㉔ **直拍** 直拍 zhípāi
pen-hold grip ペンホルダー

㉕ **横拍** 横拍 héngpāi
shakehand grip シェークハンド

㉖ **切球** 切球 qiē//qiú
to push プッシュ(する)

㉗ **触网** 觸網 chùwǎng
to touch the net
ネット(タッチ)(する)
★ 发球 fāqiú〜
（ネットに触れ）サーブが失敗する

㉘ **削球** 削球 xiāoqiú
to cut; to chop
カットボール(を打つ)

㉙ **决胜局** 決勝局 juéshèngjú
deciding game ファイナルセット
★ 这一局是 zhè yì jú shì〜
これが最終セットだ

㉚ **换发球** 換發球 huàn fāqiú
to change service
サービスチェンジ；サーブをチェンジする

10-6 サッカー
足球

足球 足球 zúqiú
soccer　サッカー

① **观众** 觀眾 guānzhòng
spectators　観客
★ ~看比赛 kàn bǐsài　観客が試合を見る

② **拉拉队** 啦啦隊 lāladuì
cheering squad
チアリーダー、応援団
★ ~呐喊助威 nàhǎn zhùwēi
チアリーダーが喚声を上げて応援する

③ **世界杯足球赛**
世界盃足球賽
Shìjièbēi zúqiúsài
FIFA World Cup ™
**FIFAワールドカップサッカー、
サッカーW杯**
★ 观看 guānkàn~
（サッカー）ワールドカップを観覧する

④ **足球场** 足球場 zúqiúchǎng
pitch
ピッチ、サッカーグラウンド

⑤ **球员** 球員 qiúyuán
player　選手、プレーヤー

⑥ **角球** 角球 jiǎoqiú
corner kick　コーナーキック
★ 发 fā~　コーナーキックする

⑦ **教练** 教練 jiàoliàn
coach　コーチ、監督、指揮官

⑧ **后卫** 後衛 hòuwèi
defender　ディフェンダー

⑨ **传球** 傳球 chuán//qiú
pass　パス(する)
★ ~失误 shīwù　パスをミスする

⑩ **接球** 接球 jiē//qiú
to receive a pass　パスをもらう

⑪ **接高球** 接高球 jiē gāoqiú
clean catching
キャッチング(する)

⑫ **射门** 射門 shè//mén
to shoot　シュート(する)
★ ~得分 défēn　シュートで得点する

⑬ **边裁** biāncái　邊審 biānshěn
linesman　ラインズマン、線審

⑭ **开球** 開球 kāi//qiú
kick-off　キックオフ(する)

⑮ **胸部停球** 胸部停球
xiōngbù tíngqiú
chesting
**胸でボールをキープする；トラッピ
ング、ストッピング**

Section 10: スポーツ 运动

※ "英式足球 Yīngshì zúqiú" はサッカーを指すが "美式足球 Měishì zúqiú" はアメリカンフットボールのこと。また、ラグビーはボールの形状がオリーブの実と似ていることから、"橄榄球 gǎnlǎnqiú" と言う。

⑯ **主裁** zhǔcái 主審 zhǔshěn
referee 審判、レフェリー

⑰ **黄牌** 黃牌 huángpái
yellow card イエローカード
★ 球员被出示 qiúyuán bèi chūshì~
選手がイエローカードを出される

⑱ **红牌** 紅牌 hóngpái
red card レッドカード
量 张 zhāng
★ 被~罚下 bèi~fáxià
レッドカードの罰を受ける

⑲ **倒钩(球)** 倒勾(球) dàogōu(qiú)
overhead kick オーバーヘッドキック

⑳ **中锋** zhōngfēng
中場 zhōngchǎng
midfielder ミッドフィルダー

㉑ **手球** 手球 shǒuqiú
hand ハンドリング、ハンド

㉒ **头球** tóuqiú 頂球 dǐngqiú
heading ヘディング

㉓ **前锋** 前鋒 qiánfēng
forward フォワード

㉔ **守门员** 守門員 shǒuményuán
goalkeeper ゴールキーパー
★ ~守着球门 shǒuzhe qiúmén
ゴールキーパーがゴールを守る

㉕ **球门** 球門 qiúmén
goal (サッカー)ゴール
★ 踢进 tījìn~ ゴールに蹴り込む

㉖ **进球** 進球 jìn//qiú
to score 点が入る、ゴールする

㉗ **越位** 越位 yuèwèi
offside オフサイド

㉘ **掷边线球** zhì biānxiànqiú
擲邊線球 zhí biānxiànqiú
throw-in スローイン(する)

㉙ **平局** 平局 píngjú
tie; draw 同点、引き分け
★ 打了个 dǎ le ge~ 引き分けになった

10-7 水上競技
水上运动

水上运动 水上運動
shuǐshàng yùndòng
water sports　水上スポーツ

① **狗刨** gǒupáo 狗爬式 gǒupáshì
dog paddle　犬かき

② **蛙泳** wāyǒng 蛙式 wāshì
breaststroke　平泳ぎ
★ 游 yóu～　平泳ぎをする

③ **自由泳** zìyóuyǒng 自由式 zìyóushì
freestyle　クロール、競泳自由形

④ **仰泳** yǎngyǒng 仰式 yǎngshì
backstroke　バック、背泳ぎ

⑤ **蝶泳** diéyǒng 蝶式 diéshì
butterfly stroke　バタフライ

⑥ **侧泳** 側泳 cèyǒng
sidestroke　横泳ぎ、サイドストローク

⑦ **跳水** 跳水 tiào//shuǐ
diving　飛び込み（をする）
★ ～运动员 yùndòngyuán　飛び込みの選手

⑧ **水上芭蕾** 水上芭蕾 shuǐshàng bālěi
synchronized swimming
シンクロナイズドスイミング、水上バレエ
★ 跳 tiào～；表演 biǎoyǎn～
シンクロナイズドスイミングをする

⑨ **水球** 水球 shuǐqiú
water polo　水球、ウォーターポロ
★ 打 dǎ～　水球をする

⑩ **水底曲棍球** 水底曲棍球
shuǐdǐ qūgùnqiú
underwater hockey　水中ホッケー
★ 打 dǎ～　水中ホッケーをする

⑪ **日本赛艇** Rìběn sàitǐng
日本競艇 Rìběn jìngtǐng
Kyotei (Japanese boat racing)
競艇《きょうてい》
★ 举办～比赛 jǔbàn～bǐsài　競艇の試合を行う

⑫ **滑水** 滑水 huá//shuǐ
waterskiing　水上スキー（をする）
★ 玩儿 wánr～　水上スキーをする

⑬ **冲浪** 衝浪 chōng//làng
surfing　サーフィン（をする）
★ 玩儿 wánr～　サーフィンで遊ぶ
★ 到海边 dào hǎibiān～　海へ行ってサーフィンする

Section 10: スポーツ 运动

注意

※ ①〜⑥は遊泳スタイルで、⑦〜⑪は"水上竞技 shuǐshàng jìngjì"（水上競技）で、⑫〜㉑は海の"水上活动 shuǐshàng huódòng"（水上の活動）である。

③ 異なるスタイルで泳ぐのを"混合式 hùnhéshì"（メドレーリレー）と言う。

⑧ "花样游泳 huāyàng yóuyǒng"とも言う。

⑨ "水球"は正式な水上スポーツ種目で、サッカーやハンドボールに類似するスポーツである。球状の浮きボールも"水球"と呼ぶ。

⑰⑱ "浮潜"と"潜水"の違いは、"潜水"が専門的な潜水で、"氧气筒 yǎngqìtǒng"（酸素ボンベ）、"潜水衣 qiánshuǐyī"（潜水服）、"蛙鞋 wāxié"（足ヒレ）などの装備を使用して深く潜るのに対し、"浮潜"は、海辺での遊びを指し、"呼吸管 hūxīguǎn"（シュノーケル）を使って潜る。

⑭ **浮板运动** 浮板運動 fúbǎn yùndòng
kickboarding ビート板のバタ足練習

⑮ **帆板** fānbǎn 風浪板 fēnglàngbǎn
windsurfing ウインドサーフィン
★ 玩儿 wánr〜 ウインドサーフィンをする

⑯ **水上摩托** shuǐshàng mótuō
水上摩托車 shuǐshàng mótuōchē
jet skiing 水上バイク、ジェットスキー
★ 骑 qí〜 水上バイクに乗る

⑰ **浮潜** 浮潛 fúqián
snorkeling
シュノーケリング；シュノーケルを使って潜る

⑱ **潜水** 潛水 qián//shuǐ
scuba diving スキューバダイビング、潜水(をする)

⑲ **香蕉船** 香蕉船 xiāngjiāochuán
banana boat バナナボート
★ 坐 zuò〜 バナナボートに乗る

⑳ **拖曳伞** 拖曳傘 tuōyèsǎn
parasailing パラセーリング

㉑ **水上独木舟** 水上獨木舟
shuǐshàng dúmùzhōu
canoe カヌー
★ 划 huá〜 カヌーをこぐ

10-8 陸上競技
田径比赛

田径比赛 tiánjìng bǐsài
陆上競賽 lùshàng jìngsài
track and field　陸上競技
★ 进行 jìnxíng~　陸上競技を行う

①**掷链球** zhì liànqiú　**擲鏈球** zhí liànqiú
hammer throw　ハンマー投げ(をする)

②**掷铁饼** zhì tiěbǐng　**擲鐵餅** zhí tiěbǐng
discus throw　円盤投げ(をする)

③**推铅球** 推鉛球 tuī qiānqiú
shot put　砲丸投げ(をする)

④**跳远** 跳遠 tiàoyuǎn
long jump　走り幅跳び

⑤**沙坑** 沙坑 shākēng
sand pit　(跳躍競技の)ピット
★ 跳进 tiàojìn~　ピットに飛び込む

⑥**跳高** 跳高 tiàogāo
high jump　走り高跳び
★ 背跃式 bèiyuèshì~　背面跳び、フロップジャンプ

⑦**三级跳远** 三級跳遠 sānjí tiàoyuǎn
triple jump　三段跳び

⑧**跨栏** 跨欄 kuàlán
hurdling　ハードルレース、ハードル競走

⑨**栏杆** 欄杆 lángān
hurdles　ハードル、障害物
★ 跨过 kuàguò~　ハードルを飛び越える

⑩**撑竿跳** 撑竿跳 chēnggāntiào
pole vaulting　棒高跳び

⑪**撑竿** chēnggān 長竿 chánggān
pole　(棒高跳びの)ポール

⑫**掷标枪** zhì biāoqiāng　**擲標槍** zhí biāoqiāng
javelin throw　やり投げ(をする)

⑬**障碍赛跑** 障礙賽跑 zhàng'ài sàipǎo
steeplechase　障害物競走
★ 参加 cānjiā~　障害物競走に参加する

⑭**马拉松** 馬拉松 mǎlāsōng
marathon　マラソン
★ 跑 pǎo~　マラソンをする

⑮**超级马拉松** 超級馬拉松
chāojí mǎlāsōng
ultra marathon　ウルトラマラソン

⑯**接力赛** 接力賽 jiēlìsài
relay race　リレー競走
★ 参加 cānjiā~　リレー競争に参加する

Section 10: スポーツ 运动

注意

※ フィールド競技は、"田赛 tiánsài"、トラック競技は "径赛 jìngsài" と言い、総称は "田径运动 tiánjìng yùndòng"（陸上スポーツ）と言う。

⑮ "超级马拉松" は100キロ、200キロを走る長距離マラソンを指す。

⑳ "十项全能" は、男性は競技が10種目あるので "男子十项全能赛 nánzǐ shíxiàng quánnéngsài" と呼ぶ。女性は7種目で、"女子七项全能赛 nǚzǐ qīxiàng quánnéngsài" と言う。

㉑ "奥林匹克运动会" は "奥运会 Àoyùnhuì" または "奥运 Àoyùn" と略す。特に冬のオリンピックを "冬季奥运会 dōngjì Àoyùnhuì"（冬季オリンピック）、略して "冬奥会" と言う。

㉒～㉔ これらのメダルを総称して "奖牌 jiǎngpái"（表彰メダル）と言う。

⑰ **接力棒** 接力棒 jiēlìbàng
baton バトン
★ 传 chuán～ バトンを渡す
★ ～掉了 diào le バトンが落ちた

⑱ **短跑** 短跑 duǎnpǎo
sprint 短距離走

⑲ **竞走** 競走 jìngzǒu
racewalking 競歩

⑳ **十项全能** 十項全能 shíxiàng quánnéng
decathlon 十種競技

㉑ **奥林匹克运动会** Àolínpǐkè yùndònghuì
奥林匹克運動會 Àolínpǐkè yùndònghuì
Olympic Games オリンピック大会
★ 参加 cānjiā～ オリンピック大会に参加する
★ 收看～比赛 shōukàn～bǐsài オリンピックの試合を見る

㉒ **金牌** 金牌 jīnpái
gold medal 金メダル
量 块 kuài; 枚 méi
★ 获得 huòdé～ 金メダルを獲得する
★ 拿到 nádào～ 金メダルをとる

㉓ **银牌** 銀牌 yínpái
silver medal 銀メダル
量 块 kuài; 枚 méi

㉔ **铜牌** 銅牌 tóngpái
bronze medal 銅メダル
量 块 kuài; 枚 méi

㉕ **百米短跑** bǎimǐ duǎnpǎo
百米赛跑 bǎimǐ sàipǎo
hundred-meter dash 100メートル走

㉖ **跑道** 跑道 pǎodào
track トラック、競走路
量 条 tiáo
★ 一百米 yībǎimǐ～ 100メートルのトラック

10-9 ウインタースポーツと体操競技
冬季运动与室内体操

冬季运动 冬季運動 dōngjì yùndòng
winter sports　ウインタースポーツ

室内体操 室內體操 shìnèi tǐcāo
gymnastics　体操競技

① **单板滑雪** 單板滑雪 dānbǎn huáxuě
snowboarding　スノーボード

② **滑雪** 滑雪 huá//xuě
skiing　スキー(をする)
★ ～场 chǎng　スキー場

③ **滑雪板** 滑雪板 huáxuěbǎn
skis　スキー板

④ **速度滑冰** sùdù huábīng
競速滑冰 jìngsù huábīng
speed skating　スピードスケート

⑤ **越野滑雪** 越野滑雪 yuèyě huáxuě
cross-country skiing　クロスカントリースキー

⑥ **高山滑雪** 高山滑雪 gāoshān huáxuě
Alpine skiing　アルペンスキー

⑦ **雪上摩托车** 雪上摩托車 xuěshàng mótuōchē
snowmobile　スノーモービル
★ 骑 qí～　スノーモービルにのる

⑧ **堆雪人** 堆雪人 duī xuěrén
building a snowman　雪だるまを作る

⑨ **打雪仗** 打雪仗 dǎ xuězhàng
to have a snowball fight　雪合戦をする

⑩ **体操** 體操 tǐcāo
gymnastics　体操
★ 做 zuò～　体操をする

⑪ **双杠** 雙槓 shuānggàng
parallel bars　平行棒
★ 吊 diào～　平行棒の演技を行う

⑫ **吊环** 吊環 diàohuán
rings　吊り輪
★ 吊 diào～　吊り輪の演技をする

⑬ **鞍马** 鞍馬 ānmǎ
pommel horse　鞍馬
★ 跳 tiào～　鞍馬を使って演技を行う

⑭ **单杠** 單槓 dāngàng
horizontal bar　鉄棒
★ 吊 diào～　鉄棒を使って演技を行う

Section 10: スポーツ 运动

注意
①〜⑥ の"冬季运动"は、"冰雪运动 bīngxuě yùndòng"とも言う。
③ スノーボードに使用する板も"滑雪板"と言う。
⑨ 雪合戦のときの雪玉は、"雪球 xuěqiú"と言う。

⑮ **高低杠** 高低槓 gāodīgàng
uneven parallel bars 段違い平行棒
★ 吊 diào～ 段違い平行棒の演技を行う

⑯ **平衡木** 平衡木 pínghéngmù
balance beam 平均台
★ 走 zǒu～ 平均台で演技を行う

⑰ **跳马** 跳馬 tiàomǎ
vaulting horse 跳馬；跳び箱
★ 跳 tiào～ 跳馬を使って跳躍する

⑱ **蹦床** 蹦床 bèngchuáng
trampoline トランポリン
★ 跳 tiào～ トランポリンを使って飛ぶ

⑲ **跳绳** 跳繩 tiàoshéng
jump rope 縄跳び
★ 跳 tiào～ 縄跳びする

⑳ **有氧运动** 有氧運動 yǒuyǎng yùndòng
aerobics エアロビクス、有酸素運動
★ 做 zuò～ エアロビクスをする

㉑ **艺术体操** yìshù tǐcāo
藝術體操／韻律體操 yìshù tǐcāo/ yùnlǜ tǐcāo
rhythmic gymnastics 新体操、床運動

㉒ **举重** 舉重 jǔzhòng
weight lifting 重量挙げ、ウエイトリフティング

㉓ **卡巴迪** 卡巴迪 kǎbādí
kabaddi カバディ：インド生まれの室内競技

10-10 武術
武术

武术 武術 wǔshù
martial arts　武道、武術
- ★ 练习 liànxí~　武術のけいこをする
- ★ ~流派 liúpài　武術の流派

① 击剑 jījiàn　西洋剑 xīyángjiàn
fencing　フェンシング
- ★ ~运动 yùndòng　フェンシング競技

② 剑道 劍道 jiàndào
kendo　剣道《けんどう》
- ★ 练习 liànxí~　剣道の練習をする
- ★ 练 liàn~　剣道をする

③ 太极拳 太極拳 tàijíquán
tai chi　太極拳《たいきょくけん》
- ★ 打 dǎ~　太極拳をする

④ 功夫 功夫 gōngfu
kung fu　カンフー
- ★ 练 liàn~　カンフーをけいこする
- ★ 学 xué~　カンフーを習う

⑤ 合气道 合氣道 héqìdào
aikido　合気道《あいきどう》
- ★ 练 liàn~　合気道を練習する

⑥ 柔道 柔道 róudào
judo　柔道《じゅうどう》

⑦ 空手道 空手道 kōngshǒudào
karate　空手《からて》

⑧ 跆拳道 跆拳道 táiquándào
tae kwon do　テコンドー

⑨ 泰拳 泰拳 Tàiquán
Thai boxing　ムエタイ、タイ式ボクシング
- ★ 打 dǎ~　ムエタイをする

⑩ 拳击 quánjī　拳擊 quánjī
boxing　ボクシング
- ★ 打 dǎ~　ボクシングをする
- ★ ~比赛 bǐsài　ボクシングの試合

Section 10: スポーツ 运动

注意
⑩ ボクシングをする人を"拳击手 quánjīshǒu"（ボクサー）と言う。
⑬ プロレスは"职业摔跤 zhíyè shuāijiāo"と言う。
⑱～⑳ "醉拳""咏春拳"などは中国カンフーの"拳法 quánfǎ"（拳法）の一つであり、"门派 ménpài"（流派）によりさまざまな独自の拳法が伝わっている。

⑪ 摔跤 shuāijiāo 摔角 shuāijiǎo
wrestling レスリング
★ 古典式 gǔdiǎnshì～ グレコローマンスタイル

⑫ 蒙古摔跤 Měnggǔ shuāijiāo
蒙古摔角 Měnggǔ shuāijiāo
Mongolian wrestling モンゴル相撲

⑬ 业余摔跤 yèyú shuāijiāo
業餘摔角 yèyú shuāijiǎo
amateur wrestling アマレス、レスリング

⑭ 综合格斗 zōnghé gédòu
綜合格鬥 zònghé gédòu
mixed martial arts 総合格闘技

⑮ 中国武术 中國武術 Zhōngguó wǔshù
Chinese martial arts 中國武術
★ 练 liàn～ 中国武術をけいこする
★ 学 xué～ 中国武術を習う

⑯ 少林寺 少林寺 Shàolínsì
Shaolin temple 少林寺《しょうりんじ》

⑰ 少林功夫 少林功夫 Shàolín gōngfu
Shaolin kung fu 少林カンフー
★ 练 liàn～ 少林カンフーをけいこする

⑱ 醉拳 醉拳 zuìquán
zuiquan 醉拳《すいけん》
★ 打 dǎ～ 醉拳をする

⑲ 咏春拳 詠春拳 yǒngchūnquán
wing tsun 詠春拳《えいしゅんけん》
★ 打 dǎ～ 詠春拳をする

⑳ 螳螂拳 螳螂拳 tánglángquán
northern praying mantis 螳螂拳《とうろうけん》
★ 打 dǎ～ 螳螂拳をする

会話練習 🎧091

叶子新: 昨天电视上的奥运比赛你看了没有? Yè Zǐxīn: Zuótiān diànshì shang de Àoyùn bǐsài nǐ kànle méiyǒu?	昨日テレビでやっていたオリンピックの試合は見た?
张家芬: 我看了。昨天的游泳比赛好精彩! 我支持的选手在一百米蛙泳比赛拿到金牌。我很开心。 Zhāng Jiāfēn: Wǒ kàn le. Zuótiān de yóuyǒng bǐsài hǎo jīngcǎi! Wǒ zhīchí de xuǎnshǒu zài yìbǎimǐ wāyǒng bǐsài nádào jīnpái. Wǒ hěn kāixīn.	見たよ。水泳がすごくおもしろかった!好きな選手が100メートル平泳ぎで金メダルとったから、うれしいわ。
叶子新: 对，昨天游泳比赛很好看。我也看了跳水比赛，也是非常刺激。 Yè Zǐxīn: Duì, zuótiān yóuyǒng bǐsài hěn hǎokàn. Wǒ yě kànle tiàoshuǐ bǐsài, yě shì fēicháng cìjī.	そう、僕も昨日の水泳はおもしろかったと思うよ。飛び込みも見たけど、とても興奮したよ。
张家芬: 今天晚上有田径比赛的转播，要不要来我家一起替选手加油? Zhāng Jiāfēn: Jīntiān wǎnshang yǒu tiánjìng bǐsài de zhuǎnbō, yào bu yào lái wǒ jiā yìqǐ tì xuǎnshǒu jiāyóu?	今晩陸上競技の放送があるから、一緒にうちで選手の応援しない?
叶子新: 好啊，六点我去你家! Yè Zǐxīn: Hǎo a, liù diǎn wǒ qù nǐ jiā!	いいね。じゃ6時に家に行くよ!

プロ野球

野球は、日本で人気があるスポーツの一つだが、台湾でも人気のスポーツだ。日本のプロ野球で活躍したもっとも有名な台湾人といえば王貞治氏だ。外国人選手のパイオニア的存在といえよう。そして、今では数多くの台湾人選手が日本のプロ野球界で活躍しているだけでなく、"王建民 Wáng Jiànmín"のようにアメリカメジャーリーグで活躍している選手もいる。一方、数多くの日本人選手が台湾野球界で活躍していることも知られている。

台湾のプロ野球 ("職業棒球 zhíyè bàngqiú") リーグ戦は1990年にはじまった。4チームで始まったリーグはその後、新チームの加盟や既存チームの解散、売却、2003年には他リーグとの合併などを経て、2010年現在、台湾プロ野球リーグ ("中華職業棒球大聯盟 Zhōnghuá zhíyè bàngqiú dàliánméng"、略して"中華職棒 Zhōnghuá zhíbàng"とも) に加盟している球団は兄弟エレファンツ、統一セブンイレブン・ライオンズ、興農ブルズ、La Newベアーズの4チームとなっている。

リーグ発足以来、1試合当たりの平均観客数を順調にのばしてきた、とは残念ながら言いがたい。2009年までに二度の八百長疑惑が発覚した影響などで、観客動員数は総じていえば芳しくない。この状況を打破すべく、2010年3月の開幕式で、総統が自ら始球式を行い、台湾を代表するスポーツとして、野球を公的に支援する必要があると表明。また、選手が八百長疑惑に手を染めないよう、選手の最低給与や退職金の制度を整える考えを示した。

少年野球も盛んで、野球を題材にした映画やドラマも放映されている台湾。日本野球界を揺るがす存在となるか。

なお、大陸でもプロ野球リーグができ、現在、各地域のチームが所属している。

写真提供：李昆翰

Section 11
教育 教育

11-1 学校
学校

学校 學校 xuéxiào
school　学校

教育 教育 jiàoyù
education　教育

①**小学** xiǎoxué
國小／小學
guóxiǎo / xiǎoxué
elementary school　小学校
量 所 suǒ
★ 上 shàng～　小学校に通う
★ 念 niàn～　小学校で勉強している
★ ～生 shēng　小学生

②**董事** 董事 dǒngshì
director　理事

③**校长** 校長 xiàozhǎng
principal　校長；学長

④**放学** 放學 fàng//xué
to get off from school　下校(する)

⑤**幼儿园** yòu'éryuán
幼稚園 yòuzhìyuán
kindergarten　幼稚園
★ 上 shàng～　幼稚園に通う

⑥**私立学校** 私立學校
sīlì xuéxiào
private school　私立学校

⑦**新生** 新生 xīnshēng
freshman　新入生
★ ～入学 rùxué　新入生が入学する
★ ～报到 bàodào
　新入生が入学手続きに行く

⑧**下课** 下課 xià//kè
to get off from class　授業が終わる

⑨**上学** 上學 shàng//xué
to attend school　登校(する)
★ 去～了 qù~le　登校した

⑩**高中** 高中 gāozhōng
senior high school
高校、高等学校
★ 考 kǎo～　高校を受験する
★ 考上 kǎoshang～　高校に受かる
★ 上 shàng～　高校に通う
★ 念 niàn～　高校で勉強する
★ ～毕业 bìyè　高校を卒業する

⑪**公立学校** 公立學校
gōnglì xuéxiào
public school　公立学校

⑫**学哥** xuégē 學長 xuézhǎng
male senior　(学校の男性の)先輩

⑬**学弟** 學弟 xuédì
male junior　(学校の男性の)後輩

⑭**年级** 年級 niánjí
grade　…年生、学年
★ 一 yì～　一年生
★ 二 èr～　二年生
★ 三 sān～　三年生
★ 高 gāo～　高学年
★ 低 dī～　低学年

⑮**学妹** 學妹 xuémèi
female junior　(学校の女性の)後輩

⑯**学姐** 學姊 xuéjiě
female senior　(学校の女性の)先輩

⑰**校友** 校友 xiàoyǒu
alumnus　同窓生、(学校の)ＯＢ・ＯＧ

Section 11: 教育 教育

注意

⑩⑱ 中学と高校はともに"中学 zhōngxué"と呼ぶ。"初中／國中"の正式名称は"初级中学 chūjí zhōngxué"と"國民中學 guómín zhōngxué"で、"高中"の正式名称は"高级中学 gāojí zhōngxué"。通常校門にフルネームで学校名が明記されている。

㉑㉒ 大学を卒業すると"学士学位 xuéshì xuéwèi"が与えられ、修士課程を卒業すると"硕士学位 shuòshì xuéwèi"が与えられる。

㉗ "进修中心"は大学が管理する教育機構で、さまざまなクラスや授業を開講し、地域住民が学べる環境をつくるのが目的。台湾には、"补校 bǔxiào"と呼ばれる、学校を卒業できなかった人のための小学校・中学校教育を受けられる場所も設けられている。

⑱ **初中** 國中 chūzhōng guózhōng
junior high school (middle school)
中学、中学校

⑲ **转学** 轉學 zhuǎn//xué
to transfer to another school
転校(する)

⑳ **大学** 大學 dàxué
university **大学**
★ 报考 bàokǎo~ 大学(受験)に出願する

㉑ **学士** 學士 xuéshì
Bachelors graduate **学士**

㉒ **硕士** 碩士 shuòshì
Masters graduate **修士、マスター**

㉓ **博士** 博士 bóshì
Doctoral graduate **博士、ドクター**
★ 拿到~学位 nádào~xuéwèi 博士号を取る

㉔ **院长** 院長 yuànzhǎng
dean **院長、学院長**

㉕ **系主任** 系主任 xìzhǔrèn
chair **学科主任、学部長**

㉖ **研究生院** yánjiūshēngyuàn
研究所 yánjiùsuǒ
graduate school **大学院**
★ 在~念硕士 zài~niàn shuòshì
大学院の修士課程で勉強する
★ 在~念博士 zài~niàn bóshì
大学院の博士課程で勉強する

㉗ **进修中心** jìnxiū zhōngxīn
進修推廣部 jìnxiū tuīguǎngbù
institute of continuing education
エクステンション・スクール；定時制過程の学校

㉘ **学者** 學者 xuézhě
scholar **学者**

㉙ **补习班** 補習班 bǔxíbān
cram school **予備校、塾**
★ 去~上英语课 qù~shàng Yīngyǔkè
塾で英語を習う

㉚ **上课** 上課 shàng//kè
to have class
授業をする、授業を受ける
★ ~了 le 授業が始まる

㉛ **班主任** 班主任 bānzhǔrèn
class teacher **クラス担任**

11-2 キャンパス
校园

校园 校園 xiàoyuán
campus; schoolyard
校内、校庭、キャンパス
★ ～生活 shēnghuó　キャンパスライフ

① **运动场** 運動場 yùndòngchǎng
field　運動場、競技場
★ 在～跑步 zài~pǎobù
運動場でジョギングする

② **跑道** 跑道 pǎodào
track　トラック

③ **篮球场** 籃球場 lánqiúchǎng
basketball court　バスケットコート
★ 在～打篮球 zài~dǎ lánqiú
バスケットコートでバスケットをする

④ **操场** 操場 cāochǎng
playground　グラウンド

⑤ **铜像** 銅像 tóngxiàng
bronze statue　銅像
量 座 zuò

⑥ **校门** 校門 xiàomén
school gates　校門
★ 在～等 zài~děng　校門で待つ

⑦ **布告栏** 布告欄 bùgàolán
bulletin board　掲示板

⑧ **办公室** 辦公室 bàngōngshì
office　事務室、学務室
量 间 jiān

⑨ **校长室** 校長室 xiàozhǎngshì
principal's office　校長室；学長室

⑩ **洗手间** 洗手間 xǐshǒujiān
restroom　お手洗い、トイレ
★ ～在哪儿 zài nǎr?
お手洗いはどこですか？

⑪ **教室** 教室 jiàoshì
classroom　教室、クラスルーム
量 间 jiān
★ 在～上课 zài~shàngkè
教室で授業を受ける

⑫ **语音教室** yǔyīn jiàoshì
語言教室 yǔyán jiàoshì
language lab　LL教室、視聴覚教室

⑬ **化学实验室** 化學實驗室
huàxué shíyànshì
chemistry lab　理科室、科学実験室

⑭ **储物柜** chǔwùguì
置物櫃 zhìwùguì
lockers　ロッカー
★ 把东西放到～里 bǎ dōngxi fàngdào ~li
ロッカーに物を置く

Section 11: 教育 教育

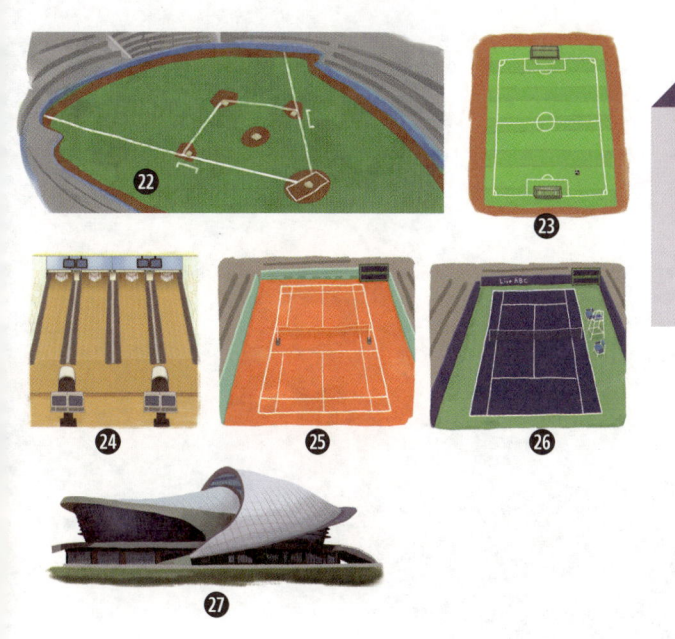

④ 学内で集会をしたり、体操をしたりする屋外の場所を"操场"と言う。

㉑ 男子学生が住む宿舎を"男生宿舎 nánshēng sùshè"、女性が住む宿舎を"女生宿舎 nǔshēng sùshè"と言う。台湾ではそれぞれ略して"男舍 nánshè""女舍 nǔshè"と言う。

⑮ **走廊** 走廊 zǒuláng
hallway 廊下

⑯ **礼堂** 禮堂 lǐtáng
auditorium 講堂
★ 在~开会 zài~kāihuì 講堂で会を開く

⑰ **图书馆** 圖書館 túshūguǎn
library 図書館
★ 在~看书 zài~kànshū
図書館で読書する
★ 去~借书 qù~jièshū
図書館に行って本を借りる
★ 去~还书 qù~huánshū
図書館に行って本を返す

⑱ **医务室** yīwùshì
保健室 bǎojiànshì
nurse's office 保健室、医務室

⑲ **心理辅导室** xīnlǐ fǔdǎoshì
輔導室 fǔdǎoshì
guidance counselor's office
学生相談室、カウンセリング室

⑳ **食堂** shítáng
自助餐廳 zìzhù cāntīng
cafeteria カフェテリア、学生食堂
★ 去~吃饭 qù~chī fàn
カフェテリアに行ってご飯を食べる

㉑ **宿舍** 宿舍 sùshè
dormitory 学生寮、寄宿舎
★ 住 zhù~ 学生寮に住む

㉒ **棒球场** 棒球場
bàngqiúchǎng
baseball field 野球場

㉓ **足球场** 足球場 zúqiúchǎng
football field; soccer field
サッカー競技場

㉔ **保龄球馆** 保齡球館
bǎolíngqiúguǎn
bowling alley ボーリング場

㉕ **网球场** 網球場
wǎngqiúchǎng
tennis court テニスコート

㉖ **羽毛球场** 羽毛球場
yǔmáoqiúchǎng
badminton court
バドミントンコート

㉗ **体育馆** 體育館 tǐyùguǎn
gymnasium 体育館
★ 在~打乒乓球 zài~dǎ pīngpāngqiú
体育館で卓球をする

11-3 教室
教室

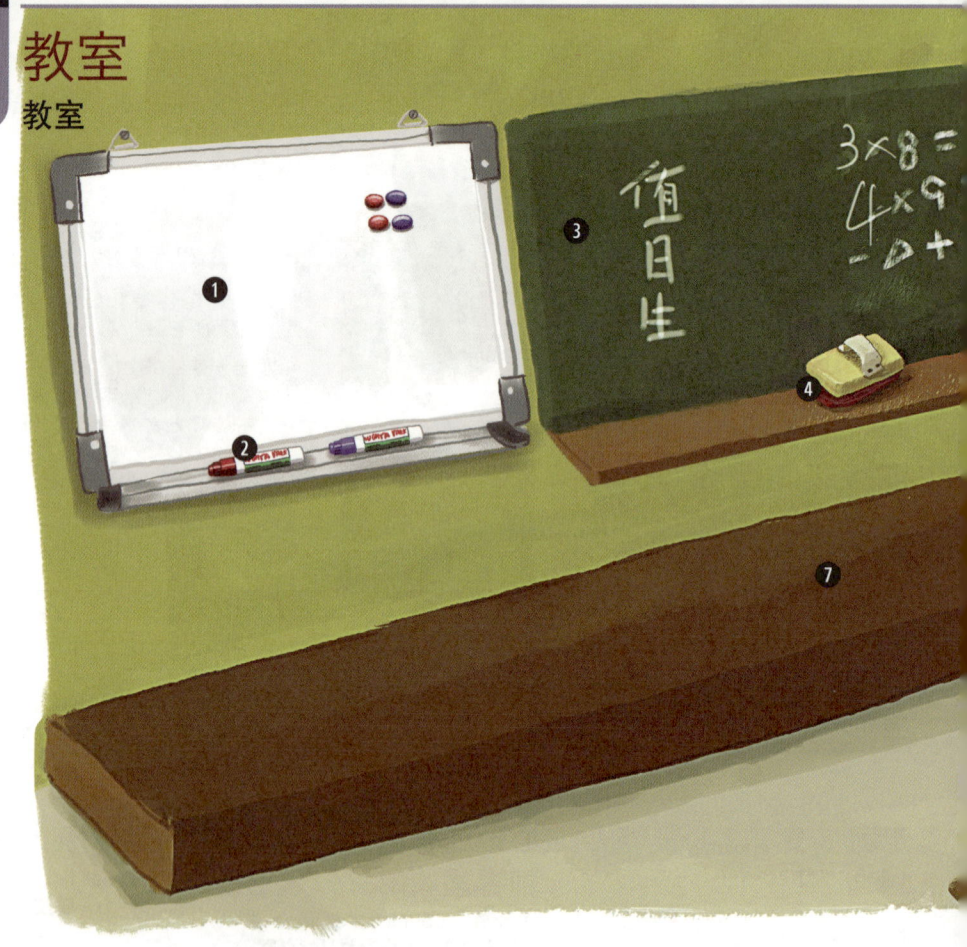

教室 教室 jiàoshì
classroom 教室
(量)间 jiān

①白板 白板 báibǎn
whiteboard ホワイトボード
★ 擦 cā〜 ホワイトボードを消す

②白板笔 白板筆 báibǎnbǐ
whiteboard marker
(ホワイトボード用の)マジック、マーカー
(量)枝 zhī
★ 用〜写 yòng〜xiě
(ホワイトボードに)マジックで書く

③黑板 黑板 hēibǎn
blackboard 黒板
★ 擦 cā〜 黒板を消す

④黑板擦 黑板擦 hēibǎncā 板擦 bǎncā
eraser 黒板消し、黒板ふき

⑤粉笔 粉筆 fěnbǐ
chalk チョーク
(量)支 zhī
★ 用〜写 yòng〜xiě チョークで書く

⑥功课表 功課表 gōngkèbiǎo
schedule 時間割表

⑦讲台 講臺 jiǎngtái
platform 教壇
★ 站在〜上 zhàn zài〜shàng 教壇に立つ

⑧麦克风 麥克風 màikèfēng
microphone マイク、マイクロホン
(量)支 zhī
★ 用〜讲话 yòng〜jiǎnghuà
マイクを使って話す

⑨橡皮 xiàngpí 橡皮擦 xiàngpícā
eraser 消しゴム
(量)块 kuài
★ 用〜把字擦掉 yòng〜bǎ zì cādiào
消しゴムで字を消す

Section 11: 教育 教育

⑪ "铅笔盒"以外に、布状の材質の軟らかな"笔袋 bǐdài"(ペンケース)もある。
⑭ 学校では、普通、"教科书"を"课本 kèběn"と呼ぶ。

⑩ **垫板** 墊板 diànbǎn
desk mat 下敷き

⑪ **铅笔盒** 鉛筆盒 qiānbǐhé
pencil box ペンケース、筆箱

⑫ **桌子** 桌子 zhuōzi
desk 机
量 张 zhāng
★ ~上放着课本 shàng fàngzhe kèběn
机の上に教科書がある

⑬ **投影机** 投影機 tóuyǐngjī
projector プロジェクター、投影機
量 台 tái

⑭ **教科书** 教科書 jiàokēshū
textbook 教科書
量 本 běn

⑮ **椅子** 椅子 yǐzi
chair 椅子
量 把 bǎ
★ 坐在~上 zuò zài~shàng 椅子にすわる

⑯ **广播系统** guǎngbō xìtǒng
廣播系統 guǎngbò xìtǒng
PA system 拡声装置、放送機器

⑰ **地球仪** 地球儀 dìqiúyí
globe 地球儀
量 个 ge

⑱ **书架** 書架 shūjià
bookrack 本棚
★ 放在~上 fàng zài~shàng 本棚に置く

⑲ **地图** 地圖 dìtú
map 地図
量 张 zhāng
★ 在~上找 zài~shàng zhǎo…
地図で…をさがす

⑳ **标语** 標語 biāoyǔ
sign スローガン、標語
★ 贴 tiē~ 標語を貼る

㉑ **风琴** 風琴 fēngqín
organ オルガン
量 架 jià
★ 弹 tán~ オルガンを弾く

11-4 科目と学校生活
科目与校园生活

Part 1 科目 科目

科目 科目 kēmù
subject 科目
- 量 门 mén
- ★ 必修 bìxiū~ 必修科目
- ★ 选修 xuǎnxiū~ 選択科目

①**课程表** 課程表 kèchéngbiǎo
timetable カリキュラム表
- 量 张 zhāng

②**中文** 中文 Zhōngwén
Chinese 中国語
- ★ ~课 kè 中国語の授業
- ★ 学 xué~ 中国語を学ぶ
- ★ 修了两年 xiūle liǎngnián~ 中国語を2年間履修する
- ★ 选~当专业／主修 xuǎn~dāng zhuānyè/ zhǔxiū 中国語を専攻する
- ★ 选~当选修 xuǎn~dāng xuǎnxiū 中国語を選択科目に選ぶ

③**英文** 英文 Yīngwén
English 英語

④**日文** 日文 Rìwén
Japanese 日本語

⑤**外语** 外語 wàiyǔ
foreign language 外国語
- ★ ~系 xì 外国語学部

⑥**语言学** 語言學 yǔyánxué
linguistics 言語学
- ★ ~专业 zhuānyè 言語学専攻

⑦**哲学** 哲學 zhéxué
philosophy 哲学

⑧**文学** 文學 wénxué
literature 文学

⑨**数学** 數學 shùxué
mathematics 数学

⑩**经济学** 經濟學 jīngjìxué
economics 経済学

⑪**商学** shāngxué
商業學 shāngyèxué
business studies 商学、ビジネス

⑫**工程** 工程 gōngchéng
engineering 工学

⑬**建筑** jiànzhù 建築 jiànzhú
architecture 建築(学)

⑭**地理** 地理 dìlǐ
geography 地理

⑮**历史** 歷史 lìshǐ
history 歴史
- ★ 世界 shìjiè~ 世界史
- ★ 古代 gǔdài~ 古代史
- ★ 近代 jìndài~ 近代史

⑯**天文** 天文 tiānwén
astronomy 天文学

⑰**物理** 物理 wùlǐ
physics 物理

⑱**化学** 化學 huàxué
chemistry 化学

⑲**生物** 生物 shēngwù
biology 生物

⑳**医学** 醫學 yīxué
medicine 医学

㉑**法律** 法律 fǎlǜ
law 法律、法学

㉒**政治学** 政治學 zhèngzhìxué
political science 政治学

㉓**社会学** 社會學 shèhuìxué
sociology 社会学

㉔**音乐** 音樂 yīnyuè
music 音楽
- ★ 古典 gǔdiǎn~ クラシック音楽
- ★ 现代 xiàndài~ 現代音楽

㉕**体育** 體育 tǐyù
physical education 体育

Part 2 校园生活 校園生活

校园生活 校園生活 xiàoyuán shēnghuó
school life
学校生活、キャンパスライフ

①**学期** xuéqī 學期 xuéqí
semester; term 学期
- ★ 上半 shàngbàn~ (学期の)前期
- ★ 下半 xiàbàn~ (学期の)後期
- ★ 新 xīn~ 新学期
- ★ 上个 shàng ge~ 前の学期

②**作业** 作業 zuòyè
homework 宿題、課題
- ★ 写 xiě~ 宿題を書く
- ★ 交 jiāo~ 宿題を提出する
- ★ 赶 gǎn~ 宿題を急いで終わらす
- ★ 批改 pīgǎi~ 宿題を添削する

Section 11: 教育 教育

③ **短文** 短文 duǎnwén
essay 作文、小論文
量 篇 piān
★ 写 xiě～ 作文を書く

④ **考试** 考試 kǎoshì
exam; test テスト、試験
量 次 cì
★ 参加 cānjiā～ テストを受ける
★ 通过 tōngguò～ テストに受かる

⑤ **月考** 月考 yuèkǎo
monthly test 月間テスト

⑥ **期中考试** qīzhōng kǎoshì
期中考 qīzhōngkǎo
midterm exam 中間テスト

⑦ **期末考试** qīmò kǎoshì
期末考 qīmòkǎo
final exam 期末テスト

⑧ **成绩单** chéngjīdān
成績單 chéngjīdān
transcript 成績表

⑨ **口头报告** 口頭報告 kǒutóu bàogào
oral presentation
プレゼンテーション、口頭発表
★ 进行 jìnxíng～
プレゼンテーションをする

⑩ **小组讨论** 小組討論 xiǎozǔ tǎolùn
group discussion
グループディスカッション

⑪ **听写** 聽寫 tīngxiě
dictation ディクテーション、書き取り
★ ～生词 shēngcí 新出単語の聞き取りをする

⑫ **作弊** 作弊 zuò//bì
to cheat カンニング(する)

⑬ **不及格** 不及格 bù jígé
to fail a class 不合格、落第(する)
★ 成绩 chéngjì～ 成績が不合格になる

⑭ **留级** 留級 liú//jí
to remain/ stay in the same class for another year
留年する

⑮ **退学** 退學 tuì//xué
to leave/ quit school 退学する

⑯ **入学考试** 入學考試 rùxué kǎoshì
entrance examination
入学試験

⑰ **奖学金** 奬學金 jiǎngxuéjīn
scholarship 奨学金
★ 申请 shēnqǐng～ 奨学金を申請する
★ 得到 dédào～ 奨学金をもらう

⑱ **课外活动** kèwài huódòng
社團活動 shètuán huódòng
club/ social activities
クラブ活動、課外活動
★ 参加 cānjiā～ クラブ活動に参加する

⑲ **打工** 打工 dǎ//gōng
part-time job アルバイト(する)

⑳ **毕业** 畢業 bì//yè
graduation 卒業(する)
★ ～了 le 卒業した
★ 大学 dàxué～ 大学を卒業する

注意

※ 大学の必修・専攻科目を"必修 bìxiū"(必修) "专业 zhuānyè"(専門) または"主修 zhǔxiū"(専攻)と言う。選択科目は"选修 xuǎnxiū"と言う。

Part 2
① 学校の学期制度は、一学年を二学期に分けると"上学期 shàngxuéqī"(前期)、"下学期 xiàxuéqī"(後期)と言う。三学期以上の場合、"第"を数字の前に加えて"第一学期 dì-yī xuéqī"(1学期)、"第二学期 dì-èr xuéqī"(2学期)と呼ぶ。中国は9月から新学期が始まる。

⑤〜⑦ "月考、期中考试、期末考试"以外に、転校のための試験を"转学考 zhuǎnxuékǎo"と呼び、授業中に行われる小テストを"小考 xiǎokǎo""随堂考 suítángkǎo"と言う。

⑬ 特定の科目が不合格の場合、台湾では"被当了 bèi dàng le"と言う。例えば英語の成績が不合格なら"我的英文被当了。Wǒ de Yīngwén bèi dàng le."(英語を落とされた)。

11-5 文房具

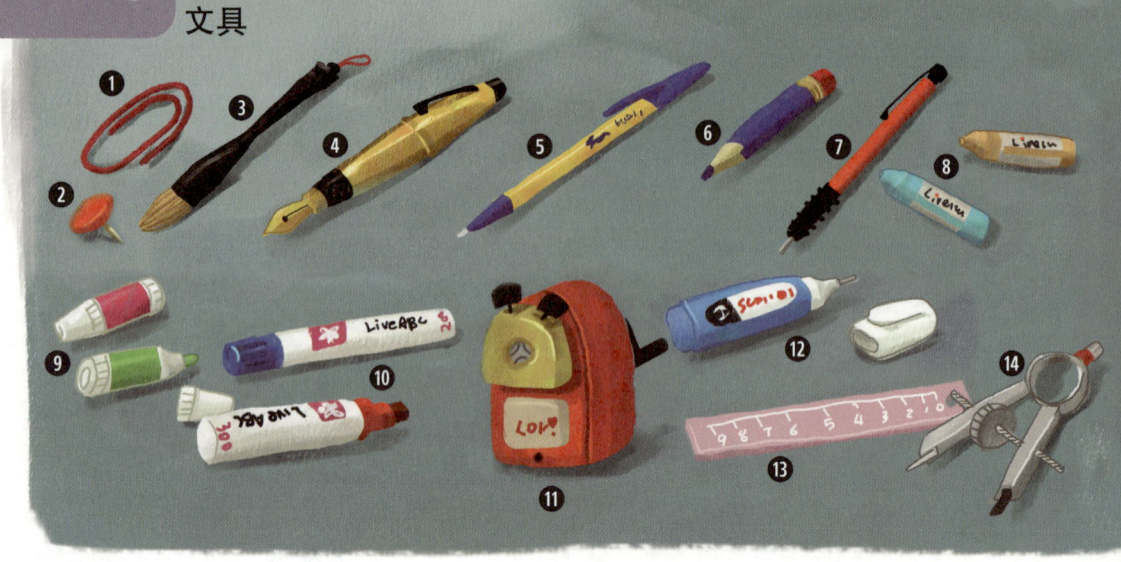

文具

文具 文具 wénjù
stationery 文房具

① 回形针 huíxíngzhēn
迴紋針 huíwénzhēn
paper clip クリップ
★ 用~夹 yòng~jiā クリップで留める

② 图钉 圖釘 túdīng
thumbtack; pin 画鋲《がびょう》、押しピン
★ 按 àn~ 画鋲で留める

③ 毛笔 毛筆 máobǐ
calligraphy brush （習字の）筆、毛筆
★ 用~写 yòng~xiě 筆で書く

④ 钢笔 鋼筆 gāngbǐ
fountain pen 万年筆、ペン
量 支 zhī

⑤ 圆珠笔 yuánzhūbǐ 原子筆 yuánzǐbǐ
ballpoint pen ボールペン

⑥ 铅笔 鉛筆 qiānbǐ
pencil 鉛筆

⑦ 自动铅笔 自動鉛筆 zìdòng qiānbǐ
mechanical pencil シャープペンシル

⑧ 蜡笔 蠟筆 làbǐ
crayon クレヨン
★ 用~画画儿 yòng~huà huàr クレヨンで絵を描く

⑨ 彩笔 cǎibǐ 彩色筆 cǎisèbǐ
felt pen フェルトペン；色鉛筆

⑩ 马克笔 mǎkèbǐ 麥克筆 màikèbǐ
marker マーカー、マジックインキ〈商標〉

⑪ 转笔刀 zhuànbǐdāo
削鉛筆機 xiāoqiānbǐjī
pencil sharpener 鉛筆削り
★ 用~削铅笔 yòng~xiāo qiānbǐ 鉛筆削りで鉛筆をけずる

⑫ 修正液 xiūzhèngyè 修正液 xiūzhèngyì
white-out 修正液
★ 涂 tú~ 修正液を塗る

⑬ 尺子 chǐzi 尺 chǐ
ruler 定規《じょうぎ》、物差し
量 把 bǎ
★ 用~量长度 yòng~liáng chángdù 定規で長さを測る

Section 11: 教育 教育

注意

⑫ "修正液"は台湾では一般に"立可白 lìkěbái"(ホワイト)と呼ぶ。

㉔ 両面テープは"双面胶 shuāngmiànjiāo"と言う。

㉖ "笔芯"は、ペンの種類に応じ"圆珠笔芯 yuánzhūbǐxīn"(ボールペンの芯)、"钢笔芯 gāngbǐxīn"(万年筆の芯)などの言い方がある。

⑭ **圆规 圓規** yuánguī
compass コンパス

⑮ **钉书器** dìngshūqì **釘書機** dìngshūjī
stapler ホッチキス〈商標〉、ステープラー
★ 用～钉起来 yòng~dìng qǐlai ホッチキスで留める

⑯ **剪刀 剪刀** jiǎndāo
scissors はさみ
量把 bǎ
★ 用～剪 yòng~jiǎn はさみで切る

⑰ **胶水 膠水** jiāoshuǐ
glue のり
★ 涂 tú~ のりをつける

⑱ **调色盘 調色盤** tiáosèpán
palette パレット

⑲ **颜料 顔料** yánliào
paint 絵の具

⑳ **墨水 墨水** mòshuǐ
ink 墨汁、インク
★ ～用完了 yòngwán le インクが無くなった

㉑ **笔记本 筆記本** bǐjiběn
notebook ノート
量本 běn
★ 写在～上 xiě zài~shàng ノートに書く

㉒ **活页纸 活頁紙** huóyèzhǐ
binder paper バインダー用紙、ルーズリーフ
量张 zhāng

㉓ **文件夹** wénjiànjiā **文件夾** wénjiànjiá
folder (クリア)ファイル；フォルダー

㉔ **胶带 膠帶** jiāodài
tape セロハンテープ
★ 用～贴起来 yòng~tiē qǐlai セロハンテープで貼る

㉕ **打孔机 打孔機** dǎkǒngjī
hole-punch 穴あけパンチ

㉖ **笔芯 筆芯** bǐxīn
pencil refill (鉛筆やシャーペンの)芯
★ 换 huàn~ 芯を換える

㉗ **贴纸 貼紙** tiēzhǐ
seal シール；付箋《ふせん》

11-6 形と記号
形状与符号

形状 形狀 xíngzhuàng
shape 形

符号 符號 fúhào
symbol 記号

① 三角形 三角形 sānjiǎoxíng
triangle 三角形

② 矩形 矩形 jǔxíng
rectangle 長方形

③ 正方形 正方形 zhèngfāngxíng
square 正方形

④ 圆形 圓形 yuánxíng
circle 円形

⑤ 椭圆形 橢圓形 tuǒyuánxíng
oval 楕円《だえん》形

⑥ 菱形 菱形 língxíng
diamond 菱形《ひしがた》

⑦ 平行四边形 平行四邊形 píngxíng sìbiānxíng
parallelogram 平行四辺形

⑧ 梯形 梯形 tīxíng
trapezoid 台形

⑨ 多角形 多角形 duōjiǎoxíng
polygon 多角形

⑩ 扇形 扇形 shànxíng
sector 扇形《おうぎがた》

⑪ 圆锥体 圓錐體 yuánzhuītǐ
cone 円錐

⑫ 平方根 平方根 píngfānggēn
square root symbol 平方根、ルート

⑬ 加号 加號 jiāhào
plus sign プラス記号

⑭ 减号 減號 jiǎnhào
minus sign マイナス記号

⑮ 乘号 乘號 chénghào
multiplication sign 乗法記号

⑯ 除号 除號 chúhào
division sign 除法記号

⑰ 大于号 大於號 dàyúhào
greater than sign 大なり(不等号)

⑱ 小于号 小於號 xiǎoyúhào
less than sign 小なり(不等号)

⑲ 等号 等號 děnghào
equal sign イコール、等号

⑳ 惊叹号／感叹号 jīngtànhào/ gǎntànhào
驚嘆號 jīngtànhào
exclamation point
感嘆符、エクスクラメーションマーク

㉑ 问号 問號 wènhào
question mark
疑問符、クエスチョンマーク

㉒ 小括号 xiǎokuòhào
小括號 xiǎoguāhào
parentheses 丸かっこ、小かっこ

㉓ 方括号 fāngkuòhào
方括號 fāngguāhào
brackets ブラケット

Section 11: 教育 教育

㊲〜㊶ 黒板上の"算式 suànshì"の読み方

二加二等于四 èr jiā èr děngyú sì
2足す2は4

二减一等于一 èr jiǎn yī děngyú yī
2引く1は1

三乘八等于二十四 sān chéng bā děngyú èrshísì
3掛ける8は24

九除以三等于三 jiǔ chúyǐ sān děngyú sān
9割る3は3

二的平方 èr de píngfāng
2の二乗

㉔ **大括号** dàkuòhào
　　大括號 dàguāhào
　braces **大かっこ**

㉕ **句号** jùhào
　period **句点、ピリオド**

㉖ **逗号** dòuhào
　comma **読点、コンマ**

㉗ **破折号 破折號** pòzhéhào
　dash **ダッシュ**

㉘ **连字符** liánzìfú
　　連字號 liánzìhào
　hyphen **ハイフン**

㉙ **冒号 冒號** màohào
　colon **コロン**

㉚ **分号 分號** fēnhào
　semicolon **セミコロン**

㉛ **引号 引號** yǐnhào
　quotation marks
　引用符、クオーテーションマーク

㉜ **省略号 省略號** shěnglüèhào
　ellipsis **省略符号、三点リーダ**

㉝ **左斜线 左斜線** zuǒxiéxiàn
　slash **スラッシュ、左斜線**

㉞ **右斜线 右斜線** yòuxiéxiàn
　backslash
　バックスラッシュ、右斜線

㉟ **At／圈a** at/ quān a
　小老鼠 xiǎolǎoshǔ
　at symbol **@(アット)マーク**

㊱ **井号 井號** jǐnghào
　pound sign **シャープ記号**

㊲ **加法 加法** jiāfǎ
　addition **足し算**

㊳ **减法 減法** jiǎnfǎ
　subtraction **引き算**

㊴ **乘法 乘法** chéngfǎ
　multiplication **掛け算**

㊵ **除法 除法** chúfǎ
　division **割り算**

㊶ **平方 平方** píngfāng
　square **二乗、平方**

㊷ **分数 分數** fēnshù
　fraction **分数**

㊸ **二分之一 二分之一**
　èr fēn zhī yī
　a half **2分の1、1/2**

11-7 图书馆
图书馆

图书馆 圖書館 túshūguǎn
library 図書館
量座 zuò

①借书处 借書處 jièshūchù
check-out desk
貸出口、貸出カウンター

②借书 借書 jiè//shū
to borrow books
本の貸出し；本を借りる
★ 去图书馆 qù túshūguǎn~
　図書館に行って本を借りる
★ 办理 bànlǐ~
　本の貸出し手続きをする

③借书证 借書證 jièshūzhèng
library card
図書カード、貸出カード
★ 办理 bànlǐ~　貸出カードをつくる

④续借 續借 xùjiè
to renew　貸出期間の延長（をする）
★ 办理 bànlǐ~
　貸し出し期間の延長手続きをする

⑤图书管理员 圖書管理員 túshū guǎnlǐyuán
librarian　司書、図書館員

⑥还书处 還書處 huánshūchù
return desk
返却口、返却カウンター

⑦还书 還書 huán//shū
to return books
本の返却；本を返す
★ 去图书馆 qù túshūguǎn~
　図書館に行って本を返却する
★ 办理 bànlǐ~　本の返却手続きをする

⑧书名 書名 shūmíng
title　書名

⑨作者 作者 zuòzhě
author　作者、著者

⑩出版社 出版社 chūbǎnshè
publisher　出版社
量家 jiā
★ 在~工作 zài~gōngzuò　出版社で働く

⑪过期 guò//qī 過期 guò//qí
to be overdue
返却期限切れ（になる）
★ 这本书~了 zhè běn shū~le
　この本は返却期限切れです

⑫开架 開架 kāijià
open-shelf　（書棚が）開架式

⑬书架 書架 shūjià
bookshelf　本棚

⑭小说 小説 xiǎoshuō
novel　小説
量本 běn; 部 bù
★ 看 kàn~　小説を読む
★ 写 xiě~　小説を書く
★ 长篇 chángpiān~　長編小説
★ 短篇 duǎnpiān~　短編小説
★ 科幻 kēhuàn~　SF小説

⑮期刊 qīkān 期刊 qīkān
journal　定期刊行物

⑯检索 檢索 jiǎnsuǒ
to search　検索（する）

⑰外文书 外文書 wàiwénshū
foreign book　洋書、外国図書

Section 11: 教育 教育

注意

⑮㉓ デジタル化された定期刊行物や論文を"电子期刊 diànzǐ qīkān""电子论文 diànzǐ lùnwén"と呼ぶ。デジタル化された書籍は"电子书 diànzǐshū"（電子書籍）。

㉜㉝ パソコンなどでプリントアウトすることを"打印 dǎyìn""列印 lièyìn"と言い、その機械を"打印机 dǎyìnjī""列表机 lièbiǎojī"と呼ぶ。"复印 fùyìn"はコピー、複写すること。

⑱ **工具书** 工具書 gōngjùshū
reference book　辞書・事典類、レファレンス図書

⑲ **词典** cídiǎn
詞典／辭典 cídiǎn
dictionary　辞典、辞書
★ 查 chá～　辞書で調べる
★ 翻 fān～　辞書をめくる

⑳ **百科全书** 百科全書 bǎikē quánshū
encyclopedia　百科事典、百科全書
★ 查 chá～　百科事典で調べる

㉑ **杂志** 雜誌 zázhì
magazine　雑誌
[量] 本 běn
★ 看 kàn～　雑誌を読む
★ 办 bàn～　雑誌を創刊する

㉒ **报纸** 報紙 bàozhǐ
newspaper　新聞紙
[量] 份 fèn
★ 读 dú～；看 kàn～　新聞を読む
★ 订 dìng～　新聞を購読する

㉓ **论文** 論文 lùnwén
thesis; dissertation　論文
★ 写 xiě～　論文を書く
★ 读 dú～　論文を読む

㉔ **画册** 畫冊 huàcè
picture book　絵本、図鑑
[量] 本 běn

㉕ **闭架** 閉架 bìjià
closed-shelf　（書棚が）閉架式

㉖ **遗失** 遺失 yíshī
to have lost　なくす、紛失する
★ 那本书～了 nà běn shū~le
その本をなくしてしまいました

㉗ **封面** 封面 fēngmiàn
cover　表紙

㉘ **封底** 封底 fēngdǐ
back cover　裏表紙

㉙ **扫描仪** sǎomiáoyí
掃描機 sǎomiáojī
scanner　スキャナー

㉚ **缩微胶卷／微缩卷片** suōwēi jiāojuǎn／wēisuō juǎnpiàn
縮微捲片 suōwéi juǎnpiàn
microfilm　マイクロフィルム

㉛ **阅览室** 閱覽室 yuèlǎnshì
reading room　閲覧室
★ 在～看报 zài~kàn bào
閲覧室で新聞を読む

㉜ **复印室** fùyìnshì 影印室 yǐngyìnshì
copy room　複写室、コピールーム

㉝ **复印机** fùyìnjī 影印機 yǐngyìnjī
copy machine　コピー機
[量] 台 tái
★ 用～复印 yòng~fùyìn　コピー機でコピーする

11-8 パソコン
电脑

电脑 電腦 diànnǎo
computer
コンピューター、パソコン
★ 操作 cāozuò〜 パソコンを使う

① **台式电脑** táishì diànnǎo
桌上電腦 zhuōshàng diànnǎo
desktop computer
デスクトップパソコン
量台 tái
★ 组装 zǔzhuāng〜 デスクトップパソコンを組み立てる

② **笔记本电脑** bǐjìběn diànnǎo
筆記型電腦 bǐjìxíng diànnǎo
laptop computer　ノートパソコン
量台 tái

③ **CRT显示器** CRT顯示器
CRT-xiǎnshìqì
CRT monitor
ブラウン管画面、モニター画面

④ **液晶显示器** yèjīng xiǎnshìqì
液晶顯示器 yìjīng xiǎnshìqì
LCD monitor　液晶画面

⑤ **主板** zhǔbǎn
主機板 zhǔjībǎn
motherboard　マザーボード

⑥ **中央处理器** 中央處理器
zhōngyāng chǔlǐqì
CPU　CPU、中央処理装置

⑦ **内存** nèicún 記憶體 jìyìtǐ
RAM　内部メモリー
★ 〜不够 bú gòu
（内部）メモリーが足りない

⑧ **硬盘** yìngpán 硬碟 yìngdié
hard disk　ハードディスク
★ 〜满了 mǎn le
（データで）ハードディスクがいっぱいになった

⑨ **网卡** wǎngkǎ
網路卡 wǎnglùkǎ
network adapter card
LANカード、
インターネット接続カード
★ 装 zhuāng〜 LANカードを入れる

⑩ **调制解调器** tiáozhì jiětiáoqì
數據機 shùjùjī
modem　モデム
量台 tái
★ 连接 liánjiē〜 モデムをつなげる

⑪ **鼠标** shǔbiāo 滑鼠 huáshǔ
mouse　マウス
量只 zhī
★ 用〜单击 yòng〜dānjī
マウスでクリックする
★ 用〜双击 yòng〜shuāngjī
マウスでダブルクリックする

⑫ **鼠标垫** shǔbiāodiàn
滑鼠墊 huáshǔdiàn
mouse pad　マウスパッド

⑬ **键盘** 鍵盤 jiànpán
keyboard　キーボード
★ 敲 qiāo〜 キーボードをうつ

⑭ **光驱** guāngqū
光碟機 guāngdiéjī
DVD-ROM drive　DVDドライブ

⑮ **光盘** guāngpán 光碟 guāngdié
DVD/ CD　DVD/ CD
量片 piàn; 张 zhāng
★ 用〜存资料 yòng〜cún zīliào
DVD/ CDにデータを保存する
★ 插入 chārù〜 DVD/ CDを入れる

⑯ **刻录机** kèlùjī
燒錄器 shāolùqì
burner
（書き込み対応の）ディスクドライブ
★ 用〜刻录CD yòng〜kèlù CD
ディスクドライブでCDをコピーする

Section 11: 教育 教育

② ノートパソコンを中国大陸では"笔记本 bǐjìběn"、台湾では"筆電 bǐdiàn"と略す。

⑪ マウスにコードが付いているのを"有线鼠标／有線滑鼠 yǒuxiàn shǔbiāo/ yǒuxiàn huáshǔ"、コードがないのを"无线鼠标／無線滑鼠 wúxiàn shǔbiāo/ wúxiàn huáshǔ"と呼ぶ。センサーの感知方法により"滚轮鼠标／滾輪滑鼠 gǔnlún shǔbiāo/ gǔnlún huáshǔ"(ホイールマウス)と"光学鼠标／光學滑鼠 guāngxué shǔbiāo/ guāngxué huáshǔ"(オプティカルマウス)に分けられる。

⑰ **集线器** 集線器 jíxiànqì
hub ハブ

⑱ **音箱** yīnxiāng 喇叭 lǎba
speaker スピーカー
★ 把~声音调大 bǎ~shēngyīn tiáodà
スピーカーの音量を上げる

⑲ **U盘** U-pán
隨身碟 suíshēndié
flash drive USBメモリー
★ 把资料存在~里 bǎ zīliào cún zài~li
データをUSBメモリーに保存する

⑳ **互联网** hùliánwǎng
網際網路 wǎngjì wǎnglù
Internet インターネット
★ 使用 shǐyòng~ インターネットを使う

㉑ **网站** 網站 wǎngzhàn
website ウェブサイト
★ 登入 dēngrù~ ; 登录 dēnglù~
ウェブサイトにログインする
★ 登出 dēngchū~ ; 退出 tuìchū~
ウェブサイトをログアウトする

㉒ **网页** 網頁 wǎngyè
webpage ウェブページ
★ 设计 shèjì~
ウェブページをデザインする
★ 浏览 liúlǎn~ ウェブページを見る
★ 打开 dǎkāi~ ウェブページを開く
★ 关闭 guānbì~ ウェブページを閉じる

㉓ **浏览器** 瀏覽器 liúlǎnqì
browser ブラウザ
★ 安装 ānzhuāng~
ブラウザをインストールする
★ 升级 shēngjí~
ブラウザをアップグレードする

㉔ **搜索引擎** sōusuǒ yǐnqíng
搜尋引擎 sōuxún yǐnqíng
search engine
サーチエンジン、検索エンジン

㉕ **论坛** lùntán 討論區 tǎolùnqū
forum
(ウェブ上の)電子掲示板、論壇、フォーラム
★ 在~发言 zài~fāyán
電子掲示板でコメントする

㉖ **博客** bókè 部落格 bùluògé
blog ブログ
★ 写 xiě~ ブログを書く

㉗ **微博** wēibó 推特 tuītè
Twitter ツイッター

㉘ **发送** 發送 fāsòng
to transmit
送信する、(メールなどを)送る
★ ~电子邮件 diànzǐ yóujiàn
電子メールを送る

㉙ **跟帖** gēn//tiě 回應 huíyìng
to comment
電子掲示板にかきこむ；かきこみ

11-9 工具
工具

工具 工具 gōngjù
tools 工具、道具

① 封箱胶带 封箱膠帶 fēngxiāng jiāodài
packing tape ガムテープ
- 量 卷 juǎn
- ★ 用~封箱 yòng~fēngxiāng ガムテープで箱を塞ぐ

② 皮尺 皮尺 píchǐ
tape measure メジャー、巻き尺
- 量 卷 juǎn
- ★ 用~量长度 yòng~liáng chángdù メジャーで長さを測る

③ 挂钩 掛鉤 guàgōu
hook フック
- ★ 在~上挂东西 zài~shàng guà dōngxi フックに物をかける

④ 日光灯 日光燈 rìguāngdēng
fluorescent light 蛍光灯

⑤ 斧头 斧頭 fǔtou
axe 斧
- 量 把 bǎ
- ★ 用~砍 yòng~kǎn 斧でたたき切る

⑥ 锤子／榔头 錘子／榔頭 chuízi/lángtou
hammer ハンマー、金槌
- ★ 用~敲 yòng~qiāo ハンマーでたたく

⑦ 电钻 電鑽 diànzuàn
electric drill 電気ドリル
- ★ 用~钻 yòng~zuān 電気ドリルで穴を開ける

⑧ 扳手 bānshou 扳手 bānshǒu
wrench レンチ、スパナ
- ★ 用~扳开 yòng~bānkāi レンチで回して開ける

⑨ 钳子 鉗子 qiánzi
pliers ペンチ、やっとこ
- ★ 用~锁紧 yòng~suǒjǐn ペンチできつくしめる
- ★ 用~松开 yòng~sōngkāi ペンチでゆるめる

⑩ 铁钉 鐵釘 tiědīng
nail （鉄の）釘
- 量 根 gēn
- ★ 钉 dìng~ 釘を打つ

⑪ 螺丝 螺絲 luósī
screw ねじ、ボルト
- ★ 拧紧 níngjǐn~ ねじをしっかりしめる

Section 11: 教育 教育

> 注意
> ④ 蛍光灯のランプを"灯管 dēngguǎn"と呼び、丸い電球は"灯泡 dēngpào"と呼ぶ。
> ⑩ "钉"は名詞「釘」の場合はdīngと第1声に発音するが、動詞「釘を打つ」の場合はdìngと第4声で発音する。

⑫ **螺丝刀** luósīdāo 螺絲起子 luósī qǐzi
screwdriver　ねじ回し、ドライバー
量把 bǎ
★ 用～拧紧螺丝 yòng~ níngjǐn luósī
　ねじ回しでねじをきつくしめる

⑬ **手电筒** 手電筒 shǒudiàntǒng
flashlight　懐中電灯
★ 用～照 yòng~zhào　懐中電灯で照らす

⑭ **工具箱** 工具箱 gōngjùxiāng
toolbox　工具箱、大工道具箱

⑮ **油漆** 油漆 yóuqī
paint　ペンキ；ワニス
量桶 tǒng
★ 刷 shuā~　ペンキを塗る

⑯ **油漆刷** 油漆刷 yóuqīshuā
paintbrush　ペンキの刷毛、ペイントブラシ

⑰ **油漆滚筒** 油漆滾筒 yóuqī gǔntǒng
paint roller　ペイントローラー
★ 用～刷油漆 yòng~shuā yóuqī
　ペイントローラーでペンキを塗る

⑱ **梯子** 梯子 tīzi
ladder　はしご
量架 jià
★ 爬 pá~　はしごにのぼる

⑲ **铲子** 鏟子 chǎnzi
shovel　シャベル、スコップ
量把 bǎ
★ 用～挖 yòng~wā　シャベルでほる

⑳ **刷子** 刷子 shuāzi
scrubbing brush　ブラシ、刷毛《はけ》
量把 bǎ
★ 用～刷 yòng~shuā　ブラシで磨く

㉑ **水桶** 水桶 shuǐtǒng
bucket　バケツ
★ 用～装水 yòng~zhuāngshuǐ　バケツに水をためる

㉒ **海绵** 海綿 hǎimián
sponge　スポンジ
★ 用～吸水 yòng~xīshuǐ　スポンジで水を吸いとる

㉓ **锯** jù 鋸子 jùzi
saw　のこぎり
量把 bǎ
★ 拉 lā~　のこぎりを引く

会話練習 🎧 101

天野惠子:	明夫，上星期老师说的那本期刊，你在图书馆借到了吗？	明夫、先週先生が言ってたあの雑誌、図書館で借りられた？
Tiānyě Huìzǐ:	Míngfū, shàng xīngqī lǎoshī shuō de nà běn qīkān, nǐ zài túshūguǎn jièdào le ma?	
杨明夫:	我看过了。老师说那篇关于心理学的文章很重要，一定得看。	見たよ。あの雑誌に掲載されている心理学の論文は重要だから必ず読みなさい、と先生が言ってたよ。
Yáng Míngfū:	Wǒ kànguo le. Lǎoshī shuō nà piān guānyú xīnlǐxué de wénzhāng hěn zhòngyào, yídìng děi kàn.	
天野惠子:	我知道。我刚刚去图书馆借，但是已经被借走了。	知ってるわ。さっき図書館に行ったのだけど、もう誰かに借りられちゃったみたい。
Tiānyě Huìzǐ:	Wǒ zhī·dào. Wǒ gānggāng qù túshūguǎn jiè, dànshì yǐjīng bèi jièzǒu le.	
杨明夫:	前天还在我这里，我昨天借给李小兰了。	おとといまで僕の所にあったんだけど、昨日李小蘭に貸しちゃったよ。
Yáng Míngfū:	Qiántiān hái zài wǒ zhèlǐ, wǒ zuótiān jiè gěi Lǐ Xiǎolán le.	
天野惠子:	那我给她打电话，问她看完了没有。	じゃ彼女に電話して読み終わったか聞いてみるわ。
Tiānyě Huìzǐ:	Nà wǒ gěi tā dǎ diànhuà, wèn tā kànwánle méiyǒu.	

語学学習

　中国の大学は原則として全寮制のため、大学生は学内にある寮に住む。日本のように一人一部屋というわけではなく、学部生であれば6人から8人で一部屋を共有する。各部屋には二段ベッドが所狭しとおかれているため、ベッド以外には各部屋共通の学習机と各人のロッカーがあるだけ、というところも珍しくない。部屋ではほかのルームメート（"同屋 tóngwū"）がいるため授業の課題や予習復習は学内の図書館や空き教室で行うことが多い。

　特に外国語学部の学生は発音や朗読の自習をしなければならず、空いている時間と場所があれば音読をはじめる。春や秋、いや冬でも朝の6時から7時頃、学生たちが学内の植え込みの中、記念碑の前、建物1階のピロティーなどで、教科書を手に持ち、朗読をする姿は印象的だ。彼（女）らの声をよく聞いてみると、読んでいるもののほとんどは英語で、たまに日本語も聞こえてくる。驚くのは、彼（女）らにとって、これが当たり前の日課となっていることだ。ある学生によると、宿題としてだされた「おぼえる」範囲は当然のこと、それ以外にも予習して頭に入れておかないと授業についていけず、作文もできない、とのことだ。だからこれらを音読して「おぼえる」ようにしているのだと。

　最近では、携帯用メディア機器を使いながら発音する学生も増えている。時間を有効に使い、言葉を暗記し、最後には自分の言葉として表現できるようにしたい、だから努力するのは当然です。先ほどの学生はそう言うのだが、いやはや「言うは易し、為すは難し」（"说起来容易，做起来很难 shuō qilai róngyì, zuò qilai hěn nán"）、なかなかできるものではない。彼（女）らから学ぶことは多そうだ。

写真提供：松尾 一隆

Section 12
医療　医疗

12-1 病気
疾病

医疗 醫療 yīliáo
medical care 医療

疾病 疾病 jíbìng
illness 病気

生病 生病 shēng//bìng
to be sick 病気になる、発病する

① **感冒** 感冒 gǎnmào
cold 風邪(を引く)
★ ～了 le 風邪を引いた
★ ～好了 hǎo le 風邪が治った

② **发烧** 發燒 fā//shāo
fever 発熱(する)、熱を出す
★ 有点儿 yǒudiǎnr~ 少し熱がある
★ ～到四十度 dào sìshí dù 40度、熱がある

③ **流鼻涕** 流鼻涕 liú bítì
to get a runny nose 鼻水が出る

④ **咳嗽** késou 咳嗽 késòu
cough 咳(をする)
★ 不停地 bù tíng de~ 咳が止まらない

⑤ **打喷嚏** 打噴嚏 dǎ pēntì
to sneeze くしゃみをする

⑥ **头疼** tóuténg 頭痛 tóutòng
headache 頭痛(がする)
★ ～得厉害 de lìhai 頭痛がひどい

⑦ **头晕** 頭暈 tóu//yūn
to be dizzy
眩暈(がする)、頭がくらくらする

⑧ **全身无力** 全身無力 quánshēn wúlì
to feel weak all over 全身がだるい

⑨ **鼻塞** bísè 鼻塞 bísāi
snuffed nose 鼻づまり

⑩ **嗓子疼** sǎngzi téng
喉嚨痛 hóulong tòng
sore throat 喉が痛い

⑪ **腹泻** 腹瀉 fùxiè
diarrhea 下痢(をする)

⑫ **发痒** 發癢 fā//yǎng
to be itchy
かゆくなる、かゆみがある

⑬ **恶心** 惡心 ěxin
to be nauseated
気持ち悪い、吐き気がする
★ 感觉 gǎnjué~ 気持ち悪い感じがする

⑭ **过敏** 過敏 guòmǐn
allergy; to be allergic
アレルギー(がある)
★ 皮肤 pífū~ 皮膚が過敏だ
★ ～体质 tǐzhì アレルギー体質

⑮ **发炎** 發炎 fā//yán
to be inflamed 炎症を起こす

⑯ **水痘** shuǐdòu 水皰 shuǐpào
blister 水疱瘡《みずぼうそう》
★ 出 chū~ 水疱瘡ができる

⑰ **疹子** 疹子 zhěnzi
rash 発疹、吹出物
★ 起 qǐ~ 発疹ができる
★ 出 chū~ 吹出物が出る

⑱ **红肿** 紅腫 hóngzhǒng
swelling 腫れ(あがる)
★ 嗓子 sǎngzi~ のどが腫れる

⑲ **流血** liú//xuè 流血 liú//xiě
to bleed 流血(する)、血を流す
★ 鼻子 bízi~ 鼻から血が出る

⑳ **呕吐** 嘔吐 ǒutù
to vomit 吐く、嘔吐する

㉑ **瘀血** yūxuè 瘀血 yūxiě
bruise あざ、鬱血《うっけつ》

㉒ **骨折** 骨折 gǔzhé
break a bone 骨折(する)

Section 12: 医療 医疗

※ 痛みなどを訴える言い方は、体の部位の後ろにポイントとなる単語を加えればよい。

⑥ 「痛い」は北方では "疼 téng" を、南方では "痛 tòng" を使う傾向がある： "头痛／头疼"（頭が痛い）、"肚子痛／肚子疼 dùzi tòng/ dùzi téng"（お腹が痛い）、"眼睛痛／眼睛疼 yǎnjing tòng/ yǎnjing téng"（目が痛い）、"嗓子痛／嗓子疼"（のどが痛い）。

「だるくて痛い」は "酸痛 suāntòng" または "酸疼 suānténg"： "肩膀酸痛／肩膀酸疼 jiānbǎng suāntòng/ jiānbǎng suānténg"（肩がこる）、"腰部酸痛／腰部酸疼 yāobù suāntòng/ yāobù suānténg"（腰が痛い）

⑫㉔ 「かゆい」は "痒 yǎng"： "喉咙痒 hóulóng yǎng"（喉がかゆい）、"鼻子痒 bízi yǎng"（鼻がむずむずする）

⑱㉓ 「腫れる」は "肿 zhǒng"： "鼻子肿 bízi zhǒng"（鼻が腫れる）、"眼睛肿"（目が腫れる）

※ "扭伤 niǔshāng"（捻挫）、"割伤 gēshāng"（切り傷）、"跌伤 diēshāng"（擦り傷）などのように、"伤 shāng" の前にけがの原因となる動詞を加えると、けがの種類を伝えることができる。

⑪ 下痢は一般に "拉肚子 lā dùzi" と言われる。

⑲ 鼻から血を流した場合、"流鼻血 liú bíxuè"（鼻血を出す）と言う。また、中国大陸で "血" の発音はxuèだが、台湾ではxiěと言う。

㉓ **眼睛肿** yǎnjing zhǒng
眼睛腫 yǎnjing zhǒng
swollen eye 目が腫れる

㉔ **眼睛痒** yǎnjing yǎng
眼睛癢 yǎnjing yǎng
itchy eye 目がかゆい

㉕ **耳聋／耳背** 耳聾／耳背
ěrlóng/ ěrbèi
to be deaf 耳が遠い、聞こえない

㉖ **中暑** 中暑 zhòng//shǔ
heatstroke
熱中症；暑気あたりする
★ 预防 yùfáng~ 熱中症を予防する

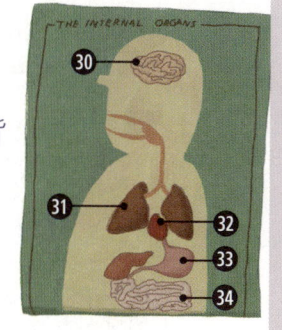

㉗ **高血压** gāoxuèyā
高血壓 gāoxiěyā
high blood pressure 高血圧
★ 有 yǒu~ 高血圧である

㉘ **心脏病** 心臟病 xīnzàngbìng
cardiopathy 心臟病
★ 得了 dé le~ 心臟病になる
★ ~犯了 fàn le 心臟病が再発した

㉙ **癌症** áizhèng 癌症 yánzhèng
cancer 癌
★ 患了 huànle~ 癌を患った

㉚ **脑** 腦 nǎo
brain 脳

㉛ **肺** 肺 fèi
lung 肺
★ ~炎 yán 肺炎

㉜ **心脏** 心臟 xīnzàng
heart 心臟
★ ~不好 bù hǎo 心臟が良くない

㉝ **胃** 胃 wèi
stomach 胃

㉞ **肠** 腸 cháng
intestine 腸
★ ~癌 ái 腸癌

12-2 病院
医院

医院 醫院 yīyuàn
hospital 病院
量家 jiā；所 suǒ

① **救护车** 救護車 jiùhùchē
ambulance 救急車
量辆 liàng
★ 叫 jiào～ 救急車を呼ぶ

② **病房** 病房 bìngfáng
ward 病室；病棟
量间 jiān

③ **医生／大夫**
yīshēng/ dàifu
醫生 yīshēng
doctor 医者

④ **病人** 病人 bìngrén
patient 病人、患者

⑤ **耳鼻喉科** 耳鼻喉科 ěrbíhóukē
ear, nose, and throat specialty 耳鼻咽喉科
★ 担任～主任 dānrèn～zhǔrèn 耳鼻咽喉科の主任を担当する

⑥ **手术室** 手術室 shǒushùshì
operating room 手術室
★ 进～开刀 jìn～kāidāo 手術室に入って手術する

⑦ **重症监护室** zhòngzhèng jiānhùshì
加護病房 jiāhù bìngfáng
ICU 集中治療室、ICU
★ 送到 sòngdào～ 集中治療室へ送る

⑧ **牙科医生** 牙科醫生 yákē yīshēng
dentist 歯科医師

⑨ **儿科** érkē 小兒科 xiǎo'érkē
pediatrician 小児科

⑩ **妇产科** 婦產科 fùchǎnkē
obstetrician 産婦人科

⑪ **眼科** 眼科 yǎnkē
ophthalmologist 眼科

⑫ **内科** 內科 nèikē
internal medicine 内科

⑬ **外科医生** 外科醫生 wàikē yīshēng
surgeon 外科医師
★ 当 dāng～ 外科医師になる

⑭ **护理室** 護理室 hùlǐshì
nurse's station ナースステーション

⑮ **护士** hùshi 護士 hùshì
nurse 看護師、ナース
★ ～照顾病人 zhào·gù bìngrén ナースが病人を看護する

Section 12: 医療 医疗

※ 病院で診察を受ける手順：受付で"挂号 guàhào"（診察受付をする）、または初めての場合は診察申し込み書に必要事項を記入し、"等待叫号 děngdài jiàohào"（整理券の番号順に待つ）、番号を呼ばれたら診察を受け、診察後は"拿药 ná yào"（薬を受け取る）。

※ 急患でない場合、診察の予約、または直接行って並ぶことを"看门诊 kàn ménzhěn"（外来で診てもらう）と言う。

⑯ **拐杖** 拐杖 guǎizhàng
crutch　松葉杖
量 根 gēn
★ 拄 zhǔ～　松葉杖をつく

⑰ **步行器** 步行器 bùxíngqì
walker　步行器
★ 撑～走路 chēng~zǒulù　步行器につかまって歩く

⑱ **轮椅** 輪椅 lúnyǐ
wheelchair　車椅子
量 架 jià；台 tái
★ 坐 zuò～　車椅子に乗る
★ 推 tuī～　車椅子を押す

⑲ **挂号处** 掛號處 guàhàochù
reception　（病院の）受付
★ 去～挂号 qù~guàhào　病院の受付で診察手続きをする

⑳ **病历(卡)** bìnglì(kǎ) 病歷表 bìnglìbiǎo
patient information form　カルテ
★ 写 xiě～　カルテに記入する
★ 看 kàn～　カルテを見る

㉑ **候诊室** 候診室 hòuzhěnshì
waiting room　（病院の）待合室
★ 在～候诊 zài~hòuzhěn　待合室で診察を待つ

㉒ **药房** 藥房 yàofáng
pharmacy　（病院の）薬局
★ 去～拿药 qù~ná yào　薬局に行って薬を受け取る

㉓ **轮床** 輪床 lúnchuáng
gurney; stretcher
（キャスター付き）医療用ベッド、ストレッチャー
量 张 zhāng
★ 躺在～上 tǎng zài~shàng　医療用ベッドに横たわる
★ 推 tuī～　ストレッチャーを押す

㉔ **急诊室** 急診室 jízhěnshì
emergency room　救急処置室、緊急救命室
★ 在～开刀 zài~kāidāo　救急処置室で手術する

12-3 入院と診察
住院与问诊

住院 住院 zhù//yuàn
overnight hospital stay　入院(する)
★ 住了一个星期院 zhùle yí ge xīngqī yuàn
　一週間入院した

① **挂号** 掛號 guà//hào
to register　診察予約(する)、診察受付(する)

② **填资料** 填資料 tián zīliào
to fill in information　診察申込書に記入する

③ **等待叫号** 等待叫號 děngdài jiàohào
to wait for the call　整理券の番号順に待つ

④ **问诊** 問診 wèn//zhěn
to treat patients　診察(する)
★ 大夫 dàifu～; 医生 yīshēng～　医者が診察する

⑤ **看病** 看病 kàn//bìng
to visit a doctor　診察を受ける
★ 病人 bìngrén～　病人が診察を受ける

⑥ **量体重** 量體重 liáng tǐzhòng
to weigh oneself　体重をはかる

⑦ **量血压** liáng xuèyā　量血壓 liáng xiěyā
to take one's blood pressure　血圧をはかる

⑧ **测脉搏** cè màibó　量脈搏 liáng màibó
to take one's pulse　脈をはかる

⑨ **测心跳** 測心跳 cè xīntiào
to check one's heartbeat　心拍数を測定する

⑩ **测视力** 測視力 cè shìlì
to test one's eyesight　視力をはかる

⑪ **照X光** 照X光 zhào X-guāng
to have an X-ray taken　レントゲンを撮る

⑫ **照CT** zhào CT
照斷層掃瞄 zhào duàncéng sǎomiáo
to have a C.T. scan　CTを撮る

⑬ **磁共振成像检查**
cígòngzhèn chéngxiàng jiǎnchá
磁共振造影檢查
cígòngzhèn zàoyǐng jiǎnchá
MRI scan　MRI検査、磁気共鳴画像検査

⑭ **打点滴／输液** dǎ diǎndī/ shū//yè
打點滴 dǎ diǎndī
to be given an intravenous drip
点滴注射する、輸液する

⑮ **打针** 打針 dǎ//zhēn
to be given an injection　注射する

⑯ **动手术** 動手術 dòng shǒushù
to have an operation　手術する

Section 12: 医療 医疗

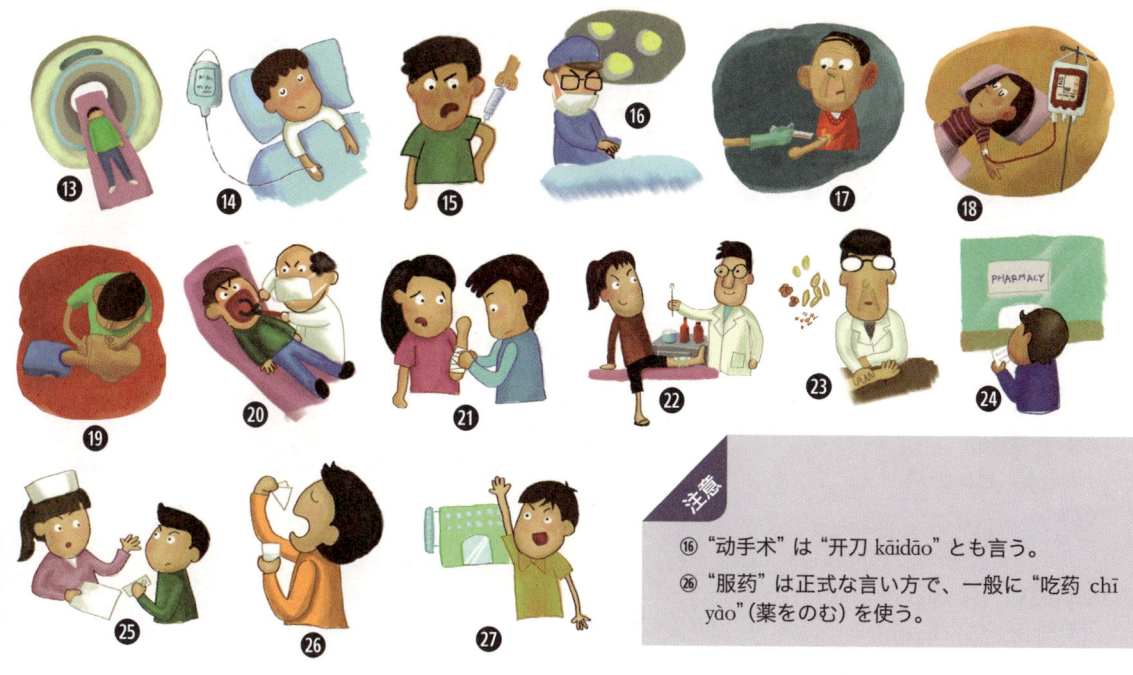

注意
⑯ "动手术" は "开刀 kāidāo" とも言う。
㉖ "服药" は正式な言い方で、一般に "吃药 chī yào" (薬をのむ) を使う。

⑰ **抽血** 抽血 chōu//xuè 抽血 chōu//xiě
to draw blood　採血(する)
★ 进行～化验 jìnxíng~huàyàn　血を採って化学検査する

⑱ **输血** shū//xuè 輸血 shū//xiě
to have a blood transfusion　輸血(する)
★ 需要 xūyào~　輸血する必要がある

⑲ **人工呼吸** 人工呼吸 réngōng hūxī
artificial respiration　人工呼吸
★ 做 zuò~　人工呼吸をする

⑳ **拔牙** 拔牙 bá//yá
to pull a tooth　抜歯(する)、歯を抜く

㉑ **包扎伤口** 包紮傷口 bāozā shāngkǒu
to dress a wound　傷口に包帯を巻く
★ ～前要消毒 qián yào xiāodú　傷口を包帯で巻く前に消毒しなさい

㉒ **换药** 換藥 huàn//yào
to change dressings　薬を取り換える

㉓ **药方** 藥方 yàofāng
prescription　処方箋
★ 开 kāi~　処方箋を出す

㉔ **拿药** 拿藥 ná//yào
to collect one's medication　薬を受け取る
★ 去药房 qù yàofáng~　薬局へ行き薬をもらう

㉕ **付费** 付費 fù//fèi
to pay　支払い(する)、会計(する)
★ 在三号窗口 zài sān hào chuāngkǒu~　3番窓口で支払いをする

㉖ **服药** 服藥 fú//yào
to take medicine　薬を服用する
★ 在饭前 zài fànqián~　食事の前に薬を飲む

㉗ **出院** 出院 chū//yuàn
to be discharged　退院(する)
★ 快～了 kuài~le　もうすぐ退院だ

12-4 医薬品
医药

医药 醫藥 yīyào
medications　医薬品

① **药膏** 藥膏 yàogāo
ointment　膏薬《こうやく》、薬用軟膏
★ 涂 tú～；抹 mǒ～　膏薬を塗る

② **消毒药水** 消毒藥水 xiāodú yàoshuǐ
antiseptic solutions　消毒液
★ 涂 tú～　消毒液を塗る

③ **镊子** 鑷子 nièzi
tweezers　ピンセット
量 把 bǎ
★ 用～夹 yòng～jiā　ピンセットでつまむ

④ **耳温计** 耳溫槍 ěrwēnjì / ěrwēnqiāng
ear thermometer　電子耳体温計
★ 用～量体温 yòng～liáng tǐwēn
電子耳体温計で体温を測る

⑤ **体温计** 體溫計 tǐwēnjì
thermometer　体温計
★ 用～量体温 yòng～liáng tǐwēn
体温計で体温を測る

⑥ **听诊器** 聽診器 tīngzhěnqì
stethoscope　聴診器
★ 戴 dài～　聴診器をつける

⑦ **注射器** 注射器 zhùshèqì
syringe　注射器

⑧ **药片** 藥片 yàopiàn
tablet　錠剤、タブレット
量 片 piàn；粒 lì

⑨ **药丸** 藥丸 yàowán
pill　丸薬、錠剤
量 颗 kē；粒 lì

⑩ **胶囊** 膠囊 jiāonáng
capsule　カプセル(薬)
量 颗 kē；粒 lì

⑪ **口罩** 口罩 kǒuzhào
surgical mask　マスク
★ 戴 dài～　マスクをつける
★ 摘 zhāi～　マスクをはずす

⑫ **棉球** 棉球 miánqiú
cotton ball
コットン、脱脂綿、精製綿

⑬ **创可贴** chuāngkětiē
OK 繃 OK bēng
Band-Aid
バンドエイド〈商標〉、簡易救急絆
創膏《ばんそうこう》
★ 贴 tiē～　バンドエイドを貼る

⑭ **绷带** 繃帶 bēngdài
bandage　包帯
★ 用～包扎 yòng～bāozā　包帯で巻く

⑮ **纱布** 紗布 shābù
gauze　ガーゼ
★ 裹 guǒ～　ガーゼを巻く
★ 包 bāo～　ガーゼでおおう
★ 在伤口上敷 zài shāngkǒu shàng fū～
傷口にガーゼを当てる

⑯ **三角巾** 三角巾 sānjiǎojīn
sling　三角巾、釣り包帯
★ 绑 bǎng～　三角巾で縛る

⑰ **血压计** xuèyājì
血壓計 xiěyājì
sphygmomanometer
血圧測定器、血圧計
★ 用～量血压 yòng～liáng xuèyā
血圧測定器で血圧を測る

Section 12: 医療 医疗

注意

① 外用薬は、形態により言い方が異なる。"药膏"は粘着状の医薬品を指すが、液体なら"药水 yàoshuǐ"、粉状なら"药粉 yàofěn"と言う。

③ "镊子"は、薬物を取り出すための道具で、先端が小さい。先端が大きいものを"夹子 jiāzi"と呼ぶ。

㉙ "物理疗法"は、略して"理疗 lǐliáo"とも言う。

---

⑱ **贴布** 貼布 tiēbù
patch
傷あて、パッチ、絆創膏《ばんそうこう》
★ 贴 tiē~ 傷あてをする

⑲ **棉棒** 棉棒 miánbàng
cotton swab 綿棒
量 根 gēn

⑳ **助听器** 助聽器 zhùtīngqì
hearing aid 補聴器
★ 戴 dài~ 補聴器をつける

㉑ **感冒药** 感冒藥 gǎnmàoyào
cold medicine 風邪薬
★ 吃 chī~；服 fú~ 風邪薬を飲む

㉒ **肠胃药** 腸胃藥 chángwèiyào
digestive medicine 胃腸薬

㉓ **止痛药** 止痛藥 zhǐtòngyào
painkillers 痛み止め

㉔ **外用药** 外用藥 wàiyòngyào
external medication 塗り薬

㉕ **内服药／口服药** 內服藥／口服藥
nèifúyào/ kǒufúyào
oral medication 飲み薬

㉖ **营养剂** yíngyǎngjì
營養補充劑
yíngyǎng bǔchōngjì
supplements 栄養剤、サプリメント
★ 服用 fúyòng~ 栄養剤を飲む

㉗ **自动体外除颤仪／电击器**
zìdòng tǐwài chúzhànyí/ diànjīqì
自動體外電擊器
zìdòng tǐwài diànjīqì
automated external defibrillator (AED)
AED、自動体外式除細動器

㉘ **化学疗法** 化學療法
huàxué liáofǎ
chemotherapy 化学療法
★ 采用 cǎiyòng~ 化学療法にする

㉙ **物理疗法** 物理療法
wùlǐ liáofǎ
physiotherapy 物理療法
★ 实行 shíxíng~ 物理療法を行う

12-5 漢方
中医

①**钵** 鉢 bō
mortar　すり鉢

②**钵槌** 鉢槌 bōchuí
pestle　すりこぎ
★ 用〜磨 yòng〜mó　すりこぎで磨《す》る

③**中药** 中藥 zhōngyào
Chinese herbal medicine　漢方薬
量副 fù
★ 吃 chī〜　漢方薬を飲む
★ 煎煮 jiānzhǔ〜；熬 áo〜　漢方薬を煎じる
★ 抓 zhuā〜　漢方薬を調合する

④**中药材** 中藥材 zhōngyàocái
Chinese herbs　漢方の薬材、生薬
★ 配 pèi〜　生薬を調合する

⑤**食补** 食補 shíbǔ
food as nutrition supplements　食養法

⑥**经络** 經絡 jīngluò
meridian　経絡《けいらく》：人体の気血の筋道
★ 疏通 shūtōng〜　気血の流れをよくする

⑦**足疗** 足療 zúliáo
feet care　足治療法、中国式リフレクソロジー
★ 进行 jìnxíng〜；做 zuò〜　足マッサージ治療をする

⑧**中医** 中醫 zhōngyī
Chinese medical doctor　東洋医学医師、漢方医
量位 wèi
★ 看 kàn〜　漢方医に診察してもらう

⑨**把脉** 把脈 bǎ//mài
pulse diagnosis　脈をとる
★ 给病人 gěi bìngrén〜　病人の脈を診る

⑩**穴道** 穴道 xuédào
acupuncture point　経穴《けいけつ》、鍼灸のつぼ
★ 按 àn〜　経穴を押す

Section 12: 医療 医疗

> 注意
>
> ⑤⑰ "食疗"は病気を治療するための食事療法で、"食补"は英気を養い病気を予防するための食事を指す。妊婦は出産後に"食补"を行い、体力をつける。
>
> ⑧ "中医"は中国伝統医学の医者を指すほかに、中国医学の医療行為の総称でもある。
>
> ⑪⑮ "气功"、"推拿"は中国の伝統的な健康法の一つで、総称して"中医疗法 zhōngyī liáofǎ"（漢方療法）と言う。

⑪ **气功** 氣功 qìgōng
Qigong　气功《きこう》
★ 练 liàn～　気功をする

⑫ **打坐** 打坐 dǎ//zuò
meditation　座禅（を組む）、瞑想（する）

⑬ **针灸** 針灸 zhēnjiǔ
acupuncture　鍼灸《しんきゅう》、鍼《はり》と灸

⑭ **针灸针** 針灸針 zhēnjiǔzhēn
acupuncture needle　鍼《はり》
量 根 gēn
★ 插 chā～　鍼を刺す

⑮ **推拿** 推拿 tuīná
Chinese massage　整体（をする）、マッサージ（する）
★ 做 zuò～　整体で体を整える

⑯ **膏药** 膏藥 gāoyào
medicinal patch　貼り薬、薬用軟膏
量 副 fù
★ 贴 tiē～　膏薬をはる、湿布する

⑰ **食疗** 食療 shíliáo
food therapy　食事療法

⑱ **拔罐儿** báguànr 拔罐 báguàn
cupping method　カッピング、吸い玉をかける

⑲ **火罐儿** huǒguànr 火罐 huǒguàn
cup　カップ、吸いふくべ
★ 拔 bá～　吸いふくべをはずす

⑳ **刮痧** 刮痧 guāshā
scraping
グアシャ、カッサ：胸や背中をこすり皮膚を充血させ炎症を軽くする治療法

㉑ **刮痧板** 刮痧板 guāshābǎn
scraping board　グアシャのへら
★ 用～刮痧 yòng～guāshā
　グアシャのへらでグアシャする

会話練習 🎧107

叶明志：小兰，你的脸色怎么看起来这么差？
Yè Míngzhì: Xiǎolán, nǐ de liǎnsè zěnme kàn qilai zhème chà?

蘭ちゃん、どうして顔色悪いの？

佐藤兰：天气太热了，我觉得头好晕，也想呕吐。
Zuǒténg Lán: Tiānqì tài rè le, wǒ juéde tóu hǎo yūn, yě xiǎng ǒutù.

暑すぎて眩暈《めまい》がするの、それに吐きたい。

叶明志：你一定是中暑了，我先带你到树底下休息。
Yè Míngzhì: Nǐ yídìng shì zhòngshǔ le, wǒ xiān dài nǐ dào shù dǐxià xiūxi.

それはきっと熱中症だよ。木の下まで連れて行ってあげるから休もう。

佐藤兰：我从早上就一直在外面，晒了太久太阳了。
Zuǒténg Lán: Wǒ cóng zǎoshang jiù yìzhí zài wàimian, shàile tài jiǔ tàiyáng le.

朝からずっと外にいて、太陽を浴びすぎたみたい。

叶明志：我带你到我家好了，我妈会刮痧，请她帮你刮痧，应该会让你舒服一点儿。
Yè Míngzhì: Wǒ dài nǐ dào wǒ jiā hǎo le, wǒ mā huì guāshā, qǐng tā bāng nǐ guāshā, yīnggāi huì ràng nǐ shūfu yìdiǎnr.

僕の家に行こう。母がグアシャできるからやってもらおう。少しは楽になると思うよ。（「グアシャ」については本文233ページ参照）

薬膳料理

　薬膳というと私たち日本人はちょっと身構えてしまうかもしれないが、中国人の家庭ではごくごく身近にある食事療法の理論体系であり、健康はあらゆる要素の調和によるものであるとするのが基本の考え方である。では、その要素とはなにか？

　食物は「甘い」("甜 tián")、「酸っぱい」("酸 suān")、「苦い」("苦 kǔ")、「辛い」("辣 là")、「塩辛い」("咸 xián")の五味 ("五味 wǔwèi") に分類できる。"甜"は脾臓、"酸"は肝臓、"苦"は心臓、"辣"は肺、"咸"は腎臓というように人体の五臓に対応し、それぞれの臓器の機能を高める力をもつ。つまり、ある臓器が不調となったときにはその臓器に対応した性質（味）の食物を補うのがよい。しかし、あくまでも五味を保ちながら味の強弱をつけるのがよく、バランスを欠いた食事は食事療法とはいわない。

　次に、食材はそれらの性質に基づき「寒性」「涼性」「温性」「熱性」という四性（四気ともいう）に分類することができる（大まかに「寒性」「熱性」の2つに分けるだけとの説もある）。「寒性食物」は身体を冷やす性質をもつ食べ物（トマト、バナナ、カキ、ハマグリ、スイカ、ノリなど）、「熱性食物」は身体をあたためる性質をもつ食べ物（カボチャ、ニンニク、ショウガ、煮込み大根、マトンなど）をさし、それぞれの程度の弱いものは「涼性食物」「温性食物」という。これに寒熱の影響を及ぼさない「平性」を加えて五性とする。

　すべての食物は五味のいずれか、かつ五性のいずれかに分類される。薬膳料理は食する人それぞれの体調や症状を考慮し、食物の五味と五性の組み合わせを考え、材料と調理法を選び作る料理をさす。ある特定のメニューをさすのではない。一般的には「熱(温)性食物」料理と「寒(涼)性食物」料理は交互に食べるとバランスよく摂取でき、健康維持によいとされるが、日本人に多いとされる冷え性の人は前者の料理を重視するとよい。

Section 13
動植物 动植物

13-1 哺乳類

哺乳动物

动物 動物 dòngwù
animal 動物
- ★ 哺乳 bǔrǔ～
  哺乳類《ほにゅうるい》
- ★ ～园 yuán 動物園

① **松鼠** 松鼠 sōngshǔ
squirrel リス
量 只 zhī

② **袋鼠** 袋鼠 dàishǔ
kangaroo カンガルー
量 只 zhī

③ **老鼠** 老鼠 lǎoshǔ
mouse ネズミ
量 只 zhī

④ **猫** 貓 māo
cat ネコ
量 只 zhī

⑤ **狗** 狗 gǒu
dog イヌ
量 只 zhī；条 tiáo

⑥ **考拉** kǎolā 無尾熊 wúwěixióng
koala コアラ

⑦ **山羊** 山羊 shānyáng
goat ヤギ
量 只 zhī；头 tóu

⑧ **绵羊** 綿羊 miányáng
sheep ヒツジ、メンヨウ

⑨ **羊毛** 羊毛 yángmáo
wool ヒツジの毛
- ★ 剪 jiǎn～ 羊毛を刈り込む
- ★ ～毛衣 máoyī ウールのセーター

⑩ **牛** 牛 niú
cow; bull ウシ
量 只 zhī；头 tóu

⑪ **牛角** 牛角 niújiǎo
horn ウシのつの
- ★ ～面包 miànbāo クロワッサン

⑫ **奶牛** nǎiniú 乳牛 rǔniú
dairy cow 乳牛

⑬ **马** 馬 mǎ
horse ウマ
量 只 zhī；匹 pǐ

⑭ **马尾巴** 馬尾巴 mǎ wěiba
horse tail ウマのしっぽ

⑮ **马鬃** 馬鬃 mǎzōng
mane ウマのたてがみ

⑯ **马蹄** 馬蹄 mǎtí
hoof ウマのひづめ

⑰ **斑马** 斑馬 bānmǎ
zebra シマウマ

Section 13: 動植物 动植物

※ 動物の鳴き声／擬声語
- ネズミ：吱吱 zīzī
- ネコ：喵喵 miāomiāo
- イヌ：汪汪 wāngwāng
- ヒツジ：咩咩 miēmiē
- ウシ：哞哞 mōumōu
- ウマ：咴儿咴儿 huīrhuīr
- ライオン、トラ：吼 hǒu

㉙ パンダは"猫熊 māoxióng"とも言う。

⑱ **骆驼** 駱駝 luòtuo
camel ラクダ
量 只 zhī; 头 tóu; 匹 pǐ
★ 单峰～ dānfēng ヒトコブラクダ
★ 双峰～ shuāngfēng フタコブラクダ

⑲ **驼峰** 駝峰 tuófēng
hump ラクダのこぶ

⑳ **驴** lǘ 驢子 lǘzi
donkey ロバ

㉑ **鹿** 鹿 lù
deer シカ

㉒ **长颈鹿** 長頸鹿 chángjǐnglù
giraffe キリン

㉓ **狼** 狼 láng
wolf オオカミ
量 只 zhī; 匹 pǐ

㉔ **狐狸** 狐狸 húli
fox キツネ

㉕ **狐狸尾巴** 狐狸尾巴
húli wěiba
fox tail キツネのしっぽ

㉖ **犀牛** 犀牛 xīniú
rhinoceros サイ

㉗ **犀牛角** 犀牛角 xīniú jiǎo
horn サイの角

㉘ **河马** 河馬 hémǎ
hippopotamus カバ

㉙ **熊猫** 熊貓 xióngmāo
panda パンダ

㉚ **熊** 熊 xióng
bear クマ

㉛ **狮子** 獅子 shīzi
lion ライオン
量 头 tóu

㉜ **老虎** 老虎 lǎohǔ
tiger トラ

㉝ **大象** 大象 dàxiàng
elephant ゾウ

㉞ **象牙** 象牙 xiàngyá
tusk 象牙

㉟ **象鼻** 象鼻 xiàngbí
trunk ゾウの鼻

㊱ **北极熊** 北極熊 běijíxióng
polar bear
ホッキョクグマ、シロクマ

㊲ **豹** 豹 bào
leopard ヒョウ

13-2 虫
虫子

虫子 chóngzi 昆蟲 kūnchóng
worm; insect 虫;昆虫

① **苍蝇** 蒼蠅 cāngying
fly ハエ
量 只 zhī
★ 打 dǎ~;拍 pāi~ ハエをたたく
★ 赶 gǎn~ ハエを追う

② **蚊子** 蚊子 wénzi
mosquito カ
★ ~叮人 dīng rén カが人を刺す

③ **蜜蜂** 蜜蜂 mìfēng
bee ミツバチ
★ ~蜇人 zhē rén
ミツバチが人を刺す

④ **螫针** 螫針 shìzhēn
sting (ミツバチやスズメバチの)毒針

⑤ **蜻蜓** 蜻蜓 qīngtíng
dragonfly トンボ

⑥ **蝴蝶** 蝴蝶 húdié
butterfly チョウチョ
★ ~飞 fēi チョウチョが飛ぶ

⑦ **翅膀** 翅膀 chìbǎng
wing 羽、翼
量 只 zhī
★ 扇动 shāndòng~
羽ばたきする

⑧ **蛾子** ézi 蛾 é
moth ガ
量 只 zhī

⑨ **触角** 觸角 chùjiǎo
antenna 触角

⑩ **蝉** 蟬 chán
cicada セミ
★ ~叫声 jiàoshēng セミの鳴き声

⑪ **壳** 殼 ké/ qiào
shell 抜け殻
★ 金蝉脱~ jīnchán tuōqiào
セミが殻《から》を脱ぐ

⑫ **蟑螂** 蟑螂 zhāngláng
cockroach ゴキブリ
★ ~出没 chūmò ゴキブリが出る
★ 消灭 xiāomiè~ ゴキブリを退治する

⑬ **蟋蟀** 蟋蟀 xīshuài
cricket コオロギ
★ ~鸣叫 míngjiào コオロギが鳴く
★ 养 yǎng~ コオロギを育てる

⑭ **蜘蛛** 蜘蛛 zhīzhū
spider クモ
★ ~结网 jié wǎng; ~织网 zhī wǎng
クモが巣を張る

⑮ **蜘蛛网** 蜘蛛網 zhīzhūwǎng
spider web クモの巣

⑯ **金龟子** 金龜子 jīnguīzǐ
scarab beetle; June bug
コガネムシ

⑰ **瓢虫** 瓢蟲 piáochóng
ladybug テントウムシ
★ 七星 qīxīng~ ナナホシテントウムシ

⑱ **萤火虫** 螢火蟲 yínghuǒchóng
firefly ホタル
★ ~发光 fāguāng ホタルが光る

⑲ **蝗虫** 蝗蟲 huángchóng
grasshopper バッタ、イナゴ
★ ~是害虫 shì hàichóng
イナゴは害虫だ

⑳ **螳螂** 螳螂 tángláng
praying mantis カマキリ

㉑ **螳螂手臂** 螳螂手臂
tángláng shǒubì
leg of mantis カマキリのかま(鎌)

Section 13: **動植物** 动植物

※ 昆虫が卵から幼虫、さなぎ、成虫へと変化する過程を"变态 biàntài"と呼ぶ。
※ カやハエの羽音は"嗡嗡 wēngwēng"（ブンブン）と言い、虫の鳴き声は"唧唧 jījī"。
※ ヘビは"长虫 chángchong"、は虫類は"爬虫 páchóng"と呼ばれる。

㉒ **独角仙** 獨角仙 dújiǎoxiān
rhinoceros beetle カブトムシ

㉓ **犄角** 犄角 jījiao
horn （カブトムシなどの）角

㉔ **锹形虫** 鍬形蟲 qiāoxíngchóng
stag beetle クワガタムシ

㉕ **蜗牛** wōniú 蝸牛 guāniú
snail カタツムリ

㉖ **蚂蚁** 螞蟻 mǎyǐ
ant アリ
★ ～筑巢 zhù cháo アリが巣を作る

㉗ **蚕** 蠶 cán
silkworm カイコ
★ ～吐丝 tǔ sī カイコが糸を吐く

㉘ **蚯蚓** 蚯蚓 qiūyǐn
earthworm ミミズ
量 条 tiáo; 只 zhī

㉙ **蜈蚣** 蜈蚣 wúgōng
centipede ムカデ

㉚ **蝎子** 蠍子 xiēzi
scorpion サソリ
★ 被～蜇了 bèi～zhē le
サソリに刺された
★ ～有毒 yǒu dú サソリは毒がある

㉛ **蝎子尾部** 蠍子尾部 xiēzi wěibù
scorpion tail サソリの尾

㉜ **跳蚤** tiàozao 跳蚤 tiàozǎo
flea ノミ
★ ～叮咬 dīngyǎo ノミが刺す
★ 狗身上生了 gǒu shēn shàng shēng le～
イヌにノミがついた

㉝ **蝌蚪** 蝌蚪 kēdǒu
tadpole オタマジャクシ
★ ～长成青蛙 zhǎngchéng qīngwā
オタマジャクシがカエルになる

㉞ **青蛙** 青蛙 qīngwā
frog カエル

㉟ **蜥蜴** 蜥蜴 xīyì
lizard トカゲ

㊱ **鳄鱼** 鱷魚 èyú
crocodile ワニ
量 条 tiáo; 只 zhī
★ ～皮 pí ワニの皮

㊲ **卵** 卵 luǎn
egg （虫などの）卵
★ ～变幼虫 biàn yòuchóng
卵がかえって幼虫になる
★ 产 chǎn～ 卵を産む

㊳ **幼虫** 幼蟲 yòuchóng
larva 幼虫

㊴ **蛹** 蛹 yǒng
chrysalis さなぎ
★ ～变为成虫
～biàn wéi chéngchóng
さなぎが成虫になる

㊵ **成虫** 成蟲 chéngchóng
imago 成虫

13-3 鳥
鸟类

鸟类 鳥類 niǎolèi
bird 鳥類、鳥

① **鸡** 雞 jī
chicken ニワトリ
- 量 只 zhī; 群 qún
- ★ 公 gōng~ オンドリ
- ★ 母 mǔ~ メンドリ
- ★ 小 xiǎo~ ヒヨコ

② **鸡冠** 雞冠 jīguān
crown ニワトリのとさか

③ **鸡蛋** 雞蛋 jīdàn
egg ニワトリの卵
- 量 只 zhī
- ★ 打 dǎ~ 卵を割る
- ★ ~売 ké 卵の殻《から》

④ **雉** 雉 zhì
pheasant キジ

⑤ **野鸭** 野鴨 yěyā
(wild) duck カモ

⑥ **鹅** 鵝 é
goose ガチョウ
- ★ ~在池塘里游水 zài chítáng li yóushuǐ
  ガチョウが池で泳ぐ

⑦ **天鹅** 天鵝 tiān'é
swan ハクチョウ

⑧ **企鹅** qǐ'é 企鵝 qǐ'é
penguin ペンギン

⑨ **海鸥** 海鷗 hǎi'ōu
seagull カモメ
- ★ ~拍打翅膀 pāidǎ chìbǎng
  カモメが羽ばたく

⑩ **白鹭** 白鷺 báilù
egret シラサギ

⑪ **白鹭脚** 白鷺腳 báilù jiǎo
foot of an egret サギの脚

⑫ **鸽子** 鴿子 gēzi
pigeon ハト
- ★ ~在天空飞翔 zài tiānkōng fēixiáng
  ハトが空を飛ぶ
- ★ ~是和平的象征 shì hépíng de xiàngzhēng
  ハトは平和の象徴である

⑬ **鸽子翅膀** 鴿子翅膀 gēzi chìbǎng
pigeon wing ハトの羽

⑭ **麻雀** 麻雀 máquè
sparrow スズメ

⑮ **麻雀尾巴** 麻雀尾巴 máquè wěiba
tail of a sparrow スズメの尾

⑯ **啄木鸟** 啄木鳥 zhuómùniǎo
woodpecker キツツキ

⑰ **金丝雀** 金絲雀 jīnsīquè
canary カナリア
- ★ ~鸣唱 míngchàng カナリアが鳴く

⑱ **白文鸟** 白文鳥 báiwénniǎo
white Java sparrow 白ブンチョウ
- ★ 养了一只 yǎngle yì zhī~
  1羽の白ブンチョウを飼った

⑲ **乌鸦** 烏鴉 wūyā
crow カラス

⑳ **乌鸦嘴巴** 烏鴉嘴巴 wūyā zuǐba
beak of crow カラスのくちばし

㉑ **八哥儿** bāger 八哥 bāgē
mynah
キュウカンチョウ、ハッカチョウ

Section 13: 動植物 动植物

注意

※ 鳥の鳴き声／擬声語

ニワトリ：咯咯 gēgē
アヒル：呱呱 guāguā
スズメ：叽叽喳喳 jījī-zhāzhā
カラス：哑哑（呀呀） yāyā

⑤ アヒルは"家鸭 jiāyā""鸭子 yāzi"と言う。

⑩ "白鹭"は"白鹭鸶 báilùsī"とも言われ、田舎でよく見かける鳥である。

㉝ "黑面琵鹭"は東アジアと東南アジア原産の鳥だが、現在は稀少動物で保護の対象となっている。

㉒ **鹦鹉** 鸚鵡 yīngwǔ
parrot オウム、インコ
★ ～停在树枝上 tíng zài shùzhī shàng
オウムが木の枝に留まる
★ ～会说话 huì shuōhuà
オウムはことばを話せる

㉓ **蓝鹊** 藍鵲 lánquè
blue magpie カササギ

㉔ **巨嘴鸟** 巨嘴鳥 jùzuǐniǎo
toucan オオハシ

㉕ **鹈鹕** 鵜鶘 tíhú
pelican ペリカン

㉖ **云雀** 雲雀 yúnquè
lark ヒバリ

㉗ **云雀幼鸟** 雲雀幼鳥 yúnquè yòuniǎo
baby lark ヒバリの子

㉘ **蜂鸟** 蜂鳥 fēngniǎo
hummingbird ハチドリ

㉙ **燕子** 燕子 yànzi
swallow ツバメ

㉚ **燕窝** 燕窩 yànwō
swallow's nest ツバメの巣

㉛ **伯劳鸟** 伯勞鳥 bóláoniǎo
shrike モズ

㉜ **猫头鹰** 貓頭鷹 māotóuyīng
owl フクロウ、ミミズク
★ ～是夜行性动物 shì yèxíngxìng dòngwù
フクロウは夜行性の動物だ

㉝ **黑面琵鹭** 黑面琵鷺
hēimiàn pílù
black-faced spoonbill
黒面《クロツラ》ヘラサギ

㉞ **鸵鸟** 鴕鳥 tuóniǎo
ostrich ダチョウ

㉟ **孔雀** 孔雀 kǒngquè
peacock クジャク
★ ～开屏 kāipíng クジャクが羽を広げる

㊱ **鹰** yīng 老鹰 lǎoyīng
eagle タカ

㊲ **鹰爪** 鷹爪 yīngzhǎo/ yīngzhuǎ
talons of an eagle タカの爪

㊳ **秃鹫** 禿鷲 tūjiù
vulture ハゲワシ

㊴ **秃鹰／兀鹰** 禿鷹／兀鷹
tūyīng/ wùyīng
condor コンドル、ハゲタカ

㊵ **秃鹰羽翼** 禿鷹羽翼
tūyīng yǔyì
condor wing コンドルの翼

13-4 海の生き物
海洋生物

海洋生物 海洋生物 hǎiyáng shēngwù
marine animals 海洋生物、海の生き物

① **河豚** 河豚 hétún
blowfish フグ
- 量 只 zhī; 尾 wěi
- ★ ～有毒 yǒu dú フグには毒がある

② **鲨鱼** 鯊魚 shāyú
shark サメ、フカ
- 量 只 zhī; 尾 wěi; 头 tóu
- ★ ～游了过来 yóule guòlai サメが泳いでくる
- ★ 捕 bǔ～ サメを捕獲する

③ **海星** 海星 hǎixīng
starfish ヒトデ

④ **海参** 海參 hǎishēn
sea cucumber ナマコ

⑤ **海蛇** 海蛇 hǎishé
sea snake ウミヘビ

⑥ **海马** 海馬 hǎimǎ
sea horse タツノオトシゴ

⑦ **水母** 水母 shuǐmǔ
jellyfish クラゲ

⑧ **海龟** 海龜 hǎiguī
sea turtle ウミガメ、アオウミガメ
- ★ ～潜水 qiánshuǐ ウミガメが潜る

⑨ **比目鱼** 比目魚 bǐmùyú
flounder ヒラメ；カレイ
- 量 条 tiáo; 只 zhī

⑩ **鲭鱼** 鯖魚 qīngyú
mackerel サバ

⑪ **海鳝** 海鱔 hǎishàn
moray (eel) ウツボ

⑫ **鲷鱼** 鯛魚 diāoyú
sea bream タイ

⑬ **金枪鱼** jīnqiāngyú 鮪魚 wěiyú
tuna マグロ
- ★ ～回游 huíyóu マグロが回遊する
- ★ 捕 bǔ～ マグロを捕る

⑭ **三文鱼** sānwényú 鮭魚 guīyú
salmon サケ、サーモン

⑮ **秋刀鱼** 秋刀魚 qiūdāoyú
saury サンマ

⑯ **旗鱼** 旗魚 qíyú
swordfish メカジキ

Section 13: 動植物 动植物

※ 水中生物は"水族馆 shuǐzúguǎn"（水族館）で見ることができる。
㉓ 高級食材であるフカヒレは"鲨鱼"の"鳍 qí"（ひれ）を使うが、"鱼翅 yúchì"と言う。
㉔ クジラは魚ではないが、一般には"鲸鱼 jīngyú"と言う。

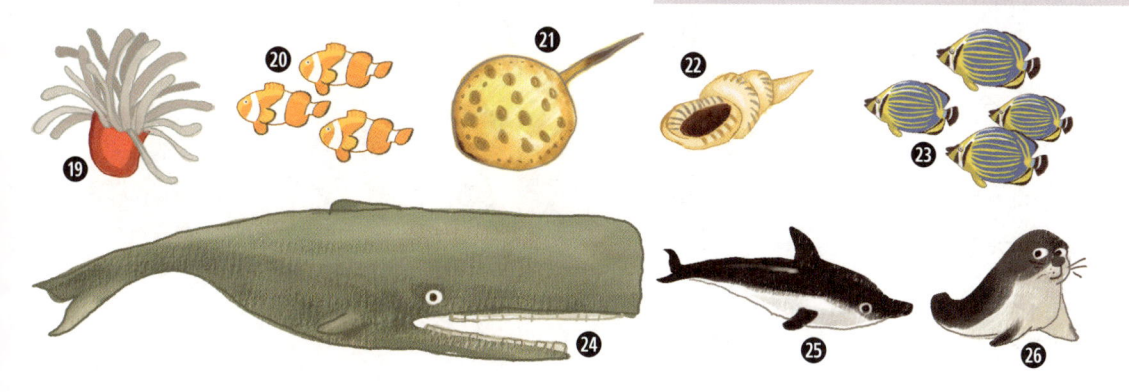

⑰ **珊瑚** 珊瑚 shānhú
coral サンゴ
★ ～礁 jiāo サンゴ礁

⑱ **海藻** 海藻 hǎizǎo
seaweed カイソウ、海草

⑲ **海葵** 海葵 hǎikuí
sea anemone イソギンチャク

⑳ **小丑鱼** 小丑魚 xiǎochǒuyú
clown fish クマノミ

㉑ **魟鱼** 魟 hóngyú 魟 hóng
stingray エイ、アカエイ

㉒ **海螺** 海螺 hǎiluó
conch マキガイ；ホラガイ

㉓ **热带鱼** 熱帶魚 rèdàiyú
tropical fish 熱帯魚
★ 养 yǎng～ 熱帯魚を飼う
★ 观赏 guānshǎng～ 熱帯魚を観賞する

㉔ **鲸** 鯨 jīng
whale クジラ
量 条 tiáo；头 tóu
★ ～喷水 pēn shuǐ クジラが潮を吹く

㉕ **海豚** 海豚 hǎitún
dolphin イルカ
量 只 zhī
★ 观看～表演 guānkàn～biǎoyǎn
  イルカのショーを見る

㉖ **海豹** 海豹 hǎibào
seal アザラシ
量 只 zhī

13-5 植物
植物

植物 植物 zhíwù
plant 植物

① **水仙** 水仙 shuǐxiān
narcissus スイセン
★ ～花 huā スイセンの花

② **杜鹃** 杜鵑 dùjuān
azalea ツツジ；サツキ

③ **百合** 百合 bǎihé
lily ユリ

④ **雏菊** 雛菊 chújú
daisy ヒナギク、デージー

⑤ **鸢尾花** 鳶尾花 yuānwěihuā
iris アヤメ

⑥ **山茶花** 山茶花 shāncháhuā
camellia ツバキ
★ 山上开满 shānshàng kāimǎn～
山はツバキが満開である

⑦ **玫瑰** 玫瑰 méigui
rose バラ

⑧ **樱花** 櫻花 yīnghuā
cherry blossom サクラ
★ ～盛开 shèngkāi サクラが盛りである

⑨ **康乃馨** 康乃馨 kāngnǎixīn
carnation カーネーション
★ 送母亲一束 sòng mǔqin yí shù～
母に1束《たば》のカーネーションを送る

⑩ **牵牛花** 牽牛花 qiānniúhuā
morning glory アサガオ

⑪ **薰衣草** 薰衣草 xūnyīcǎo
lavender ラベンダー

⑫ **向日葵** 向日葵 xiàngrìkuí
sunflower ヒマワリ

⑬ **郁金香** 鬱金香 yùjīnxiāng
tulip チューリップ

⑭ **紫罗兰** 紫羅蘭 zǐluólán
violet スミレ

⑮ **油菜花** 油菜花 yóucàihuā
canola アブラナ

⑯ **蒲公英** 蒲公英 púgōngyīng
dandelion タンポポ

⑰ **三叶草** sānyècǎo
酢漿草 cùjiāngcǎo
shamrock
シロツメクサ、クローバー

Section 13: 動植物 动植物

※ 花は部位に応じ量詞も異なる。
1 "朵 duǒ" 花:花を表す。
1 "枝 zhī" 花:茎や枝についた花を表す。
1 "束 shù" 花:花束を指す。

㉕ **根** 根 gēn
root 根
★ 生 shēng～ 根がはる
★ 扎 zā～ 根が巻き付く

㉖ **茎** 莖 jīng
stem 茎
★ ～伸长 shēncháng 茎が伸びる

㉗ **叶** 葉 yè
leaf 葉
★ ～枯萎 kūwěi 葉が枯れる
★ ～凋落 diāoluò 葉が落ちる

㉘ **花** 花 huā
flower 花
★ 开 kāi～ 花が咲く
★ ～谢了 xiè le 花びらが散った
★ ～散落 sànluò 花が散る
★ ～瓣 bàn 花弁、花びら
★ ～蕊 ruǐ 花の芯、蕊《ずい》
★ ～苞 bāo つぼみ

⑱ **枫叶** 楓葉 fēngyè
maple leaf カエデ
★ ～红了 hóng le カエデが色づく

⑲ **圣诞红** 聖誕紅
shèngdànhóng
poinsettia ポインセチア

⑳ **蕨类** 蕨類 juélèi
fern シダ類

㉑ **柳树** 柳樹 liǔshù
willow ヤナギ
量 棵 kē

㉒ **雪松** 雪松 xuěsōng
cedar ヒマラヤスギ

㉓ **柏树** 柏樹 bóshù
cypress コノテガシワ;ヒノキ

㉔ **杉树** 杉樹 shānshù
fir tree スギ;モミノキ

㉙ **果** 果 guǒ
fruit 実、果実
★ 结 jiē～ 実が成る

㉚ **种子** 種子 zhǒngzi
seed 種
★ 播 bō～ 種をまく
★ 埋下 máixià～ 種を埋める

㉛ **芽** 芽 yá
shoot 芽
★ 发 fā～ 芽が出る

13-6 干支と縁起物
生肖与吉祥物

生肖 生肖 shēngxiào
the Chinese zodiac 干支《えと》

吉祥物 吉祥物 jíxiángwù
mascot 縁起物《えんぎもの》

① 老鼠 老鼠 lǎoshǔ
mouse; rat ネズミ
量 只 zhī

② 牛 牛 niú
ox ウシ
量 只 zhī; 头 tóu
★ 属 shǔ~ ウシ年
★ ~年出生 nián chūshēng ウシ年生まれ

③ 老虎 老虎 lǎohǔ
tiger トラ
量 只 zhī; 头 tóu

④ 兔 兔 tù
rabbit ウサギ
量 只 zhī

⑤ 龙 龍 lóng
dragon タツ、リュウ
量 条 tiáo

⑥ 蛇 蛇 shé
snake ヘビ
量 只 zhī; 条 tiáo

⑦ 马 馬 mǎ
horse ウマ
量 匹 pǐ

⑧ 羊 羊 yáng
goat ヤギ；ヒツジ
量 只 zhī; 头 tóu

⑨ 猴 猴 hóu
monkey サル
量 只 zhī

⑩ 鸡 雞 jī
chicken トリ、ニワトリ
量 只 zhī

⑪ 狗 狗 gǒu
dog イヌ
量 只 zhī; 条 tiáo

⑫ 猪 豬 zhū
pig ブタ；イノシシ
量 只 zhī; 头 tóu

⑬ 麒麟 麒麟 qílín
qilin 麒麟《きりん》

Section 13: **動植物 动植物**

注意

※ 以下の縁起物は次のような幸運を意味する。
オシドリ：夫婦いつまでも仲良く
コウモリ：福、幸福
カメ：長寿
ヒキガエル：富と財
モモ：長寿
ハス：子孫繁栄
タケ：不屈の精神

※ "梅、兰、竹、菊 méi, lán, zhú, jú" は君子の象徴とされ、4つあわせて "四君子 sìjūnzǐ" と呼ばれる。

⑯ "小龙 xiǎolóng" とも言う。
⑱ 中国では干支の "羊" はヤギを指す場合が多い。
⑫ 日本のイノシシ（"野猪 yězhū"）に当たる干支は、中国では "家猪 jiāzhū"（ブタ）。
⑱ "金鱼 jīnyú" と "鲸鱼 jīngyú" は発音が似ているので注意しなければならない。

⑭ 凤凰 鳳凰 fènghuáng
phoenix 鳳凰《ほうおう》

⑮ 鸳鸯 鴛鴦 yuānyāng
mandarin duck オシドリ

⑯ 乌龟 烏龜 wūguī
tortoise カメ

⑰ 蟾蜍 蟾蜍 chánchú
toad ヒキガエル、ガマ

⑱ 金鱼 金魚 jīnyú
goldfish キンギョ

⑲ 鲤鱼 鯉魚 lǐyú
carp コイ

⑳ 蝙蝠 蝙蝠 biānfú
bat コウモリ

㉑ 鹤 鶴 hè
crane ツル

㉒ 桃子 桃子 táozi
peach モモ

㉓ 牡丹 mǔdan 牡丹 mǔdān
peony ボタン

㉔ 菊花 菊花 júhuā
chrysanthemum キク

㉕ 兰花 蘭花 lánhuā
orchid ラン

㉖ 梅花 梅花 méihuā
plum blossom ウメ

㉗ 莲花 蓮花 liánhuā
lotus ハス

㉘ 竹子 竹子 zhúzi
bamboo タケ

㉙ 松树 松樹 sōngshù
pine tree マツ

会話練習 🎧114

王可慧：佳子，日本也有十二生肖吗？ Wáng Kěhuì: Jiāzǐ, Rìběn yě yǒu shí'èr shēngxiào ma?	ねぇ佳子、日本にも干支ってあるの？
山本佳子：有啊。我就是龙年出生的，我属龙，你呢？ Shānběn Jiāzǐ: Yǒu a. Wǒ jiù shì lóng nián chūshēng de, wǒ shǔ lóng, nǐ ne?	あるわよ。私はタツ年生まれよ。あなたは？
王可慧：我比你大一岁，我属兔。 Wáng Kěhuì: Wǒ bǐ nǐ dà yí suì, wǒ shǔ tù.	私は一つ年上でウサギ年。
山本佳子：听说属兔的人很善良。 Shānběn Jiāzǐ: Tīngshuō shǔ tù de rén hěn shànliáng.	ウサギ年の人って善良だって聞いたことがある。
王可慧：我是很善良啊，我跟小兔子一样乖呢。 Wáng Kěhuì: Wǒ shì hěn shànliáng a, wǒ gēn xiǎo tùzi yíyàng guāi ne.	そうね。私もウサギのようにおとなしいかも。

十二支

　日本の十二支はご存知のとおり、子、丑、寅、卯、辰、巳、午、未、申、酉、戌、亥。これらを常用漢字と中国の十二支（"十二生肖 shí'èr shēngxiào"）が示すもので書き分けてみると、鼠（"鼠 shǔ"）、牛（"牛 niú"）、虎（"虎 hǔ"）、兎（"兔 tù"）、竜（"龙 lóng"）、蛇（"蛇 shé"）、馬（"马 mǎ"）、羊（"羊 yáng"）、猿（"猴 hóu"）、鶏（"鸡 jī"）、犬（"狗 gǒu"）、猪（"猪 zhū"）となる。最後のイノシシが日中同じ漢字ではあるが、中国語が指しているのはイノシシではなくブタである。

　これらの十二支を使った、縁起のいい言葉（"吉祥话 jíxiánghuà"）がある。例えば、"新年快乐 鼠来宝 xīnnián kuàilè shǔláibǎo"、"工作顺利 马到成功 gōngzuò shùnlì mǎ dào chénggōng"、"恭喜发财 金鸡报喜 gōngxǐ fācái jīnjī bàoxǐ"のように新年のあいさつや年賀状などに書き添えられる。また、"吉祥话"には十二支の動物を示す漢字と同じ（または似た）発音で意味の異なる単語が含まれていたり（例："前途（兔）似锦 qiántú(tù) sì jǐn"）、動物の縁起のいい鳴き声を音にひっかけたりもする（例："好运旺旺 hǎoyùn wàngwàng"。"旺旺"は犬（狗）の鳴き声ワンワン"汪汪 wāngwāng"にかけている）。いわば一種のしゃれ言葉である。

　上述のほかに、代表的なものとして"扭（牛）转乾坤 niǔ(niú) zhuǎn qiánkūn"、"虎虎生风 hǔhǔ shēng fēng"、"龙凤呈祥 lóngfèng chéng xiáng"、"时（蛇）来运转 shí(shé) lái yùn zhuǎn"、"三阳（羊）开泰 sānyáng(yáng) kāi tài"、"灵猴献宝 línghóu xiàn bǎo"、"诸（猪）事大吉 zhū(zhū)shì dàjí"、などがある。これらを参考にして、年賀状に中国語で一言そえてみても面白いのでは。

▲干支を表す絵文字（左上から下に、子、丑、寅、卯⋯⋯）

Section 14
時間と空間 时间与空间

14-1 時間
时间

① 2011年 2011年 èr líng yī yī nián
the year 2011 2011年

② 一月 一月 Yīyuè
January 1月

③ 二月 二月 Èryuè
February 2月

④ 三月 三月 Sānyuè
March 3月

⑤ 四月 四月 Sìyuè
April 4月

⑥ 五月 五月 Wǔyuè
May 5月

⑦ 六月 六月 Liùyuè
June 6月

⑧ 七月 七月 Qīyuè
July 7月

⑨ 八月 八月 Bāyuè
August 8月

⑩ 九月 九月 Jiǔyuè
September 9月

⑪ 十月 十月 Shíyuè
October 10月

⑫ 十一月 十一月 Shíyīyuè
November 11月

⑬ 十二月 十二月 Shí'èryuè
December 12月

⑭ 月历 月曆 yuèlì
monthly calendar
(月ごとの)カレンダー

⑮ 星期日 xīngqīrì
星期日 xīngqírì
Sunday 日曜日

⑯ 星期一 xīngqīyī
星期一 xīngqíyī
Monday 月曜日

⑰ 星期二 xīngqī'èr
星期二 xīngqí'èr
Tuesday 火曜日

⑱ 星期三 xīngqīsān
星期三 xīngqísān
Wednesday 水曜日

⑲ 星期四 xīngqīsì
星期四 xīngqísì
Thursday 木曜日

⑳ 星期五 xīngqīwǔ
星期五 xīngqíwǔ
Friday 金曜日

㉑ 星期六 xīngqīliù
星期六 xīngqíliù
Saturday 土曜日

㉒ 前天 前天 qiántiān
the day before yesterday
おととい

㉓ 昨天 昨天 zuótiān
yesterday 昨日

㉔ 今天 今天 jīntiān
today 今日

Section 14: 時間と空間 时间与空间

※ 日にち、曜日や時間を尋ねる場合は主に"几 jǐ"を使う：
几月 jǐ yuè 何月
几号／几日 jǐ hào／jǐ rì 何日
星期几 xīngqī jǐ 何曜日
几点几分 jǐ diǎn jǐ fēn 何時何分
几个月 jǐ ge yuè 何ヶ月
几天 jǐ tiān 何日間

ただし、"几年 jǐ nián"と言うと、南方では、「何年」の意味にもなるが、普通は「何年間」の意味になる。「何年」と聞きたい時は、"你是哪年生的? Nǐ shì nǎ nián shēng de?"(あなたは何年に生まれましたか?)のように、"哪年 nǎ nián"を使うことが多い。

① 年代を中国語で読む場合、4ケタの数字を粒読〈つぶよ〉みにする。例えば"2011年"なら"èr líng yī yī nián"と読む。しかし、日にちを読む場合は、2ケタの数字ではそのまま読む。例えば"25日"なら"èrshíwǔ rì"となる。

⑮⑯ "星期"(曜日)は"礼拜 lǐbài"とも言い、"星期一"(月曜日)なら"礼拜一 lǐbàiyī"となる。また、"星期日"(日曜日)は"星期天 xīngqītiān"とも言う。

㊱ 時刻を読む時、十五分ごとの区切りを"一刻 yí kè"と言うので、"三点十五分"なら"三点一刻"とも言う。

六点五分
liù diǎn wǔ fēn
6時5分

三点十五分／三点一刻
sān diǎn shíwǔ fēn／
sān diǎn yí kè
3時15分

七点三十分／七点半
qī diǎn sānshí fēn／
qī diǎn bàn
7時30分／7時半

九点五十五分
jiǔ diǎn wǔshíwǔ fēn
9時55分

㉕ 明天 明天 míngtiān
tomorrow 明日

㉖ 后天 後天 hòutiān
the day after tomorrow
明後日

㉗ 法定假日 fǎdìng jiàrì
國定假日 guódìng jiàrì
national holiday
法定休日、祝祭日

㉘ 十二月三十一号／日
十二月三十一號／日
Shí'èryuè sānshíyī hào／rì
December 31st 12月31日

㉙ 一月一号／日
一月一號／日
Yīyuè yī hào／rì
January 1st 1月1日

㉚ 农历 農曆 nónglì
lunar calendar 旧暦、農事暦

㉛ 年 年 nián
year 年

㉜ 月 月 yuè
month 月

㉝ 日 日 rì
day 日

㉞ 时间 時間 shíjiān
time 時間

㉟ 点 點 diǎn
o'clock 時

㊱ 分 分 fēn
minute 分

㊲ 秒 秒 miǎo
second 秒

14-2 天気と季節
天气与季节

天气 天氣 tiānqì
weather 天気
- ★ ～很好 hěn hǎo　天気が良い
- ★ ～不太好 bú tài hǎo
  天気はあまり良くない

季节 季節 jìjié
season 季節
- ★ 梅雨 méiyǔ～　梅雨の季節

① 太阳 太陽 tàiyáng
sun 太陽
- ★ 出～了 chū~le　太陽が出てきた

② 云 雲 yún
cloud 雲
- 量 片 piàn

③ 雨 雨 yǔ
rain 雨
- 量 场 cháng
- ★ 下 xià~　雨が降る
- ★ ～停了 tíng le　雨が止んだ
- ★ ～越来越大 yuè lái yuè dà
  雨がどんどんひどくなっていく
- ★ 躲 duǒ~　雨を避ける、雨宿りする
- ★ 雷阵 léizhèn~　雷を伴うにわか雨、夕立
- ★ 倾盆大 qīngpén dà~　土砂降り雨
- ★ 毛毛 máomao~　こぬか雨

④ 风 風 fēng
wind 風
- ★ 起～了 qǐ~le　風が吹いた
- ★ ～很大 hěn dà　風が強い
- ★ 刮 guā~　風が吹く
- ★ 微 wēi~　そよ風

⑤ 雷 雷 léi
thunder 雷
- ★ 打 dǎ~　雷が鳴る

⑥ 闪电 閃電 shǎndiàn
lightning 稲妻、稲光
- 量 道 dào

⑦ 雾 霧 wù
fog 霧
- ★ 起 qǐ~　霧がかかる

⑧ 霜 霜 shuāng
frost 霜
- ★ 结 jié~　霜が降る
- ★ 降 jiàng~　霜が降りる

⑨ 雪 雪 xuě
snow 雪
- 量 场 cháng
- ★ 下～了 xià~le　雪が降った
- ★ ～停了 tíng le　雪が止んだ
- ★ ～越来越大 yuè lái yuè dà
  雪がどんどんひどくなっていく
- ★ 积 jī~　雪が積もる
- ★ 扫 sǎo~　雪かきをする
- ★ 堆～人 duī~rén　雪だるまを作る
- ★ 打～仗 dǎ~zhàng　雪合戦をする

⑩ 结冰 結冰 jié//bīng
ice 氷が張る

⑪ 冰雹 冰雹 bīngbáo
hail あられ、ひょう
- ★ 下 xià~　あられが降る

⑫ 暴风雨 暴風雨 bàofēngyǔ
storm 暴風雨、嵐
- 量 场 cháng

⑬ 台风 颱風 táifēng
typhoon 台風
- ★ ～接近了 jiējìn le
  台風が近づいてきた
- ★ ～生成了 shēngchéng le
  台風が発生した
- ★ 刮 guā~　台風が吹く

⑭ 龙卷风 龍捲風 lóngjuǎnfēng
tornado 竜巻、大旋風
- ★ 遭到～的袭击 zāodào~de xíjī
  竜巻に襲われる

⑮ 高气压 高氣壓 gāoqìyā
high pressure 高気圧

⑯ 低气压 低氣壓 dīqìyā
low pressure 低気圧

⑰ 锋面 鋒面 fēngmiàn
front 前線

⑱ 冷锋 冷鋒 lěngfēng
cold front 寒冷前線

⑲ 寒流 寒流 hánliú
cold current 寒波;寒流
- ★ ～要来了 yào lái le　もうすぐ寒波が来る

Section 14: 時間と空間 时间与空间

注意
② 口語では"云彩 yúncai"を用いる。
⑱ 気象情報の中で、"冷锋"は"冷气团 lěngqìtuán"とも言う。
⑲ "寒流"は"寒潮 háncháo"とも言う。
⑳ 高い温度を"高温 gāowēn"と言い、低い温度を"低温 dīwēn"と言う。気象情報は通常"最高温度 zuì gāo wēndù"(最高気温)と"最低温度 zuì dī wēndù"(最低気温)が表示される。
㉑〜㉔"季节"(季節)はそれぞれ、"春季 chūnjì"(春)、"夏季 xiàjì"(夏)、"秋季 qiūjì"(秋)、"冬季 dōngjì"(冬)と言うこともできる。まとめて"四季 sìjì"(四季)と言う。

⑳ **温度** 溫度 wēndù
temperature 温度
★ 〜高 gāo 温度が高い
★ 〜低 dī 温度が低い

㉑ **春天** 春天 chūntiān
spring 春
★ 〜来了 lái le 春が来た

㉒ **夏天** 夏天 xiàtiān
summer 夏
★ 〜天长 tiān cháng 夏の日は長い

㉓ **秋天** 秋天 qiūtiān
fall; autumn 秋
★ 〜过去了 guòqu le 秋が過ぎた

㉔ **冬天** 冬天 dōngtiān
winter 冬
★ 〜天短 tiān duǎn 冬の日は短い

㉕ **晴天** 晴天 qíngtiān
sunny day 晴れ
★ 明天 míngtiān〜 明日は晴れる

㉖ **阴天** 陰天 yīntiān
cloudy day 曇り
★ 今天 jīntiān〜 今日は曇りだ

㉗ **雨天** 雨天 yǔtiān
rainy day 雨

㉘ **多云** 多雲 duōyún
to be overcast
(どんよりした)曇り、薄曇り
★ 〜转晴 zhuǎn qíng 曇りのち晴れ

㉙ **梅雨** 梅雨 méiyǔ
plum rain (East Asian rainy season)
梅雨、つゆ

㉚ **地震** 地震 dìzhèn
earthquake 地震
(量)次 cì
★ 发生 fāshēng〜 地震が発生する
★ 七级大 qījí dà〜 震度7の大地震

㉛ **海啸** 海嘯 hǎixiào
tsunami 津波
★ 地震引起了 dìzhèn yǐnqǐle〜
地震が津波を引き起こした

㉜ **气象预报／天气预报**
氣象預報／天氣預報
qìxiàng yùbào / tiānqì yùbào
weather forecast
天気予報、気象情報
★ 收看 shōukàn〜 気象予報を見る

㉝ **热** 熱 rè
to be hot 暑い
★ 今天天气很 jīntiān tiānqì hěn〜
今日は暑い

㉞ **冷** 冷 lěng
to be cold 寒い
★ 昨天天气很 zuótiān tiānqì hěn〜
昨日は寒かった

㉟ **凉爽** 涼爽 liángshuǎng
to be cool 涼しい
★ 今年夏天很 jīnnián xiàtiān hěn〜
今年の夏は涼しい

㊱ **暖和** 暖和 nuǎnhuo
to be warm 暖かい
★ 去年冬天很 qùnián dōngtiān hěn〜
去年の冬は暖かかった

14-3 自然と災害
自然与灾害

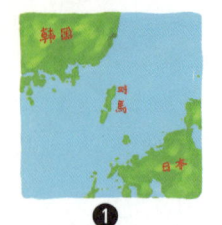

自然 自然 zìrán
nature 自然

灾害 災害 zāihài
disaster 災害

环境 環境 huánjìng
environment 環境
★ 污染 wūrǎn～　環境を汚染する
★ 保护 bǎohù～　環境を保護する

① **海峡** 海峽 hǎixiá
strait 海峡

② **群岛** 群島 qúndǎo
archipelago 群島、諸島

③ **珊瑚礁** 珊瑚礁 shānhújiāo
coral reef サンゴ礁

④ **半岛** 半島 bàndǎo
peninsula 半島

⑤ **海湾** 海灣 hǎiwān
bay 湾、入江

⑥ **沙漠** 沙漠 shāmò
desert 砂漠

⑦ **沙丘** 沙丘 shāqiū
dune 砂丘
量 座 zuò

⑧ **冰川** 冰川 bīngchuān
glacier 氷河
量 条 tiáo; 座 zuò

⑨ **峡湾** 峽灣 xiáwān
fjord 峡湾、フィヨルド

⑩ **地峡** 地峽 dìxiá
isthmus 地峡

⑪ **丘陵** 丘陵 qiūlíng
hills 丘
★ ～地带 dìdài
丘陵地帯《きゅうりょうちたい》

⑫ **火山** 火山 huǒshān
volcano 火山
★ ～喷发 pēnfā　火山が噴火する
★ 活 huó～　活火山《かっかざん》
★ 死 sǐ～　死火山《しかざん》

⑬ **雨林** 雨林 yǔlín
rainforest
多雨林《たうりん》、降雨林
量 片 piàn
★ 热带 rèdài～　熱帯雨林

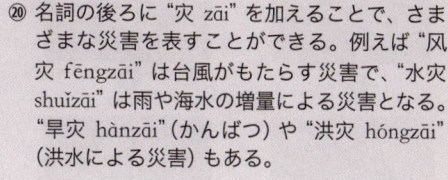

Section 14: 時間と空間 时间与空间

⑳ 名詞の後ろに"灾 zāi"を加えることで、さまざまな災害を表すことができる。例えば"风灾 fēngzāi"は台風がもたらす災害で、"水灾 shuǐzāi"は雨や海水の増量による災害となる。"旱灾 hànzāi"(かんばつ)や"洪灾 hóngzāi"(洪水による災害)もある。

⑭ 沼泽 沼澤 zhǎozé
bog; swamp 沼地
量 片 piàn
★ 陷入 xiànrù~ 沼に落ちる

⑮ 山崩 山崩 shānbēng
landslide 地すべり、山くずれ
★ 造成 zàochéng~ 山くずれを引き起こす
★ 发生 fāshēng~ 地すべりが発生する

⑯ 雪崩 雪崩 xuěbēng
avalanche なだれ

⑰ 火山爆发 火山爆發
huǒshān bàofā
volcano eruption 火山爆発

⑱ 洪水 洪水 hóngshuǐ
flood 洪水
★ 发 fā~ 洪水が起きる

⑲ 泥石流 níshíliú
土石流 tǔshíliú
mudslide 土石流

⑳ 风灾 風災 fēngzāi
windstorm 暴風

㉑ 冻雨 凍雨 dòngyǔ
sleet みぞれ
★ 下 xià~ みぞれが降る

㉒ 飓风 颶風 jùfēng
hurricane ハリケーン

㉓ 酸雨 酸雨 suānyǔ
acid rain 酸性雨
★ 下 xià~ 酸性雨が降る

㉔ 山火 shānhuǒ
森林大火 sēnlín dàhuǒ
wildfire 森林火災
★ 引起 yǐnqǐ~ 山火事を起こす

㉕ 空气污染 空氣污染
kōngqì wūrǎn
air pollution 大気汚染
★ ~很严重 hěn yánzhòng
大気汚染がとてもひどい

㉖ 饥荒 饑荒 jīhuāng
famine 飢饉《ききん》

㉗ 瘟疫 瘟疫 wēnyì
plague 疫病、伝染病
★ ~流行 liúxíng 伝染病がはやる

14-4 宇宙
宇宙

空间 空間 kōngjiān
space 空間；宇宙

① **宇宙** 宇宙 yǔzhòu
universe 宇宙

② **银河系** 銀河系 yínhéxì
Galaxy 銀河系

③ **太阳** 太陽 tàiyáng
Sun 太陽
- ～升起 shēngqǐ 太陽が昇る

④ **星星** 星星 xīngxing
star 星
- 量 颗 kē
- 看 kàn～ 星を見る
- 数 shǔ～ 星を数える
- ～闪耀 shǎnyào；～闪烁 shǎnshuò 星がきらきら光る

⑤ **行星** 行星 xíngxīng
planet 惑星

⑥ **卫星** 衛星 wèixīng
satellite 衛星

⑦ **彗星** 彗星 huìxīng
comet 彗星
- 哈雷 Hāléi～ ハレー彗星

⑧ **人造卫星** 人造衛星 rénzào wèixīng
man-made satellite 人工衛星
- 发射 fāshè～ 人工衛星を打ち上げる

⑨ **地球** 地球 dìqiú
Earth 地球
- ～绕着太阳转 ràozhe tàiyáng zhuàn 地球は太陽の周りを回る

⑩ **月球／月亮** yuèqiú/ yuèliang
月球／月亮 yuèqiú/ yuèliàng
Moon 月
- ～沉入大海 chénrù dàhǎi 月が海に沈む
- 圆圆的 yuányuan de～ まん丸な月
- 弯弯的 wānwan de～ 湾曲した月

⑪ **水星** 水星 Shuǐxīng
Mercury 水星

⑫ **金星** 金星 Jīnxīng
Venus 金星

⑬ **火星** 火星 Huǒxīng
Mars 火星

⑭ **土星** 土星 Tǔxīng
Saturn 土星

Section 14: 時間と空間 时间与空间

注意

⑤ 小惑星は"小行星 xiǎoxíngxīng"と言う。
⑩ 学術用語では"月球"と言うが、一般には"月亮"を用いる。
⑱ "冥王星"は"矮行星 ǎixíngxīng"（準惑星）と呼ばれる。

⑮ **木星** 木星 Mùxīng
Jupiter 木星

⑯ **天王星** 天王星
Tiānwángxīng
Uranus 天王星

⑰ **海王星** 海王星
Hǎiwángxīng
Neptune 海王星

⑱ **冥王星** 冥王星
Míngwángxīng
Pluto 冥王星

⑲ **星云** 星雲 xīngyún
nebula 星雲、銀河

⑳ **星座** 星座 xīngzuò
constellation 星座

㉑ **观星** 觀星 guānxīng
star observation 天体観測

㉒ **天文台** 天文臺 tiānwéntái
observatory 天文台
★ 去～观星 qù～guānxīng
天文台で天体観測する

㉓ **望远镜** 望遠鏡
wàngyuǎnjìng
telescope 望遠鏡
量 架 jià
★ 用～看星星 yòng～kàn xīngxing
望遠鏡で星を見る

㉔ **星图** 星圖 xīngtú
star cartography 星図、恒星図
★ 用～找星星 yòng～zhǎo xīngxing
星図で星をさがす

㉕ **航天飞船** hángtiān fēichuán
太空船 tàikōngchuán
space shuttle
宇宙船；スペースシャトル
★ ～造访金星 zàofǎng Jīnxīng
宇宙船が金星を目指す

㉖ **空间站** kōngjiānzhàn
太空站 tàikōngzhàn
space station 宇宙ステーション
★ 在～停留 zài～tíngliú
宇宙ステーションに滞在する
★ 建立 jiànlì～
宇宙ステーションを建設する

㉗ **火箭** 火箭 huǒjiàn
rocket ロケット
★ ～升空 shēngkōng
ロケットが空へ向かって飛ぶ

14-5 星座と占い
星座与占卜

星座 星座 xīngzuò
zodiac 星座

① 白羊座 Báiyángzuò
牡羊座 Mǔyángzuò
Aries おひつじ座

② 金牛座 金牛座 Jīnniúzuò
Taurus おうし座

③ 双子座 雙子座 Shuāngzǐzuò
Gemini ふたご座

④ 巨蟹座 巨蟹座 Jùxièzuò
Cancer かに座

⑤ 狮子座 獅子座 Shīzizuò
Leo しし座

⑥ 处女座 處女座 Chǔnǚzuò
Virgo おとめ座

⑦ 天秤座 天秤座 Tiānchèngzuò
Libra てんびん座

⑧ 天蝎座 天蠍座 Tiānxiēzuò
Scorpio さそり座

⑨ 射手座 射手座 Shèshǒuzuò
Sagittarius いて座

⑩ 摩羯座 摩羯座 Mójiézuò
Capricorn やぎ座

⑪ 水瓶座 水瓶座 Shuǐpíngzuò
Aquarius みずがめ座

⑫ 双鱼座 雙魚座 Shuāngyúzuò
Pisces うお座
★ 你是什么星座的?
nǐ shì shénme xīngzuò de?
あなたの星座は何ですか?
我是 wǒ shì~ 私は～うお座です

⑬ 血型 xuèxíng 血型 xiěxíng
blood type 血液型
★ 你是什么～的 nǐ shì shénme~de?
あなたの血液型は何ですか?
我是O型 wǒ shì O xíng O型です

Section 14: 時間と空間 时间与空间

※ てんびん座、さそり座など12の星座を"十二星座 shí'èr xīngzuò"と言う。
⑱ "占卜"は話し言葉では"算命 suànmìng"と言う。
㉔㉕ "米卦"は、占い師が米を使って米の配列を見ながら運勢を占う。"鸟卦"は小鳥にくじを引かせて、そのくじから運勢を占う。
㉖ "紫微斗数"は中国古来より伝わる占星術の一つで、出生時の星回りから運命、運勢を判断する。

⑭ A型 A型 A-xíng
type A **A型**

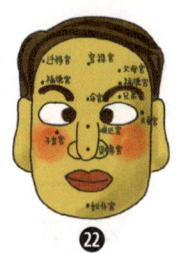

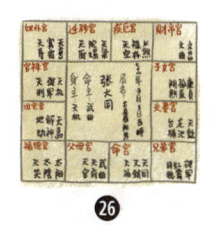

⑮ B型 B型 B-xíng
type B **B型**

⑯ O型 O型 O-xíng
type O **O型**

⑰ AB型 AB型 AB-xíng
type AB **AB型**

⑱ 占卜 占卜 zhānbǔ
fortune telling **占い(をする)**
★ ～命运 mìngyùn 運命を占う

⑲ 算命师 算命師 suànmìngshī
fortune teller **占い師**
★ ～占卜 zhānbǔ 占い師が占う

⑳ 塔罗牌 塔羅牌 tǎluópái
tarot cards **タロットカード**
★ 用～占卜 yòng~zhānbǔ
タロットカードで占う

㉑ 手相 手相 shǒuxiàng
palmistry **手相(占い)**
★ 看 kàn～ 手相を見る

㉒ 面相 面相 miànxiàng
physiognomy **人相(占い)**
★ 看 kàn～ 人相を見る

㉓ 测字 測字 cè//zì
to do word reading **文字占いをする**

㉔ 米卦 米卦 mǐguà
rice reading **米占い**
★ 算 suàn～ 米占いをする

㉕ 鸟卦 鳥卦 niǎoguà
bird reading **鳥占い**
★ 算 suàn～ 鳥占いをする

㉖ 紫微斗数 zǐwēi dǒushù
紫微斗數 zǐwéi dǒushù
ziwei doushu **中国占星術**
★ 算 suàn～ 中国占星術で占う

会話練習 🎧120

森口丽香：你看了气象预报没有？今天下午的天气怎么样？ Sēnkǒu Lìxiāng: Nǐ kànle qìxiàng yùbào méiyǒu? Jīntiān xiàwǔ de tiānqì zěnmeyàng?	天気予報見た？今日の午後の天気はどう？
李长明：我刚刚看了，天气预报说下午是多云转晴的好天气。所以我们可以放心出去露营了。 Lǐ Chángmíng: Wǒ gānggāng kàn le, tiānqì yùbào shuō xiàwǔ shì duō yún zhuǎn qíng de hǎo tiānqì. Suǒyǐ wǒmen kěyǐ fàngxīn chūqu lùyíng le.	さっき見たけど、午後は曇りのち晴れだって。だから安心してキャンプに行けるよ。
森口丽香：太好了。我本来一直很担心下午会下雨。等一下，现在窗户外面是不是有什么声音，你有没有听到？ Sēnkǒu Lìxiāng: Tài hǎo le. Wǒ běnlái yìzhí hěn dānxīn xiàwǔ huì xiàyǔ. Děng yíxià, xiànzài chuānghu wàimian shì bu shì yǒu shénme shēngyīn, nǐ yǒu méiyǒu tīngdào?	よかった。ずっと雨が降らないか心配してたの。ちょっとまって、今窓の外で何か音がしたわ、聞こえなかった？
李长明：什么声音？ Lǐ Chángmíng: Shénme shēngyīn?	何の音？
森口丽香：开始下雨了。看来我们的露营又得延期了。 Sēnkǒu Lìxiāng: Kāishǐ xiàyǔ le. Kànlái wǒmen de lùyíng yòu děi yánqī le.	雨だわ。キャンプはまた延期ね。

星座

　かつて中国には星座に関して西洋とは異なる独自の考え方があった。そのひとつに「二十八宿」と呼ばれたものがある。これは黄道（地球からみた太陽の軌道）に沿う天空の部分に設けられた28の星座を指す。太陰（月）暦では月が天球上を27.3日で一周するのに対応して1日1宿とし1ヶ月で28宿と考えられていた。28宿は東西南北4方位7星座ずつに分けられ、それぞれに動物や色があてはめられ、太陰暦や星占いなどにも使われていた。

　その後、社会身分制度を反映した考え方が生まれてくる。北極星を皇帝とし、皇族、官僚、軍隊と、北極星から遠くなればそれに比例して身分が下がり、一番遠いものが庶民とされた。これを反映してか「史記」にも「星座に尊卑あり。人の官曹列位の如し。故に天官という」との記載がある。その後、いわゆる中国星座は3世紀ごろに体系が確立し日本や朝鮮などに大きな影響を与えたとされるが、1911年の辛亥革命で封建制度が崩壊し、日本と同様にいわゆる西洋星座が普及していった。

　天が世界を支配し、様々な天文現象を通じて天が地上にメッセージを送っていると考えられていた中国では、今でも天や星に対する考えは根強い。例えば、恋人や友人、パートナーなど自分と誰かとの相性が気になるときには、自分と相手の星座の相性を調べる。みずがめ座・ふたご座・てんびん座は「風」、うお座・かに座・さそり座は「水」、おひつじ座・しし座・いて座は「火」、おうし座・おとめ座・やぎ座は「地（土）」の元素に属し、「風」は「火」と、「水」は「土」と相性がいいとされる。日本でも「九星による星回り」「幸運の星の下に生まれる」など、「星」は運勢を支配するものと考えられている。

　星座は生まれたときに決まるもの。その星座をもとに相性判断する。そんな雲をつかむような話と思うのだが、これが当たったりする。果たして、これをロマンティックというべきか、世界は今でも天に支配されているというべきか……。

Index A-Z 中国語 ピンイン順索引

A

A-xíng	A型 A型	259
AB-xíng	AB型 AB型	259
at	At	215
āyí	阿姨	54
áizhèng	癌症	225
ǎi	矮 矮	63
āndǎ	安打 安打	188
ānmǎ	鞍马 鞍馬	198
ānquándài	安全带 安全帶	149,158
ānquándǎo	安全岛 安全島	146
ànbǎn	案板	47
ànjiàn	按键 按鍵	130
ànmó yùchí	按摩浴池 按摩浴池	176
áo	熬 熬	100
Àolínpǐkè yùndònghuì	奥林匹克运动会 奧林匹克運動會	197
Àolínpǐkè yùndònghuì	奥林匹克运动会 奧林匹克運動會	197
Àozhōu	澳洲 澳洲	23

B

B-xíng	B型 B型	259
bā	八 八	132
bāge	八哥	240
bāgēr	八哥儿	240
bālè	芭乐	73
Bālí	巴黎 巴黎	22
bāshì	巴士 巴士	148
bātái	吧台 吧檯	93,170
Bāxī	巴西 巴西	22
Bāxīliyà	巴西利亚 巴西利亞	22
Bāyuè	八月 八月	250
báguàn	拔罐	233
báguànr	拔罐儿	233
bá//yá	拔牙 拔牙	229
bǎ//mài	把脉 把脈	232
bàba	爸爸 爸爸	54
báibǎn	白板 白板	208
báibǎnbǐ	白板笔 白板筆	208
báifàn	白饭	88
báijiǔ	白酒 白酒	81
báijiǔ	白酒 白酒	81
báilù	白鹭 白鷺	240
báilù jiǎo	白鹭脚 白鷺腳	240
(bái)luóbo	(白)萝卜 (白)蘿蔔	74
bái pú‧táojiǔ	白葡萄酒	81
báisè	白色 白色	122
báiwénniǎo	白文鸟 白文鳥	240
Báiyángzuò	白羊座	258
bǎi	百 百	132
bǎihé	百合 百合	244
bǎihuò gōngsī	百货公司 百貨公司	126,128
bǎijíbǐng	百吉饼	95
bǎikē quánshū	百科全书 百科全書	217
bǎimǐ duǎnpǎo	百米短跑	197
bǎimǐ sàipǎo	百米赛跑	197
bǎixiāngguǒ	百香果 百香果	73
bǎiyèchuāng	百叶窗 百葉窗	34
bàibài	拜拜	27
bài//nián	拜年 拜年	29
bānjī shíkèbiǎo	班机时刻表 班機時刻表	156
bānmǎ	斑马 斑馬	236
bānmǎxiàn	斑马线	146
bānshǒu	扳手	220
bānshou	扳手	220
bānzhǔrèn	班主任 班主任	205
bǎncā	板擦	208
bǎndèng qiúyuán	板凳球员 板凳球員	186
bǎnqiú	板球 板球	185
bàn	拌 拌	101
(fàncài de) bànchéngpǐn	(饭菜的)半成品	70
bàndǎo	半岛 半島	254
bàngōng dàlóu	办公大楼 辦公大樓	126
bàngōngshì	办公室 辦公室	140,206
bàngōngzhuō	办公桌 辦公桌	140
bàngpiào guìtái	办票柜台	154
bàngqiú	棒球 棒球	184,188
bàngqiúchǎng	棒球场 棒球場	207
bàngqiúmào	棒球帽 棒球帽	118
bàngqiúyī	棒球衣 棒球衣	188
bāo	包 包	101
bāo jiǎozi	包饺子 包餃子	29
bāoguǒ	包裹 包裹	138
bāoxiāng	包厢 包廂	93,170
bāozā shāngkǒu	包扎伤口 包紮傷口	229
bāozi	包子 包子	83
báojiānbǐng	薄煎饼	94
bǎo'ān	保安	32
bǎojiànshì	保健室	207
bǎolíngqiú	保龄球 保齡球	184
bǎolíngqiúguǎn	保龄球馆 保齡球館	207
bǎoxiānhé	保鲜盒 保鮮盒	49
bǎoxiānmó	保鲜膜 保鮮膜	49
bǎoxiǎngān	保险杆 保險桿	149
bǎoxiǎnguì	保险柜 保險櫃	130
bǎoxiǎn guìtái	保险柜台 保險櫃檯	154
bǎoxiǎnxiāng	保险箱 保險箱	130
bǎoyǎngpǐn	保养品	45
bào	豹 豹	237
bào	刨	101
bàobīng	刨冰 刨冰	82
bàofēngyǔ	暴风雨 暴風雨	252
bào//jǐng	报警 報警	137
bào//shuì	报税 報稅	143
bàoyú	鲍鱼 鮑魚	79
bàozhǐ	报纸 報紙	138,217
bēi	背 背	59
bèibāo	背包 背包	116
bēizi	杯子 杯子	48
Běi Měizhōu	北美洲 北美洲	22
běijíxióng	北极熊 北極熊	237
Běijīng	北京 北京	23
Běijīng kǎoyā	北京烤鸭 北京烤鴨	84
bèibù lālì xùnliànjī	背部拉力训练机 背部拉力訓練機	177
bèiguǒ	贝果	95
bèihào	背号 背號	189
bèixīn	背心 背心	113,114
bèizi	被子 被子	44
běnjì	奔箕	39
běnlěibǎn	本垒板 本壘板	189
bēngdài	绷带 繃帶	230
bèngchuáng	蹦床 蹦床	199
bēngjī	蹦机	183
bísāi	鼻塞	224
bísè	鼻塞	224
bízi	鼻子 鼻子	56
bǐjìběn	笔记本 筆記本	213
bǐjìběn diànnǎo	笔记本电脑	218
bǐjìxíng diànnǎo	筆記型電腦	218
bǐlù	笔录 筆錄	137
bǐmùyú	比目鱼 比目魚	242
bǐsàbǐng	比萨饼	94
bǐsàdāo	比萨刀	99
bǐsàiqū	比赛区 比賽區	186
bǐxīn	笔芯 筆芯	213
bìjià	闭架 閉架	217
bìqiú	壁球 壁球	185
bì/yè	毕业 畢業	211
bìzhāng	臂章 臂章	136
biāncái	边裁	192
biānfú	蝙蝠 蝙蝠	247
biānpào	鞭炮 鞭炮	26
biānshěn	边审	192
biānxiàn	边线 邊線	186
biànlì shāngdiàn	便利商店 便利商店	126
biànyī jǐngchá	便衣警察 便衣警察	136
biāoxiàn	标线 標線	153
biāoyǔ	标语 標語	209
biǎodì	表弟 表弟	55
biǎogē	表哥 表哥	55
biǎojiě	表姐 表姊	55
biǎomèi	表妹 表妹	55
biǎoqíng	表情 表情	62
biéshù	别墅 別墅	28
bīnkè	宾客	161
bīngbáo	冰雹 冰雹	252
bīngchuān	冰川 冰川	254
bīngjílín	冰激淋 冰淇淋	94
bīngqiú	冰球 冰球	184
bīngshā	冰沙 冰沙	80
bīngshàng qūgùnqiú	冰上曲棍球	184
bīngtǒng	冰桶 冰桶	102
bīngtǒng	冰桶 冰桶	92
bīngxiāng	冰箱 冰箱	46
bìnglì(kǎ)	病历(卡)	227
bìnglìbiǎo	病历表 病歷表	227
bìngrén	病人 病人	226
bìng//zhuō	并桌 併桌	88
bōchuí	钵槌 缽槌	232
bōluó	菠萝	73
bō bá	钹 鈸	168
bófù	伯父 伯父	54
bókè	博客	219
bóláoniǎo	伯劳鸟 伯勞鳥	241
Bólín	柏林 柏林	22
bómǔ	伯母 伯母	54
bóshì	博士 博士	205
bóshù	柏树 柏樹	245
bówùguǎn	博物馆 博物館	126
bózi	脖子	56
bòji	簸箕	39
bǔpiàochù	补票处 補票處	150
bǔshǒu	捕手 捕手	189
bǔ//shuì	补税 補稅	143
bǔxíbān	补习班 補習班	205
bù jígé	不及格 不及格	211
bùdàixì	布袋戏 布袋戲	179
bùdīng	布丁 布丁	91
bùgàolán	布告栏 布告欄	206
bùhǎo xiāohuà	不好消化 不好消化	104
bùluògé	部落格	219
bùniǔkòu	布钮扣 布鈕扣	112
bùwà	布袜 布襪	120
bùxié	布鞋 布鞋	118
bùxíngqì	步行器 步行器	227

C

CRT-xiǎnshìqì	CRT显示器 CRT顯示器	218
cā	擦	101
cáipàn	裁判 裁判	186,189
cǎibǐ	彩笔	212
cǎisèbǐ	彩色笔 彩色筆	212
càidān	菜单 菜單	88,90,92
càidāo	菜刀 菜刀	46
càifǔdàn	菜脯蛋 菜脯蛋	84
càiguābù	菜瓜布	49
càimíng	菜名 菜名	90
càishìchǎng	菜市场 菜市場	134
càiyáo	菜肴	90
cānbài	参拜 參拜	27
cānchē	餐车 餐車	92
cāndāo	餐刀 餐刀	98
cāndiàn	餐垫 餐墊	92
cānjīn	餐巾 餐巾	93
cānjīnhuán	餐巾环 餐巾環	99
cānjīnzhǐ	餐巾纸 餐巾紙	94
cānjù	餐具 餐具	98
cānpán	餐盘 餐盤	95,96
cāntīng	餐厅 餐廳	126
cán	蚕 蠶	239
cāngmén	舱门 艙門	159
cāngying	苍蝇 蒼蠅	238
cāochǎng	操场 操場	206
cǎomào	草帽 草帽	118
cǎoméi	草莓 草莓	72
cǎopíng	草坪	35
cè màibó	测脉搏	228
cè shìlì	测视力 測視力	228
cè xīntiào	测心跳 測心跳	228
cèsuǒ	厕所 廁所	40
cèsuǒ yòngpǐn	厕所用品	42
cèyǒng	侧泳 側泳	194
cè//zì	测字 測字	259
chāhuā	插花	165
chāzi	叉子 叉子	98
chāzuò	插座 插座	40
chá	茶 茶	108
chábāo	茶包 茶包	108
chábēi	茶杯 茶杯	108
cháchí	茶匙 茶匙	98,108
chádào	茶道 茶道	165
cháguǎn	茶馆 茶館	126
cháguàn	茶罐 茶罐	108
cháhú	茶壶 茶壺	48,92,108
chájī	茶几	37,38
chájī	茶几	37,38
chápán	茶盘 茶盤	108
cháshuǐjiān	茶水间 茶水間	140
cháwǎnzhēng	茶碗蒸	97
cháyè	茶叶 茶葉	108
cháyèdài	茶叶袋	108
cháyìguǎn	茶艺馆 茶藝館	126
cháiyúpiàn	柴鱼片 柴魚片	102
chán	蝉 蟬	238
chánchú	蟾蜍 蟾蜍	247
chǎnzi	铲子 鏟子	221
chángyú	鲳鱼 鯧魚	78
cháng	肠 腸	225
chángdí	长笛 長笛	166
chángfǎ	长发 長髮	172
chángfà	长发	172
chánggān	长竿	196
chánghào	长号 長號	166
chángjǐnglù	长颈鹿 長頸鹿	236
chángpáo	长袍 長袍	113
chángwèiyào	肠胃药 腸胃藥	231

chàng KTV 唱KTV	164	
chàng kǎlā OK 唱卡拉OK	164	
chāojí mǎlāsōng 超级马拉松 超級馬拉松	196	
chāojí shìchǎng 超级市场 超級市場	70	
chāolà 超辣 超辣	104	
chāopiào 钞票	130	
chǎo 炒	100	
chǎocàiguō 炒菜锅 炒菜鍋	47	
chǎofàn 炒饭 炒飯	91	
chǎo//jià 吵架 吵架	53	
chǎomǐfěn 炒米粉 炒米粉	82	
chǎomiàn 炒面 炒麵	91	
chēdào 车道 車道	35	
chēkù 车库 車庫	33	
chēpiào 车票 車票	150	
chēxiāng 车厢 車廂	150	
chènshān 衬衫 襯衫	114	
chēnggān 撑杆	196	
chēnggāntiào 撑杆跳 撐竿跳	196	
chéngchóng 成虫 成蟲	239	
chéngfǎ 乘法 乘法	215	
chénghào 乘号 乘號	214	
chéngjìdān 成绩单 成績單	211	
chéngjìdān 成绩单 成績單	211	
chéngrén 成人 成人	52	
chéngshì 城市 城市	126	
chéngzi 橙子	72	
chèng 秤 秤	135	
chī 吃 吃	60	
chī//fàn 吃饭 吃飯	60	
chí//qiú 持球 持球	187	
chítáng 池塘 池塘	24	
chǐ 尺	212	
chǐbā 尺八 尺八	169	
chǐcùn 尺寸 尺寸	122	
chǐzi 尺子	212	
chìbǎng 翅膀 翅膀	238	
chōng//làng 冲浪 衝浪	194	
chóngzi 虫子	238	
chǒngwù shípǐn 宠物食品 寵物食品	35	
chōu//xuě 抽血 抽血	229	
chōu//xuě 抽血 抽血	229	
chōuyóuyānjī 抽油烟机 抽油煙機	46	
chòudòufu 臭豆腐 臭豆腐	82	
chūbǎnshè 出版社 出版社	216	
chū//chāi 出差 出差	140	
chūjìng dàtīng 出境大厅 出境大廳	155	
chūkǒu 出口 出口	150	
chūrùjìng 出入境 出入境	52	
chūshēng 出生 出生	52	
chūshēng dēngjì 出生登记 出生登記	142	
chūshēng zhèngmíng 出生证明 出生證明	142	
chū//yuàn 出院 出院	229	
chūzhōng 初中	205	
chūzūchē 出租车	148	
chúcǎojī 除草机 除草機	35	
chúfǎ 除法 除法	215	
chúfáng 厨房 廚房	46	
chúfáng jiǎndāo 厨房剪刀 廚房剪刀	46	
chúfáng yòngpǐn 厨房用品 廚房用品	48	
chúhào 除号 除號	214	
chújú 雏菊 雛菊	244	
chúshī 厨师 廚師	65	
Chúxì 除夕	26	
Chúxì 除夕	26	
Chǔnǚzuò 处女座 處女座	258	
chǔwùguì 储物柜	206	
chùjiǎo 触角 觸角	238	
chùshēnqiú 触身球 觸身球	189	
chùwǎng 触网 觸網	187,191	
chuān 穿 穿	60	
chuán//qiú 传球 傳球	192	
chuánshāo 船烧	97	
chuānghu 窗户 窗戶	34	
chuāngkētiē 创可贴	230	
chuānglián 窗帘 窗簾	37	
chuáng 床 床	44	
chuángdān 床单 床單	44	
chuángdiàn 床垫 床墊	44	
chuángguì 床柜	44	
chuángtóuguì 床头柜 床頭櫃	44	
chuángtóujī 床头几 床頭几	44	
chuīfēngjī 吹风机 吹風機	42	
chuízi 锤子 鎚子	184	
chuízi 锤子 鎚子	220	
Chūnjié 春节 春節	26	
chūntiān 春天 春天	253	
cídiǎn 词典/辞典	217	

cífú lièchē 磁浮列车 磁浮列車	151	
cígòngzhèn chéngxiàng jiǎnchá 磁共振成像检查	228	
cígòngzhèn zàoyǐng jiǎnchá 磁共振造影检查	228	
cízhuān 瓷砖 瓷磚	40	
cōng 葱 蔥	75	
cù 醋 醋	102	
cùjiāngcǎo 酢浆草	244	
cuī//gē 催歌 催歌	171	
cuìkǒu 脆口 脆口	105	
cúnbǎochù 存包处	129	
cún//kuǎn 存款 存款	142	
cúnzhé 存折 存摺	131	

D

DVD bōfàngqì DVD 播放器	38	
DVD jī DVD 机	38	
dǎ diǎndī 打点滴 打點滴	228	
dǎ diàndòng wánjù 打电动玩具 打電動玩具	165	
dǎ diànwán 打电玩	165	
dǎ diànzǐ yóuxì 打电子游戏	165	
dǎ májiàng 打麻将 打麻將	29,164	
dǎ pēntì 打喷嚏 打噴嚏	224	
dǎ xuězhàng 打雪仗 打雪仗	198	
dǎbǎchǎng 打靶场 打靶場	174	
dǎ//bāo 打包 打包	89	
dǎbāodài 打包袋 打包袋	94	
dǎbáo 打薄 打薄	172	
dǎdànqì 打蛋器	48	
dǎ//gōng 打工 打工	211	
dǎjīshǒu 打击手 打擊手	189	
dǎjīshǒu 打擊手	189	
dǎ//kǎ 打卡 打卡	140	
dǎkǒngjī 打孔机 打孔機	213	
dǎ//pái 打牌 打牌	164	
dǎsǎo 打扫	61	
dǎ//zhēn 打针 打針	228	
dǎ//zuò 打坐 打坐	233	
dàbáicài 大白菜 大白菜	74	
dàgǔ 大鼓 大鼓	169	
dàguāhào 大括号 大括號	215	
dàhào 大号 大號	166	
dàjīn 大襟 大襟	113	
dàkuòhào 大括号	215	
dàliánméng 大联盟 大聯盟	189	
dàlóu 大楼	32	
dàmén 大门 大門	32,174	
dàqiǎnpán 大浅盘 大淺盤	98	
dàsǎo 大嫂	55	
dàtīng 大厅 大廳	160	
dàtíqín 大提琴 大提琴	167	
dàtuǐ wàizhǎnjī 大腿外展机 大腿外展機	177	
Dàxīyáng 大西洋 大西洋	22	
dàxiàng 大象 大象	237	
dàxué 大学 大學	205	
Dàyángzhōu 大洋洲 大洋洲	23	
dàyī 大衣 大衣	115	
dàyúhào 大于号 大於號	214	
dài 戴 戴	60	
dài ěrjī 戴耳机 戴耳機	158	
dàifu 大夫	226	
dàijī huàmiàn 待机画面 待機畫面	139	
dàikòu 带扣 帶扣	120	
dàishǔ 袋鼠 袋鼠	236	
dài//wèi 带位 帶位	89	
dàizǒu 带走	94	
dānbǎn huáxuě 单板滑雪 單板滑雪	198	
dānchéngpiào 单程票 單程票	150	
dāndǎ 单打 單打	190	
dāndiǎn 单点 單點	88	
dāngàng 单杠 單槓	198	
dānguǐ diànchē 单轨电车 單軌電車	148	
dāngxīn xíngrén 当心行人 當心行人	152	
dānhuángguǎn 单簧管	166	
dānrénfáng 单人房 單人房	160	
dān//xīn 担心 擔心	62	
dānxíngdào 单行道 單行道	152	
dānyuánlóu 单元楼	28	
dàntǎ 蛋塔 蛋塔	91	
dāoxiāomiàn 刀削面 刀削麵	83	
dāozi 刀子 刀子	48	
dǎo 岛	24	
dǎoyǎn 导演 導演	178	
dǎoyóu 导游 導遊	66,160	
dào lājī 倒垃圾	61	
dào lèsè 倒垃圾	61	
dàogōu(qiú) 倒钩(球) 倒勾(球)	193	
dào//lì 倒立	58	
dàolù biāoshi 道路标示	146	
dàolù biāozhì 道路标志	146	
dàolù lǜhuàdài 道路绿化带	146	

dàolù shīgōng 道路施工 道路施工	152	
Déguó 德国 德國	22	
dēng 灯 燈	34	
dēng//jī 登机 登機	156	
dēngjī 登机 登記	160	
dēngjì bàodào guìtái 登记报到柜台 登機報到櫃檯	154	
dēngjīkǒu 登机口 登機口	156	
dēngjīmén 登机门 登機門	156	
dēngjīpái 登机牌 登機牌	157	
dēngjìzhèng 登记证 登記證	157	
dēnglong 灯笼 燈籠	26	
dēnglong 灯笼 燈籠	26	
dēngpào 灯泡 燈泡	34	
dēng//shān 登山 登山	164	
děngdài jiàohào 等待叫号 等待叫號	228	
děnghào 等号 等號	214	
dèngzi 凳子 凳子	95	
dīqìyā 低气压 低氣壓	252	
dí 笛 笛	168	
dísīkě 迪斯可	170	
dítīng 迪厅	170	
dǐjīn 底襟 底襟	113	
dǐxiàn 底线 底線	186,191	
dìbǎn 地板 地板	36	
dìdi 弟弟 弟弟	55	
dìguā 地瓜 地瓜	74	
dìlǐ 地理 地理	24,210	
dìmèi 弟妹 弟妹	55	
dìqín rényuán 地勤人员 地勤人員	154	
dìqiú 地球 地球	256	
dìqiúyí 地球仪 地球儀	209	
dìtǎn 地毯 地毯	36	
dìtiě 地铁 地鐵	148	
dìtiě rùkǒu 地铁入口 地鐵入口	146	
dìtú 地图 地圖	209	
dìxiá 地峡 地峽	254	
dìxià tíngchēchǎng 地下停车场 地下停車場	129	
dìxià tōngdào 地下通道	147	
dìxiàdào 地下道	147	
dìzhèn 地震 地震	253	
dìzhìqiú 地挪球	185	
dìzhìqiú 地挪球	185	
diǎn 点 點	251	
diǎn//cài 点菜 點菜	88	
diǎnchàngjī 点唱机 點唱機	170	
diǎn//gē 点歌 點歌	171	
diǎngējī 点歌机 點歌機	171	
diǎnlǐ 典礼 典禮	26	
diǎnxin 点心 點心	88	
diǎnxin 点心 點心	88	
diǎnxīnbā 点心吧 點心吧	174	
diǎnxīnpán 点心盘 點心盤	99	
diǎnxīnpán 点心盘 點心盤	209	
diànbǎn 垫板 墊板	209	
diàncílú 电磁炉 電磁爐	46	
diànfànguō 电饭锅 電飯鍋	47	
diànfēngshàn 电风扇 電風扇	36	
diànfútī 电扶梯	128	
diànguō 电锅	47	
diànhuà 电话 電話	38	
diànjīqì 电击器	231	
diànjítā 电吉他 電吉他	166	
diànnǎo 电脑 電腦	218	
diànqìchéng 电器城	126	
diànqìháng 电器行	126	
diànrè shuǐhú 电热水壶 電熱水壺	47	
diànshì 电视 電視	36,139	
diànshì jiémù 电视节目 電視節目	38	
diànshìguì 电视柜 電視櫃	36	
diàntī 电梯 電梯	32,128,160	
diànyǐng 电影 電影	178	
diànyǐng hǎibào 电影海报 電影海報	178	
diànyǐngyuàn 电影院 電影院	127,178	
diànyuán 店员 店員	67,128	
diànzǐ yóujiàn 电子邮件 電子郵件	138	
diànzǐqín 电子琴 電子琴	167	
diànzuàn 电钻 電鑽	220	
diāokè 雕刻 雕刻	164	
diāosùjiā 雕塑家 雕塑家	67	
diāoyú 鲷鱼 鯛魚	242	
diàohuán 吊环 吊環	198	
diào//yú 钓鱼 釣魚	164	
diédǎo 跌倒	58	
diédǎo 跌倒	58	
diéshì 蝶式	194	
diéyǒng 蝶泳	194	
diézi 碟子 碟子	99	
dīnggǔ 丁骨 丁骨	76	
dīnglóu 顶楼 頂樓	32	
dǐngqū 顶区 頂區	193	

Index

dīngshí 定食	96	
dīngshūjī 訂書機	213	
dīngshūqì 钉书器	213	
dìng//wèi 订位 訂位	88	
Dōngfāng Míngzhūtǎ 东方明珠塔 東方明珠塔	25	
Dōngfāng yuèjù 东方乐器 東方樂器	168	
dōngjì yùndòng 冬季运动 冬季運動	198	
Dōngjīng 东京 東京	23	
Dōngjīng tiětǎ 东京铁塔 東京鐵塔	25	
Dōngméng 东盟 東盟	23	
Dōngnányà guójiā liánméng 东南亚国家联盟 東南亞國家聯盟	23	
Dōngnányà guóxié 東南亞國協	23	
dōngpōròu 东坡肉 東坡肉	84	
dōngtiān 冬天 冬天	253	
Dōngyà 东亚 東亞	22	
dǒngshì 董事 董事	204	
dòng shǒushù 动手术 動手術	228	
dòngwù 动物 動物	236	
dòngyǔ 冻雨 凍雨	255	
dòngzhíwù jiǎnyì 动植物检疫 動植物檢疫	157	
dǒu 抖 抖	59	
dòubànjiàng 豆瓣酱 豆瓣醬	103	
dòubànrjiàng 豆瓣儿酱	103	
dòufuguō 豆腐锅 豆腐鍋	106	
dòugān 豆干 豆乾	83	
dòuhào 逗号 逗號	215	
dòuhuā 豆花 豆花	82	
dòujiāng 豆浆 豆漿	80	
dòuyácài 豆芽菜	74	
dòuyǔr 豆芽儿	74	
dújiǎoxiān 独角仙 獨角仙	239	
dùdōu 肚兜 肚兜	112	
dùjuān 杜鹃 杜鵑	244	
dùqí 肚脐 肚臍	56	
dùzi 肚子 肚子	56	
Duānwǔjié 端午节 端午節	26	
duǎnfà 短发 短髮	172	
duǎnfǎ 短发 短髮	172	
duǎnkù 短裤 短褲	114	
duǎnpǎo 短跑 短跑	197	
duǎnwén 短文 短文	211	
duǎnxìn 短信	139	
duī xuěrén 堆雪人 堆雪人	198	
duìjīn mián'ǎo 对襟棉袄 對襟棉襖	112	
dūn 蹲 蹲	58	
dùn 炖 燉	100	
duōjiǎoxíng 多角形 多角形	214	
duōyún 多云 多雲	253	
duǒbìqiú 躲避球 躲避球	184	
duò 剁 剁	101	

E

é 蛾	238	
é 鹅 鵝	240	
Éguó 俄国 俄國	23	
Éluósī 俄罗斯 俄羅斯	23	
étóu 额头 額頭	56	
ézǐ 蚵仔	79	
ézǐ miànxiàn 蚵仔面线 蚵仔麵線	82	
ézi 蛾子	238	
ěxīn 恶心 噁心	104,224	
èyú 鳄鱼 鱷魚	239	
érkē 儿科	226	
értóng 儿童 兒童	52	
értóng jiémù 儿童节目 兒童節目	178	
érzi 儿子 兒子	55	
ěrbèi 耳背 耳背	225	
ěrbíhóukē 耳鼻喉科 耳鼻喉科	226	
ěrhuán 耳环 耳環	116	
ěrjī 耳机 耳機	36	
ěrlóng 耳聋 耳聾	225	
ěrwēnjì 耳温计	230	
ěrwēnqiāng 耳温枪 耳溫槍	230	
èr 二 二	132	
èr fēn zhī yī 二分之一 二分之一	215	
èr líng yī yī nián 2011年 2011年	250	
èrhú 二胡 二胡	168	
èrlèishéng 二垒手 二壘手	188	
Èryuè 二月 二月	250	

F

fā//qiú 发球 發球	187,190,191	
fā//shāo 发烧 發燒	224	
fāsòng 发送 發送	219	
fā//yán 发炎 發炎	224	
fā//yáng 发扬 發揚	224	
fāqiúxiàn 罚球线 罰球線	186	
fǎdìng jiàrì 法定假日 法定假日	251	
fǎguān 法官 法官	66	
Fǎguó 法国 法國	22	

Fǎguóhào 法国号 法國號	166	
fàjiā 发夹	116	
fǎlǜ 法律 法律	210	
fàshù 发束	116	
fàshuā 发刷	43	
fàxíng shèjìshī 发型设计师 髮型設計師	67	
fàzān 发簪	120	
Fǎguó 法國	22	
Fǎguóhào 法國號	166	
fàjiā 发夹	116	
fàshù 发束	116	
fàshuā 发刷	43	
fàxíng shèjìshī 发型设计师	67	
fàzān 发簪	120	
fānbǎn 帆板	195	
fānbùxié 帆布鞋	119	
fānqié 番茄 番茄	75	
fānqiéjiàng 番茄酱 番茄醬	103	
fānshíliu 番石榴	73	
fānshǔ 番薯	74	
fǎnshǒu jíqiú 反手击球	191	
fǎnshǒu jíqiú 反手擊球	191	
fànchǎn 饭铲	48	
fànchí 饭匙	48	
fàndiàn 饭店 飯店	127,160	
fànguǎn 饭馆 飯館	126	
fàn//guī 犯规 犯規	187	
fànzhōu 泛舟	182	
fāngguāhào 方括号	214	
fāngkuòhào 方括号	214	
fāngxiàngpán 方向盘 方向盤	149	
fángkè 房客	161	
fángshàishuāng 防晒霜	43	
fángshàiyóu 防曬油	43	
fángzi 房子 房子	28	
fàng xínglǐ 放行李	159	
fàng xínglǐ 放行李	159	
fàng//xué 放学 放學	204	
fēibiāo 飞镖 飛鏢	183	
fēijī 飞机 飛機	146	
fēijī jīshēn 飞机机身 飛機機身	146	
fēijīcān 飞机餐 飛機餐	158	
fēixíngyuán 飞行员 飛行員	64	
Fēizhōu 非洲 非洲	22	
fèi 肺 肺	225	
fēn 分 分	132,190,251	
fēnhào 分号 分號	215	
fēnshù 分数 分數	215	
fěnbǐ 粉笔 粉筆	208	
fěnbǐng 粉饼 粉餅	43	
fěnhóngsè 粉红色 粉紅色	122	
fēng 风 風	252	
fēngdǐ 封底 封底	217	
fēngfù 丰富 豐富	105	
fēngjìkòu 风纪扣 風紀扣	113	
fēnglàngbǎn 风浪板	195	
fēngmiàn 锋面 鋒面	252	
fēngmiàn 封面 封面	217	
fēngniǎo 蜂鸟 蜂鳥	241	
fēngqín 风琴 風琴	168	
fēngxiāng jiāodài 封箱胶带 封箱膠帶	209	
fēngyè 枫叶 楓葉	245	
fēngzāi 风灾 風災	255	
fènghuáng 凤凰 鳳凰	247	
fènglí 凤梨 鳳梨	73	
fótiàoqiáng 佛跳墙 佛跳牆	84	
fūfù 夫妇 夫婦	53	
fūsè 肤色 膚色	63	
fúbǎn yùndòng 浮板运动 浮板運動	195	
fúdǐ tǐngshēn 伏地挺身	177	
fúhào 符号 符號	214	
fúqián 浮潜 浮潛	195	
fúshìtān 服饰摊	134	
fúshìtānr 服饰摊儿	134	
fúshǒuyǐ 扶手椅 扶手椅	38	
fúwùfèi 服务费 服務費	88	
fúwùshēng 服务生 服務生	67	
fúwùtái 服务台 服務臺	71,129,150,155	
fúwùyuán 服务员	67	
fú//yào 服药 服藥	229	
fúzhuāng 服装 服裝	112	
fǔdǎoshī 辅导师	207	
fǔtóu 斧头 斧頭	220	
fúwòchēng 俯卧撑	177	
fùchǎnkē 妇产科 婦產科	226	
fù//fèi 付费 付費	229	
fùjī xùnliànyǐ 腹肌训练椅 腹肌訓練椅	177	
fùjīzhǎng 副机长 副機長	159	
fùjiàshǐzuò 副驾驶座 副駕駛座	149	

fù·qīn 父亲 父親	54	
Fùqīnjié 父亲节 父親節	27	
fùxiè 腹泻 腹瀉	224	
fùyìnjī 复印机	217	
fùyìnshì 复印室	217	

G

gālí 咖喱	103	
gālí zhūpáifàn 咖喱猪排饭	96	
gǎihuàn guójí 改换国籍	143	
gàifàn 盖饭 蓋飯	96	
gānbiān sìjìdòu 干煸四季豆 乾煸四季豆	84	
gāngà 尴尬 尷尬	62	
gānshāo xiārén 干烧虾仁 乾燒蝦仁	84	
gǎnlǎnqiú 橄榄球 橄欖球	184	
gǎnlǎnyóu 橄榄油 橄欖油	102	
gǎnmào 感冒 感冒	224	
gǎnmàoyào 感冒药 感冒藥	231	
gǎnmiàngùn 擀面棍	48	
gǎnmiànzhàng 擀面杖	48	
gǎntànhào 感叹号 感嘆號	214	
gāngbǐ 钢笔 鋼筆	212	
gāngqín 钢琴 鋼琴	167	
Gǎngbì 港币 港幣	133	
gǎngshì diǎnxīn 港式點心	91	
gǎngshì diǎnxīn 港式点心	91	
gāo 高 高	63	
gāodīgàng 高低杠 高低槓	199	
gāo'ěrfūqiú 高尔夫球 高爾夫球	184	
gāogēnxié 高跟鞋 高跟鞋	118	
gāojí gōngyù 高级公寓	28	
gāojiàqiáo 高架桥	147	
gāokōng tántiào 高空彈跳	183	
gāolícài 高麗菜	74	
gāoliángjiǔ 高粱酒	81	
gāoliángjiǔ 高粱酒	81	
gāoqìyā 高气压 高氣壓	252	
gāoshān huáxuě 高山滑雪 高山滑雪	198	
gāosù gōnglù 高速公路 高速公路	146	
gāosù tiělù 高速铁路 高速鐵路	146	
gāoxiěyā 高血压	225	
gāoxìng 高兴 高興	62	
gāoxuèyā 高血压 高血壓	225	
gāoyǎ de wèi·dào 高雅的味道 高雅的味道	105	
gāoyào 膏药 膏藥	233	
gāoyuán 高原 高原	24	
gāozhōng 高中 高中	204	
gēběn 歌本 歌本	171	
gēge 哥哥 哥哥	55	
gējù 歌剧 歌劇	179	
gēshǒu 歌手 歌手	67	
gēzǎixì 歌仔戏 歌仔戲	179	
gēzǐxì 歌仔戏 歌仔戲	179	
gēzi 鸽子 鴿子	240	
gēzi chìbǎng 鸽子翅膀 鴿子翅膀	240	
gélí 蛤蜊 蛤蜊	79	
gélì 蛤蜊	79	
gélóu 阁楼 閣樓	34	
gérè shǒutào 隔热手套 隔熱手套	49	
gérèdiàn 隔热垫 隔熱墊	49	
gézi 格子 格子	123	
gèrén shìtīng yúlè xìtǒng 个人视听娱乐系统 個人視聽娛樂系統	158	
gēn 根 根	245	
gēn//·tóu 跟帖	219	
gēnggǎi xìngmíng 更改姓名 更改姓名	143	
gēngyīshì 更衣室 更衣室	176	
gēngzhèngjiàn 更正键 更正鍵	130	
gōng'ānjú 公安局	127,136	
gōngbǎo jīdīng 宫保鸡丁 宮保雞丁	84	
gōngchē 公车	148	
gōngchē tíngkàochù 公车停靠处 公車停靠處	153	
gōngchē zhànpái 公车站牌 公車站牌	146	
gōngchéng 工程 工程	210	
gōngchéngshī 工程师 工程師	66	
gōngfēn 公分 公分	123	
gōngfūpiàn 功夫片	178	
gōngfu 功夫 功夫	200	
gōngfupiàn 功夫片	178	
gōnggòng qìchē 公共汽车	148	
gōngjīxiàn 攻击线 攻擊線	187	
gōngjiāochē tíngkàochù 公交车停靠处	153	
gōngjiāochēzhàn 公交车站	146	
gōngjù 工具 工具	220	
gōngjùshū 工具书 工具書	217	
gōngjùxiāng 工具箱 工具箱	221	
gōngkèbiǎo 功课表 功課表	208	
gōnglì xuéxiào 公立学校 公立學校	204	
gōngrén 工人 工人	65	
gōngsī 公司 公司	140	

263

Pinyin	Simplified	Traditional	Page
gōngwùyuán	公务员	公務員	64
gōngyù	公寓	公寓	28,32
gōngyuán	公园	公園	126,146
gǒu	狗	狗	236,246
gǒupáshì	狗爬式		194
gǒupáo	狗刨		194
gǒuwū	狗屋	狗屋	34
gòuwùdài	购物袋	購物袋	71
gòuwùdàir	购物袋儿		71
gūfu	姑父		54
gūgu	姑姑	姑姑	54
gūzhàng	姑丈	姑丈	54
gǔ	鼓	鼓	167
gǔbǎn	鼓板	鼓板	168
gǔlǎoròu	古老肉		84
gǔpiào	股票	股票	131
gǔzhé	骨折	骨折	224
gǔzhēng	古筝	古箏	168
gùkè	顾客	顧客	70
guāniú	蜗牛		239
guāshā	刮痧	刮痧	233
guāshābǎn	刮痧板	刮痧板	233
guàgōu	挂钩	掛鉤	220
guà // hào	挂 / 号	掛號	228
guàhàochù	挂号处	掛號處	227
guàhàoxìn	挂号信	掛號信	138
guǎijiǎo	拐角		146
guǎijiǎochù	拐角处		146
guǎizhàng	拐杖	拐杖	227
guāncai	棺材	棺材	53
guāndōngzhǔ	关东煮	關東煮	97
guānguāng míngshèng	观光名胜	觀光名勝	24
guānjǐngtái	观景台	觀景臺	155
guānxīng	观星	觀星	257
guānzhòng	观众	觀眾	192
guǎnlǐyuán	管理员		32
guànmùcóng	灌木丛	灌木叢	35
guàntou (shípǐn)	罐头 (食品)	罐頭 (食品)	70
guànxǐshì	盥洗室	盥洗室	158
guànzhuāng píjiǔ	罐装啤酒	罐裝啤酒	80
guāngdié	光碟	光碟	218
guāngdiéjī	光碟机	光碟機	218
guāngpán	光盘		218
guānggù	光顾	光顧	218
guǎngbō	广播		139,156
guǎngbō xìtǒng	广播系统	廣播系統	209
guǎngbō	广播	廣播	139,156
guǎngbō xìtǒng	广播系统	廣播系統	209
guǎngchǎng	广场	廣場	126
guǎnggào	广告	廣告	179
guàng yèshì	逛夜市	逛夜市	165
guàng // jiē	逛 / 街	逛街	164
guì	跪		58
guìbīn xiūxīshì	贵宾休息室		156
guìbīn xiūxīshì	贵宾休息室		156
guīhuà guójí	归化国籍	歸化國籍	143
guìyú	鲑鱼		242
guìyúpiàn	鲑鱼片		78
guǐwū	鬼屋	鬼屋	174
guìtái	柜台	櫃檯	89,93,160
guìzi	柜子	櫃子	47
guì // zuò	跪 / 坐	跪坐	59
gǔnzhóu liūbīng	滚轴溜冰		182
guōchǎn	锅铲	鍋鏟	48
guōtiē	锅贴	鍋貼	83
guōtiēr	锅贴儿		83
guódìng jiàrì	国定假日	國定假日	251
guóxiǎo	国小	國小	204
guózhōng	国中	國中	205
guǒ	果	果	245
guǒdòng	果冻	果凍	91
guǒzhī	果汁	果汁	81
guǒzhījī	果汁机		47
guòdào	过道		140
guòmǐn	过敏	過敏	224
guò // qī	过 / 期	過期	216
guò // qī	过 / 期	過期	216
guòshānchē	过山车		175

H

Pinyin	Simplified	Traditional	Page
hāmìguā	哈密瓜	哈密瓜	72
hǎi	海	海	24
hǎibào	海豹	海豹	243
hǎibiān	海边	海邊	24
hǎidàochuán	海盗船	海盜船	174
hǎigǎng	海港	海港	24
hǎiguān	海关	海關	154
hǎiguān shēnbàodān	海关申报单	海關申報單	157
hǎiguī	海龟	海龜	242
hǎikuí	海葵	海葵	243
hǎilàng	海浪	海浪	24
hǎiluó	海螺	海螺	243
hǎimǎ	海马	海馬	242
hǎimián	海绵	海綿	221
hǎi'ōu	海鸥	海鷗	240
hǎishàn	海鳝	海鱔	242
hǎishé	海蛇	海蛇	242
hǎishēn	海参	海參	242
hǎitān	海滩	海灘	24
hǎitún	海豚	海豚	243
hǎiwān	海湾	海灣	254
Hǎiwángxīng	海王星	海王星	257
hǎixiá	海峡	海峽	254
hǎixiān	海鲜	海鮮	70,78
hǎixiān jiānbǐng	海鲜煎饼	海鮮煎餅	106
hǎixiào	海啸	海嘯	253
hǎixīng	海星	海星	243
hǎiyáng shēngwù	海洋生物	海洋生物	242
hǎiyùn	海运	海運	138
hǎizǎo	海藻	海藻	243
hài // xiū	害臊	害羞	62
Hánguó	韩国	韓國	23
Hánguó cāntīng	韩国餐厅	韓國餐廳	106
Hánguó pàocài	韩国泡菜	韓國泡菜	106
Hánjù	韩剧	韓劇	178
hánliú	寒流	寒流	252
Hánshì bànfàn	韩式拌饭	韓式拌飯	106
Hánshì làjiāojiàng	韩式辣椒酱	韓式辣椒醬	106
Hánshì lěngmiàn	韩式冷面	韓式冷麵	106
Hányuán	韩元	韓元	133
hànbǎo	汉堡	漢堡	95
hànbīng	旱冰		182
hángkōng gōngsī fúwù guìtái	航空公司服务柜台	航空公司服務櫃檯	154
hángkōngxìn	航空信	航空信	138
hángtiān fēichuán	航天飞船		257
hángzhàn	航站	航廈	154
hángzhànlóu	航站楼		154
háoyóu	蚝油	蠔油	103
háozhái	豪宅		28
hǎochī	好吃	好吃	104
hǎoqiú	好球	好球	189
hàomǎpái hào	号码牌	號碼牌	89
hē	喝	喝	60
héfú	和服	和服	120
hé(liú)	河 (流)	河(流)	24
hémǎ	河马	河馬	237
héqìdào	合气道	合氣道	200
hétong	合同	合同	141
hétún	河豚	河豚	242
hè	鹤	鶴	247
hēibǎn	黑板	黑板	208
hēibǎncā	黑板擦	黑板擦	208
hēikāfēi	黑咖啡	黑咖啡	109
hēimiàn pílu	黑面琵鹭	黑面琵鷺	241
hēisè	黑色	黑色	122
héngpāi	横拍	橫拍	191
hóng	虹	虹	243
hōnggānjī	烘干机	烘乾機	39
hóngchá	红茶	紅茶	108
hóngdēng	红灯	紅燈	153
hóngjiǔ	红酒	紅酒	81
hónglǜdēng	红绿灯	紅綠燈	146
hóngpái	红牌	紅牌	193
hóngsè	红色	紅色	122
hóngshāo shīzitóu	红烧狮子头	紅燒獅子頭	84
hóngshāoyú	红烧鱼	紅燒魚	84
hóngshuǐ	洪水	洪水	255
hóngtǔ qiúchǎng	红土球场	紅土球場	190
hóngyú	虹鱼		243
hóngzhǒng	红肿	紅腫	224
hóu	猴	猴	246
hóulong tòng	喉咙痛	喉嚨痛	224
hòubǔ qiúyuán	候补球员		186
hòuchēshì	候车室	候車室	150
hòuchēxiāng	后车厢	後車廂	148
hòudǐxié	厚底鞋	厚底鞋	118
hòujī dàtīng	候机大厅		156
hòuqǐshì	候机室	候機室	156
hòushìjìng	后视镜	後視鏡	149
hòutiān	后天	後天	251
hòuwèi	后卫	後衛	192
hòuzhěnshì	候诊室	候診室	227
hú	湖	湖	24
húdié	蝴蝶	蝴蝶	238
húgōng	胡弓	胡弓	169
hújiāo	胡椒	胡椒	102
hújiāoguàn	胡椒罐	胡椒罐	92
hújiāopíng	胡椒瓶	胡椒瓶	92
húli	狐狸	狐狸	237
húli wěiba	狐狸尾巴	狐狸尾巴	237
húluóbo	胡萝卜	胡蘿蔔	74
húzi	胡子	鬍子	63
hùfūpǐn	护肤品		45
huìtèngběn	绘腾本		142
hùkǒu chāojiàn	户口抄件		142
hùkǒu míngbù	户口名簿	戶口名簿	142
hùkǒubù	户口簿		142
hùlǐshì	护理室	護理室	226
hùliánwǎng	互联网		219
hùshì	护士	護士	66,226
hùshì	护士	护士	66,226
hùzhào	护照	護照	157
hùzhèng shìwùsuǒ	户政事务所	戶政事務所	142
huā	花	花	245
huācǎochá	花草茶	花草茶	108
huādàn	花旦	花旦	179
huādào	花道	花道	165
huāpíng	花瓶	花瓶	38
huāshì lùbīng	花式溜冰	花樣滑冰	182
huāyàng huábīng	花样滑冰	花樣滑冰	182
huāyēcài	花椰菜		74
huāyécài	花椰菜	花椰菜	74
huāyuán	花园	花園	33
huāzhī	花枝	花枝	78
huábǎn	滑板	滑板	183
huá // bīng	滑冰	滑冰	182
huá // chuán	划船	划船	175,182
huáfúbīng	华夫饼		95
huálún	滑轮	滑輪	159
huáshǔ	滑鼠	滑鼠	218
huáshǔdiàn	滑鼠垫	滑鼠墊	218
huá // shuǐ	滑水	滑水	194
huáxiángyì	滑翔翼	滑翔翼	182
huáxíng	滑行	滑行	159
huá // xuě	滑雪	滑雪	198
huáxuěbǎn	滑雪板	滑雪板	198
huà	画	畫	36
huà huàr	画画儿	畫畫兒	164
huàcè	画册	畫冊	217
huàxué	化学	化學	210
huàxué liáofǎ	化学疗法	化學療法	231
huàxué shíyànshì	化学实验室	化學實驗室	206
huàzhuāngpǐn	化妆品	化妝品	42,45
huàzhuāngpǐnbù	化妆品部	化妝品部	129
huái // yùn	怀孕	懷孕	53
huàiqiú	坏球	壞球	189
huándǎo xíngshǐ	环岛行驶		152
huánjìng	环境	環境	254
huán // shū	还书	還書	216
huánshūchù	还书处	還書處	216
huàn fāqiú	换发球	換發球	188
huànqìshàn	换气扇		46
huàn // yào	换药	換藥	229
huángchóng	蝗虫	蝗蟲	238
huángdēng	黄灯	黃燈	153
huáng·guā	黄瓜	黃瓜	74
huángjīn jiānbǐng	黄金煎饼	黃金煎餅	107
huángjiǔ	黄酒	黃酒	81
huángpái	黄牌	黃牌	193
huángsè	黄色	黃色	81
huángyú	黄鱼	黃魚	78
huīsè	灰色	灰色	122
huíguōròu	回锅肉	回鍋肉	84
huíwénzhēn	回纹针	迴紋針	212
huíxíngzhēn	回形针	迴形針	212
huíyìng	回应	回應	219
huì // kuǎn	汇款	匯款	131
huìpiào	汇票	匯票	131
huìxīng	彗星	彗星	256
huìyìshì	会议室	會議室	140
huìyuánkǎ	会员卡	會員卡	71,176
hūnlǐ	婚礼	婚禮	52
huóyèjiā	活页夹		140
huóyèjiá	活页夹		140
huóyèzhǐ	活页纸	活頁紙	213
huǒchē	火车	火車	148,150
huǒguàn	火罐		233
huǒguǎn	火罐儿		233
huǒguō	火锅	火鍋	84
huǒguō	火锅	火鍋	97
huǒjīròu	火鸡肉	火雞肉	76
huǒjiàn	火箭	火箭	257
huǒkǎo	火烤	火烤	100
huǒshān	火山	火山	169
huǒshān bàofā	火山爆发	火山爆發	255
huǒtuǐ	火腿	火腿	77
Huǒxīng	火星	火星	256

Index

huòbì 货币 貨幣 132

J

jī 鸡 雞 240,246
jīchǎng 机场 機場 154
jīchǎng bāshì 机场巴士 機場巴士 155
jīchǎng diànchē 机场电车 機場電車 154
jīchē 机车 148
jīchì 鸡翅 雞翅 76
jīdàn 鸡蛋 雞蛋 240
jīguān 鸡冠 雞冠 240
jīhuāng 饥荒 255
jīhuang 饥荒 255
jījiàn 击剑 200
jījiǎo 犄角 犄角 239
jīkuài 鸡块 94
jīkuàir 鸡块儿 94
jīnéngxìng yǐnliào 机能性饮料 機能性飲料 80
jīpiào 机票 機票 157
jīròu 鸡肉 76
jīshàng miǎnshuì shāngpǐn 机上免税商品 機上免税商品 158
jītuǐ 鸡腿 雞腿 76
jīwěijiǔ 鸡尾酒 雞尾酒 80,170
jīxiōngròu 鸡胸肉 雞胸肉 76
jīyì 鸡翼 159
jīzhǎng 机长 機長 159
jíbìng 疾病 224
jíróng kāfēi 即溶咖啡 109
jíshíchá 即时茶 70
jítā 吉他 吉他 166
jíxiàn yùndòng 极限运动 極限運動 183
jíxiànqì 集线器 219
jíxiángwù 吉祥物 246
jízhěnshì 急诊室 急診室 227
jìchéngchē 計程車 148
jìcúnxiāng 寄存箱 150
jìfēnbǎn 记分板 170,186
jìgōng 技工 技工 65
jìjiànrén dìzhǐ 寄件人地址 138
jìjié 季节 季節 252
jìwùxiāng 寄物箱 150
jìxìnrén dìzhǐ 寄信人地址 138
jìyìtǐ 記憶體 218
jìzhě 记者 記者 64
Jǐzhōudǎo 济州岛 濟州島 25
jiā 家 32
jiā//bān 加班 加班 140
jiādiàn 家电 家電 38
jiādiànbù 家电部 家電部 128
jiāfǎ 加法 加法 215
jiāhào 加号 加號 214
jiāhù bìngfáng 加护病房 226
jiājiǎo tuōxié 夾腳拖鞋 119
jiājiǎoxié 夹脚鞋 120
jiājù 家具 家具 38
jiājùbù 家具部 傢俱部 128
jiājùchéng 家具城 127
jiājùdiàn 傢俱店 127
Jiānádà 加拿大 22
jiātíng 家庭 家庭 54
jiāwén 家紋 120
jiā//xīn 加薪 加薪 140
jiāyóuzhàn 加油站 加油站 146
jiāzi 夹子 39,48
jiājiǎo tuōxié 夾腳拖鞋 119
jiājiǎoxié 夹脚鞋 120
jiāzi 夹子 39,48
jiàgé 价格 價格 90
jiàmùbiǎo 价目表 價目表 135
jiàshǐzuò 驾驶座 駕駛座 149
jiàzhào 驾照 駕照 143
jiàzi 架子 架子 40
jiān 煎 煎 100
jiānbǎng 肩膀 肩膀 56
jiānáo 熊 94
jiānshàng tuījì 肩上推举 肩上推舉 177
jiānshìqì 监视器 監視器 130
jiāntóuxié 尖头鞋 尖頭鞋 118
jiǎndāo 剪刀 剪刀 213
jiǎnduǎn 剪短 剪短 172
jiǎn//fǎ 剪发 215
jiǎn//fǎ 剪发 172
jiǎnhào 减号 減號 214
jiǎnkǒu 检察口 剪票口 150
jiǎnsù biāoxiàn 减速标线 減速標線 153
jiǎnsuǒ 检索 今天 216
jiǎnxùn 簡訊 139
jiàndào 剑道 劍道 200
jiànpán 键盘 鍵盤 218

jiànshēn zhōngxīn 健身中心 健身中心 161
jiànshēnfáng 健身房 健身房 127,176
jiànzhù 建筑 建築 210
jiànzhú 建筑 210
jiànzhúshī 建筑师 建築師 65
jiànzhùshī 建筑师 建築師 65
jiāng 姜 薑 75
jiǎng 奖金 獎金 141
jiǎngtái 讲台 講臺 208
jiǎngxuéjīn 奖学金 獎學金 211
jiàng 酱 103
jiàngluò 降落 降落 159
jiàngtāng 酱汤 97
jiàngyóu 酱油 醬油 102
jiàngyóupíng 酱油瓶 醬油瓶 135
jiāobáisǔn 茭白笋 茭白筍 75
jiāobái 茭白 75
jiāodài 胶带 膠帶 213
jiāo//huà 浇花 澆花 61
jiāoliúdào 交流道 交流道 191
jiāonáng 胶囊 膠囊 230
jiāoshuǐ 胶水 膠水 213
jiāotōng 交通 交通 146
jiāotōng biāozhì 交通标志 交通標誌 152
jiāotōng gōngjù 交通工具 交通工具 148
jiāotōng jǐngchá 交通警察 交通警察 136
jiǎo 脚 腳 56
jiǎo 角 角 132
jiǎobànbàng 搅拌棒 攪拌棒 98,109
jiǎodànqì 搅蛋器 48
jiǎodèng 脚凳 腳凳 44
jiǎodǐ ànmó 脚底按摩 腳底按摩 173
jiǎogēn 脚跟 腳跟 56
jiǎopú 脚蹼 119
jiǎoròu 绞肉 77
jiǎotàchē 脚踏车 148
jiǎotàdiàn 脚踏垫 腳踏墊 41
jiǎozi 饺子 餃子 90
jiǎochē 轿车 轎車 148
jiàokēshū 教科书 教科書 209
jiàoliàn 教练 教練 186,192
jiàoshì 教室 教室 206,208
jiàoshī 教师 教師 64
jiàoshòu 教授 教授 64
jiàotáng 教堂 教堂 27
jiàoxǐng fúwù 叫醒服务 160
jiàoyù 教育 教育 204
jiē fāqiú 接发球 191
jiē gāoqiú 接高球 接高球 192
jiēdào 街道 街道 126
jiēdào 街道 街道 146
jiēlìbàng 接力棒 接力棒 197
jiēlìsài 接力赛 接力賽 196
jié//qiú 接球 接球 192
jiéshí 结实 63
jiétóu 街头 146
jié//bīng 结冰 结冰 252
jié//hūn 结婚 结婚 142
jiéhūn dēngjì 结婚登记 結婚登記 142
jiéhūn zhèngmíng 结婚证明 結婚證明 142
jiéqìng jiérì 节庆 節慶 26
jiéyùn 捷运 捷運 151
jié//zhàng 结账 結帳 89
jiéfū 姐夫 55
jiějie 姐姐 姊姊 55
jièmò 芥末 103
jièmò 芥末 103
jièshào 介绍 介紹 90
jiè//shū 借书 借書 216
jièshūchù 借书处 借書處 216
jièshūzhèng 借书证 借書證 216
jièwàiqiú 界外球 界外球 187,189
jīndào 筋道 105
Jīngésì 金阁寺 金閣寺 25
jīnguīzǐ 金龟子 金龜子 238
jīnniúzuò 金牛座 金牛座 258
jīnpái 金牌 金牌 197
jīnqiāngyú 金枪鱼 金槍魚 242
jīnqiāngyúpiàn 金枪鱼片 金槍魚片 78
jīnsè 金色 金色 122
jīnshǔ tàncèqì 金属探测器 金屬探測器 156
jīnsīquè 金丝雀 金絲雀 240
jīntiān 今天 今天 250
Jīnxīng 金星 金星 256
jīnyú 金鱼 金魚 247
jǐnjí chūkǒu 紧急出口 緊急出口 158

jīnmíng lǎba 禁鸣喇叭 禁鳴喇叭 153
jìn//qiú 进球 進球 193
jìnqū 禁区 禁區 186
jìnshēng 晋升 141
jìnxiū tuīguǎngbù 进修推广部 進修推廣部 205
jìnxiū zhōngxīn 进修中心 進修中心 205
jìnzhǐ diàotóu 禁止掉头 禁止掉頭 152
jìnzhǐ huíchē 禁止回车 禁止迴車 152
jìnzhǐ rènhé chēliàng jìnrù 禁止任何车辆进入 禁止任何車輛進入 152
jìnzhǐ shǐrù 禁止驶入 禁止駛入 152
jìnzhǐ yòuzhuǎn 禁止右转 禁止右轉 152
jìnzhǐ zuǒzhuǎn 禁止左转 禁止左轉 152
jīng 鲸 鯨 243
jīng 茎 莖 245
jīngjìcāng 经济舱 經濟艙 159
jīngjìxué 经济学 經濟學 210
jīnglǐ 经理 經理 64
Jīngjù 京剧 京劇 179
jīngjù 经句 經句 232
jīngtànhào 惊叹号 驚嘆號 214
jīngyà 惊讶 驚訝 62
jǐngchá 警察 警察 64,136
jǐngchájú 警察局 警察局 127,136
jǐngchē 警车 136
Jǐngfúgōng 景福宫 景福宫 25
jǐnggào 警告 警告 187
jǐnggùn 警棍 警棍 136
jǐnghào 井号 井號 215
jǐnghuī 警徽 警徽 136
jǐnglíng 警铃 警鈴 130,137
jǐngmào 警帽 警帽 136
jǐngquǎn 警犬 警犬 136
jǐngyòng mótuōchē 警用摩托车 警用摩托車 136
jìng/chá 敬茶 敬茶 108
jìngsù huàbǐng 镜速滑冰 198
jìngzi 镜子 鏡子 40
jìngzǒu 竞走 競走 197
jiǔ 九 九 132
jiǔbā 酒吧 酒吧 170
jiǔbēi 酒杯 酒杯 96
jiǔcài 韭菜 韭菜 75
jiǔcéngtǎ 九层塔 九層塔 75
jiǔpíng 酒瓶 酒瓶 96
jiǔwō 酒窝 62
jiǔwōr 酒窝儿 62
Jiǔyuè 九月 九月 250
jiùhùchē 救护车 救護車 226
jiùjiu 舅舅 舅舅 54
jiùmā 舅妈 舅媽 54
jiùshēngyī 救生衣 救生衣 158
jūliúzhèng 居留证 131
jūzhùzhèng 居住证 131
jú 局 局 190
júhuā 菊花 菊花 247
júsè 橘色 橘色 122
júzi 橘子 橘子 72
jǔxíng 矩形 矩形 214
jǔzhòng 举重 舉重 199
jǔzhòng xùnliàn 举重训练 舉重訓練 177
jù 锯 221
jùchǎng 剧场 劇場 179
jùfēng 飓风 颶風 255
jùhào 句号 句號 215
Jùxièzuò 巨蟹座 巨蟹座 258
jùzi 锯子 221
jùzuǐniǎo 巨嘴鸟 巨嘴鳥 241
juǎnfǎ 卷发 172
juǎnfǎ 卷发 172
juǎnxīncài 卷心菜 74
juéliǔ 蕨类 蕨類 245
juéshèngjú 决胜局 決勝局 191
jūnrén 军人 軍人 64

K

KTV KTV KTV 126,170
kāfēi 咖啡 咖啡 108
kāfēi bànlǚ 咖啡伴侣 109
kāfēibēi 咖啡杯 咖啡杯 93,109,175
kāfēidiàn 咖啡店 咖啡店 126
kāfēidòu 咖啡豆 咖啡豆 109
kāfēifěn 咖啡粉 咖啡粉 109
kāfēihú 咖啡壶 咖啡壺 46,92,109
kāfēijī 咖啡机 咖啡機 109
kāfēisè 咖啡色 咖啡色 122
kāfēitīng 咖啡厅 咖啡廳 109
kǎlī 咖喱 103
kǎlī zhūpáifàn 咖喱猪排饭 96
kǎbādī 卡巴迪 卡巴迪 199
kǎbùqínuò 卡布奇诺 卡布奇諾 109
kǎchē 卡车 卡車 148

pinyin	简体	繁體	page
kǎdīngchē	卡丁车		175
kǎtōngpiàn	卡通片	卡通片	178
kāichú	开除	開除	141
kāifàng shíjiān	开放时间	開放時間	174
kāiguān	开关	開關	37
kāiguànqì	开罐器	開罐器	48
kāi//hù	开户	開戶	130
kāi//huì	开会	開會	140
kāijià	开架	開架	216
kāijiǔqì	开酒器	開酒器	49
kāilǎng	开朗	開朗	62
kāi//qiú	开球	開球	192
kāiwèicài	开胃菜	開胃菜	90
kàn bàozhǐ	看报纸	看報紙	61
kàn diànshì	看电视	看電視	61,164
kàn diànyǐng	看电影	看電影	165
kàn shū	看书	看書	164
kàn//bìng	看病	看病	228
kāngnǎixīn	康乃馨	康乃馨	244
kǎo	烤	烤	100
kǎobǐng	烤饼	烤餅	94
kǎochuàn	烤串	烤串	97
kǎojī	烤鸡	烤雞	90
kǎolā	考拉	考拉	236
kǎomiànbāojī	烤面包机	烤麵包機	47
kǎoshì	考试	考試	211
kǎoxiāng	烤箱	烤箱	47
kào chuāng zuòwèi	靠窗座位	靠窗座位	151,158
kào tōngdào zuòwèi	靠通道座位	靠通道座位	151,158
kào zǒudào zuòwèi	靠走道座位	靠走道座位	151,158
kàodiàn	靠垫	靠墊	37
kēdǒu	蝌蚪	蝌蚪	239
kēhuànpiàn	科幻片	科幻片	178
kēmù	科目	科目	210
kēxuéjiā	科学家	科學家	66
ké	壳	殼	238
késou	咳嗽	咳嗽	224
késòu	咳嗽	咳嗽	224
kělè	可乐	可樂	80
kěsōng	可颂	可頌	94
kèchéngbiǎo	课程表	課程表	210
kèfáng	客房	客房	160
kèfáng fúwù	客房服务		161
kèfáng sòngcān fúwù	客房送餐服务	客房送餐服務	161
kèlùjī	刻录机		218
kètīng	客厅	客廳	36
kèwài huódòng	课外活动	課外活動	211
kōngchéng rényuán	空乘人员	空服員	158
kōngfúyuán	空服员	空服員	158
kōngjiān	空间	空間	256
kōngjiānzhàn	空间站		257
kōngqì wūrǎn	空气污染	空氣污染	255
kōngshǒudào	空手道	空手道	200
kōngtiáo	空调	空調	38
kōngxīncài	空心菜	空心菜	75
kǒngquè	孔雀	孔雀	241
kǒufúyào	口服药	口服藥	231
kǒuhóng	口红	口紅	43
kǒuqín	口琴	口琴	166
kǒutóu bàogào	口头报告	口頭報告	211
kǒuzhào	口罩	口罩	230
kòushā	扣杀	扣殺	187,191
kū	哭	哭	62
kǔ	苦	苦	104
kùwà	裤袜	褲襪	119
kùzhuāng	裤装	褲裝	121
kùzi	裤子	褲子	114
kuà	跨	跨	59
kuàlán	跨栏	跨欄	196
kuàicāndiàn	快餐店		94
kuàidì	快递	快遞	138
kuàijiā	筷架	筷架	97
kuàizi	筷子	筷子	98
kuàngquánshuǐ	矿泉水	礦泉水	81
kūnchóng	昆虫	昆蟲	238

	L		
L hào	L号	L號	123
LED dēngpào	LED灯泡	LED 燈泡	38
lājīchē	垃圾车		148
lājītǒng	垃圾桶	垃圾桶	38
lālāduì	拉拉队	啦啦隊	192
lāmiàn	拉面	拉麵	96
lǎba	喇叭	喇叭	149
là	辣	辣	166,219
làbǐ	蜡笔	蠟筆	212
làchǎo niángāo	辣炒年糕	辣炒年糕	106
làjiāo	辣椒	辣椒	75
làjiāojiàng	辣椒酱	辣椒醬	103

pinyin	简体	繁體	page
làyóu	辣油	辣油	103
làzhú	蜡烛	蠟燭	28
láihuípiào	来回票		150
lánbǎn	篮板	籃板	186
lángān	栏杆	欄杆	196
lánhuā	兰花	蘭花	247
lánkuāng	篮筐	籃框	34,186
lánqiú	篮球	籃球	184,186
lánqiúchǎng	篮球场	籃球場	206
lánquè	蓝雀	藍鵲	241
lánsè	蓝色	藍色	122
lánwǎng	拦网	攔網	187
lánwǎng	篮网	籃網	186
lánzi	篮子	籃子	70
láng	狼	狼	237
lángtou	榔头	榔頭	220
lǎobǎn	老板	老闆	134
lǎobǎnniáng	老板娘	老闆娘	134
lǎohǔ	老虎	老虎	237,246
lǎojiǔ	老酒	老酒	81
lǎolao	姥姥		54
lǎoniánrén	老年人	老年人	53
lǎoshēng	老生	老生	179
lǎoshī	老师	老師	64
lǎoshǔ	老鼠	老鼠	236,246
lǎotàitai	老太太	老太太	53
lǎoxiānshēng	老先生	老先生	53
lǎoye	姥爷		54
léi	雷	雷	252
lèibāo	泪包	疊包	188
lèiqiú	垒球	疊球	184
lèiyǎn	肋眼	肋眼	76
lěng	冷	冷	253
lěngdàn	冷淡	冷淡	62
lěngdòng shípǐn	冷冻食品	冷凍食品	70
lěngfēng	冷锋	冷鋒	252
lěngqì	冷气	冷氣	38
lí	梨	梨	72
lízi	梨子		72
lí//hūn	离婚	離婚	53
líhūn dēngjì	离婚登记	離婚登記	142
lǐbài	礼拜	禮拜	27
lǐfú	礼服	禮服	114
lǐpǐndiàn	礼品店	禮品店	175
lǐtáng	礼堂	禮堂	207
lǐyú	鲤鱼	鯉魚	78,247
lǐzi	李子	李子	72
lìjiāoqiáo	立交桥		147
lìlǐng	立领	立領	112
lìshǐ	历史	歷史	210
lìzhī	荔枝	荔枝	73
liánhuā	莲花	蓮花	247
lián//ǒu	莲藕	蓮藕	74
liánpái biéshù	连排别墅	連排別墅	28
liánpengtou	莲蓬头	蓮蓬頭	41
liánwù	莲雾	蓮霧	73
liányīqún	连衣裙		114
liánzìfú	连字符		215
liánzìhào	连字号	連字號	215
liǎn	脸	臉	56
liǎnbù měiróng	脸部美容		173
liǎnjiá	脸颊	臉頰	56
liàng màibó	量脉搏	量脈搏	228
liáng tǐzhòng	量体重	量體重	228
liáng xiěyā	量血压	量血壓	228
liáng xuěyā	量血压		228
liángbàn hǎixiān	凉拌海鲜	涼拌海鮮	107
liángbàn qīngmùguā	凉拌青木瓜	涼拌青木瓜	107
liángshuǎng	凉爽	涼爽	253
liángtǐng	凉亭	涼亭	174
liángxié	凉鞋	涼鞋	118
liàng yīfu	晾衣服	晾衣服	60
liáo//tiān	聊天	聊天	61
liáo//tiānr	聊天儿		61
liàolǐ	料理	料理	90
línjū	邻居	鄰居	32
líng	零	零	132
línggǔ	铃鼓	鈴鼓	167
língqián	零钱	零錢	130
língshí	零食	零食	70,82
língxíng	菱形	菱形	214
lǐngbān	领班	領班	93
lǐngdài	领带	領帶	116
lǐngdài jiā	领带夹	領帶夾	116
lǐngjié	领结	領結	116
lǐng//wèi	领位	領位	89

pinyin	简体	繁體	page
lǐngzi	领子	領子	114
liū//bīng	溜冰	溜冰	182
liūliūqiú	溜溜球	溜溜球	183
liú bítì	流鼻涕	流鼻涕	224
liúdòng tuīchē	流动推车	流動推車	134
liú//jí	留级	留級	211
liúlǎnqì	浏览器	瀏覽器	219
liúlǐtái	流理台	流理臺	47
liúlián	榴莲	榴槤	73
liú//xiě	流血	流血	224
liú//xuè	流血	流血	224
liǔdīng	柳丁	柳丁	72
liǔshù	柳树	柳樹	245
liù	六	六	132
Liùyuè	六月	六月	250
lóng	龙	龍	246
lóngjuǎnfēng	龙卷风	龍捲風	252
lóngxiā	龙虾	龍蝦	79
lóngyǎn	龙眼	龍眼	73
lóngzhōu	龙舟	龍舟	26
lóutī	楼梯	樓梯	33
lúsǔn	芦笋	蘆筍	74
lǔ	卤	滷	101
lǔròufàn	卤肉饭	滷肉飯	82
lǔwèi	卤味	滷味	82
lù	鹿	鹿	237
lùbiāntān	路边摊	路邊攤	127
lùdēng	路灯	路燈	146
lùmiàn bùpíng	路面不平	路面不平	152
lùmiàn diānbǒ	路面颠簸	路面顛簸	152
lùqǔ	录取	錄取	141
lùshàng jìngsài	陆上竞赛	陸上競賽	196
lùtiān kàntái	露天看台	露天看臺	188
lùyán	路沿	路沿	147
lù//yíng	露营	露營	164,183
lùyuánshí	路缘石		147
lǘ	驴	驢	237
lǘzi	驴子		237
lǚbózhǐ	铝箔纸	鋁箔紙	49
lǚkè	旅客	旅客	154
lǚxíng zhīpiào	旅行支票	旅行支票	131
lǚxíngtuán	旅行团	旅行團	160
lǚyóu	旅游	旅遊	146
lǚyóutuán	旅游团	旅游團	160
lǜchá	绿茶	綠茶	108
lǜdēng	绿灯	綠燈	153
lǜsè	绿色	綠色	122
lǜshī	律师	律師	66,239
luǎn	卵	卵	227
lúnchuáng	轮床	輪床	227
Lúndūn	伦敦	倫敦	22
lúnshì liūbīng	轮式溜冰	輪式溜冰	182
lúntāi	轮胎	輪胎	149
lúnyǐ	轮椅	輪椅	227
lùntán	论坛	論壇	219
lùnwén	论文	論文	217
luó	锣	鑼	168
Luómǎ	罗马	羅馬	22
luósī	螺丝	螺絲	220
luósī qǐzi	螺丝起子	螺絲起子	221
luósīdāo	螺丝刀	螺絲刀	221
luòdìchuāng	落地窗	落地窗	35
luòdìdēng	落地灯	落地燈	36
luòtuo	骆驼	駱駝	237

	M		
M hào	M号	M號	123
mābù	抹布		39
māma	妈妈	媽媽	54
mápó dòufu	麻婆豆腐	麻婆豆腐	84
máquè	麻雀	麻雀	240
máquè wěibā	麻雀尾巴	麻雀尾巴	240
máyóujī	麻油鸡	麻油雞	85
mǎ	马	馬	236,246
mǎ wěibā	马尾巴	馬尾巴	236
mǎchē	马车	馬車	148
mǎfēn	玛芬	瑪芬	95
mǎkèbēi	马克杯	馬克杯	49
mǎkèbǐ	马克笔	馬克筆	212
mǎlāsōng	马拉松	馬拉松	196
mǎlíngshǔ	马铃薯	馬鈴薯	146
mǎqiú	马球	馬球	185
mǎtí	马蹄	馬蹄	236
mǎtǒng	马桶	馬桶	41
mǎwěi	马尾	馬尾	172
mǎyǐ	蚂蚁	螞蟻	238
mǎyǐ shàng shù	蚂蚁上树	螞蟻上樹	84
mǎzōng	马鬃	馬鬃	236
mǎi//dān	买单	買單	89

Index

màikèbǐ 麦克笔 麥克筆	212	
màikèfēng 麦克风 麥克風	171,208	
mántou 馒头 饅頭	83	
mányú 鳗鱼 鰻魚	78	
mànpǎo 慢跑	182	
mángguǒ 芒果 芒果	72	
māo 猫 貓	236	
māotóuyīng 猫头鹰 貓頭鷹	241	
máobǐ 毛笔 毛筆	212	
máojīn 毛巾 毛巾	40	
máoyī 毛衣 毛衣	115	
màohào 冒号 冒號	215	
màozi 帽子 帽子	118	
méibǐ 眉笔 眉筆	43	
méicài kòuròu 梅菜扣肉	85	
méigān kòuròu 梅乾扣肉	85	
méigui 玫瑰	244	
méihuā 梅花 梅花	247	
méimao 眉毛 眉毛	56	
méimáo 眉毛	56	
méiqìlú 煤气炉	46	
méitǐ 媒体 媒體	138	
méiyǔ 梅雨 梅雨	253	
Měiguó 美国 美國	22	
měijiǎ 美甲 美甲	173	
měiróng 美容 美容	172	
měiróngyuàn 美容院 美容院	127	
měishíqū 美食区 美食區	129	
Měishì zúqiú 美式足球 美式足球	184	
Měiyuán 美元 美元	133	
mèifū 妹夫 妹夫	55	
mèifu 妹夫	55	
mèimei 妹妹 妹妹	55	
mén 门 門	34,37	
ménbǎshou 门把手 門把手	33	
ménkǎ 门卡 門卡	140	
ménkǎn 门槛 門檻	35	
ménkǒu 门口 門口	35	
ménlián 门帘 門簾	96	
ménlíng 门铃 門鈴	33	
ménqiú 门球	184	
ménsuǒ 门锁 門鎖	33	
méntóng 门童 門童	160	
Ménggǔ shuāijiāo 蒙古摔跤	201	
Ménggǔ shuāijiǎo 蒙古摔角	201	
Ménggǔbāo 蒙古包 蒙古包	28	
míhóutáo 猕猴桃	72	
mǐfàn 米饭	88	
mǐgāo 米糕 米糕	84	
mǐguà 米卦 米卦	259	
mǐjiāng 米浆 米漿	80	
mǐjiǔ 米酒 米酒	81,102	
mǐsè 米色 米色	122	
mìfēng 蜜蜂 蜜蜂	238	
mìmǎ 密码 密碼	130	
mìshū 秘书 祕書	64	
mìyuè 蜜月 蜜月	53	
miánbàng 棉棒	42	
miánbàng 棉棒 棉棒	231	
miánhuābàng 棉花棒	42	
miánkù 棉裤 棉褲	112	
miánqiú 棉球 棉球	230	
miányáng 绵羊 綿羊	236	
miǎnshuì shāngdiàn 免税商店	155	
miǎnshuì shāngpǐn 免税商品 免税商品	155	
miǎnxǐ tāngchí 免洗汤匙	135	
miǎnxǐ tāngwǎn 免洗湯碗	135	
miǎnzhì mǎtǒng 免治馬桶	41	
miàn 面 麵	88	
miànbāo 面包	70	
miànbāodiàn 面包店 麵包店	127	
miànbāotān 面包摊	134	
miànbāotānr 面包摊儿	134	
miànjīnzhǐ 面巾纸	42	
miànmó 面膜 面膜	43	
miànshā 面纱 面紗	116	
miànshì 面试 面試	141	
miàntán 麵攤	135	
miàntānr 面摊儿	135	
miànxiàng 面相 面相	259	
miànzhǐ 面纸	42	
miáotiao 苗条 苗條	63	
miǎo 秒 秒	251	
mínzú càiyáo 民族菜肴	106	
mínzú liàolǐ 民族料理	106	
míngtiān 明天	251	
Míngwángxīng 冥王星 冥王星	257	
míngxiǎng 冥想 冥想	176	
míngxìnpiàn 明信片 明信片	138	
mógu 蘑菇 蘑菇	75	

Mójiézuò 摩羯座 摩羯座	258	
mókǎ 摩卡	109	
mótiānlún 摩天轮 摩天輪	174	
mótuōchē 摩托车 摩托车	148	
mǒbù 抹布	39	
mòjìng 墨镜 墨鏡	116	
mòshuǐ 墨水 墨水	213	
Mòsīkē 莫斯科 莫斯科	23	
Mòxīgēbǐng 墨西哥饼 墨西哥餅	91	
mòyú 墨鱼 墨魚	78	
mǔdān 牡丹 牡丹	247	
mǔdān 牡丹	247	
mǔlì 牡蛎 牡蠣	79	
mǔ·qīn 母亲 母親	54	
Mǔqīnjié 母亲节 母親節	27	
Mǔyángzuò 牡羊座	258	
mǔzhǐ 拇指 拇指	56	
mùguā 木瓜 木瓜	72	
mùjī 木屐 木屐	119	
mùjiàng 木匠	65	
mùjiang 木匠	65	
mùqín 木琴 木琴	167	
Mùxīng 木星 木星	256	
mùyú 木鱼 木魚	169	
mùyùrǔ 沐浴乳	42	
mùyùyè 沐浴液	42	

N

nátiě 拿铁 拿鐵	109	
ná//yào 拿药 拿藥	229	
nǎijīng 奶精 奶精	109	
nǎiluò 奶酪	95	
nǎinai 奶奶 奶奶	54	
nǎiniú 奶牛	236	
nǎixī 奶昔	95	
nǎixī 奶昔	95	
nǎiyóudāo 奶油刀 奶油刀	98	
Nán Měizhōu 南美洲 南美洲	22	
nánchī 难吃 難吃	104	
nánfúwùshēng 男服务生	92	
nánfúwùyuán 男服務員	92	
nán·guā 南瓜 南瓜	74	
nánhái 男孩	52	
nánhái'r 男孩儿	52	
Nánjízhōu 南极洲 南極洲	23	
nánrén 男人 男人	52	
nánshì héfú 男式和服	120	
nánxìng héfú 男性和服	120	
nányǎnyuán 男演员	66	
nánzhuāngbù 男装部 男裝部	128	
nǎo 脑 腦	225	
nǎozhōng 闹钟 鬧鐘	44	
nèicūn 内村	218	
nèifúyào 内服药 內服藥	231	
nèikē 内科 內科	226	
nèikù 内裤 內褲	115	
nèixiàn 内馅	83	
nèiyě 内野 內野	189	
nèiyībù 内衣部 內衣部	128	
nèiyòng 内用	95	
néngguǎn 能管 能管	169	
néngliàng yǐnliào 能量饮料	80	
níqiū 泥鳅 泥鰍	78	
níshíliú 泥石流	255	
nián 年 年	251	
niánjí 年级 年級	204	
niánqīngrén 年轻人 年輕人	52	
niányú 鲇鱼 鯰魚	78	
niǎoguà 鸟卦 鳥卦	259	
niǎolèi 鸟类 鳥類	240	
nièzi 镊子 鑷子	230	
níngméng 柠檬 檸檬	72	
níngméngshuǐ 柠檬水 檸檬水	81	
níngméngyú 柠檬鱼 檸檬魚	107	
niú 牛 牛	236,246	
niúbàng 牛蒡 牛蒡	74	
niújiàn 牛腱 牛腱	76	
niújiǎo 牛角 牛角	236	
niújiǎo miànbāo 牛角面包	94	
niúnǎi 牛奶 牛奶	80	
niúnǎn 牛腩 牛腩	76	
niúpái 牛排 牛排	90	
niúpáidāo 牛排刀 牛排刀	98	
niúpáigǔtāng 牛排骨汤 牛排骨湯	106	
niúròu 牛肉	76	
niúròumiàn 牛肉面 牛肉麵	82	
niúzǎikù 牛仔裤	114	
niúzǎikù 牛仔褲	114	
niǔkòu 钮扣 鈕扣	114	
Niǔyuē 纽约 紐約	22	

nóngfū 农夫 農夫	64	
nónglì 农历 農曆	251	
nóngmào shìchǎng 农贸市场	134	
nóngsuō kāfēi 浓缩咖啡 濃縮咖啡	109	
nǚ'ér 女儿 女兒	55	
nǚfúwùshēng 女服务生	92	
nǚfúwùyuán 女服务员	92	
nǚhái 女孩	52	
nǚhái'r 女孩儿	52	
nǚrén 女人 女人	52	
nǚshì héfú 女式和服	120	
nǚxìng héfú 女性和服	120	
nǚxù 女婿	55	
nǚxu 女婿	55	
nǚyǎnyuán 女演员 女演員	66	
nǚzhuāngbù 女装部 女裝部	128	
nuǎnhuo 暖和 暖和	253	
nuǎnlú 暖炉 暖爐	38	

O

O-xíng O型 O型	259	
OK bēng OK繃	230	
Ōuyuán 欧元 歐元	133	
Ōuzhōu 欧洲 歐洲	22	
ǒutù 呕吐 嘔吐	224	

P

pā 趴 趴	59	
pá 爬 爬	58	
pá//shān 爬山 爬山	164	
páibǎn 拍板 拍板	168	
páidǎnggǎn 排挡杆 排檔桿	149	
pái//duì 排队 排隊	156	
páigǔ 排骨 排骨	77	
páiqiú 排球 排球	185,186	
páishuǐkǒng 排水孔 排水孔	41	
pàichūsuǒ 派出所	142	
pānyán 攀岩 攀岩	183	
pán 盘 盤	190	
pán/tuǐ 盘腿 盤腿	59	
pánzi 盘子 盤子	99	
pángxiè 螃蟹 螃蟹	79	
pàng 胖 胖	63	
pǎo 跑 跑	182	
pǎo//bù 跑步 跑步	182	
pǎobùjī 跑步机 跑步機	161,176	
pǎodào 跑道 跑道	159,197,206	
pàocài chǎofàn 泡菜炒饭 泡菜炒飯	106	
pào//chá 泡茶 泡茶	29,108	
pàofū 泡芙 泡芙	91	
pào//zǎo 泡澡 泡澡	60	
péigēn 培根 培根	77	
pēnqì fādòngjī 喷气发动机	159	
pēnshè yǐnqíng 噴射引擎	159	
pēntóu 喷头 噴頭	41	
péndì 盆地 盆地	24	
pēngrèn 烹饪 烹飪	100	
pēngrènfǎ 烹饪法	100	
pèngpèngchē 碰碰车 碰碰車	174	
pīsà 披萨	94	
pīsàdāo 披薩刀	99	
pí 皮	83	
píbāo 皮包 皮包	116	
píchǐ 皮尺 皮尺	220	
pídài 皮带 皮帶	117	
pídàikǒng 皮带孔 皮帶孔	117	
pídàikòu 皮带扣 皮帶扣	117	
píjiànbù 皮件部	129	
píjiǔ 啤酒 啤酒	80	
píjùbù 皮具部	129	
pīlātísī 皮拉提斯	176	
pípa 琵琶 琵琶	168	
píxié 皮鞋 皮鞋	118	
pìgǔ 屁股	56	
pìgu 屁股	56	
piānjīn 偏襟 偏襟	112	
piāoliú 漂流	182	
piáochóng 瓢虫 瓢蟲	238	
piǎobáifěn 漂白粉	39	
piǎobáijì 漂白剂	39	
piǎobáiyè 漂白液	39	
pǐn//chá 品茶 品茶	29	
pīngpāngqiú 乒乓球	184,190	
pīngpāngqiúpāi 乒乓球拍	191	
píngdǐguō 平底锅 平底鍋	46	
píngfāng 平方 平方	215	
píngfānggēn 平方根 平方根	214	
píngfēn 平分 平分	190	
píngguǒ 苹果 蘋果	73	
píngguǒjiǔ 苹果酒 蘋果酒	80	

Pinyin	Simplified	Traditional	Page
píngguǒpài	苹果派	蘋果派	91
pínghéngmù	平衡木	平衡木	199
píngjú	平局	平局	193
píngmù	屏幕	屏幕	130,156
píngtóu	平头	平頭	170
píngxíng sìbiānxíng	平行四边形	平行四邊形	214
píngyuán	平原	平原	24
píngzhuāng píjiǔ	瓶装啤酒	瓶裝啤酒	80
pòzhéhào	破折号	破折號	215
púgōngyīng	蒲公英	蒲公英	244
pú‧tao	葡萄	葡萄	73
pú‧táoyòu	葡萄柚	葡萄柚	73
pǔ'ěrchá	普洱茶	普洱茶	108
pǔlātí	普拉提	普拉提	176
pǔtōng chēxiāng	普通车厢	普通車廂	151
pùbù	瀑布	瀑布	24

Q

Pinyin	Simplified	Traditional	Page
qī	七	七	132
qī//chá	沏茶	沏茶	108
qīdàn	漆弹	漆彈	183
qīkān	期刊	期刊	216
qīmò kǎoshì	期末考试	期末考試	211
Qīxī	七夕	七夕	27
Qīxī	七夕	七夕	27
Qīyuè	七月	七月	250
qīzhōng kǎoshì	期中考试	期中考試	211
qīzi	妻子	妻子	55
qí//mǎ	骑马	騎馬	183
qí zìxíngchē	骑自行车	騎自行車	183
qíkān	期刊	期刊	216
qílín	麒麟	麒麟	246
qílóu	骑楼	騎樓	28,146
qímòkǎo	期末考	期末考	211
qípáo	旗袍	旗袍	112
qíyìguǒ	奇异果	奇異果	72
qíyú	旗鱼	旗魚	242
qízhōngkǎo	期中考	期中考	211
qǐ//chuáng	起床	起床	61
qǐchuáng fúwù	起床服务	起床服務	160
qǐ'é	企鹅	企鵝	240
qǐfēi	起飞	起飛	159
qǐsī	起司	起司	95
qǐsī hànbǎo	起司汉堡	起司漢堡	95
qǐyèjiā	企业家	企業家	66
qǐzhòngjī	起重机	起重機	148
qì//é	企鹅	企鵝	240
qìgōng	气功	氣功	233
qìshuǐ	汽水	汽水	80
qìxiàng yùbào	气象预报	氣象預報	253
qìyèjiā	企业家	企業家	66
qìyuē	契约	契約	141
qiān	千	千	132
qiānbǐ	铅笔	鉛筆	212
qiānbǐhé	铅笔盒	鉛筆盒	209
qiāncéngmiàn	千层面	千層麵	90
qiānchū	迁出	遷出	143
qiān//míng	签名	簽名	131
qiānniúhuā	牵牛花	牽牛花	244
qiānrù	迁入	遷入	143
qiānzhèng	签证	簽證	157
qiánbāo	钱包	錢包	116
qiánfēng	前锋	前鋒	193
qián//shuǐ	潜水	潛水	195
qiántái	前台	前台	160
qiántiān	前天	前天	250
qiánzi	钳子	鉗子	220
Qiǎncǎosì	浅草寺	淺草寺	25
qiǎnsè	浅色	淺色	122
qiángbì	墙壁	牆壁	36
qiāoxíngchóng	锹形虫	鍬形蟲	239
qiǎokèlì dàngāo	巧克力蛋糕	巧克力蛋糕	91
qiào	壳	殼	238
qiē	切	切	101
qiē//gē	切歌	切歌	171
qiē//qiú	切球	切球	191
qiézi	茄子	茄子	74
qīnqì guān‧xi	亲戚关系	親戚關係	54
qīncài	芹菜	芹菜	75
qīngdàn	清淡	清淡	104
qīngjiāo	青椒	青椒	74
qīngjiāo ròusī	青椒肉丝	青椒肉絲	85
Qīnglǐ kèfáng	清理客房	清理客房	161
Qīngmíngjié	清明节	清明節	26
qīngshàonián	青少年	青少年	52
qīngshàonián fúshìbù	青少年服饰部	青少年服飾部	128
qīngshuǎng	清爽	清爽	105
qīngsōng	轻松	輕鬆	62
qīngtíng	蜻蜓	蜻蜓	238
qīngwā	青蛙	青蛙	239
qīngxiāng	清香	清香	105
qīngyú	鲭鱼	鯖魚	242
qīngzhēnsì	清真寺	清真寺	27
Qíngrénjié	情人节	情人節	26
Qíngrénjié lǐwù	情人节礼物	情人節禮物	27
qíngtiān	晴天	晴天	253
qíngxù	情绪	情緒	62
qìnghè shēngrì	庆贺生日	慶賀生日	28
qìngshēng	庆生	慶生	28
qiūdāoyú	秋刀鱼	秋刀魚	242
qiūlíng	丘陵	丘陵	254
qiūtiān	秋天	秋天	253
qiūyǐn	蚯蚓	蚯蚓	239
qiúbàng	球棒	球棒	189
qiúmén	球门	球門	193
qiúpāi	球拍	球拍	190
qiútái	球台	球檯	191
qiúwǎng	球网	球網	187,190,191
qiúyuán	球员	球員	192
qūgùnqiú	曲棍球	曲棍球	184
qǔxiāo	取消	取消	156
qǔxiāojiàn	取消键	取消鍵	130
qǔxínglǐchù	取行李处	取行李處	154
quān a	圈 a	圈 a	215
quánjī	拳击	拳擊	200
quánjí	拳击	拳擊	200
quánlěidǎ	全垒打	全壘打	188
quánshēn ànmó	全身按摩	全身按摩	173
quánshēn wúlì	全身无力	全身無力	224
quánzìdòng mǎtǒng	全自动马桶	全自動馬桶	41
quèrènjiàn	确认键	確認鍵	130
qúnchā	裙衩	裙衩	112
qúndǎo	群岛	群島	254
qúnzi	裙子	裙子	114

R

Pinyin	Simplified	Traditional	Page
rǎn//fà	染发	染髮	172
rǎn//fà	染发	染髮	172
rè	热	熱	253
rèdàiyú	热带鱼	熱帶魚	243
règǒu	热狗	熱狗	95
rèqiǎokèlì	热巧克力	熱巧克力	80,109
rèqíng	热情	熱情	62
rén	人	人	52
réngōng hūxī	人工呼吸	人工呼吸	229
Rénmínbì	人民币	人民幣	133
rénshēn jītāng	人参鸡汤	人參雞湯	106
rénxíng héngdào	人行横道	人行橫道	146
rénxíngdào	人行道	人行道	146
rénzào wèixīng	人造卫星	人造衛星	256
rì	日	日	251
Rìběn	日本	日本	23
Rìběn jìngtǐng	日本竞艇	日本競艇	194
Rìběn liàolǐ	日本料理	日本料理	96
Rìběn liàolǐdiàn	日本料理店	日本料理店	96
Rìběn pípa	日本琵琶	日本琵琶	169
Rìběn sàitǐng	日本赛艇	日本賽艇	194
Rìběnjiǔ	日本酒	日本酒	96
Rìbì	日币	日幣	133
rìcháng shēnghuó	日常生活	日常生活	60
rìguāngdēng	日光灯	日光燈	220
Rìjù	日剧	日劇	178
Rìshì liángmiàn	日式凉面	日式涼麵	96
Rìwén	日文	日文	75
Rìyuán	日圆	日圓	133
róudào	柔道	柔道	200
róushùnjì	柔顺剂	柔順劑	39
ròu	肉	肉	76
ròugēngmiàn	肉羹面	肉羹麵	82
ròulèi	肉类	肉類	70
ròupái	肉排	肉排	77
ròupiàn	肉片	肉片	77
ròusī	肉丝	肉絲	77
ròuwán	肉丸	肉丸	77
ròuxiàn	肉馅	肉餡	77
ròuyuán	肉圆	肉圓	82
rǔluò	乳酪	乳酪	95
rǔniú	乳牛	乳牛	236
rǔzhìpǐn	乳制品	乳製品	70
rùjìng biǎogé	入境表格	入境表格	157
rùjìng dàtīng	入境大厅	入境大廳	154
rùkǒu	入口	入口	150
rùxué kǎoshì	入学考试	入學考試	211
ruǎndiàn	软垫	軟墊	176
ruǎnzuò	软座	軟座	151
rùnfà	润发	潤髮	42
rùnfàrǔ	润发乳	潤髮乳	42
rùnfàyè	润发液	潤髮露	42
rùnfūlù	润肤露	潤膚露	42
rùnsījīng	润丝精	潤絲精	42

S

Pinyin	Simplified	Traditional	Page
S hào	S号	S號	123
sǎ	撒	撒	101
sāshuǐqì	洒水器	洒水器	35
sàkèsī	萨克斯	薩克斯	166
sàkèsīfēng	萨克斯风	薩克斯風	166
sāi	鳃	鰓	79
sāihóng	腮红	腮紅	43
sàichē	赛车	賽車	183
sān	三	三	132
sān-D diànyǐng	3D电影	3D電影	174
sānbēijī	三杯鸡	三杯雞	85
sānfēnxiàn	三分线	三分線	186
sānhéyuàn	三合院	三合院	28
sānjí tiàoyuǎn	三级跳远	三級跳遠	196
sānjiǎojīn	三角巾	三角巾	230
sānjiǎoxíng	三角形	三角形	214
sānlèishǒu	三垒手	三壘手	188
sānmíngzhì	三明治	三明治	90
sānwèixiàn	三味线	三味線	169
sānwēnnuǎn	三温暖	三溫暖	161,173,176
sānwényú	三文鱼	三文魚	242
sānwényúpiàn	三文鱼片	三文魚片	78
sānxiánqín	三弦琴	三弦琴	169
sānyècǎo	三叶草	三葉草	244
Sānyuè	三月	三月	250
sānzhèn	三振	三振	189
sǎn	伞	傘	117
sǎnbǐng	伞柄	傘柄	117
sǎngǔ	伞骨	傘骨	117
sāngná zhōngxīn	桑拿中心	桑拿中心	161
sāngnáyù	桑拿浴	桑拿浴	173,176
sǎngzi téng	嗓子疼	嗓子疼	224
sǎo//dì	扫地	掃地	61
sǎomiáoyí	扫描机	掃描機	217
sǎomiáoyí	扫描仪	掃描儀	217
sǎo//mù	扫墓	掃墓	121
sǎozi	嫂子	嫂子	55
sàobǎ	扫把	掃把	39
sèlāchā	色拉叉	色拉叉	98
sèlāchí	色拉匙	色拉匙	99
sèlāpán	色拉盘	色拉盤	99
sèlāyóu	色拉油	色拉油	102
sēnlín	森林	森林	24
sēnlín dàhuǒ	森林大火	森林大火	255
shābù	纱布	紗布	230
shāchájiàng	沙茶酱	沙茶醬	103
shāchē	刹车	煞車	149
shāchuí	沙锤	沙錘	167
shāfā	沙发	沙發	37,170
shākēng	沙坑	沙坑	196
shālā	沙拉	沙拉	90
shālāchā	沙拉叉	沙拉叉	98
shālāchí	沙拉匙	沙拉匙	99
shālāpán	沙拉盘	沙拉盤	99
shālāyóu	沙拉油	沙拉油	102
shālíng	沙铃	沙鈴	167
shāmō	沙漠	沙漠	254
shāqiū	沙丘	沙丘	254
shāqiú	杀球	殺球	187,191
shāshì	沙士	沙士	80
shātān páiqiú	沙滩排球	沙灘排球	185
shātáng	砂糖	砂糖	102
shāyú	鲨鱼	鯊魚	242
shān	山	山	24
shānbēng	山崩	山崩	255
shāncháhuā	山茶花	山茶花	244
shāngǔ	山谷	山谷	24
shānhú	珊瑚	珊瑚	243
shānhújiāo	珊瑚礁	珊瑚礁	254
shānhuǒ	山火	山火	255
shānshù	杉树	杉樹	245
shānyáng	山羊	山羊	236
shǎndiàn	闪电	閃電	252
shànbèi	扇贝	扇貝	79
shànbiàn	善变	善變	62
shànxíng	扇形	扇形	214
shànyú	鳝鱼	鱔魚	78
shànzi	扇子	扇子	120
shāngrén	商人	商人	66
shāngwù zhōngxīn	商务中心	商務中心	161
shāngwùcāng	商务舱	商務艙	159
shāngxué	商学	商學	210
shāngyèxué	商业学	商業學	210
shǎng//niǎo	赏鸟	賞鳥	164
shàng cèsuǒ	上厕所	上廁所	61
shàng//bān	上班	上班	140
shàng//cài	上菜	上菜	88

Index

shàngchuáng shuìjiào 上床睡觉 上床睡覺	61	
shàngdōupō 上陡坡	152	
Shànghǎi 上海 上海	23	
shàng//kè 上课 上課	205	
shàng//wǎng 上网 上網	165	
shàng//xué 上学 上學	204	
shāobǐng 烧饼	83	
shāobǐng 烧饼	83	
shāokǎo 烧烤 燒烤	100	
shāoluòqí 烧烤器 燒烤器	218	
sháozi 勺子 勺子	46	
Shàolín gōngfu 少林功夫 少林功夫	201	
Shàolínsì 少林寺 少林寺	201	
shàoxīngjiǔ 绍兴酒 紹興酒	81	
shàozi 哨子	136	
shé 蛇 蛇	246	
shèhuìxué 社会学 社會學	210	
shè//jiàn 射箭 射箭	182	
shè//mén 射门 射門	192	
Shèshǒuzuò 射手座 射手座	258	
shètuán huódòng 社团活动 社團活動	211	
shèyǐng 摄影 攝影	164	
shēn lǎnyāo 伸懒腰 伸懶腰	59	
shēncái 身材 身材	62	
shēnfènzhèng 身分证 身分證	131,142	
shēnfènzhèng 身份证 身份證	131,142	
shēngāo xiànzhì 身高限制 身高限制	174	
shēnsè 深色 深色	122	
shēntǐ 身体 身體	56	
shēntǐ rǔyè 身体乳液 身體乳液	42	
shēntǐ rǔyì 身体乳液 身體乳液	42	
shénshè 神社 神社	27	
shényuèdí 神乐笛 神樂笛	169	
shēnshen 婶婶 嬸嬸	54	
shēng 笙 笙	168	
shēng//bìng 生病 生病	224	
shēngcài 生菜 生菜	74	
shēngchūnjuǎn 生春卷 生春捲	107	
shēnghuó 生活 生活	28	
shēnghuó yòngpǐn 生活用品 生活用品	71	
shēnghuó zázhǐ 生活杂志 生活雜誌	38	
shēngpíjiǔ 生啤酒 生啤酒	80	
shēng//qì 生气 生氣	62	
shēngrì dàngāo 生日蛋糕 生日蛋糕	28	
shēngrì lǐwù 生日礼物 生日禮物	29	
shēngwù 生物 生物	210	
shēngxiào 生肖 生肖	246	
shēngyúpiàn 生鱼片 生魚片	97	
shēngzhí 升职 昇職	141	
shěnglüèhào 省略号 省略號	215	
Shèngdàn lǎorén 圣诞老人 聖誕老人	27	
shèngdànhóng 圣诞红 聖誕紅	245	
shèngdànjié 圣诞节 聖誕節	27	
shīmùyú 虱目鱼	78	
shīshǒujin 湿手巾	97	
shīwù zhāolǐngchù 失物招领处 失物招領處	128	
shīzhǐjīn 湿纸巾	97	
shīzi 狮子 獅子	237	
Shīzizuò 狮子座 獅子座	258	
shí 十 十	132	
shíbānyú 石斑鱼 石斑魚	78	
shíbǔ 食补 食補	232	
shícái 食材 食材	90	
Shí'èryuè 十二月 十二月	250	
Shí'èryuè sānshíyī hào 十二月三十一号 十二月三十一號	251	
Shí'èryuè sānshíyī rì 十二月三十一日	251	
shíguō bànfàn 石锅拌饭 石鍋拌飯	106	
shíjiān 时间 時間	251	
shíkèbiǎo 时刻表 時刻表	150	
shíliáo 食疗 食療	233	
shítáng 食堂	207	
shíxiàng quánnéng 十项全能 十項全能	197	
Shíyīyuè 十一月 十一月	250	
Shíyuè 十月 十月	250	
shízhǐ 食指 食指	56	
shízhōng 时钟 時鐘	36	
shízi lùkǒu 十字路口 十字路口	146	
shíchǐpǐn 试吃品 試吃品	70	
shìhǎo 嗜好 嗜好	183	
shìjiè 世界 世界	22	
Shìjiè bàngqiú jīngdiǎnsài 世界棒球经典赛 世界棒球經典賽	189	
Shìjièbēi zúqiúsài 世界杯足球赛 世界盃足球賽	192	
Shìlín Yèshì 士林夜市 士林夜市	25	
shìnèi tǐcāo 室内体操 室內體操	198	
shìnèi zìxíngchē 室内自行车 室內自行車	176	
shìpǐntān 饰品摊 飾品攤	116	
shìpǐntānr 饰品摊儿 飾品攤兒	135	
shìtīng yúlè xìtǒng 视听娱乐系统 視聽娛樂系統	158	
shìyòngqī 试用期	141	

shìyòngqī 试用期	141	
shìzhēn 螫针 螫針	238	
shìzi 柿子 柿子	72	
shōujiànrén dìzhǐ 收件人地址	138	
shōujù 收据 收據	71	
shōuxìnrén dìzhǐ 收信人地址	138	
shōuyǎng dēngjì 收养登记 收養登記	142	
shōuyíntái 收银台 收銀台	71	
shōuyínyuán 收银员 收銀員	71	
shǒu 手	56	
shǒubiǎo 手表 手錶	116	
shǒudǎng 手挡	149	
shǒudiàntǒng 手电筒 手電筒	221	
Shǒu'ěr 首尔	23	
shǒufēngqín 手风琴 手風琴	167	
shǒujī 手机 手機	139	
shǒujī diàoshì 手机吊饰 手机吊飾	139	
shǒujī língshēng 手机铃声 手機鈴聲	139	
shǒukào 手铐 手銬	136	
shǒuliàn 手链 手鍊	116	
shǒuményuán 守门员 守門員	193	
shǒupà 手帕 手帕	117	
shǒuqiāng 手枪 手槍	136	
shǒuqiú 手球 手球	184,193	
shǒushùshì 手术室 手術室	226	
shǒutào 手套 手套	117,188	
shǒutuīchē 手推车 手推車	70,154	
shǒuxiàng 手相 手相	259	
shǒuxù 手续 手續	139	
shǒuzhǎng 手掌 手掌	56	
shǒuzhǐ 手指 手指	56	
shǒuzhǐ 手指 手指	41	
shǒuzhuó 手镯 手鐲	116	
shòu 瘦 瘦	63	
shòupiàochù 售票处 售票處	150,174	
shòusī 寿司 壽司	96	
shòuxǐshāo 寿喜烧 壽喜燒	96	
shòuxīng 寿星 壽星	28	
shūbàotān 书报摊	134	
shūbàotíng 书报亭	134	
shūcài 蔬菜 蔬菜	70,74	
shūdǎng 书挡 書擋	45	
shūdǎo 书道 書道	165	
shūdiàn 书店 書店	127	
shūfǎ 书法 書法	165	
shūguì 书柜 書櫃	36	
shūjià 书架 書架	209,216	
shūmíng 书名 書名	216	
shūshu 叔叔	54	
shū//xiě 输血 輸血	229	
shū//xuè 输血 輸血	229	
shū//yè 输液 輸液	228	
shūzhuāngtái 梳妆台 梳妝臺	45	
shūzi 梳子 梳子	40	
shúshí 熟食 熟食	71	
shúshídiàn 熟食店 熟食店	127	
shūshu 叔叔	54	
shǔbiāo 鼠标	218	
shǔbiāodiàn 鼠标垫	218	
shǔtiáo 薯条 薯條	95	
shùdì 竖笛	166	
shùjùjī 数据机	218	
shùlín 树林 樹林	24	
shùqín 竖琴 豎琴	167	
shùxué 数学 數學	210	
shùzhí yǐbēi 竖直椅背	159	
shùzì 数字 數字	132	
shuā//yá 刷牙 刷牙	61	
shuāzi 刷子 刷子	221	
shuāi//jiāo 摔跤 摔跤	58,201	
shuāijiǎo 摔角	201	
shuànshuànguō 涮涮锅 涮涮鍋	97	
shuāng 霜 霜	252	
shuāngcéng bāshì 双层巴士 雙層巴士	148	
shuāngdá 双打 雙打	190	
shuānggàng 双杠 雙槓	198	
shuānghuángguǎn 双簧管 雙簧管	166	
shuāngrénfáng 双人房 雙人房	160	
shuāngxiàng jiāotōng 双向交通	152	
shuāngxiàngdào 双向道	152	
Shuāngyúzuò 双鱼座 雙魚座	258	
shuǐcáo 水槽 水槽	47	
shuǐdǐ qūgūnqiú 水底曲棍球 水底曲棍球	194	
shuǐdiàngōng 水电工 水電工	65	
shuǐdǒu 水斗	224	
shuǐguǎn 水管 水管	137	
shuǐguǒ 水果 水果	70,72	
shuǐguǒtān 水果摊儿 水果摊兒	126,134	
shuǐguǒtānr 水果摊儿	134	

shuǐjiǎo 水饺 水餃	83	
shuǐliáo 水疗 水療	173	
shuǐlóngtóu 水龙头 水龍頭	41	
shuǐmǔ 水母 水母	242	
shuǐpáo 水疱	224	
Shuǐpíngzuò 水瓶座 水瓶座	258	
shuǐqiú 水球 水球	194	
shuǐshàng bālěi 水上芭蕾 水上芭蕾	194	
shuǐshàng dúmùzhōu 水上独木舟 水上獨木舟	195	
shuǐshàng mótuō 水上摩托	195	
shuǐshàng mótuōchē 水上摩托车	195	
shuǐshàng yùndòng 水上运动 水上運動	194	
shuǐtǒng 水桶 水桶	221	
shuǐxiān 水仙 水仙	244	
shuǐxiāng 水箱 水箱	41	
Shuǐxīng 水星 水星	256	
shuì//jiào 睡觉 睡覺	60	
shuìyī 睡衣 睡衣	115	
shùnkǒu 顺口 順口	81	
shuòshì 硕士 碩士	205	
sī·guā 丝瓜 絲瓜	74	
sījī 司机 司機	64	
sījīn 丝巾 絲巾	116	
sīlì xuéxiào 私立学校 私立學校	204	
sīwǎ 丝袜 絲襪	119	
sǐqù 死去 死去	53	
sǐwáng dēngjì 死亡登记 死亡登記	142	
sǐwáng zhèngmíng 死亡证明 死亡證明	142	
sì 四 四	132	
sìhéyuàn 四合院 四合院	28	
sìhuánqiú bǎosòng 四环球保送 四壞球保送	189	
sìjiǎokù 四角裤 四角褲	114	
sìmiào 寺庙 寺廟	27	
Sìyuè 四月 四月	250	
sōngbǐng 松饼	95	
sōngbǐng 鬆餅	95	
sōngshǔ 松鼠 松鼠	236	
sōngshù 松树 松樹	247	
sōusuǒ yǐnqíng 搜索引擎	219	
sōuxún yǐnqíng 搜尋引擎	219	
sùdù huáb̄īng 速度滑冰	198	
sùjiāodài 塑胶袋 塑膠袋	71	
sùliàodài 塑料袋 塑料袋	71	
sùróng kāfēi 速溶咖啡	109	
sùsè 素色 素色	123	
sùshè 宿舍 宿舍	207	
sùshídiàn 速食店	94	
sùxī 溯溪 溯溪	183	
suān 酸 酸	104	
suānhuáng·guā 酸黄瓜 酸黃瓜	94	
suānlàtāng 酸辣汤 酸辣湯	84,106	
suānnǎi 酸奶	80	
suānyǔ 酸雨 酸雨	255	
suàn 蒜	75	
suànmìngshī 算命师 算命師	259	
suàntóu 蒜头 蒜頭	75	
suíhé 随和 隨和	62	
suíshēn xínglǐ 随身行李	156	
suíshēn xínglǐ 隨身行李	156	
suíshēndié 随身碟	219	
sūnzi 孙子 孫子	55	
suǒwēi juǎnjuàn 缩微胶卷	217	
suǒwēi juǎnpiàn 縮微捲片	217	
suǒ 锁 鎖	34	
suǒnà 唢呐 嗩吶	168	

T-xù T恤	114	
tǎluópái 塔罗牌 塔羅牌	259	
tǎtái 塔台 塔台	155	
tàtàmǐ 榻榻米 榻榻米	96	
Táiběi 台北 臺北	23	
Táiběi Gùgōng 台北故宫 臺北故宮	25	
Táiběi Yīlíngyī 台北101 臺北101	25	
táidēng 台灯 檯燈	44	
táifēng 台风 颱風	252	
táiqiú 台球	170,185	
táiqiúgǎn 台球杆	170	
táiquándào 跆拳道 跆拳道	200	
táishì diànnǎo 台式电脑	218	
Táiwān 台湾 臺灣	23	
tàibáifěn 太白粉 太白粉	103	
Tàiguó cāntīng 泰国餐厅 泰國餐廳	106	
tàijíquán 太极拳 太極拳	200	
tàikōngchuán 太空船	257	
Tàikōngzhàn 太空站	257	
Tàipíngyáng 太平洋 太平洋	22	
Tàiquán 泰拳 泰拳	200	
Tàishì chǎohéfěn 泰式炒河粉 泰式炒河粉	107	
Tàishì gālífàn 泰式咖哩饭	106	

Tàishì kālífàn 泰式咖哩飯	106	
tàitai 太太	55	
tàiyáng 太阳 太陽	252,256	
tānfàn 摊贩 攤販	134	
tānwèi 摊位 攤位	134,175	
tánzi 毯子 毯子	127,134	
tánliqiú 弹力球 彈力球	176	
tāng 汤 湯	88,90	
tāngchí 汤匙 湯匙	98	
tāngmiàn 汤面 湯麵	91	
tāngpán 汤盘 湯盤	99	
tāngcùròu 糖醋肉	84	
tángcùyú 糖醋鱼 糖醋魚	85	
tángdì 堂弟 堂弟	55	
tánggē 堂哥 堂哥	55	
tánghúlu 糖葫芦 糖葫蘆	82	
tángjiě 堂姐 堂姊	55	
tángláng 螳螂 螳螂	238	
tángláng shǒubì 螳螂手臂 螳螂手臂	238	
tánglángquán 螳螂拳 螳螂拳	201	
tángmèi 堂妹 堂妹	55	
tángzhuāng 唐装 唐裝	113	
tǎng 躺 躺	59	
tǎngyǐ 躺椅 躺椅	39	
tàng 烫 燙	100	
tàng//fà 烫发 燙髮	172	
tàng//fà 烫发 燙髮	172	
tàngyībǎn 烫衣板 燙衣板	39	
tāozi 桃子 桃子	72,247	
tǎolùnquī 讨论区 討論區	219	
tào quānquān 套圈圈	175	
tàocān 套餐 套餐	88,96	
tàoquán 套装 套裝	175	
tàozhuāng 套装 套裝	114	
tèděng chēxiāng 特等车厢 特等車廂	150	
tī 踢 踢	58	
tīxíng 梯形 梯形	214	
tīhú 鹈鹕 鵜鶘	241	
tí/kuǎn 提款 提款	130	
tíkuǎnkǎ 提款卡	131	
tǐcāo 体操 體操	198	
tǐwēnjì 体温计 體溫計	230	
tǐyù 体育 體育	182,210	
tǐyùguǎn 体育馆 體育館	207	
tǐzhòngchèng 体重秤 体重秤	42	
tǐzhòngjì 體重計	42	
tìxūdāo 剃须刀	40	
Tiānchèngzuò 天秤座 天秤座	258	
tiānchuāng 天窗 天窗	34	
tiān'é 天鹅 天鵝	240	
tiānfùluó 天妇罗 天婦羅	97	
tiānhuābǎn 天花板 天花板	36	
tiānqì 天气 天氣	252	
tiānqì yùbào 天气预报 天氣預報	253	
tiānqiáo 天桥 天橋	146	
Tiānwángxīng 天王星 天王星	256	
tiānwén 天文 天文	210	
tiānwéntái 天文台 天文臺	257	
Tiānxiēzuò 天蝎座 天蠍座	258	
tián 甜 甜	104	
tián zīliào 填资料 填資料	228	
tiándiǎnchā 甜点叉 甜點叉	99	
tiánjìng bǐsài 田径比赛	196	
tiánliàojiǔ 甜料酒	103	
tiántiánquán 甜甜圈 甜甜圈	94	
tiáojiǔshī 调酒师 調酒師	170	
tiáolǐfǎ 调理法	30	
tiáolitái 调理台	47	
tiáoliào 调料	102	
tiáosèpán 调色盘 調色盤	213	
tiáowèiliào 調味料	102	
tiáowén 条纹 條紋	123	
tiáozhī yǐbèi 调直椅背	159	
tiáozhì jiětiáoqì 调制解调器	218	
tiào 跳 跳	58	
tiào//cáo 跳槽 跳槽	141	
tiàogāo 跳高 跳高	196	
tiàomǎ 跳马 跳馬	199	
tiàosǎn 跳伞 跳傘	182	
tiàoshéng 跳绳 跳繩	199	
tiào//shuǐ 跳水 跳水	194	
tiào//wǔ 跳舞 跳舞	164	
tiàoyuǎn 跳远 跳遠	196	
tiàozǎo 跳蚤 跳蚤	239	
tiàozao 跳蚤 跳蚤	239	
tiēbù 贴布 貼布	231	
tiězhǐ 贴纸 貼紙	213	
tiěchuāng 铁窗 鐵窗	32	
tiědīng 铁钉 鐵釘	220	

tīng yīnyuè 听音乐 聽音樂		
tīngxiě 听写 聽寫	211	
tīngzhěnqì 听诊器 聽診器	230	
tíngchē ràng xíng 停车让行	152	
tíngchē zài kāi 停车再開	152	
tíngchēchǎng 停车场 停車場	153	
tíngchēwèi 停车位 停車位	147	
tíngzhǐxiàn 停止线 停止線	153	
tōngxùn 通讯 通訊	138	
tóngpái 铜牌 銅牌	197	
tóngpán kǎoròu 铜盘烤肉 銅盤烤肉	106	
tóngxiàng 铜像 銅像	206	
tóngzhuāngbù 童装部 童裝部	128	
tóu 头 頭	56	
tóuděngcāng 头等舱 頭等艙	159	
tóufà 头发 頭髮	56	
tóujīn 头巾 頭巾	116	
tóuqiú 头球	193	
tóushǒu 投手 投手	188	
tóushǒubǎn 投手板 投手板	188	
tóuténg 头疼	224	
tóutòng 头痛 頭痛	224	
tóuyǐngjī 投影机 投影機	224	
tóu//yūn 头晕 頭暈	224	
tòutiāncuò 透天厝	28	
tūjiù 秃鹫 禿鷲	241	
tūtóu 秃头 禿頭	63	
tūyīng 秃鹰 禿鷹	241	
tūyīng yǔyì 秃鹰羽翼 禿鷹羽翼	241	
túdīng 图钉 圖釘	212	
túshū guǎnlǐyuán 图书管理员 圖書管理員	216	
túshūguǎn 图书馆 圖書館	207,216	
túdòu 土豆	74	
túshíliú 土石流	255	
Tǔxīng 土星 土星	256	
tù 兔 兔	246	
tuányuánfàn 团圆饭 團圓飯	29	
tuī qiānqiú 推铅球 推鉛球	196	
tuīná 推拿 推拿	173,233	
tuìtè 推特	219	
tuǐ 腿 腿	56	
tuì//fáng 退房 退房	160	
tuì//shuì 退税 退稅	143	
tuì//xué 退学 退學	211	
tuō 脱 脫	60	
tuōbǎ 拖把 拖把	39	
tuō//dì 拖地 拖地	61	
tuō//qiú 托球 托球	187	
tuōxié 拖鞋 拖鞋	44,119	
tuōyèsǎn 拖曳伞 拖曳傘	195	
tuōfēng 驼峰 駝峰	237	
tuóniǎo 鸵鸟 鴕鳥	241	
tuǒyuánxíng 椭圆形 橢圓形	214	

U

U-pán U盘	219	

W

wāshì 蛙式	194	
wāyǒng 蛙泳	194	
wǎsīlú 瓦斯爐	46	
wàzi 袜子 襪子	119	
wàibì 外币 外幣	133	
wàibì duìhuàn 外币兑换 外幣兌換	130	
wàibì duìhuànchù 外币兑换处 外幣兌換處	154	
wàidài 外带	94	
wàigōng 外公 外公	54	
wàiguān 外观 外觀	34	
wàikē yīshēng 外科医生 外科醫生	226	
wàimàidiàn 外卖店 外賣店	89	
wàipí 外皮	83	
wàipó 外婆 外婆	54	
wàishēng 外甥	55	
wàishēngnǚ 外甥女	55	
wàitào 外套 外套	115	
wàiwénshū 外文书 外文書	216	
wàiyě 外野 外野	188	
wàiyòngyào 外用药 外用藥	231	
wàiyǔ 外语 外語	210	
wán yóuxì 玩游戏 玩遊戲	61	
wángù 顽固 頑固	62	
wánjùbù 玩具部 玩具部	128	
wánjùdiàn 玩具店 玩具店	127	
wǎn 碗 碗	98	
wǎnchǎng 晚场 晚場	178	
wǎn//cān 晚餐 晚餐	156	

wǎnjià 碗架 碗架	46	
wàn 万 萬	132	
Wànlǐ Chángchéng 万里长城 萬里長城	24	
Wànshèngjié qiánxī 万圣节前夕	27	
Wànshèngjié qiánxī 萬聖節前夕	27	
wǎngānpiào 往返票	150	
wǎngjì wǎnglù 网际网路	219	
wǎngkǎ 网卡	218	
wǎnglùkǎ 網路卡	218	
wǎngqiú 网球 網球	184,190	
wǎngqiúchǎng 网球场 網球場	207	
wǎngyè 网页 網頁	219	
wǎngzhàn 网站 網站	219	
wǎngzhuàng biāoxiàn 网状标线 網狀標線	153	
wàngyuǎnjìng 望远镜 望遠鏡	257	
wēibōlú 微波炉	46	
wēibó 微博	219	
wēishìjì 威士忌 威士忌	81	
wēisuō juǎnpiàn 微缩卷片	217	
wéibōlú 微波爐	46	
wéijīn 围巾 圍巾	116	
wéilán 围栏 圍欄	35	
wéiqiáng 围墙 圍牆	32	
wéiqún 围裙 圍裙	46	
wéiyú 鲔鱼	242	
wéiyúpiàn 鲔鱼片	78	
wèi 胃 胃	225	
wèicéng 味噌	103	
wèicéngtāng 味噌汤	97	
wèi·dào 味道 味道	104	
wèi·dào qiángliè 味道强烈	104	
wèi·dào zhòng 味道重	104	
wèijīng 味精 味精	102	
wèilín 味醂	103	
wèishēngjiān 卫生间	40	
wèishēngjiān yòngpǐn 卫生间用品	42	
wèishēngkuài 卫生筷 衛生筷	97	
wèishēngzhǐ 卫生纸	41	
wèixīng 卫星 衛星	256	
wèixīng tiānxiàn 卫星天线 衛星天線	34	
wēndù 温度 溫度	253	
wēnquán 温泉 溫泉	173	
wēnyì 瘟疫 瘟疫	255	
wénjiànguī 文件柜 文件櫃	140	
wénjiànjiā 文件夹	140,213	
wénjiànjiā 文件夾	140,213	
wénjù 文具 文具	212	
wénxué 文学 文學	210	
wénzi 蚊子 蚊子	238	
wènhào 问号 問號	214	
wènxùnchù 问讯处	129	
wèn//zhěn 问诊 問診	228	
wōniú 蜗牛	239	
wòpāi 握拍 握拍	190	
wòshì 卧室 臥室	44	
Wòtàihuá 渥太华 渥太華	22	
wūdǐng 屋顶 屋頂	34	
wūguī 乌龟 烏龜	247	
wūlóngchá 乌龙茶 烏龍茶	108	
wūyā 乌鸦 烏鴉	240	
wūyú 乌鱼 烏魚	78	
wūyú zǐjiàng 乌鱼子酱 烏鴉嘴巴	240	
wūyúzǐ 乌鱼子 烏魚子	79	
wūzéi 乌贼 烏賊	78	
wúgōng 蜈蚣 蜈蚣	239	
wúguǐ diànchē 无轨电车 無軌電車	148	
wúmíngzhǐ 无名指 無名指	56	
wúwěixióng 無尾熊	236	
wúxiàn shàngwǎngqū 无线上网区 無線上網區	156	
wúzhàng'ài 无障碍区 無障礙區	187	
wǔ 五 五	132	
wǔchí 舞池 舞池	170	
wǔdǎpiàn 武打片 武打片	178	
wǔdǎojiā 舞蹈家 舞蹈家	67	
wǔdǎojiā 舞蹈家	67	
wǔhuāròu 五花肉 五花肉	77	
wǔshēng 武生 武生	179	
wǔshì lǐfú 武士礼服 武士禮服	121	
wǔshù 武术 武術	200	
wǔtái 舞台 舞臺	170	
wǔtáijù 舞台剧 舞臺劇	179	
wǔxiū 午休 午休	140	
wǔyèchǎng 午夜场 午夜場	178	
Wǔyuè 五月 五月	250	
wù 雾 霧	252	
wù//diǎn 误点 誤點	156	
wùlǐ 物理 物理	210	
wùlǐ liáofǎ 物理疗法 物理療法	231	
wùyīng 兀鹰 兀鷹	241	

Index

X

X guāng jiǎncèjī	X光检测仪 X光檢測機	156
XL hào	XL号 XL號	123
xīcāntīng	西餐厅 西餐廳	92
xīchénqì	吸尘器 吸塵器	38
xīfú	西服	114
xīguā	西瓜 西瓜	72
xīguǎn	吸管 吸管	94
xīhóngshì	西红柿	75
Xīní	悉尼	23
xīniú	犀牛	237
xīniú jiǎo	犀牛角 犀牛角	237
xīshēngdǎ	牺牲打 犧牲打	188
xīshì fúzhuāng	西式服装 西式服裝	114
xīshuài	蟋蟀 蟋蟀	238
xīyángjiàn	西洋剑	200
xīyī	蜥蜴 蜥蜴	239
xīzhuāng	西装 西裝	114
xífù	媳妇 媳婦	55
xǐ	洗 洗	60
xǐ tóu(fǎ)	洗头(髮)	172
xǐ yīfu	洗衣服 洗衣服	60
xǐfàjīng	洗髮精	172
xǐfàshuǐ	洗发水	172
xǐliǎnjīng	洗洁精	49
xǐ//liǎn	洗脸 洗臉	61
xǐliǎnpén	洗脸盆 洗臉盆	42
xǐmiànnǎi	洗面奶	42
xǐmiànrǔ	洗面乳	42
xǐshǒujiān	洗手间 洗手間	206
xǐ//tóu(fǎ)	洗头 (发)	172
xǐ//wǎn	洗碗 洗碗	60
xǐwǎnbù	洗碗布	49
xǐwǎnjī	洗碗机 洗碗機	47
xǐwǎnjīng	洗碗精	49
xǐyījī	洗衣机 洗衣機	39
xǐyījīng	洗衣精	39
xǐyīlán	洗衣篮 洗衣籃	42
xǐyīwǎng	洗衣网 洗衣網	39
xǐyīyè	洗衣液	39
xǐ//zǎo	洗澡 洗澡	60
xìjù	戏剧 戲劇	178
xìzhǔrèn	系主任 系主任	205
xiā	虾 蝦	79
xiābǐng	虾饼 蝦餅	107
xiáwān	峡湾 峽灣	254
xià guójì xiàngqí	下国际象棋	164
xià xīyángqí	下西洋棋	164
xià xiàngqí	下象棋 下象棋	164
xiàbā	下巴 下巴	56
xiàbǎi	下摆 下擺	113
xià//bān	下班 下班	140
xiàdǎoupó	下陡坡	152
xià//kè	下课 下課	204
xiàrì jìdiǎn	夏日祭典 夏日祭典	121
xiàshǒu jiēqiú	下手接球 下手接球	187
xiàtiān	夏天 夏天	253
xiānsheng	先生 先生	55
xiānyúdiàn	鲜鱼店	126
xián	咸 鹹	104
xiánsūjī	咸酥鸡	82
xiánjiàngpō	陷降坡	152
xiánshēngpō	陷升坡	152
xiàn	馅	83
xiànbǐng	馅饼 餡餅	91
xiànchǎng biǎoyǎn	现场表演 現場表演	174
xiànjīn	现金 現金	71
xiànshí zhuǎnsòng	限时专送	138
xiāngbīn	香槟 香檳	81
xiāngcháng	香肠 香腸	77
xiānggū	香菇 香菇	75
xiāngjiāo	香蕉 香蕉	72
xiāngjiāochuán	香蕉船 香蕉船	195
xiāngpiàn	香片 香片	108
xiāngshuǐ	香水 香水	42
xiāngyóu	香油 香油	102
xiāngzào	香皂 香皂	42
xiǎngbǎn	响板 響板	167
xiàngbí	象鼻 象鼻	237
xiàngkuāng	相框 相框	44
xiàngliàn	相链 相鏈	44
xiàngliàn	项链 項鍊	116
xiàngpí	橡皮	208
xiàngpícā	橡皮擦	208
xiàngpiàn	相片 相片	44
xiàngrìkuí	向日葵 向日葵	244
xiàngshēng	相声 相聲	165
xiàngyá	象牙 象牙	237
xiāo	削 削	101
xiāo	萧 簫	168
xiāodú yàoshuǐ	消毒药水 消毒藥水	230
xiāofáng	消防 消防	136
xiāofángchē	消防车 消防車	137,148
xiāofángduì	消防队 消防隊	137
xiāofángshuān	消防栓 消防栓	127
xiāofángyuán	消防员 消防員	64,137
xiāopídāo	削皮刀 削皮刀	48
xiāoqiānbǐ	削铅笔机 削鉛筆機	212
xiāoqiú	削球 削球	191
xiāoyè	宵夜 宵夜	134
xiǎocài	小菜 小菜	89
xiǎocài guìtái	小菜柜台	135
xiǎocàiguì	小菜櫃	135
xiǎochī	小吃 小吃	82
xiǎochīdiàn	小吃店 小吃店	88,174
xiǎochītān	小吃摊 小吃攤	89
xiǎochītānr	小吃摊儿	135
xiǎochǒuyú	小丑鱼 小丑魚	243
xiǎo'érkē	小儿科 小兒科	226
xiǎofèi	小费 小費	89
xiǎofèixiāng	小费箱 小費箱	93
xiǎoguāhào	小括号	214
xiǎoháir	小孩	52
xiǎoháir	小孩儿	52
xiǎohào	小号	166
xiǎojiādiànbù	小家电部 小家電部	128
xiǎokuòhào	小括号	214
xiǎolǎoshǔ	小老鼠	215
xiǎolóngbāo	小笼包 小籠包	83
xiǎosàichē	小赛车 小賽車	175
xiǎoshuō	小说 小說	216
xiǎotān	小摊	175
xiǎotíqín	小提琴 小提琴	167
xiǎotōu	小偷 小偷	136
xiǎoxué	小学 小學	204
xiǎoyángtái	小阳台 小陽臺	35
xiǎoyángtuǐ	小羊腿 小羊腿	76
xiǎoyúhào	小于号 小於號	214
xiǎozhǐ	小指 小指	56
xiǎozǔ tǎolùn	小组讨论 小組討論	211
xiào	笑 笑	62
xiàomén	校门 校門	206
xiàoyǒu	校友 校友	204
xiàoyuán	校园 校園	206
xiàoyuán shēnghuó	校园生活 校園生活	210
xiàozhǎng	校长 校長	204
xiàozhǎngshì	校长室 校長室	206
xiēzi	蝎子 蠍子	239
xiēzi wěibù	蝎子尾部 蠍子尾部	239
xiédài	鞋带 鞋帶	119
xiéguì	鞋柜 鞋櫃	34
xiéjià	鞋架 鞋架	34
xiélèiqū	鞋类区 鞋類區	118
xiémào	鞋帽	118
xiézi	鞋子 鞋子	118
xiěxíng	血型	258
xiěyājì	血压计	230
xièzhuāngshuǐ	卸妆水	43
xièzhuāngyóu	卸妆油	43
Xīndélǐ	新德里	23
Xīnjiāpō	新加坡 新加坡	23
xīnlǐ fǔdǎoshì	心理辅导室	207
xīnnián	新年 新年	26
xīnnián dàojìshí	新年倒计时	29
xīnnián dàoshǔ	新年倒数	29
xīnshēng	新生 新生	204
xīnshuǐ	薪水	140
xīnshuǐ	薪水	140
xīn Táibì	新台币 新臺幣	133
xīnzàng	心脏 心臟	225
xīnzàngbìng	心脏病 心臟病	225
xìnfēng	信封 信封	138
xìnhào	信号 信號	152
xìnjiàn	信件 信件	138
xìnxiāng	信箱 信箱	33
xìnyòngkǎ	信用卡 信用卡	71,131
xīngfèn	兴奋 興奮	62
xīngqī'èr	星期二	250
xīngqīliù	星期六	250
xīngqīrì	星期日	250
xīngqīsān	星期三	250
xīngqīsì	星期四	250
xīngqīwǔ	星期五	250
xīngqīyī	星期一	250

xīngqīliù	星期六	250
xīngqīrì	星期日	250
xīngqīsān	星期三	250
xīngqīsì	星期四	250
xīngqīwǔ	星期五	250
xīngqīyī	星期一	250
xīngtú	星图 星圖	257
xīngxing	星星 星星	256
xīngyún	星云 星雲	257
xīngzuò	星座 星座	257,258
xíngdàoshù	行道树	146
xínglǐ	行李	154
xínglǐ bānyùnyuán	行李搬运员	154
xínglǐ diàopái	行李吊牌	156
xínglǐ shūsòngdài	行李输送带	155
xínglǐ tílǐngchù	行李提领处	154
xínglǐ tuīchē	行李推车	160
xínglǐ	行李	154
xínglǐ bānyùnyuán	行李搬运员	154
xínglǐ chuánsòngdài	行李传送带	155
xínglǐ diàopái	行李吊牌	156
xínglǐ jìcúnchù	行李寄存处	155
xínglǐ tuīchē	行李推车	160
xínglǐfáng	行李房	150,161
xínglǐjià	行李架	151,158
xínglǐyuán	行李员	160
xínglǐfáng	行李房	161
xínglǐjià	行李架	151,158
xínglǐyuán	行李员	160
xíngxīng	行星 行星	256
xíngzhèng fúwù	行政服务 行政服務	142
xíngzhuàng	形状 形狀	214
xìnggé	性格 性格	62
xiōng	胸 胸	56
xiōngbù tíngqiú	胸部停球 胸部停球	192
xiōngbù tuījǔ	胸部推举机 胸部推舉機	177
xiōnghuā	胸花 胸花	117
xiōngzhào	胸罩 胸罩	115
xiōngzhēn	胸针 胸針	117
xióng	熊 熊	237
xióngmāo	熊猫 熊貓	237
xiūxí	休息	61
xiūxí	休息	61
xiūxíshì	休息室	177
xiūxián	休闲 休閒	172
xiūxiánxié	休闲鞋	119
xiūzhèngyè	修正液	212
xiūzhèngyè	修正液	212
xiùhuāxié	绣花鞋 繡花鞋	112
xiùkòu	袖扣 袖扣	117
xiùlóng	袖笼 袖籠	113
xiùzi	袖子 袖子	114
xùjiè	续借 續借	216
xuánzhuǎnmén	旋转门 旋轉門	70
xuánzhuǎn mùmǎ	旋转木马 旋轉木馬	174
xuánzhuǎnqiú	旋转球 旋轉球	191
xuǎn yǐnliào	选饮料 選飲料	158
xuēzi	靴子 靴子	118
xuédào	穴道 穴道	232
xuédì	学弟 學弟	204
xuégē	学哥	204
xuéjiě	学姐 學姊	204
xuémèi	学妹 學妹	204
xuéqí	学期	210
xuéqī	学期	210
xuéshēngzhèng	学生证 學生證	143
xuéshì	学士 學士	205
xuéxiào	学校 學校	204
xuézhǎng	学长 學長	204
xuézhě	学者 學者	205
xuě	雪 雪	252
xuěbēng	雪崩 雪崩	255
Xuělí	雪梨	23
xuěshàng mótuōchē	雪上摩托车 雪上摩托車	198
xuěsōng	雪松 雪松	245
xuěxié	雪鞋 雪鞋	119
xuěyúpiàn	鳕鱼片	78
xuěyúpiànr	鳕鱼片儿	78
xuèxíng	血型	258
xuèyājì	血压计	230
xūn	熏 燻	101
xūnyīcǎo	薰衣草 薰衣草	244
xúnjǐng	巡警 巡警	136
xúnluóchē	巡邏車	136
xúnwènchù	询问处	129

Y

yāsuìqián	压岁钱 壓歲錢	26
yá	芽 芽	245

271

Pinyin	Simplified	Traditional	Page	Pinyin	Simplified	Traditional	Page	Pinyin	Simplified	Traditional	Page
yáchǐ	牙齿	牙齒	56	Yīyuè yī rì	一月一日	一月一日	251	yóumén	油门	油門	149
yágāo	牙膏	牙膏	40	yíbiǎopán	仪表板	儀表板	149	yóunì	油腻	油膩	104
yákē yīshēng	牙科医生	牙科醫生	226	yícìxìng kuàizi	一次性筷子	一次性筷子	97	yóupiào	邮票	郵票	138
yáqiān	牙签	牙籤	92	yícìxìng tāngchí	一次性汤匙	一次性汤匙	135	yóuqī	油漆	油漆	221
yáshuā	牙刷	牙刷	40	yícìxìng tāngwǎn	一次性汤碗	一次性汤碗	135	yóuqī gǔntǒng	油漆滚筒	油漆滾筒	221
yǎlíng	哑铃	啞鈴	177	yífu	姨父	姨父	54	yóuqīshuā	油漆刷	油漆刷	221
Yàzhōu	亚洲	亞洲	23	yímā	姨妈	姨媽	54	yóutiáo	油条	油條	83
yān	腌	醃	101	yíshī	遗失	遺失	217	yóutǒng	邮筒	郵筒	138
yāncōng	烟囱	煙囪	34	yíyí	姨姨	姨姨	54	yóuxìjī	游戏机	遊戲機	170
yānhuǒ	烟火	煙火	26	yízhàng	姨丈	姨丈	54	yóuxìtān	游戏摊	遊戲攤	134
yānhuǒ	烟火	煙火	26	yǐzi	椅子	椅子	209	yóuxìtānr	游戏儿	游戏儿	134
yānhuǒ dàhuì	烟火大会	煙火大會	121	yìbǎi kuài qián	一百块钱	一百塊錢	133	yóuxíng	游行	遊行	175
yānzì xiǎocài	腌渍小菜	醃漬小菜	97	Yìdàlì	意大利	意大利	22	yóu//yǒng	游泳	游泳	182
yán	盐	鹽	102	Yìdàlì	意大利	義大利	22	yóuyǒngchí	游泳池	游泳池	32,161
yánguàn	盐罐	鹽罐	92	Yìdàlì làcháng	意大利腊肠	意大利腊肠	77	yóuyú	鱿鱼	鱿鱼	78
yánjiūshēngyuàn	研究生院	研究生院	205	Yìdàlì làcháng	意大利腊肠	義大利臘腸	77	yóuzhèng biānmǎ	邮政编码	郵政編碼	138
yánjiùsuǒ	研究所	研究所	205	Yìdàlìmiàn	意大利面	意大利面	90	yǒu shēndù de wèi·dào	有深度的味道	有深度的味道	105
yánliào	颜料	顏料	213	Yìdàlìmiàn	意大利面	義大利麵	90	yǒu tánxìng	有弹性	有彈性	105
yánpíng	盐瓶	盐瓶	92	yèjīng xiǎnshìqì	液晶显示器	液晶顯示器	218	yǒu zìxìn	有自信	有自信	62
yánsè	颜色	顏色	122	yīcìshǒu	一垒手	一壘手	188	yǒuguǐ diànchē	有轨电车	有軌電車	148
yánzhèng	严症	嚴症	225	yīshēng	一生	一生	52	yǒuqī yǐnliào	有机饮料	有機飲料	80
yǎnchànghuì	演唱会	演唱會	179	yìshù tǐcāo	艺术体操	藝術體操	199	yǒuyǎng yùndòng	有氧运动	有氧運動	199
yǎnjiémáo	眼睫毛	眼睫毛	56	yìshùjiā	艺术家	藝術家	67	yòuchóng	幼虫	幼蟲	239
yǎnjīng	眼睛	眼睛	56	yìxiánqín	一弦琴	一弦琴	169	yòu'ér	幼儿	幼兒	52
yǎnjìng	眼镜	眼鏡	116	yīnliàng	音量	音量	139	yòu'éryuán	幼儿园	幼兒園	204
yǎnjìng	眼镜	眼鏡	56	yīntiān	阴天	陰天	253	yòuwàiyěshǒu	右外野手	右外野手	188
yǎnjìng yǎng	眼睛痒	眼睛癢	225	yīnxiāng	音箱	音箱	219	yòuxiéxiàn	右斜线	右斜線	215
yǎnjìng zhǒng	眼睛肿	眼睛腫	225	yīnxiǎng	音响	音響	38	yòuzhìyuán	幼稚园	幼稚園	204
yǎnjìng zhǒng	眼睛肿	眼睛腫	225	yīnyuè	音乐	音樂	210	yūxiě	瘀血	瘀血	224
yǎnkē	眼科	眼科	226	yīnyuè cāntīng	音乐餐厅	音樂餐廳	179	yūxuè	瘀血	瘀血	224
yǎnpí	眼皮	眼皮	56	yīnyuèhuì	音乐会	音樂會	67	yúchì	鱼翅	魚翅	79
yǎnxiànbǐ	眼线笔	眼線筆	43	yīnyuèjiā	音乐家	音樂家	67	yúcì	鱼刺	魚刺	79
yǎnyǐng	眼影	眼影	43	yīnyuèjù	音乐剧	音樂劇	179	yúdù	鱼肚	魚肚	79
yǎnyuán	演员	演員	178	yīnyuètīng	音乐厅	音樂廳	179	yúfàndiàn	鱼贩店	魚販店	126
yànzòuhuì	演奏会	演奏會	179	yínháng	银行	銀行	126,130	yúfū	渔夫	漁夫	65
yànhuìtīng	宴会厅	宴會廳	161	yínháng chūnàyuán	银行出纳员	銀行出納員	130	yúgāng	鱼缸	魚缸	36
yànhuǒ wǎnhuì	焰火晚会	焰火晚會	121	yínhángkǎ	银行卡	銀行卡	131	yúgǔ	鱼骨	魚骨	79
yànwō	燕窝	燕窩	241	yínhéxì	银河系	銀河系	256	yújiā	瑜珈	瑜珈	176
yànzi	燕子	燕子	241	yínpái	银牌	銀牌	197	yúlánpénhuì	盂兰盆会	盂蘭盆會	121
yáng	羊	羊	246	yínhào	引号	引號	215	yúlánpénwǔ	盂兰盆舞	盂蘭盆舞	121
yángcōng	洋葱	洋蔥	75	yínsè	银色	銀色	122	yúlè	娱乐	娛樂	164
yángcōngquān	洋葱圈	洋蔥圈	94	yǐnliào	饮料	飲料	80	yúlín	鱼鳞	魚鱗	79
yángmáo	羊毛	羊毛	236	yǐnliàotān	饮料摊	飲料攤	134	yúlù	鱼露	魚露	106
yángqín	扬琴	揚琴	169	yǐnliàotānr	饮料摊儿	饮料摊儿	134	yúqí	鱼鳍	魚鰭	79
yángròu	羊肉	羊肉	76	Yìndù	印度	印度	22	yúshēn	鱼身	魚身	79
yángtái	阳台	陽臺	32	Yìndùyáng	印度洋	印度洋	22	yútóu	鱼头	魚頭	79
yángzhuāng	洋装	洋裝	114	yìnjiàn dēngjì	印鉴登记	印鑑登記	142	yúwántāng	鱼丸汤	魚丸湯	82
yǎngshì	仰式	仰式	194	yìnzhāng	印章	印章	142	yúwěi	鱼尾	魚尾	79
yǎngwò qǐzuò	仰卧起坐	仰臥起坐	177	yīng	鹰	鷹	241	yúxiāng ròusī	鱼香肉丝	魚香肉絲	84
yǎngyǒng	仰泳	仰泳	194	Yīngbàng	英镑	英鎊	133	yǔ	雨	雨	252
yāo	腰	腰	56	(yīng)cùn	英(寸)	(英)吋	123	yǔlín	雨林	雨林	254
yāodài	腰带	腰帶	120,136	yīngcùn	英寸	英寸	123	yǔmáoqiú	羽毛球	羽毛球	185
yáokòngqì	遥控器	遙控器	37,171	yīng'ér	婴儿	嬰兒	52	yǔmáoqiúchǎng	羽毛球场	羽毛球場	207
yáoyǐ	摇椅	搖椅	38	Yīngguó	英国	英國	22	yǔróng wàitào	羽绒外套	羽絨外套	115
yàodiàn	药店	藥店	127	yīnghuā	樱花	櫻花	244	yǔshuā	雨刷	雨刷	149
yàofāng	药方	藥方	229	yīngtáo	樱桃	櫻桃	72	yǔtiān	雨天	雨天	253
yàofáng	药房	藥房	227	Yīngwén	英文	英文	210	yǔxié	雨鞋	雨鞋	119
yàogāo	药膏	藥膏	230	yīngwǔ	鹦鹉	鸚鵡	241	yǔyán jiàoshì	语言教室	語言教室	206
yàojú	药局	藥局	127	yīngzhuǎ	鹰爪	鷹爪	241	yǔyánxué	语言学	語言學	210
yàopiàn	药片	藥片	230	yīnghuǒchóng	萤火虫	螢火蟲	238	yǔyī	雨衣	雨衣	115
yàoshi	钥匙	鑰匙	33	yíngmù	萤幕	螢幕	130,156	yǔyīn jiàoshì	语音教室	语音教室	206
yàowán	药丸	藥丸	230	yíngyǎng bǔchōngjì	营养补充剂	營養補充劑	231	yǔzhòu	宇宙	宇宙	256
yéye	爷爷	爺爺	54	yíngyǎngjì	营养剂	營養劑	231	yùchí	浴池	浴池	161
yěyā	野鸭	野鴨	240	yíngdiéjī	影碟机	影碟機	38	yùgāng	浴缸	浴缸	41
yè	叶	葉	245	yǐngyìnjī	影印机	影印機	217	yùgāng	浴缸	浴缸	161
yèdiàn	夜店	夜店	126,170	yǐngyìnshì	影印室	影印室	217	yùjīn	浴巾	浴巾	40
yèjīng xiǎnshìqì	液晶显示器	液晶顯示器	218	yìngbì	硬币	硬幣	130	yùjīnxiāng	郁金香	鬱金香	244
yèshēnghuó	夜生活	夜生活	170	yìngdì qiúchǎng	硬地球场	硬地球場	190	yùlán	浴篮	浴籃	41
yèshì	夜市	夜市	134	yìngdié	硬碟	硬碟	218	yùmào	浴帽	浴帽	43
yèwùyuán	业务员	業務員	64	yìngpán	硬盘	硬盤	218	yùmǐ	玉米	玉米	74
yèyú shuāijiǎo	业余摔跤	业余摔跤	201	yìngpín	应聘	應聘	141	yùmǐ diànfěn	玉米淀粉	玉米淀粉	102
yèyú shuāijiǎo	业余摔角	業餘摔角	201	yìngzhēng	应征	應徵	141	yùmǐfěn	玉米粉	玉米粉	102
yèzǒnghuì	夜总会	夜總會	126,170	yìngzuò	硬座	硬座	151	yùpáo	浴袍	浴袍	43
yī	一	一	132	yǒng	蛹	蛹	239	yùshì	浴室	浴室	40
yīchú	衣橱	衣櫥	45	yǒngchūnquán	咏春拳	詠春拳	201	yùshì yòngpǐn	浴室用品	浴室用品	42
yīfu	衣服	衣服	116	yǒngmào	泳帽	泳帽	115	yùtou	芋头	芋頭	74
yīguì	衣柜	衣櫃	45	yǒngzhuāng	泳装	泳裝	115	yùyī	浴衣	浴衣	121
yījià	衣架	衣架	39	yòng//cān	用餐	用餐	88	Yùyuán	豫园	豫園	25
yīkòu	衣扣	衣扣	113	yōulàorǔ	优酪乳	優酪乳	80	yuānwěihuā	鸢尾花	鳶尾花	244
yīliáo	医疗	醫療	224	yóuyóuqiú	悠悠球	悠悠球	183	yuānyāng	鸳鸯	鴛鴦	247
yīlǐng	衣领	衣領	114	yóucàihuā	油菜花	油菜花	244	yuán	圆(元)	圓(元)	132
yīshēng	医生	醫生	66,226	yóuchāi	邮差	郵差	138	yuándiǎn	圆点	圓點	123
yīwù róuruǎnjīng	衣物柔软精	衣物柔軟精	39	yóudì	邮递	郵遞	138	yuánguī	圆规	圓規	213
yīwùshì	医务室	醫務室	207	yóudì qūhào	邮递区号	郵遞區號	138	yuánhuán zūnxíng fāngxiàng	圆环遵行方向	圓環遵行方向	152
yīxué	医学	醫學	210	yóujìshǒu	游击手	游击手	188	yuánshàn	圆扇	圓扇	121
yīyào	医药	醫藥	230	yóujìshǒu	游击手	游擊手	188	Yuánxiāojié	元宵节	元宵節	26
yīyuàn	医院	醫院	126,226	yóuyì	园艺	園藝	164	yuánxíng	圆形	圓形	214
Yīyuè	一月	一月	250	yóujú	邮局	郵局	127	yuánzhūbǐ	圆珠笔	圓珠筆	212
Yīyuè yī hào	一月一号	一月一號	251	yóulèyuán	游乐园	遊樂園	174	yuánzhuītǐ	圆锥体	圓錐體	214

Index

yuánzǐbǐ 原子笔	212
yuànzhǎng 院长 院長	205
yuànzi 院子 院子	33
yuè 月 月	251
yuèdú 阅读 閱讀	164
yuèkǎo 月考 月考	211
yuèlǎnshì 阅览室 閱覽室	217
yuèlì 月历 月曆	37,250
yuèliàng 月亮 月亮	256
yuèliang 月亮 月亮	256
Yuènán cāntīng 越南餐厅 越南餐廳	107
Yuènán niánzōng 越南年粽 越南年粽	107
Yuènán sānmíngzhì 越南三明治 越南三明治	107
yuèpiào 月票 月票	150
yuèqì 乐器 樂器	166
yuèqín 月琴 月琴	168
yuèqiú 月球 月球	256
Yuèshì héfěn 越式河粉 越式河粉	107
yuètái 月臺	150
yuèwèi 越位 越位	193
yuèyě huáxuě 越野滑雪 越野滑雪	198
yún 云 雲	252
yúnquè 云雀 雲雀	241
yúnquè yòuniǎo 云雀幼鸟 雲雀幼鳥	241
yúntīchē 云梯车 雲梯車	137
yúnxiāo fēichē 云霄飞车 雲霄飛車	175
yùnchāochē 运钞车 運鈔車	131
yùndòng 运动 運動	182
yùndòng qìcáibù 运动器材部	128
yùndòng yòngpǐnbù 運動用品部	128
yùndòngchǎng 运动场 運動場	206
yùndòngfú 运动服 運動服	115
yùndòngxié 运动鞋 運動鞋	118
yùndòngyuán 运动员 運動員	67
yùndǒu 熨斗 熨斗	39
yùnfù 孕妇 孕婦	53
yùnlù tǐcāo 韻律體操	199
yùn//qiú 运球 運球	186
yùnyībǎn 熨衣板	39

Z

záhuòdiàn 杂货店 雜貨店	126
zázhì 杂志 雜誌	139,217
zāihài 灾害 災害	254
zài zhèr chī 在这儿吃	95
zànglǐ 葬礼 葬禮	53
zǎochǎng 早场 早場	178
zǎodào 早到 早到	156
zhá 炸 炸	100
zháchūnjuǎn 炸春卷 炸春捲	107
zhájī 炸鸡 炸雞	95
zhàzhījī 榨汁机	47
zhānbǔ 占卜 占卜	259
zhǎnshìguì 展示柜 展示櫃	128
zhàn 站 站	58
zhànpái 站牌	146
zhàntái 站台	150
zhāngláng 蟑螂 蟑螂	238
zhāngyú 章鱼 章魚	78
zhǎngxiàng 长相 長相	63
zhàng'ài sàipǎo 障碍赛跑 障礙賽跑	196
zhàngdān 账单 帳單	92
zhàngfu 丈夫 丈夫	55
zhāopái 招牌 招牌	89
zhǎo zuòwèi 找座位 找座位	159
zhǎozé 沼泽 沼澤	255
zhào CT 照CT	228
zhào duàncéng sǎomiáo 照断层扫描 照斷層掃瞄	228
zhào X-guāng 照X光 照X光	228
zhàoshān 罩衫 罩衫	115
zhēmùyú 遮目鱼	78
zhēyángbǎn 遮阳板 遮陽板	158
zhēyǔpéng 遮雨棚 遮雨棚	35
zhébiān 折边 折邊	121
zhédié cānzhuō 折叠餐桌 折疊餐桌	158
zhéxué 哲学 哲學	210
zhēnbǎn 砧板 砧板	47
zhēn//chá 斟茶 斟茶	108
zhēnjiǔ 针灸 針灸	173,233
zhēnjiǔzhēn 针灸针 針灸針	233
zhēnzhīmào 针织帽 針織帽	118
zhēnzhīshān 针织衫 針織衫	115
zhěntou 枕头 枕頭	44
zhěntoutào 枕头套 枕頭套	44
zhènzi 疹子 疹子	224
zhèndòng 震动 震動	139
zhènxiù 振袖 振袖	120
zhēng 蒸 蒸	101
zhēngdàngēng 蒸蛋羹 蒸蛋羹	97
zhēngqìshì 蒸气室	176
zhēngqìyù 蒸气浴 蒸氣浴	173,176
zhěngchāo 整钞 整鈔	132
zhěngqián 整钱 整錢	132
zhèngfāngxíng 正方形 正方形	214
zhèngshǒu jīqiú 正手击球 正手擊球	190
zhèngshǒu jīqiú 正手擊球	190
zhèngzhìjiā 政治家 政治家	66
zhèngzhìxué 政治学 政治學	210
zhīpiào 支票 支票	131
zhītǐ 肢体 肢體	58
zhīzhū 蜘蛛 蜘蛛	238
zhīzhūwǎng 蜘蛛网 蜘蛛網	238
zhǐ biānxiànqiú 挪边线球	193
zhǐ biāoqiāng 挪標槍	196
zhǐ liànqiú 挪鏈球	196
zhǐ tiěbǐng 挪鐵餅	196
zhínǚ 侄女 姪女	55
zhípāi 直拍 直拍	191
zhípáilún 直排輪	182
zhíwù 植物 植物	244
zhíyè 职业 職業	64
zhízi 侄子 侄（姪）子	55
zhǐchāo 纸钞 紙鈔	130
zhǐdài 纸袋 紙袋	134
zhǐjiǎdāo 指甲刀 指甲刀	42
zhǐjiǎjiǎn 指甲剪	42
zhǐjiǎyóu 指甲油 指甲油	43
zhǐjīn 纸巾 紙巾	42
zhǐtòngyào 止痛药 止痛藥	231
zhì 痣 痣	63
zhì 雉 雉	240
zhì biānxiànqiú 掷边线球	193
zhì biāoqiāng 擲標槍	196
zhì liànqiú 擲鏈球	196
zhì tiěbǐng 擲鐵餅	196
zhìbīnghé 制冰盒 製冰盒	49
zhìfú 制服 制服	115
zhìwùdài 置物袋 置物袋	158
zhìwùguì 置物櫃	129,206
zhōngcānguǎn 中餐馆 中餐館	88
zhōngcāntīng 中餐厅 中餐廳	88
zhōngchǎng 中场 中場	193
zhōngfēng 中锋 中鋒	193
Zhōngguó 中国 中國	23
Zhōngguó měishí 中国美食 中國美食	84
Zhōngguó wǔshù 中国武术 中國武術	201
zhōngjiānshǒu 中间手 中間手	188
zhōngjiè 中介	66
zhōngniánrén 中年人 中年人	53
Zhōngqiūjié 中秋节 中秋節	26
zhōngshānzhuāng 中山装 中山裝	113
Zhōngshì fúzhuāng 中式服装 中式服裝	112
Zhōngwén 中文 中文	210
zhōngyāng chǔlǐqì 中央处理器 中央處理器	218
zhōngyào 中药 中藥	232
zhōngyàocái 中药材 中藥材	232
zhōngyī 中医 中醫	232
Zhōngyuánjié 中元节 中元祭	121
zhōngzhǐ 中指 中指	56
zhǒngzi 种子 種子	245
zhòngjiè 仲介	66
zhòng//shǔ 中暑 中暑	225
zhòngzhèng jiānhùshì 重症监护室	226
zhū 猪 豬	246
zhūbǎoqū 珠宝区 珠寶區	129
zhūjiǎo 猪脚 豬脚	77
zhūròu 猪肉 豬肉	76
zhúgān 竹竿 竹竿	33
zhúsǔn 竹笋 竹筍	74
zhútái 烛台 燭臺	93
zhúzi 竹子 竹子	247
zhǔ 煮 煮	100
zhǔbǎn 主板 主板	218
zhǔcái 主裁	193
zhǔjībǎn 主機板	218
zhǔjiào 主教	178
zhǔjué 主角 主角	178
zhǔshěn 主審	193
zhǔtí gōngyuán 主题公园	174
zhǔtí lèyuán 主題樂園	174
zhùlǐ 助理 助理	64
zhùshèqì 注射器 注射器	230
zhùtīngqì 助听器 助聽器	231
zhùyì hàozhì 注意号志 注意號誌	152
zhùyì luòshí 注意落石 注意落石	152
zhùyì xìnhàodēng 注意信号灯	152
zhùyì xíngrén 注意行人	152
zhù//yuàn 住院 住院	228
zhuǎn//jī 转机 轉機	157
zhuǎnjiǎo 转角 轉角	146
zhuǎn//xué 转学 轉學	205
zhuǎn//zhàng 转账 轉帳	130
zhuǎnzhí 转职	141
zhuǎnbǐdāo 转笔刀 轉筆刀	212
zhuǎnmén 转门	70
zhuànggǔ 撞鼓	170,185
zhuàngqiúgān 撞球杆	170
zhǔnshí 准时 準時	156
zhuōbù 桌布 桌布	92
zhuōqiú 桌球 桌球	184,190
zhuōqiúpāi 桌球拍	191
zhuōshàng diànnǎo 桌上电脑 桌上電腦	218
zhuōshàng zúqiú 桌上足球 桌上足球	170
zhuōzi 桌子 桌子	209
zhuómùniǎo 啄木鸟 啄木鳥	240
zǐcài fànjuǎn 紫菜饭卷 紫菜飯捲	106
zǐluólán 紫罗兰 紫羅蘭	244
zǐsè 紫色 紫色	122
zǐwēi dòushù 紫微斗数	259
zǐwēi dòushù 紫微斗數	259
zìdòng fànmàijī 自动贩卖机 自動販賣機	127
zìdòng fútī 自动扶梯	128
zìdòng qiānbǐ 自动铅笔 自動鉛筆	212
zìdòng qǔpiàojī 自动取票机 自動取票機	154
zìdòng shòuhuòjī 自动售货机	127
zìdòng shòupiàojī 自动售票机 自動售票機	150
zìdòng tíkuǎnjī 自动提款机 自動提款機	130
zìdòng tǐwài chúzhànyí 自动体外除颤仪	231
zìdòng tǐwài diànjījì 自動體外電擊器	231
zìmù 字幕 字幕	178
zìrán 自然 自然	254
zìxíngchē 自行车	148
zìyóu luòtǐ 自由落体 自由落體	175
zìyóushì 自由式	194
zìyóuyǒng 自由泳 自由泳	194
zìzhù cāntīng 自助餐厅 自助餐廳	207
zìzhùcān 自助餐 自助餐	89
zōnghé gédòu 综合格斗 综合格斗	201
zōngyì jiémù 综艺节目	178
zōnghé gédòu 綜合格鬥	201
zōngyì jiémù 綜藝節目	178
zǒu 走 走	58
zǒudào 走道	140
zǒuláng 走廊 走廊	207
zúdǐ ànmó 足底按摩	173
zúhuī 族徽	120
zúliáo 足疗 足療	232
zúqiú 足球 足球	184,192
zúqiúchǎng 足球场 足球場	192,207
zúyù 足浴 足浴	173
zǔfù 祖父 祖父	54
zǔmǔ 祖母 祖母	54
zuǐbā 嘴巴 嘴巴	56
zuìdī xiāofèi 最低消费 最低消費	88
zuìquán 醉拳 醉拳	201
zūnyú 鳟鱼 鱒魚	78
zuótiān 昨天 昨天	250
zuǒliào 佐料 佐料	102
zuǒwàiyěshǒu 左外野手 左外野手	188
zuǒxiéxiàn 左斜线 左斜線	215
zuò 坐 坐	59
zuò tóufa 做头发	172
zuò tóufa 做頭髮	172
zuò//bì 作弊 作弊	211
zuò//fàn 做饭 做飯	60
zuòliǎn 做臉	173
zuòyè 作业 作業	210
zuòzhě 作者 作者	216

Index あ〜わ 日本語 50音順索引

あ ア

アーケード	28、146
アーチェリー（をする）	182
アーティスト	67
アームチェア	38
アイエイチヒーター IHヒーター	46
あいきどう 合気道	200
アイシーユー ICU	226
アイシャドー	43
アイスクリーム	94
アイススケート（をする）	182
アイストレー	49
アイスペール	92
アイスホッケー	184
あいせき（する） 相席（する）	88
アイブロウ・ペンシル	43
アイライナー	43
アイロン	39
アイロンだい アイロン台	39
アウト	187
あお 青	122
あおいパパイヤのサラダ 青いパパイヤのサラダ	107
アオウミガメ	242
あおしんごう 青信号	153
あか 赤	122
アカエイ	243
あかしんごう 赤信号	153
あかちゃん 赤ちゃん	52
あかぼう 赤帽	154
あかり 灯り	34
あかるい 明るい	62
あかるいいろ 明るい色	122
あかワイン 赤ワイン	81
あかんぼう 赤ん坊	52
あき 秋	253
あきす 空き巣	136
アクションせんもんのだんせいやく アクション専門の男性役	179
アクセサリー	116
アクセル	149
あぐらをかく	59
あげはるまき 揚げ春巻き	107
あげる 揚げる	100
あご	56
アコーディオン	167
あざ	224
アサガオ	244
あさって 明後日	251
アザラシ	243
アサリ	79
あし 足	56
あし 脚	56
あじ 味	104
アジア	23
アジアのがっき アジアの楽器	168
あしうらマッサージ 足裏マッサージ	173
あしがうすい 味が薄い	104
あじがこい 味が濃い	104
アシスタント	64
あした 明日	251
あしちりょうほう 足治療法	232
あしつけおしどうふ 味付け押し豆腐	83
あしつぼマッサージ 足つぼマッサージ	173
あしのせだい 足の台せ	44
あじのもと 味の素（商標）	102
あしひれ（潜水用の）足ひれ	119
あしふきマット 足拭きマット	41
アスパラガス	74
あずまや	174
アセアン	23
あそぶ 遊ぶ	61
あたたかい 暖かい	253
アタックライン	187
あたま 頭	56
あたまがくらくらする 頭がくらくらする	224
あつい 暑い	253
あつぎりのにく 厚切りの肉	77
あっさりしている	104
あっさりしてくちあたりがよい あっさりして口当たりがよい	105
あつぞこぐつ 厚底靴	118
アットマーク ＠マーク	215
アップルパイ	91
あてさき（手紙の）宛先	138
あなあけパンチ 穴あけパンチ	213
アナウンス	156

い イ

い 胃	225
いいあらそう 言い争う	53
イーメール Eメール	138
いえ 家	28、32
イエローカード	193
イカ	78
イカ（スルメ）イカ	78
いがく 医学	210
イギリス	22
いけ 池	24
イコール	214
いしつぶつカウンター 遺失物カウンター	128
イシモチ	78
イシモチのしょうゆに イシモチの醤油煮	84
いしゃ 医者	66、226
いしやきビビンバ 石焼ビビンバ	106
いす 椅子	209
イスラムきょうれいはいじょ イスラム教礼拝所	27
いすをもとのいちにもどす 椅子を元の位置に戻す	159
イセエビ	79
イソギンチャク	243
いたまえ 板前	65
いたみどめ 痛み止め	231
いためる 炒める	100
いためる	100
イタリア	22
いち 一、1	132
いちがつ 1月	250
いちがつついたち 1月1日	251
いちげんきん 一弦琴	169
イチゴ	72
いちじていし 一時停止	152
いちじていしおよびりんじちゅうしゃきんしくいき 一時停止及び臨時駐車禁止区域	153
いちじにもつあずかり 一時荷物預かり	129
いちまん 10000	132
いちょうやく 胃腸薬	231
いちるいしゅ 一塁手	188
いっかだんらんのしょくじ 一家団欒の食事	29
いっしょう 一生	52
いっぽうつうこう 一方通行	152
いてざ いて座	258
いどうやたい 移動屋台	134
いとこ、いとこのいもうと（姓の同じ）いとこ、いとこの妹	55
いとこ、いとこのいもうと（姓の異なる）いとこ、いとこの妹	55
いとこ、いとこのおとうと（姓の同じ）いとこ、いとこの弟	55
いとこ、いとこのおとうと（姓の異なる）いとこ、いとこの弟	55
いとこ、いとこのにいさん（姓の同じ）いとこ、いとこの兄さん	55
いとこ、いとこのにいさん（姓の異なる）いとこ、いとこの兄さん	55
いとこ、いとこのねえさん（姓の同じ）いとこ、いとこの姉さん	55
いとこ、いとこのねえさん（姓の異なる）いとこ、いとこの姉さん	55
イナゴ	238
いなづま 稲妻	252
いなびかり 稲光	252
イヌ	236、246
いぬかき 犬かき	194
いぬごや 犬小屋	34
イノシシ	246
いふく 衣服	116
いぶす 燻す	101
いむしつ 医務室	207
いもうと 妹	55
いもうとのおっと 妹の夫	55
いやくひん 医薬品	230
イヤホーン	36
イヤホーンをつける	158
イヤリング	116
いりえ 入江	254
いりぐち 入口	150
いりょう 医療	224
いりょうようベッド（キャスター付き）医療用ベッド	227
イルカ	243
いろ 色	122
いろえんぴつ 色鉛筆	212
いんかん 印鑑	131
いんかんとうろく 印鑑登録	142
インク	213
インゲンまめとひきにくのいためもの インゲン豆とひき肉の炒め物	84
インコ	241
インスタントコーヒー	109
インスタントしょくひん インスタント食品	70
インターチェンジ	147
インターネット	219
インターネットせつぞくカード インターネット接続カード	218
インターネットをする	165
インチ	123
いんちょう 院長	205
インド	22
インドよう インド洋	22
インフォメーション	150
インフォメーションセンター	71、129
いんようふ 引用符	215

う ウ

ウイスキー	81
ヴィラ	28
ウインタースポーツ	198
ウィンドウショッピング（する）	164
ウィンドサーフィン	195
ウーロンちゃ ウーロン茶	108
ウエイトリフティング	199
ウエイトレス	92
ウエーター	92
ウェブサイト	219
ウェブページ	219
ウォーキングマシン	176
ウォーターポロ	194
うおざ うお座	258
ウォシュレット ウォシュレット〈商標〉	41
うけつけ 受付	150、155
うけつけ（病院の）受付	227
ウサギ	236、246
ウシ	236、246
ウシのつの	236
うすいいろ 薄い色	122
うすぎりにく 薄切り肉	77
うすもり 薄盛り	253
うせつきんし 右折禁止	152
うたのえんそうをちゅうしする（入れた）歌の演奏を中止する	171

274

Index

うたのよびだしきのう 歌の呼び出し機能	171	
うたのリストぼん 歌のリスト本	171	
うたをいれる 歌を入れる	171	
うちゅう 宇宙	256	
うちゅうステーション 宇宙ステーション	257	
うちゅうせん 宇宙船	257	
うちわ 団扇	121	
うっけつ 鬱血	224	
うつぶせになる うつ伏せになる	59	
ウツボ	242	
うでたてふせ 腕立て伏せ	177	
うでどけい 腕時計	116	
うでわ 腕輪	116	
ウナギ	78	
ウマ	236、246	
ウマのしっぽ	236	
ウマのたてがみ	236	
ウマのひづめ	236	
うまみちょうみりょう うまみ調味料	102	
うまれる 生まれる	52	
うみ 海	24	
ウミガメ	242	
うみのいきもの 海の生き物	242	
うみべ 海辺	24	
ウミヘビ	242	
ウメ	247	
うらない (をする) 占い (をする)	259	
うらないし 占い師	259	
うらびょうし 裏表紙	217	
ウルトラマラソン	196	
うれしい 嬉しい	62	
うろこ 鱗	79	
うわぎ 上着	115	
うんてんしゅ 運転手	64	
うんてんせき 運転席	149	
うんてんめんきょしょう 運転免許証	143	
うんどうぐつ 運動靴	118	
うんどうじょう 運動場	206	

えエ

え 絵	36	
エアコン	38	
エアターミナル	154	
エアメール	138	
エアロバイク	176	
エアロビクス	199	
エイ	243	
えいが 映画	178	
えいがかん 映画館	127、178	
えいがポスター 映画ポスター	178	
えいがをかんしょうする 映画を鑑賞する	165	
えいぎょういん 営業員	64	
えいぎょうじかん 営業時間	174	
えいご 英語	210	
えいしゅんけん 詠春拳	201	
えいせい 衛星	256	
えいポンド 英ポンド	133	
えいようざい 栄養剤	231	
エーイーディー AED	231	
エーがた A型	259	
エーティエム ATM	130	
エービーがた AB型	259	
えきしょうがめん 液晶画面	218	
えきじょうせんざい (洗濯用の) 液状洗剤	39	
えきびよう 駅ビル	255	
エクスクラメーションマーク	214	
エクステンション・スクール	205	
エクストリームスポーツ	183	
えくぼ	62	
エコノミークラス	159	
エスエフえいが SF映画	178	
エスカレーター	128	
エスサイズ Sサイズ	123	
エスニックりょうり エスニック料理	106	
エスプレッソコーヒー	109	
エックスエルサイズ XLサイズ	123	
エックスせんけんさ X線検査	156	
エッグタルト	91	
えつらんしつ 閲覧室	217	
えと 干支	246	
えのぐ 絵の具	213	
エビ	79	
エビチリ	84	
えびのさつまあげ えびのさつま揚げ	107	
エプロン	46	
えほん 絵本	217	
エムアールアイけんさ MRI検査	228	
エムアールティー MRT	151	
エムサイズ Mサイズ	123	
えら	79	
えり 襟	114	
えりのおりかえし 襟の折り返し	113	

えりもとのボタン 襟元のボタン	113	
エルイーディー (はっこうダイオード) でんきゅう LED (発光ダイオード) 電球	38	
エルエルきょうしつ LL教室	206	
エルサイズ Lサイズ	123	
エレキギター	166	
エレベーター	32、128、160	
えをかく 絵を描く	164	
えん 円	132	
えんかいじょう 宴会場	161	
えんぎもの 縁起物	246	
えんけい 円形	214	
えんげい 園芸	164	
えんげき 演劇	178	
エンジニア	66	
えんしゅつか 演出家	178	
えんしょうをおこす 炎症を起こす	224	
えんすい 円錐	214	
えんせき 縁石	147	
えんそうかい 演奏会	179	
えんとつ 煙突	34	
えんばんなげ (をする) 円盤投げ (をする)	196	
えんぴつ 鉛筆	212	
えんぴつけずり 鉛筆削り	212	

おオ

おい (姉妹の息子) 甥	55	
おい (兄弟の息子) 甥	55	
おいしい	104	
オイスターソース	103	
おいわい お祝い	26	
おうえんだん 応援団	192	
おうぎがた 扇形	214	
おうしざ おうし座	258	
おうしゅう 欧州	22	
おうだんほどう 横断歩道	146	
おうと 嘔吐する	224	
おうふくきっぷ 往復切符	150	
おうぼする (求人募集に) 応募する	141	
オウム	241	
オーがた O型	259	
オオカミ	237	
おおざら 大皿	98	
オージー (学校の) OG	204	
オーストラリア	23	
オーダー (する)	88	
おおだいこ 大太鼓	169	
おおどおり 大通り	126、146	
オートバイ	148	
オードブル	90	
オーバー	115	
オーバーヘッドキック	193	
オオハシ	241	
オービー (学校の) OB	204	
オープン	47	
オープングローブ	49	
オーボエ	166	
おおみそか 大晦日	26	
おか 丘	254	
おかあさん お母さん	54	
おかみさん お上さん	134	
おきる 起きる	61	
おくさん 奥さん	55	
おくじょう 屋上	32	
おくぶかいあじ 奥深い味	105	
おくる (メールなどを) 送る	219	
おくれる 遅れる	156	
おこる 怒る	62	
おさつ お札	130	
おさなご 幼な子	52	
おじ (父の兄) おじ	54	
おじ (父の弟) おじ	54	
おじ (父の姉妹の夫) おじ	54	
おじ (母方の) おじ	54	
おじ (母妹の夫) おじ	54	
おじいさん	53、54	
おじさん	54	
オシドリ	247	
おしピン 押しピン	212	
おしぼり	97	
おしゃべりする	61	
おしょうがつ お正月	26	
おしり お尻	56	
おしんこ お新香	97	
おすすめ お勧め	89	
オセアニア	23	
おそうざい お惣菜	71	
おそうざいや お惣菜屋	127	
おたま お玉	46	
オタマジャクシ	239	
オタワ	22	
おちゃ お茶	108、165	

おちゃをあじわう お茶を味わう	109	
おちゃをいれる	29、108	
おちゃをさしだす (目上の人へ) お茶を差し出す	108	
おちゃをすすめる お茶をすすめる	108	
おちゃをたてる お茶を立てる	108	
おちょこ	96	
おっと 夫	55	
おつまみ	89	
おてあらい お手洗い	40、158、206	
おでん	97	
おとうさん お父さん	54	
おとうと 弟	55	
おとうとのつま 弟の妻	55	
おとこのこ 男の子	52	
おとこのひと 男の人	52	
おとしだま お年玉	26	
おとしものとりあつかいじょ 落とし物取扱所	128	
おとしより お年寄り	53	
おとい	250	
おとな	52	
おとめざ おとめ座	258	
おどろく 驚く	62	
おなか お腹	56	
おにいさん お兄さん	55	
オニオンリング	94	
おねえさん お姉さん	55	
おの 斧	220	
おば (父の兄の妻) おば	54	
おば (父の姉妹) おば	54	
おば (母方のおじの妻) おば	54	
おば (母の既婚の姉妹) おば	54	
おばあさん	53、54	
おばけやしき お化け屋敷	174	
おばさん	54	
おはな お花	165	
おび 帯	120	
おびじめ 帯締め	120	
おひつじざ おひつじ座	258	
オフィス	140	
オフィスデスク	140	
オフィスビル	126	
オフサイド	193	
オペラ	179	
おぼん	96	
おぼん お盆	121	
おまいり (する) お参り (する)	27	
おまつり お祭り	26	
おもたい 重たい	104	
おもちゃうり おもちゃ売り場	128	
おもちゃや おもちゃ屋	127	
おもてもん 表門	32	
おやつ	70、82	
おやゆび 親指	56	
オリーブオイル	102	
おりえり (コートやジャケットなどの) 折り襟	113	
オリエンタルパールタワー	25	
おりたたみテーブル 折りたたみテーブル	158	
オリンピックたいかい オリンピック大会	197	
オルガン	209	
オレンジ	72	
オレンジいろ オレンジ色	122	
おろす	101	
おわん お椀	98	
おんがく 音楽	210	
おんがくか 音楽家	64	
おんがくをきく 音楽を聞く	61、164	
おんきょうき 音響機器	38	
おんすいせんじょうべんざ 温水洗浄便座	41	
おんせん 温泉	173	
おんど 温度	253	
おんなてんしゅ 女店主	134	
おんなのこ 女の子	52	
おんなのひと 女の人	52	
おんぶする	59	
おんりょう 音量	139	

かカ

カ	238	
ガ	238	
ガーゼ	230	
カーディガン	115	
ガーデニング	164	
カーテン	37	
カート	70、154、160	
カーネーション	244	
カーリーヘア	172	
カーレース	183	
かいいんカード 会員カード	71、176	
かいうん 海運	138	
かいえんじかん 開園時間	174	
かいおうせい 海王星	257	
かいが 絵画	36	

275

がいか　外貨	133
かいかいしき（書棚が）開架式	216
がいかりょうがえ　外貨両替	130
がいかりょうがえじょ　外貨両替所	154
がいかん　外観	34
かいぎしつ　会議室	140
かいきゅうしょう　階級章	136
かいきょう　海峡	254
かいぎをおこなう　会議を行う	140
かいけい　会計	71
かいけい（する）　会計（する）	89、229
かいけん　外見	63
カイコ	239
かいこ（する）　解雇（する）	141
かいこう　海港	24
がいこくご　外国語	210
がいこくとしょ　外国図書	216
かいさつぐち　改札口	150
かいしゃ　会社	140
かいそう　海草	243
かいぞくせん　海賊船	174
かいだん　階段	33
かいちゅうでんとう　懐中電灯	221
かいてんしきもど　回転式木戸	70
かいてんもくば　回転木馬	174
ガイド	66、160
かいどう　街道	126
がいとう　街灯	146
かいものぶくろ　買い物袋	71
がいや　外野	188
かいようせいぶつ　海洋生物	242
がいろじゅ　街路樹	146
がいろとう　街路灯	146
かいをひらく　会を開く	140
カウンセリングしつ　カウンセリング室	207
カウンター	47、130、155、160
カウンター（店の）カウンター	89
カウンター（バーの）カウンター	170
カウンター（お店の）カウンター	93
カエデ	245
カエル	239
かお　顔	56
かおく　家屋	28
かおをあらう　顔を洗う	61
かがいかつどう　課外活動	211
かかく　価格	90
かがく　化学	210
かがくじっけんしつ　科学実験室	206
かかくしゃ　科学者	66
かかくリスト　価格リスト	135
かがくりょうほう　化学療法	231
かかと	56
かがみ　鏡	40
カキ	72、79
かぎ　鍵	33
カキあぶら　カキ油	103
カキいりこみそうめん　カキ入り煮込みそうめん	82
かきごおり　かき氷	82
かきこみ	219
かきとめ（ゆうびん）　書留（郵便）	138
かきとり　書き取り	211
かきまぜる　かき混ぜる	101
かく　角	132
かぐ　家具	38
がくいんちょう　学院長	205
かぐうりば　家具売り場	128
がくし　学士	205
がくしゃ　学者	205
がくせいしょう（めいしょ）　学生証（明書）	143
がくせいしょくどう　学生食堂	207
がくせいそうだんしつ　学生相談室	207
がくせいそうち　拡声装置	209
がくせいしょう　学生証	207
がくちょう　学長	204
がくちょうしつ　学長室	206
かくていしんこく（する）　確定申告	143
カクテル	80、170
かぐてん（大型）家具店	127
かくにんボタン　確認ボタン	130
がくねん　学年	204
がくぶちょう　学部長	205
がくむしつ　学務部	206
かぐらぶえ　神楽笛	169
かけざん　掛け算	215
かけぶとん　掛け布団	44
かご	70
かこい　囲い	32、35
かさ　傘	117
カササギ	241
かさのえ　傘の柄	117
かさのほね　傘の骨	117
かざん　火山	254

かざんばくはつ　火山爆発	255
かしきんこ　貸し金庫	130
かしだしカード　貸出カード	216
かしだしカウンター　貸出カウンター	216
かしだしきかんのえんちょう（をする） 貸出期間の延長（をする）	216
かしだしぐち　貸出口	216
かじつ　果実	245
かしゅ　歌手	67
かしゅう　歌集	171
かじゅう　果汁	81
ガスコンロ	46
カスタネット	167
ガスレンジ	46
かぜ　風	252
かぜ（をひく）　風邪（を引く）	224
かせい　火星	256
かぜぐすり　風邪薬	231
ガソリンスタンド	146
かた　肩	56
かだい　課題	210
かたいシート（列車の）硬いシート	151
かたくりこ　片栗粉	103
かたち　形	214
カタツムリ	239
かたみちきっぷ　片道切符	150
かだん　花壇	33
ガチョウ	240
かつおぶし　鰹節	102
がっかしゅにん　学科主任	205
カツカレー	96
がっき　学期	210
がっき　楽器	166
がっこう　学校	204
がっこうせいかつ　学校生活	210
カッサ	233
かっそう（する）　滑走（する）	159
かっそうろ　滑走路	159
カットボール（をうつ）　カットボール（を打つ）	191
カッピング	233
カップ	233
かてい　家庭	54
かでん　家電	38
かでんうりば（大型）家電売り場	128
かでんりょうはんてん　家電量販店	126
かどう　華道	165
かない　家内	55
カナダ	22
かなづち　金槌	66
カナリア	240
カニ	79
かにざ　かに座	258
カヌー	195
かね　金	132
カバ	237
カバディ	199
かばん	116
がびょう　画鋲	212
かびん　花瓶	38
かぶ　株	131
カフェ	109
カフェ・オ・レ	109
カフェテリア	109
カフェラテ	109
かぶけん　株券	131
カフスボタン	117
カプセル（やく）　カプセル（薬）	230
カプチーノ	109
カブトムシ	239
かぶる	60
かべ　壁	36
かへい　貨幣	132
カボチャ	74
ガマ	247
カマキリ	238
カマキリのかま　カマキリの鎌	238
かみしも裃	121
かみそり	40
かみナプキン　紙ナプキン	42、94
かみなり　雷	252
かみのけ　髪の毛	56
かみぶくろ　紙袋	134
かみをあらう　髪を洗う	172
かみをきる　髪を切る	172
かみをそめる　髪を染める	172
かみをととのえる　髪を整える	172
ガムテープ	220
カムルチー	78
カメ	247
がめん　画面	130、156
カモ	240
かもく　科目	210

カモメ	240
かもん　家紋	120
かゆくなる	224
かゆみがある	224
かようび　火曜日	250
からあげ（鶏肉の）から揚げ	82
カラーリング（する）	172
からい（ひりひりして）辛い	104
カラオケ	126、170
カラオケきき　カラオケ機器	170
カラオケでうたう　カラオケで歌う	164
からし	103
カラス	240
カラスのくちばし	240
カラミミ	79
からだ　体	56、58
からだをあらう　体を洗う	60
からて　空手	200
カリキュラムひょう　カリキュラム表	210
カリフラワー	74
カルテ	227
カレイ	242
カレー	103
ガレージ	33
カレンダー（月ごとにめくる）カレンダー	37、250
かわ　川	24
かわ　皮	83
かわかす（衣服を）乾かす	60
かわくだり　川下り	182
かわぐつ　革靴	118
かわこものうりば　革小物売り場	129
かわせ（てがた）　為替（手形）	131
かわむきき　皮剥き器	101
がん　癌	225
かんいきゅうきゅうばんそうこう　簡易救急絆創膏	
かんおけ　棺桶	53
がんか　眼科	226
カンガルー	236
かんきせん　換気扇	46
かんきゃく　観客	192
かんきょう　環境	254
かんきり　缶切り	48
がんぐてん　玩具店	127
かんこうめいしょ　観光名所	24
かんこく　韓国	23
かんこくウォン　韓国ウォン	133
かんこくドラマ　韓国ドラマ	178
かんこくふうのりまき　韓国風のりまき	106
かんこくふうやきにく　韓国風焼肉	106
かんこくレストラン　韓国レストラン	106
かんごし　看護師	66、226
がんこである　頑固である	62
かんざし	120
かんしカメラ　監視カメラ	130
かんじき	119
かんじゃ　患者	226
かんじょう（をしはらう）　勘定（を支払う）	89
かんじょうがき　勘定書	92
かんしょく　間食	70、82
かんそうき　乾燥機	39
かんたんふ　感嘆符	214
かんづめ（しょくひん）　缶詰（食品）	70
かんとく　監督	178、186、192
カンニング（する）	211
かんぱ　寒波	252
かんばん　看板	89
かんビール　缶ビール	80
カンフー	200
カンフーえいが　カンフー映画	178
かんぽうい　漢方医	232
かんぽうのやくざい　漢方の薬材	232
かんぽうやく　漢方薬	232
がんやく　丸薬	230
かんりにん　管理人	32
かんりゅう　寒流	252
かんりゅうドラマ　韓流ドラマ	178
かんれいぜんせん　寒冷前線	252

きキ
キー	130
キーボード	167、218
きいろ　黄色	122
キウイ（フルーツ）	72
きか　帰化（する）	143
きかいしゅうりこう　機械修理工	65
きぎょうか　企業家	66
ききん　飢饉	255
キク	247
きこう　気功	233
きごう　記号	214
きこえない　聞こえない	225
キジ	240

ぎしき 儀式	26	
きしゃ 汽車	148、150	
きしゃ 記者	64	
きしゅくしゃ 寄宿舎	207	
ぎじゅつし 技術士	65	
きしょう 記章	136	
きしょうじょうほう 気象情報	253	
きしょうする 起床する	61	
きしんごう 黄信号	153	
きずあて 傷あて	231	
きずぐちにほうたいをまく 傷口に包帯を巻く	229	
ぎせいフライ 犠牲フライ	188	
きせつ 季節	252	
ギター	166	
ぎだ 犠打	188	
きたアメリカ 北アメリカ	22	
きたい 機体	159	
きちょう 機長	159	
キックオフ（する）	192	
きっさてん 喫茶店	109、126	
きっさてん（中国式の）喫茶店	108、126	
キッチン	46	
キッチンばさみ	48	
キッチンようてぶくろ キッチン用手袋	49	
キッチンようひん キッチン用品	48	
キツツキ	240	
きって（郵便）切手	138	
キツネ	237	
キツネのしっぽ	237	
きっぷ 切符	150	
きっぷうりば 切符売り場	150	
きないオーディオヴィジュアルエンターテインメントシステム		
機内オーディオヴィジュアルエンターテインメントシステム	158	
きないしょく 機内食	158	
きないめんぜいひん 機内免税品	158	
きのう 昨日	250	
きのうせいいんりょう 機能性飲料	80	
きのおけない 気のおけない	62	
ギフトショップ	175	
きまぐれである 気まぐれである	62	
きまずい 気まずい	62	
きまつテスト 期末テスト	211	
キムチ	106	
キムチチャーハン	106	
キムパプ	106	
きもち 気持ち	62	
きもちわるい 気持ち悪い	104、224	
きもの 着物	120	
きもののえり 着物の襟	121	
ぎもんふ 疑問符	214	
きゃく 客	70	
きゃく（ホテルなどの）客	161	
きゃくしつ 客室	160	
きゃくしつじょうむいん 客室乗務員	158	
きゃくま 客間	36	
キャッシュカード	131	
キャッチャー	189	
キャッチング（する）	192	
キャップ	118	
キャビネット	140	
キャビンアテンダント	158	
キャベツ	74	
キャンセルする	156	
キャンドルスタンド	93	
キャンパス	206	
キャンパスシューズ	119	
キャンパスライフ	210	
キャンプ（をする）	164、183	
キュー	170	
きゅう 九、9	132	
キュウカンチョウ	240	
きゅうきゅうしゃ 救急車	226	
きゅうきゅうしょちしつ 救急処置室	227	
きゅうけいしつ 休憩室	140、177	
きゅうけいじょ 休憩所	174	
きゅうけいする 休憩する	61	
きゅうしょうがつ 旧正月	26	
きゅうす 急須	48、108	
ぎゅうすじ 牛筋	76	
ぎゅうにく 牛肉	76	
ぎゅうにくのかくぎりにこみめん 牛肉の角切煮込み麺	82	
ぎゅうにゅう 牛乳	80	
ぎゅうバラにく 牛バラ肉	76	
きゅうめいい 救命衣	158	
キュウリ	74	
きゅうりょう 給料	140	
きゅうりょうアップ（する） 給料アップ（する）	140	
きゅうれき 旧暦	251	
きょう 今日	250	
きょういく 教育	204	
きょうえいじゆうがた 競泳自由形	194	
きょうかい 教会	27	

きょうかしょ 教科書	209	
きょうぎじょう 競技場	206	
きょうげき 京劇	179	
ぎょうざをつくる 餃子を作る	29	
きょうし 教師	64	
きょうしつ 教室	206、208	
きょうじゅ 教授	64	
ぎょうせいサービス 行政サービス	142	
きょうそうろ 競走路	197	
きょうだん 教壇	208	
きょうてい 競艇	194	
きょうほ 競歩	197	
きょうわん 峡湾	254	
ギョーザ	90	
きょくをよびだす 曲を呼び出す	171	
きょじゅうしょう（めいしょ）居住証（明書）	131	
きょだいミートボールのスープむし		
巨大ミートボールのスープ蒸し	84	
キョンボックン 景福宮	25	
きり 霧	252	
ぎりのあに 義理の兄	55	
ぎりのあね 義理の姉	55	
きりぼしだいこんのはいったたまごやき		
切干大根の入った玉子焼き	84	
キリン	237	
きりん 麒麟	246	
きる 着る	60	
きる 切る	101	
きんいろ 金色	122	
ぎんいろ 銀色	122	
ぎんが 銀河	257	
きんかくじ 金閣寺	25	
ぎんがけい 銀河系	256	
きんきゅうきゅうめいしつ 緊急救命室	227	
キンギョ	247	
きんぎょばち 金魚鉢	36	
きんこ 金庫	130	
ぎんこう 銀行	126、130	
ぎんこういん 銀行員	130	
ぎんこうカード 銀行カード	131	
ぎんこうまどぐちがかり 銀行窓口係	130	
キンサイ	75	
きんじょ 近所	32	
きんせい 金星	256	
きんせん 金銭	132	
きんぞくたんちき 金属探知機	156	
きんメダル 金メダル	197	
ぎんメダル 銀メダル	197	
きんようび 金曜日	250	

くク

グアシャ	233	
グアシャのへら	233	
グアバ	73	
ぐいのみ ぐい呑み	96	
くうかん 空間	256	
くうこう 空港	154	
くうこうまちあいロビー 空港待合ロビー	156	
くうこうリムジンバス 空港リムジンバス	155	
クウシンサイ	75	
クーラー	38	
クエスチョンマーク	214	
クオーテーションマーク	215	
くがつ 9月	250	
くき 茎	245	
くぎ（鉄の）釘	220	
くさむら 草むら	35	
くし	40	
くしやき 串焼き	97	
クジャク	241	
くしゃみをする	224	
クジラ	243	
くずかご	38	
くすりゆび 薬指	56	
くすりをうけとる 薬を受け取る	229	
くすりをとりかえる 薬を取り換える	229	
くすりをふくようする 薬を服用する	229	
くだもの 果物	70、72	
くだもののあめがけ 果物の飴がけ	82	
くだもの屋 果物屋	126	
くだりきゅうこうはい 下り急勾配	152	
くち 口	56	
くちあたりがよい 口当たりがよい	105	
くちべに 口紅	43	
くつ 靴	118	
くつうりば 靴売り場	129	
クッキングヒーター	46	
くつした 靴下	119	
クッション	37	
くつだな 靴棚	34	

くつとぼうし 靴と帽子	118	
くつばこ 靴箱	34	
くつひも 靴ひも	119	
くてん 句点	215	
くび 首	56	
クマ	237	
クマノミ	243	
クモ	238	
くも 雲	252	
クモのす クモの巣	238	
くもり 曇り	253	
くもり（どんよりした）曇り	253	
グラウンド	206	
クラクション	149	
クラクションきんし クラクション禁止	153	
クラゲ	242	
くらし 暮らし	28	
クラスたんにん クラス担任	205	
クラスルーム	206	
クラブ	126	
クラブかつどう クラブ活動	211	
クラリネット	166	
クリアファイル	140	
クリーム（コーヒーに入れる）クリーム	109	
グリーンしゃ グリーン車	150	
グリーンせき グリーン席	151	
グリーンベルト（道路の）グリーンベルト	146	
クリケット	185	
クリスマス	27	
クリップ	212	
グリップ	190	
グリルする	100	
グループディスカッション	211	
くるまいす 車椅子	227	
クレイコート	190	
グレー	122	
グレープフルーツ	73	
クレーンしゃ クレーン車	148	
クレジットカード	71、131	
クレヨン	212	
クレンジングオイル	43	
くろ 黒	122	
クローゼット	45	
クローバー	244	
グローブ	188	
クロール	194	
クロスカントリースキー	198	
クロッケー	184	
クロツラヘラサギ 黒面ヘラサギ	241	
クロワッサン	94	
クワガタムシ	239	
ぐんじん 軍人	64	
くんせいにする 燻製にする	101	
ぐんとう 群島	254	

けケ

けいけつ 経穴	232	
けいこうとう 蛍光灯	220	
けいこく 渓谷	24	
けいこく（する）警告（する）	187	
けいざいがく 経済学	210	
けいさつ 警察	136	
けいさつかん 警察官	64	
けいさつけん 警察犬	136	
けいさつしょ 警察署	127、136	
けいさつバッジ 警察バッジ	136	
けいさつぼう 警察帽	136	
けいじばん 掲示板	206	
げいじゅつか 芸術家	67	
けいしょく 軽食	82	
けいしょくどう 軽食堂	88	
けいしょくのやたい 軽食の屋台	135	
けいたいでんわ 携帯電話	139	
けいびいん 警備員	32	
けいほう 警報	130	
けいぼう 警棒	136	
けいほうベル 警報ベル	137	
けいやく 契約	141	
けいらく 経絡	232	
ケータリング	92	
ケーティヴイ KTV	170	
ゲートボール	184	
ゲーム	190	
ゲームき ゲーム機	170	
ゲームする	61	
げかい 外科医師	226	
げきから 激辛	104	
げきじょう 劇場	179	
げこう（する）下校（する）	204	
けしいん 消印	138	
けしゴム 消しゴム	208	
けしょうしつ 化粧室	158	

けしょうだい　化粧台	45
けしょうひん　化粧品	42、45
けしょうひんうりば　化粧品売り場	129
けずる　削る	101
げた　下駄	119
けつあつけい　血圧計	230
けつあつそくてき　血圧測定器	230
けつあつをはかる　血圧をはかる	228
けつえきがた　血液型	258
げっかんテスト　月間テスト	211
げっきん　月琴	168
けっこん（する）　結婚（する）	52
けっこんしき　結婚式	52
げつようび　月曜日	250
げり（をする）　下痢（をする）	224
ける　蹴る	58
ゲル	28
げん　元	132
けんえきじょ　検疫所	157
げんきん　現金	71
げんきんじどうあずけばらいき　現金自動預払機	130
げんきんゆそうしゃ　現金輸送車	131
げんごがく　言語学	210
けんさく（する）　検索（する）	216
けんさくエンジン　検索エンジン	219
けんじゅう　拳銃	136
げんしょうせつ　元宵節	26
げんそくひょうじせん　減速標示線	153
けんちく（がく）　建築（学）	210
けんちくか　建築家	65
けんちくデザイナー　建築デザイナー	65
けんどう　剣道	200
けんぽうき　券売機	150
けんばいじょ　券売所	150、174

こコ

ご　五、5	132
コアラ	236
コイ	78、247
こいいろ　濃い色	122
コイン	130
コインロッカー	150
こういしつ　更衣室	176
こううりん　降雨林	254
こうえん　公園	126、146
こうか　硬貨	130
こうききょう　高架橋	147
こうがく　工学	210
こうきあつ　高気圧	252
こうきゅうマンション　高級マンション	28
こうきゅうじゅうたく　高級住宅	28
こうぐ　工具	220
こうくうがいしゃサービスカウンター　航空会社サービスカウンター	154
こうくうかんせいとう　航空管制塔	155
こうくうけん　航空券	157
こうくうゆうびん　航空郵便	138
こうぐばこ　工具箱	221
こうけつあつ　高血圧	225
こうげん　高原	24
こうこう　高校	204
こうこく　広告	179
こうさてん　交差点	146
こうざをひらく　口座を開く	130
こうしがら　格子柄	123
こうしゅう　豪州	23
こうすい　香水	42
こうずい　洪水	255
こうせいず　恒星図	257
こうそくてつどう　高速鉄道	146
こうそくどうろ　高速道路	146
こうちゃ　紅茶	108
こうちょう　校長	204
こうちょうしつ　校長室	206
こうつう　交通	146
こうつうけいさつかん　交通警察官	136
こうつうしゅだん　交通手段	148
こうつうしんごうとう　交通信号灯	146
こうつうひょうしき　交通標識	152
こうてい　校庭	206
こうどう　講堂	207
こうとうがっこう　高等学校	204
こうとうはっぴょう　口頭発表	211
こうない　校内	206
こうはい（学校の女性の）　後輩	204
こうはい（学校の男性の）　後輩	204
こうばしい　香ばしい	105
こうふんする　興奮する	62
こうむいん　公務員	64
コウモリ	247
こうもん　校門	206
こうやく　膏薬	230

こうりつがっこう　公立学校	204
ゴーカート	175
コーチ	186、192
コート	115、186
コーナーキック	192
コーヒー	108
コーヒーカップ	93、109、175
コーヒーショップ	126
コーヒーテーブル	37
コーヒーパウダー	109
コーヒーポット	92、109
コーヒーまめ　コーヒー豆	109
コーヒーメーカー	46、109
コーラ	80
こおりがはる　氷が張る	252
こおりざとう　氷砂糖	102
コーリャンしゅ　コーリャン酒	81
ゴール（バスケット）　ゴール	186
ゴール（サッカー）　ゴール	193
ゴールキーパー	193
ゴールする	193
コオロギ	238
コーンスターチ	102
こがたかでんうりば　小型家電売り場	128
こがつ　5月	250
コガネムシ	238
こぎって　小切手	131
こぎぶね　漕ぎ舟	175
ゴキブリ	238
こきゃく　顧客	70
こきゅう　胡弓	169
こくばん　黒板	208
こくばんけし　黒板消し	208
こくばんふき　黒板ふき	208
ココア	80
こころのこもっている　心のこもっている	62
コサージュ	117
こざら　小皿	99
こし　腰	56
こしがある　腰がある	105
こしつ　個室	93、170
こしょう　胡椒	102
こしょういれ　胡椒入れ	92
こしょうがつ　小正月	26
こしをのばす　腰を伸ばす	59
こせきかんけいのぎょうせいじむしょ　戸籍関係の行政事務所	142
こせきとうほん　戸籍謄本	142
こせきふ　戸籍簿	142
こぜに　小銭	132
こせんきょう　跨線橋	146
ごぜんのぶ（興行の）　午前の部	178
コチュジャン	106
コック	65
こっせつ（する）　骨折（する）	224
こづつみ（郵便）　小包	138
コットン	230
コットンパンツ	112
こと　琴	168
こども　子ども	52
こどもふくうりば　子ども服売り場	128
こどもむけばんぐみ　子ども向け番組	178
コテガミシワ	245
こばち　小鉢	99
こばちがはいっているたな　小鉢が入っている棚	135
ごはん　ご飯	88
ごはんもの　ご飯もの	88
ごはんをたべる　ご飯を食べる	60
ごはんをつくる　ご飯を作る	60
コピーき　コピー機	217
コピールーム	217
こひつじのモモにく　子羊のモモ肉	76
こべつきんし　左折禁止	152
ゴボウ	74
コマーシャル	179
ゴマあぶら　ゴマ油	102
こまかいおかね　細かいお金	132
ごみしゅうしゅうしゃ　ごみ収集車	148
ごみばこ　ごみ箱	38
ごみをすてる　ごみを捨てる	61
こめうらない　米占い	259
こゆび　小指	56
ごらく　娯楽	164
ごろうじん　ご老人	53
ころぶ　転ぶ	58
コロン	215
こんいんしょうめい（しょ）　婚姻証明（書）	142
こんいんとどけ　婚姻届	142
コンクリートブロック	147
コンサート	179
コンサート（歌唱）コンサート	179
コンサートホール	179

コンセント	40
こんだてひょう　献立表	88、92
こんちゅう　昆虫	238
コンドル	241
コンドルのつばさ　コンドルの翼	241
コントロールタワー	155
コンパス	213
コンビニ（エンスストア）	126
コンピューター	218
コンマ	215

さサ

サーチエンジン	219
サード	188
サービスカウンター	71、129
サービスチェンジ	191
サービスりょう　サービス料	88
サーブ（する）	187、190、191
サーフィン（をする）	194
サーブをチェンジする	191
サーモン	242
サーモン（のさしみ、きりみ）　サーモン（の刺身、切り身）	78
サイ	237
さいがい　災害	254
サイクリング（をする）	183
さいけつ（する）　採血（する）	229
さいじょうかい　最上階	32
サイズ	115
さいていしょうひがく　最低消費額	88
サイドストローク	194
サイドライン	186
さいのつの　サイの角	237
さいのめぎりとりにくとカシューナッツのとうがらしいため　さいの目切り鶏肉とカシューナッツの唐辛子炒め	84
さいばんかん　裁判官	66
さいふ　財布	116
さいよう（する）　採用（する）	141
サイレン	137
サイン（する）	131
サウナ	173、176
サウナしつ　サウナ室	173
サウナルーム	161
さかだちする　逆立ちする	58
さかてうち　逆手打ち	191
さかなのあたま　魚の頭	79
さかなのお　魚の尾	79
さかなのこぼね　魚の小骨	79
さかなのだんごスープ　魚の団子スープ	82
さかなのはら　魚の腹	79
さかなのほね　魚の骨	79
さかなのみ　魚の身	79
さかなや　魚屋	126
サキソホン	166
サギのあし　サギの脚	240
さきゅう　砂丘	254
さぎょういん　作業員	65
さく　柵	35
サクサクする	105
さくしゃ　作者	216
さくぶん　作文	211
サクラ	244
サクランボ	72
サケ	242
さけとしょうゆとゴマあぶらのとりにくいためむしりょうり　酒と醤油とゴマ油の鶏肉炒め蒸し料理	85
さけのさかな　酒の肴	89
さじ	46、98
さしだしにんじゅうしょ　差出人住所	138
さしみ	97
さしょう　査証	157
ざせきをさがす　座席をさがす	159
させつきんし　左折禁止	152
ざぜん（をくむ）　座禅（を組む）	233
サソリ	239
さそりざ　さそり座	258
さそりのお　サソリの尾	239
さついれ　札入れ	116
サッカー	184、192
サッカーきょうぎじょう　サッカー競技場	207
サッカーグラウンド	192
サッカーダブリューはい　サッカーW杯	192
ざっかや　雑貨屋	126
サツキ	244
サックス	166
サッシ	32
ざっし　雑誌	139、217
サッシまど　サッシ窓	32
ざつだんする　雑談する	61
サツマイモ	74
サテソース	103
サトイモ	74
さとう　砂糖	102

Index

さどう 茶道	165	
さなぎ	239	
サバ	242	
さばく 砂漠	254	
サバヒー	78	
サプリメント	231	
さむい 寒い	253	
サムゲタン	106	
サメ	242	
さら 皿	99	
さらしこ さらし粉	39	
サラダ	90	
サラダスプーン	99	
さらだて（水切り用の）皿立て	46	
サラダな サラダ菜	74	
サラダフォーク	98	
サラダプレート	99	
サラダゆ サラダ油	102	
サラミ	77	
ざらめ	102	
サル	246	
ざるそば	96	
さわのぼり 沢登り	183	
さわやか 爽やか	105	
さん 三、3	132	
さんかいちんみのつぼづめむしに 山海珍味の壺詰め蒸し煮	84	
さんかくきん 三角巾	230	
さんかくけい 三角形	214	
さんがつ 3月	250	
ざんぎょう（する）残業（する）	140	
サングラス	116	
サンゴ	243	
さんごういん 三合院	28	
サンゴしょう サンゴ礁	254	
さんしん 三線	169	
さんしん 三振	189	
さんせいう 酸性雨	255	
サンタクロース	27	
サンダル	118	
さんだんとび 三段跳び	196	
さんてんリーダ 三点リーダ	215	
サンドイッチ	90	
さんぱい 参拝	27	
さんふじんか 産婦人科	226	
サンマ	242	
さんみのあるソースであえたさかなりょうり 酸味のあるソースで和えた魚料理	107	
サンラータン	84	
さんるいしゅ 三塁手	188	

しシ

じ 時	251	
シイタケ	75	
シーツ	44	
シーティをとる CTを撮る	228	
シートベルト	149、158	
シートポケット	158	
シートマスク	43	
シードル	80	
ジーパン	114	
シーピーユー CPU	218	
シーフード	78	
シーフードサラダ	107	
シール	213	
じいん 寺院	27	
ジーンズ	114	
シェークハンド	191	
ジェットエンジン	159	
ジェットコースター	175	
ジェットスキー	195	
しお 塩	102	
しおいれ 塩入れ	92	
しおからい 塩辛い	104	
しおづける 塩漬けする	101	
シオフキガイ	79	
シカ	237	
しかいし 歯科医師	226	
しがつ 4月	250	
じかん 時間	251	
じかんどおりに 時間どおりに	156	
じかんわりひょう 時間割表	208	
しきい（門の）敷居	35	
しきかん 指揮官	192	
じききょうめいがぞうけんさ 磁気共鳴画像検査	228	
しきてん 式典	26	
しきふく 式服	114	
しきゅう 死球	189	
じぎょうぬし 事業主	66	
シグナル	152	
しけん 試験	211	

しごういん 四合院	28	
じこくひょう 時刻表	150	
しごと 仕事	64	
ししざ しし座	258	
ししゅうぐつ（女性用の）刺繍靴	112	
ししょ 司書	216	
ししょ 辞書	217	
じしょ・じてんるい 辞書・事典類	217	
じじょう 二乗	215	
ししょくひん 試食品	70	
じしん 地震	253	
じしんがある 自信がある	62	
じすべり 地すべり	255	
しぜん 自然	254	
したい 肢体	58	
したじき 下敷き	209	
シダるい シダ類	245	
しちがつ 7月	250	
シチメンチョウ	76	
しちょうかくきょうしつ 視聴覚教室	206	
シットアップベンチ	177	
じてん 辞典	217	
じてんしゃ 自転車	148	
じどう 児童	52	
じどうきっぷうりば 自動切符売り場	150	
じどうしゃめんきょ 自動車免許	143	
じどうたいがいしきじょさいどうき 自動体外式除細動器	231	
じどうばんぐみ 児童番組	178	
じどうはんばいき 自動販売機	127	
シドニー	23	
しぬ 死ぬ	53	
しばい 芝居	178	
しばかりき 芝刈り機	35	
しばふ 芝生	35	
しはらい 支払い（する）	229	
しはらいカウンター 支払いカウンター	71	
じはんき 自販機	127	
じびいんこうか 耳鼻咽喉科	226	
しふくけいかん 私服警官	136	
シフトレバー	149	
しぼうしょうめい（しょ）死亡証明（書）	130、132	
しぼうする 死亡する	53	
しぼうとどけ 死亡届	142	
しま 島	24	
シマウマ	236	
じまく 字幕	178	
しまもよう しま模様	123	
じむしつ 事務室	206	
じむしょ 事務所	140	
ジムボール	176	
しめいへんこう（する）氏名変更（する）	143	
しも 霜	252	
ジャージー	115	
シャープきごう シャープ記号	215	
シャープペンシル	212	
シャーベット	82	
シャオビン	83	
しゃかいがく 社会学	210	
ジャガイモ	74	
しゃがむ	58	
シャギー（にする）	172	
ジャグジー	176	
じゃぐち 蛇口	41	
しゃくはち 尺八	169	
ジャケット	115	
しゃこ 車庫	33	
しゃしん 写真	44	
しゃしんたて 写真立て	44	
しゃしんをとる 写真を撮る	164	
ジャスミンティー	108	
シャツ	114	
しゃてきじょう 射的場	174	
しゃどう 車道	35	
シャトルでんしゃ（空港内の）シャトル電車	154	
シャトルバス	155	
しゃぶしゃぶ（なべ）しゃぶしゃぶ（鍋）	97	
シャベル	221	
しゃみせん 三味線	169	
しゃもじ	48	
しゃりょう 車両	150	
しゃりょうしんにゅうきんし 車両進入禁止	152	
しゃりん（飛行機の）車輪	159	
シャワーカーテン	41	
シャワーキャップ	43	
シャワーヘッド	41	
シャワーをあびる シャワーを浴びる	60	
シャンハイ 上海	23	
シャンパン	81	
シャンプー（する）	172	
じゅう 十、10	132	
じゅういちがつ 11月	250	

じゆういちば 自由市場	134	
じゅうがつ 10月	250	
ジュークボックス	170	
シュークリーム	91	
ジューサー	47	
しゅうし 修士	205	
しゅうじ 習字	165	
じゅうじろ 十字路	146	
ジュース	81、190	
しゅうせいえき 修正液	212	
じゅうたん 絨毯	36	
しゅうちゅうちりょうしつ 集中治療室	226	
シューティンググランド	174	
シュート（する）	192	
じゅうどう 柔道	200	
じゅうなんざい（洗濯用の）柔軟剤	39	
じゅうにがつ 12月	250	
じゅうにがつさんじゅういちにち 12月31日	251	
じゅうみんひょう 住民票	142	
じゅうりょうあげ 重量挙げ	199	
じゅぎょうがおわる 授業が終わる	204	
じゅぎょうをうける 授業を受ける	205	
じゅぎょうをする 授業をする	205	
じゅく 塾	205	
しゅくさいじつ 祝祭日	251	
しゅくはく 宿泊	210	
しゅじゅつしつ 手術室	226	
しゅじゅつする 手術する	228	
しゅじん 主人	55、134	
しゅっきん（する）出勤（する）	140	
しゅっこくロビー 出国ロビー	155	
じゅっしゅきょうぎ 十種競技	197	
しゅっせいしょうめい（しょ）出生証明（書）	142	
しゅっせいとどけ 出生届	142	
しゅっちょう（する）出張（する）	140	
しゅつにゅうこく 出入国	154	
しゅっぱつゲート 出発ゲート	156	
しゅっぱんしゃ 出版社	216	
シュノーケリング	195	
シュノーケルをつかってもぐる シュノーケルを使って潜る	195	
しゅみ 趣味	164	
しゅやく（映画などの）主役	178	
じゅんさ 巡査	136	
しゅんせつ 春節	26	
しょう 笙	168	
しょう 簫	168	
じょう 錠	33	
ショウガ	75	
しょうかい 紹介	90	
しょうがい 生涯	52	
しょうがいぶつ 障害物	196	
しょうがいぶつきょうそう 障害物競走	196	
しょうがく 商学	210	
しょうがくきん 奨学金	211	
しょうかせん 消火栓	127	
しょうがっこう 小学校	204	
じょうぎ 定規	212	
しょうきかん 試用期間	141	
じょうきゃく 乗客	154	
しょうこうしゅ 紹興酒	81	
じょうざい 錠剤	230	
じょうしゃけん 乗車券	150	
しょうしん（する）昇進（する）	141	
しょうせつ 小説	216	
じょうぞうしゅ（中国の）醸造酒	81	
じょうたいおこし 上体起こし	177	
じょうちょ 情緒	62	
しょうどくえき 消毒液	230	
しょうなり（ふとうごう）小なり（不等号）	214	
しょうにか 小児科	226	
しょうにん 商人	66	
しょうねんしょうじょ 少年少女	52	
じょうば（する）乗馬（する）	183	
じょうひんなあじ 上品な味	105	
じょうぶである 丈夫である	63	
しょうぼう 消防	136	
しょうぼういん 消防員	137	
じょうほうきごう 乗法記号	214	
しょうぼうし 消防士	64、137	
しょうぼうしゃ 消防車	137、148	
しょうぼうしょ 消防署	137	
しょうぼうたい 消防隊	137	
じょうまえ 錠前	34	
しょうめんゲート 正面ゲート	174	
しょうやく 生薬	232	
しょうゆ 醤油	102	
しょうゆびん 醤油瓶	135	
しょうよ 賞与	141	
じょうようしゃ 乗用車	148	
しょうりゃくふごう 省略符号	215	

じょうりゅうしゅ（中国の）蒸留酒	81
しょうりんカンフー 少林カンフー	201
しょうりんじ 少林寺	201
しょうろんぶん 小論文	211
ショート	188
ショートカット（にする）	172
ショートヘアー	172
ショートメール（携帯電話の）ショートメール	139
ショーロンポー 小籠包	83
しょきあたりする 暑気あたりする	225
ジョギング（をする）	182
しょくえん 食塩	102
しょくぎょう 職業	64
しょくざい 食材	90
しょくじ（をする） 食事（をする）	88
しょくじする 食事する	60
しょくじりょうほう 食事療法	233
しょくだい 燭台	93
しょくひんうりば 食品売り場	129
しょくぶつ 植物	244
しょくよう 食養法	232
じょしゅせき 助手席	149
じょせい 女性	52
じょせいてんいん 女性店員	92
じょせいふくうりば 女性服売り場	128
じょせいようきもの 女性用着物	120
しょっかく 触角	238
しょっき 食器	98
しょっきあらいき 食器洗い機	47
しょっきあらいようせんざい 食器洗い用洗剤	49
しょっきとだな 食器戸棚	46
しょっきをあらう 食器を洗う	60
しょっぱい	104
ショッピングバッグ	71
しょてん 書店	127
しょとう 諸島	254
しょどう 書道	165
じょほうきごう 除法記号	214
しょほうせん 処方箋	229
しょめい 書名	216
しょめい（する） 署名（する）	131
じょゆう 女優	66
ショルダープレス	177
シラサギ	240
しりつがっこう 私立学校	204
しりょくをはかる 視力をはかる	228
しりんよいち 土林夜市	25
シルクのスカーフ	116
しるそば 汁そば	91
しろ 白	122
シロクマ	237
しろじ 白地	123
シロツメクサ	244
しろバイ 白バイ	136
しろブンチョウ 白ブンチョウ	240
シロホン	167
しろみざかなのあまずあんかけ 白身魚の甘酢あんかけ	85
しろワイン 白ワイン	81
しん（鉛筆やシャーペンの）芯	213
シンガポール	23
しんきこうざのけいやく 新規口座の契約	130
しんきゅう 鍼灸	173、233
しんきゅうのつぼ 鍼灸のつぼ	233
シンク	47
シングルス	190
シングルルーム	160
シンクロナイズドスイミング	194
しんごう 信号	146、152
じんこうえいせい 人工衛星	256
しんごうあり 信号機あり	152
じんこうこきゅう 人工呼吸	229
しんさつ（する） 診察（する）	228
しんさつうけつけ（する） 診察受付（する）	228
しんさつもうしこみよしにきにゅうする 診察申込書に記入する	228
しんさつよやく 診察予約	228
しんさつをうける 診察を受ける	228
しんしつ 寝室	44
しんしふくうりば 紳士服売り場	128
じんじゃ 神社	27
しんせきかんけい 親戚関係	54
しんぞう 心臓	225
しんぞうびょう 心臓病	225
しんたい 身体	56
しんだい 寝台	44
しんたいそう 新体操	199
しんちょうせいげん 身長制限	174
じんどう 人道	146
しんにゅうせい 新入生	204
しんねん 新年	26
しんねんのカウントダウン 新年のカウントダウン	26
しんぱいする 心配する	62

しんぱくすうをそくていする 心拍数を測定する	228
シンバル	168
しんぱん 審判	186、189、193
しんぶんし 新聞紙	138、217
しんぶんをよむ 新聞を読む	61
じんみんげん 人民元	133
じんみんふく 人民服	113
じんもんちょうしょ 尋問調書	137
しんやじょうえい 深夜上映	178
しんやのぶ（興行の）深夜の部	178
しんりん 森林	24
しんりんかさい 森林火災	255
しんるい 親類	54

す

す 酢	102
スイーツ	88
すいえい（をする） 水泳（をする）	182
すいえいプール 水泳プール	32
すいえいぼう 水泳帽	115
スイカ	72
すいきゅう 水球	194
すいギョーザ 水ギョーザ	83
すいけん 酔拳	201
すいじょうスポーツ 水上スポーツ	194
すいじょうスキー（をする） 水上スキー（をする）	194
すいじょうバイク 水上バイク	195
すいじょうバレエ 水上バレエ	194
すいせい 彗星	256
すいせい 水星	256
スイセン	244
すいそう 水槽	36
すいそう（トイレの）水槽	41
すいだまをかける 吸い玉をかける	233
すいちゅうホッケー 水中ホッケー	194
スイッチ	37
すいどうこうじにん 水道工事人	65
すいふくべ 吸いふくべ	233
すいようび 水曜日	250
すうがく 数学	210
すうじ 数字	132
スーツ	114
スーパーマーケット	70
スープ	88、90
スーププレート	99
スープようのふかざら スープ用の深皿	99
スカート	114
スカーフ	116
スカイダイビング	182
すがすがしいかおりがする すがすがしい香りがする	105
スカッシュ	185
ずかん 図鑑	217
スギ	245
スキー（をする）	198
スキーいた スキー板	198
すきやき すき焼き	96
スキャナー	217
スキューバダイビング	195
ずきん 頭巾	116
スキンケアようひん スキンケア用品	45
スキンローション	45
スクリーン	130、156
スケートボード	183
スケボー	183
スコアボード	170、186
スコップ	221
すし 寿司	96
すずしい 涼しい	253
スズメ	240
スズメのお スズメの尾	240
すそ（洋服の）裾	113
スタイル	113
スチームルーム	173、176
ずつう（がする）頭痛（がする）	224
ズツール	95
ズックぐつ ズック靴	119
すっぱい 酸っぱい	104
ステーキ	90
ステーキナイフ	98
ステージ	170
ステープラー	213
ステレオ	38
ストッキング	119
ストッピング	192
ストライク	189
ストライプ	123
ストラップ（携帯電話の）ストラップ	139
ストレッチャー	227
ストレッチをする	59
ストロー	94
スナックうりば スナック売り場	178
スナックのばいてん スナックの売店	135

スネにく（牛の）スネ肉	76
スノーボード	198
スノーモービル	198
スパ	173
スパイク（する）	187
スパゲッティ	90
スパナ	220
スピーカー	219
スピードスケート	198
スピンボール	191
スプーン	98
スブタ	84
スプリンクラー	35
スペースシャトル	257
スポーツ	182
スポーツウエア	115
スポーツがり スポーツ刈り	172
スポーツジム	127、161、176
スポーツシューズ	118
スポーツせんしゅ スポーツ選手	67
スポーツようひんうりば スポーツ用品売り場	128
ズボン	114
スポンジ	49、221
スマートである	63
スマッシュ（する）	191
スミレ	244
スムージー	80
スモモ	72
スラッシュ	215
スリーストライクバッターアウト	189
スリーディーえいが 3D映画	174
スリープ	113
スリーポイントライン	186
すりこぎ	232
スリット（スカートの）スリット	112
スリッパ	44、119
すりばち すり鉢	232
スリムである（体が）スリムである	63
する 擦る	101
スローイン（する）	193
スローガン	209
すわる 座る	59

せ

せいうん 星雲	257
せいかく 性格	62
せいかつ 生活	28
せいかつざっか 生活雑貨	38
せいかつようひん 生活用品	71
ぜいかん 税関	154
ぜいかんしんこくしょ 税関申告書	157
ぜいきんかんぷ（をうける）税金還付（を受ける）	157
せいざ 星座	257、258
せいざする 正座する	59
せいさんじょ 精算所	150
せいじか 政治家	66
せいじがく 政治学	210
せいしょうねん 青少年	52
せいじん 成人	52
せいず 星図	257
せいせいめん 精製綿	230
せいせきひょう 成績表	211
せいせんぎょかいるい 生鮮魚介類	70、78
せいそう 清掃	161
せいたい 整体	173
せいたい（をする）整体（をする）	233
せいちゅう 成虫	239
せいねん 青年	52
せいびし 整備士	65
せいふく 制服	115
せいぶつ 生物	210
せいほうけい 正方形	214
せいめいせつ 清明節	26
せいもん 正門	32、174
せいようレストラン 西洋レストラン	92
せいりけん 整理券	89
せいりけんのばんごうじゅんにまつ 整理券の番号順に待つ	228
セーター	115
セールスマン	64
せおう 背負う	59
せおよぎ 背泳ぎ	194
せかい 世界	22
セカンド	188
せき（をする）咳（をする）	224
せきのよやく 席の予約	88
セダン	148
せっきゃくがかり 接客係	67
せっけん（化粧）石鹸	42
セット	190
セットメニュー	88
せつめい 説明	90

せばんごう　背番号		189
セミ		238
セミコロン		215
ゼリー		91
セルフサービスのしょくじ　セルフサービスの食事		89
ゼロ　零、0		132
セロハンテープ		213
セロリ		75
せん　千、1000		132
せんがんにゅうえき　洗顔乳液		42
ぜんさい　前菜		90
せんしゅ　選手		192
せんせん　線審		192
ぜんしんがだるい　全身がだるい		224
ぜんしんマッサージ　全身マッサージ		173
せんす　扇子		120
せんすい（をする）　潜水（をする）		195
せんせい　先生		64
ぜんせん　前線		252
せんそうじ　浅草寺		25
センター		188
せんたくする（衣服を）洗濯する		60
せんたくかご　洗濯かご		42
せんたくき　洗濯機		39
せんたくバサミ　洗濯バサミ		39
せんたくネット　洗濯ネット		39
せんたくようバスケット　洗濯用バスケット		42
センチメートル		123
せんぱい（学校の女性の）先輩		204
せんぱい（学校の男性の）先輩		204
せんぷうき　扇風機		36
せんめんだい　洗面台		41
ぜんりょうなちゅうこうねんのだんせいやく　善良な中高年の男性役		179

そ　ソ		
そう　箏		168
ゾウ		237
ぞうきん　雑巾		39
そうきん（する）　送金（する）		130
ぞうげ　象牙		237
そうごうかくとうぎ　総合格闘技		201
そうしき　葬式		53
そうじき　掃除機		38
そうじする　掃除する		61
そうじゅうし　操縦士		64
そうしんぐ　装身具		116
そうしんする　送信する		219
そうちょうじょうえい　早朝上映		178
ゾウのはな　ゾウの鼻		237
そうほうこうつうこう　双方向通行		152
そうめん		96
ぞうり　草履		120
ソウル		23
ソーセージ		77
ソーダ		80
そくたつ（ゆうびん）　速達（郵便）		138
そくよく　足浴		173
ソケット		40
そつぎょう（する）　卒業（する）		211
ソックス		119
そで　袖		114
そでぐり　袖ぐり		113
そのひがたんじょうびのひと　その日が誕生日の人		28
そふ（父方の）祖父		54
そふ（母方の）祖父		54
ソファ		37
ソファせき　ソファ席		170
ソフトボール		184
そぼ（父方の）祖母		54
そぼ（母方の）祖母		54
ソルトシェーカー		92

た　タ		
ターキー		76
ダージンのうらじ　"大襟"の裏地		113
ダーツ		183
ターンテーブル（荷物受け取りの）ターンテーブル		155
タイ		242
だい　台		40
たいいく　体育		182、210
たいいくかん　体育館		207
だいいちボタン　第一ボタン		113
たいいん（する）　退院（する）		229
たいおんけい　体温計		230
たいかく　体格		62
だいがく　大学		205
だいがくいん　大学院		205
たいかくする　退学する		211
だいかっこ　大かっこ		215
タイカレー		106
だいかんらんしゃ　大観覧車		174

たいきおせん　大気汚染		255
たいきょくけん　太極拳		200
たいきん（する）　退勤（する）		140
だいく　大工		65
だいくどうぐばこ　大工道具箱		221
だいけい　台形		214
ダイコン		74
タイしきボクシング　タイ式ボクシング		200
たいじゅうけい　体重計		42
たいじゅうをはかる　体重をはかる		228
たいせいよう　大西洋		22
だいせんぷう　大旋風		252
たいそう　体操		198
たいそうきょうぎ　体操競技		198
ダイダイ		72
だいだいいろ　だいだい色		122
だいどころ　台所		46
だいどころようひん　台所用品		48
だいなり（ふとうごう）大なり（不等号）		214
たいふう　台風		252
タイペイ　台北		23
タイペイいちれいいち　台北101		25
タイペイこきゅうはくぶつかん　台北故宮博物館		25
タイペイのしんこうつうシステム　台北の新交通システム		151
たいへいよう　太平洋		22
タイムカードをおす　タイムカードを押す		140
タイヤ（車の）タイヤ		149
たいよう　太陽		252、256
たいようしゅう　大洋州		23
だいリーグ　大リーグ		189
タイル		40
タイレストラン		106
タイワン　台湾		23
たいわんオペラ　台湾オペラ		179
たいわんげん　台湾元		133
たいわんドル　台湾ドル		133
たいわんのしょうゆにこみりょうり　台湾の醤油煮込み料理		82
たいわんパーワン　台湾パーワン		82
タウナギ		78
たうりん　多雨林		254
ダウンコート		115
ダウンジャケット		115
タウンハウス		28
だえんけい　楕円形		214
タオル		40
たおれる　倒れる		58
タカ		241
たかい（背が）高い		63
たかくけい　多角形		214
タカのつめ　タカの爪		241
たき　滝		24
タクシー		148
タケ		247
タケノコ		74
タコ		78
たしざん　足し算		215
だしゃ　打者		189
たたみ　畳		96
たちえり　立ち襟		112
ダチョウ		241
タツ　立つ		246
たつ　立つ		58
たっきゅう　卓球		184、190
たっきゅうだい　卓球台		191
だっしめん　脱脂綿		230
ダッシュ		215
ダッシュボード（車の）ダッシュボード		149
タッチネット（する）		187
タツノオトシゴ		242
タッパー		49
たつまき　竜巻		252
たてごと　竪琴		167
たてもの　建物		32
たな　棚		40、47
たなばた　七夕		27
たにま　谷間		24
たね　種		245
たのしみ　楽しみ		164
たび　足袋		120
ダブリュービーシー　WBC		189
ダブルス		190
ダブルルーム		160
タブレット		230
たべやすい　食べやすい		105
たべる　食べる		60
たまご（虫などの）卵		239
タマネギ		75
ためいけ　ため池		24
タラ（のさしみ、きりみ）タラ（の刺身、切り身）		78
タロットカード		259
たわし（台所用の）たわし		49
たんきょりそう　短距離走		197

タンク		41
たんぐつ　短靴		118
たんごのせっく　端午の節句		26
ダンサー		67
たんさんいんりょう　炭酸飲料		80
たんじょうする　誕生する		52
たんじょうびをいわう　誕生日を祝う		28
ダンス（をする）		164
ダンスフロア		170
だんせい　男性		52
だんせいてんいん　男性店員		92
だんせいようきもの　男性用着物		120
だんちがいへいこうぼう　段違い平行棒		199
だんなさん　旦那さん		55
タンバリン		167
たんパン　短パン		114
たんぴんでたのむ　単品で頼む		88
ダンベル		177
タンポポ		244
タンめん　タン麺		91
だんゆう　男優		66

ち　チ		
チアリーダー		192
チーク		43
チーズ		95
チーズバーガー		95
チーパ		112
チーフ		93
チェジュとう　済州島		25
チェストプレス		177
チェスをする		164
チェック		123
チェックアウト（する）		160
チェックイン（する）		160
チェックインカウンター		154
チェロ		167
チェンジエンド（する）		191
ちえんする　遅延する		156
ちかちゅうしゃじょう　地下駐車場		129
ちかてつ　地下鉄		148
ちかてつのいりぐち　地下鉄の入口		146
ちかどう　地下道		147
ちきゅう　地球		256
ちきゅうぎ　地球儀		209
ちきょう　地峡		254
チキンナゲット		94
チケットうりば　チケット売り場		174
ちじょうかかりいん　地上係員		154
ちず　地図		209
ちち　父		54
ちちおや　父親		54
ちちのひ　父の日		27
チヂミ		106
チップ		89
チップばこ　チップ箱		93
ちゃ　茶		108
チャーハン		91
チャイナコート（綿入れの）チャイナコート		112
チャイナドレス		112
チャイナふく　チャイナ服		113
チャイム		33
ちゃいろ　茶色		122
ちゃかん　茶缶		108
ちゃきをおくぼん　茶器を置く盆		108
ちゃくしんおん（携帯電話の）着信音		139
ちゃくりく（する）　着陸（する）		159
ちゃげいかん　茶芸館		108
ちゃさじ　茶さじ		98、108
ちゃたく　茶卓		37、38
ちゃづつ　茶筒		108
ちゃば　茶葉		108
チャルメラ		168
ちゃわん　茶碗		98
ちゃわんむし　茶碗蒸し		97
ちゃわんをあらう　茶碗を洗う		60
チャンパオ		113
ちゅうおうしょりそうち　中央処理装置		218
ちゅうかジャケット　中華ジャケット		112、113
ちゅうがく　中学		205
ちゅうかグルメ　中華グルメ		84
ちゅうがっこう　中学校		205
ちゅうかなべ　中華鍋		47
ちゅうかまんじゅう　中華まんじゅう		83
ちゅうかレストラン　中華レストラン		88
ちゅうかんテスト　中間テスト		211
ちゅうこうねん　中高年		53
ちゅうごく　中国		23
ちゅうごくご　中国語		210
ちゅうごくしきリフレクソロジー　中国式リフレクソロジー		232
ちゅうごくしょうぎをする　中国将棋をする		164

ちゅうごくせんせいじゅつ 中国占星術	259	
ちゅうごくふうよせなべ 中国風寄せ鍋	84	
ちゅうごくふく 中国服	112	
ちゅうごくぶじゅつ 中国武術	201	
ちゅうざんふく 中山服	113	
ちゅうしゃき 注射器	230	
ちゅうしゃじょう 駐車場	153	
ちゅうしゃスペース 駐車スペース	147	
ちゅうしゃする 注射する	228	
ちゅうしゅうせつ 中秋節	26	
ちゅうにかい 中2階	34	
ちゅうねん 中年	53	
チューバ	166	
チューリップ	244	
ちょう 腸	225	
ちょうこく（をする）彫刻（をする）	164	
ちょうこくか 彫刻家	67	
ちょうしんき 聴診器	230	
チョウチョ	238	
ちょうちん	26	
ちょうづめ 腸詰め	77	
チョウドウフ 臭豆腐	82	
ちょうネクタイ 蝶ネクタイ	116	
ちょうば 跳馬	199	
ちょうほうけい 長方形	214	
ちょうみりょう 調味料	102	
ちょうりしゅ（台湾の）調理酒	81	
ちょうりだい 調理台	47	
ちょうりほう 調理法	100	
ちょうるい 鳥類	240	
チョーク	208	
チョコレートケーキ	91	
ちょしゃ 著者	216	
チョッキ	113	
ちり 地理	24、210	
ちりがみ ちり紙	41	
チリソース	103	
ちりとり	39	
ちりれんげ	98	
ちをながす 血を流す	224	
ちんあげ（する）賃上げ（する）	140	
チンジャオロースー	85	

つツ

ツアーだんたい ツアー団体	160	
ついちょうかぜいをはらう 追徴課税を払う	143	
ツイッター	219	
ツインルーム	160	
つうしん 通信	138	
つうほうする 通報する	137	
つうろ 通路	140	
つうろがわざせき 通路側座席	151、158	
つかいすてしょくき （紙皿、紙コップなどの）使い捨て食器	135	
つかいすてレンゲ 使い捨てレンゲ	135	
つき 月	251、256	
つくえ 机	140、209	
つけもの 漬け物	94	
つけもの 漬け物	97	
つける 漬ける	101	
ツツジ	244	
つつむ 包む	101	
つなみ 津波	253	
つの（カブトムシなどの）角	239	
ツバキ	244	
つばさ 翼	238	
つばさ（飛行機の）翼	159	
ツバメ	241	
ツバメのす ツバメの巣	241	
つま 妻	55	
つまずく	58	
つまようじ 詰め襟	92	
つめえり 詰め襟	112	
つめきり 爪切り	42	
つめたい 冷たい	62	
つゆ	253	
つり（をする）釣り（をする）	164	
つりほうたい 釣り包帯	230	
つりわ 吊り輪	198	
ツル	247	

てテ

て 手	56	
ティーカップ	48、108	
ティーシャツ Tシャツ	114	
ティースプーン	98、108	
ティーバッグ	108	
ティーボーン Tボーン	76	
ディーブイディー／シーディー DVD/ CD	218	
ディーブイディードライブ DVDドライブ	218	
ディーブイディープレイヤー DVDプレイヤー	38	
ティープレート	108	

ティーポット	48、92、108	
ていえん 庭園	33	
ていきあつ 低気圧	252	
ていきかんこうぶつ 定期刊行物	216	
ていきけん（月ぎめの）定期券	150	
テイクアウト	94	
テイクアウトできるみせ テイクアウトできる店	89	
ディクテーション	211	
ていこくに 定刻に	156	
ていじせいかていのがっこう 定時制過程の学校	205	
ていしせん 停止線	153	
ていしょく 定食	88、96	
ディスクドライブ（書き込み対応の）ディスクドライブ	218	
ディスコ	170	
ディスプレー	128	
ていせいキー 訂正キー	130	
ティッシュペーパー	42	
ディフェンダー	192	
ていぼくのしげみ 低木の茂み	35	
でいりぐち 出入口	35	
デージー	244	
テーブル	38	
テーブルかけ テーブル掛け	92	
テーブルクロス	92	
テーブルサッカー	170	
テーブルナプキン	93、94	
テーブルナプキンホルダー	99	
テーマパーク	174	
おしぐるま 手押し車	70、154	
てがみ 手紙	138	
でぐち 出口	150	
テコンドー	200	
デザート	88	
デザートプレート	99	
デザートようフォーク デザート用フォーク	99	
てさげ 手提げ	70	
てじょう 手錠	136	
デスクトップパソコン	218	
テスト	211	
てそう（うらない）手相（占い）	259	
てつがく 哲学	210	
てっきゅうころがし 鉄球転がし	185	
てっこうしのまど 鉄格子の窓	32	
てつづき 手続き	156	
デッドボール	189	
てっぽう 鉄棒	198	
テニス	184、190	
テニスコート	207	
てにもつ 手荷物	156	
てにもつあずかりじょ 手荷物預かり所	158	
てにもつうんぱんいん 手荷物運搬員	154	
てにもつだな 手荷物棚	151	
てぬぐい 手ぬぐい	40	
てのひら 掌、手のひら	56	
デパート	126、128	
てぶくろ 手袋	117	
でまえするみせ 出前する店	89	
でみせ 出店	175	
デリカ	71、127	
テレビ	36、139	
テレビゲームであそぶ テレビゲームで遊ぶ	165	
テレビだい テレビ台	36	
テレビばんぐみ テレビ番組	178	
テレビをみる テレビを見る	61、164	
てんいん 店員	67、128	
てんが はいる 点が入る	193	
てんき 天気	252	
でんき 電気	34	
でんきすいはんき 電気炊飯器	47	
でんきスタンド 電気スタンド	44	
でんきスタンド（床に置く）電気スタンド	36	
でんきドリル 電気ドリル	220	
でんきポット 電気ポット	47	
でんきゅう 電球	34	
てんきよほう 天気予報	253	
でんげん 電源	37	
てんこう（する）転校（する）	205	
でんけいじばん（ウェブ上の）電子掲示板	219	
でんけいじばんにかきこむ 電子掲示板にかきこむ	219	
でんしけんばんがっき 電子鍵盤楽器	167	
でんしみみたいおんけい 電子耳体温計	230	
でんしゃ 電車	148、150	
てんしゅ 店主	134	
てんしゅつ（する）転出（する）	143	
てんじょう（いた）天井（板）	36	
てんしょく（する）転職（する）	141	
でんしレンジ 電子レンジ	46	
でんせんびょう 伝染病	255	
てんたいかんそく 天体観測	257	
てんてきちゅうしゃする 点滴注射する	228	
テントウムシ	238	
てんないでしょくじする 店内で食事する	95	

てんにゅう（する）転入（する）	143	
てんのうせい 天王星	256	
てんび 天火	47	
でんぴょう 伝票	92	
てんぴんざ てんびん座	258	
てんぷら 天ぷら	97	
てんぼうだい 展望台	155	
てんぽスペース 店舗スペース	134	
てんまど 天窓	34	
てんもんがく 天文学	210	
てんもんだい 天文台	257	
でんわ（き）電話（機）	38	

とト

と 戸	37	
ドア	34、37	
ドア（飛行機の）ドア	159	
ドアブ	33	
ドアマン	160	
ドイツ	22	
トイレ	40、158、206	
トイレットペーパー	41	
トイレにいく トイレに行く	61	
トイレようひん トイレ用品	42	
とうえいき 投影機	209	
トウガラシ	75	
トウガラシみそ トウガラシ味噌	103	
とうきょう 東京	23	
とうきょうタワー 東京タワー	25	
どうぐ 道具	220	
とうごう 等号	214	
とうこう（する）登校（する）	204	
とうしゅ 投手	188	
とうじょう（する）搭乗（する）	156	
とうじょうぐち 搭乗口	156	
とうじょうけん 搭乗券	156	
とうじょうけんのじどうはっけんき 搭乗券の自動発券機	156	
とうじょうまちあいじょ 搭乗待合所	156	
トウショウメン	83	
どうぞう 銅像	206	
どうそうせい 同窓生	204	
どうたい（飛行機の）胴体	159	
どうちょ 読点	215	
どうてん 同点	190、193	
とうなんアジアしょこくれんごう 東南アジア諸国連合	23	
とうにゅう 豆乳	80	
とうにゅうプリン 豆乳プリン	82	
トウパンジャン	103	
とうふチゲ 豆腐チゲ	106	
どうぶつ 動物	236	
とうほうめいじゅとう 東方明珠塔	25	
ドウメダル 銅メダル	197	
トウモロコシ	74	
とうよういがくいし 東洋医学医師	232	
どうろ 道路	146	
とうろうけん 蟷螂拳	201	
どうこうじちゅう 道路工事中	152	
どうろひょうしき 道路標識	146	
どうろひょうじせん 道路標線	153	
トースター	47	
ドーナツ	94	
トカゲ	239	
どくしょをする 読書をする	164	
ドクター	205	
とくてん 得点	190	
とくてんけいじばん 得点掲示板	170、186	
どくばり（ミツバチやスズメバチの）毒針	150	
とくべつしゃりょう 特別車両	150	
とけい（大型）時計	36	
とこにはいる 床に入る	61	
とざん（をする）登山（をする）	164	
とし 年	251	
とし 都市	126	
ドジョウ	78	
としょカード 図書カード	216	
としょかん 図書館	207、216	
としょかんいん 図書館員	216	
どせい 土星	256	
どせきりゅう 土石流	255	
とだな 戸棚	47	
とっくり 徳利	96	
ドッジボール	184	
とって 取っ手	33	
ドット ドット柄	123	
トッポギ	106	
とびこみ（をする）飛び込み（をする）	194	
とびばこ 跳び箱	199	
とびら 扉	37	
とぶ 跳ぶ	58	
トマト	75	
トマトケチャップ	103	

Index

トムヤムクン	106
どようび 土曜日	250
トラ	237、246
どら 銅鑼	168
ドライバー	221
ドライヤー	42
ドラゴンボート	26
トラック	148、197、206
ドラッグストア	127
トラッピング	192
トラベラーズチェック	131
ドラム	167
トランク（車の）トランク	148
トランプであそぶ トランプで遊ぶ	164
トランペット	166
トランポリン	199
トリ 鳥	246
とり 鳥	240
ドリアン	73
とうらない 鳥占い	259
とりけしボタン 取消ボタン	130
とりけす 取り消す	156
とりにく 鶏肉	76
とりにくのゴマ油ぶらいためいりさけこみ
鶏肉のゴマ油炒め入り酒煮込み	85
とりてばさき 鶏の手羽先	76
ドリブル（する）	186
とりむねにく 鶏胸肉	76
とりももにく 鶏モモ肉	76
とりょうだんによるもぎせん 塗料弾による模擬戦	183
トレー	98
トレー（料理をのせる）トレー	95、96
どろぼう 泥棒	136
とろみあんかけにこみめん
（豚肉と魚のすり身）とろみ餡かけ煮込み麺	82
トロリーバス	148
トロンボーン	166
トング（はさみどうぐ）トング（はさみ道具）	48
とんそく 豚足	77
どんぶり	96
トンボ	238
トンポーロウ	84

ナ

ナース	66、226
ナースステーション	226
ないか 内科	226
ナイトクラブ	126、170
ナイトテーブル	44
ナイトマーケット	134
ナイトライフ	170
ナイフ	48、98
ないぶメモリー 内部メモリー	218
ないや 内野	189
ながし 流し	47
なかにわ 中庭	33
なかゆび 中指	56
なく（声を出して）泣く	62
なくす	217
ナシ	72
ナス	74
なだれ	255
なつ 夏	253
なつまつり 夏祭り	121
なな 七、7	132
ナプキンリング	99
なべしき 鍋敷き	49
なべりょうり 鍋料理	84
ナマコ	242
ナマズ	78
なまはるまき 生春巻き	107
なまビール 生ビール	80
なみ 波	24
ならぶ 並ぶ	156
なわとび 縄跳び	199
なんきょく（たいりく）南極（大陸）	23
ナンプラー	106
なんべい 南米	22

ニ

に 二、2	132
においがきうれつ においが強烈	104
にがい 苦い	104
にかいだてバス 二階建てバス	148
にがつ 2月	250
にく 肉	76
にくだんご 肉団子	77
にくまん 肉まん	83
にくるい 肉類	70
にぐるま 荷車	148
にこ 二胡	168
にこみぶたにくかけごはん（台湾）煮込み豚肉かけご飯	82
にこむ（醤油などで）煮込む	101
にこむ 煮込む	100
にせんじゅういちねん 2011年	250
にちじょうせいかつ 日常生活	60
にちようび 日曜日	250
ニット	115
ニットぼう ニット帽	118
につめる（長時間）煮詰める	100
につめる（とろ火で）煮詰める	100
にぶんのいち 2分の1、1/2	215
にほうめんつうこう 二方面通行	152
にほん 日本	23
にほんえん 日本円	133
にほんご 日本語	210
にほんしゅ 日本酒	96
にほんちゃ 日本茶	108
にほんのドラマ 日本のドラマ	178
にほんりょうり 日本料理	96
にほんりょうりや 日本料理屋	96
にもつ（旅行の）荷物	154
にもついちじあずかりじょ 荷物一時預かり所	161
にもつうけとりじょ 荷物受け取り所	154
にもつおき 荷物置き	158
にもつタグ 荷物タグ	156
にもつだな 荷物棚	158
にもつラック 荷物ラック	151
にもつをおく 荷物を置く	159
にゅういん（する）入院（する）	228
にゅうえき 乳液	42
にゅうがくしけん 入学試験	211
にゅうぎゅう 乳牛	236
にゅうこくカード 入国カード	157
にゅうこくロビー 入国ロビー	154
にゅうせいひん 乳製品	70
にゅうたいしつカード 入退室カード	140
ニューデリー	23
ニューヨーク	22
ニューロウめん ニューロウ麺	82
ニラ	75
にる 煮る	100
にるいしゅ 二塁手	188
にわ 庭	33
ニワトリ	240、246
ニワトリのたまご ニワトリの卵	240
ニワトリのとさか	240
にんぎょうげき 人形劇	179
ニンジン	74
にんしんする 妊娠する	53
にんそう（うらない）人相（占い）	259
ニンニク	75
にんぷ 妊婦	53

ヌ

ぬぐ 脱ぐ	60
ぬけがら 抜け殻	238
ぬのぐつ 布靴	118
ぬのせいボタン 布製ボタン	112
ぬまち 沼地	255
ぬりぐすり 塗り薬	231

ネ

ね 根	245
ネイルケア	173
ネギ	75
ネクタイ	116
ネクタイピン（挟む形の）ネクタイピン	116
ネコ	236
ねじ	220
ねじまわし ねじ回し	221
ネズミ	236、246
ねだん 値段	90
ねだんひょう 値段表	135
ねついあふれる 熱意あふれる	62
ネッカチーフ	116
ネックレス	116
ねったいぎょ 熱帯魚	243
ねっちゅうしょう 熱中症	225
ネット	186、187、190、191
ネット（タッチ）（する）	191
ネットサーフィンする	165
ねつをだす 熱を出す	224
ねむる 眠る	60
ねりはみがき 練り歯磨き	40
ねる 寝る	60、61
ねんしまわりをする 年始回りをする	29
ねんせい …年生	204
ネンミョン	106

ノ

のう 脳	225
のうかのひと 農家の人	64
のうかん 能管	169
のうじれき 農事暦	251
のうみん 農民	64
ノースリーブ	114
ノート	213
ノートパソコン	218
のこぎり	221
ノズル	41
のどがいたい 喉が痛い	224
のぼりきゅうこうばい 上り急勾配	152
ノミ	239
のみぐすり 飲み薬	231
のみもの 飲み物	80
のみものをえらぶ 飲み物を選ぶ	158
のむ 飲む	60
のり	213
のりつぐ（飛行機を）乗り継ぐ	157
のりもの 乗り物	148
のれん	96

ハ

は 歯	56
は 葉	245
バー	93、170
バーカウンター	93
バースデーケーキ	28
バースデープレゼント	29
バーテンダー	170
バードウォッチングする	164
ハードコート	190
ハードディスク	218
ハードル	196
ハードルきょうそう ハードル競走	196
ハードルレース	196
ハーブ	167
ハーブティー	108
バーベキューする	100
パーマ（をかける）	172
ハーモニカ	166
はい 肺	225
はいいろ 灰色	122
ばいう 梅雨	253
バイオリン	167
はいかんこう 配管工	65
ハイキング（をする）	164
バイキングりょうり バイキング料理	89
バイク	148
はいすいこう 排水口	41
パイチョウ	81
ばいてん 売店	174、175
パイナップル	73
ハイヒール	118
バイブレーション	139
ハイフン	215
はいゆう 俳優	66、178
パイロット（飛行機の）パイロット	64
パインセオ	107
バインダー	140
バインダーようし バインダー用紙	213
パインチュン	107
パインミー	107
はう 這う	58
ハエ	238
パオ	28
はがき（郵便）はがき	138
はかせ 博士	205
はかま 袴	121
はかまいり（する）墓参り（する）	121
はかり 秤	135
はきけがする 吐き気がする	104、224
はきだしまど 掃き出し窓	35
はく（床や地面を）掃く	61
はく 穿く	60
はく 吐く	224
ハクサイ	74
ばくちく 爆竹	26
ハクチョウ	240
はくばん 拍板	168
ばくふ 瀑布	24
はくぶつかん 博物館	126
はけ 刷毛	221
ハゲタカ	241
バケツ	221
はげている 禿げている	63
ハゲワシ	241
はごたえがある 歯ごたえがある	105
はさみ	213
はし 箸	98
はしおき 箸置き	97
はしご	221
はしごしゃ はしご車	137
ばしゃ 馬車	148

283

パジャマ	115	はりぐすり 貼り薬	233	ビジネスセンター	161
はしゅつじょ 派出所	136	ハリケーン	255	ビジネスマン	66
パジリコ	75	はりときゅう 鍼と灸	233	ひしゃく	46
はしりたかとび 走り高跳び	196	バリバリする	105	ひしょ 秘書	64
はしりはばとび 走り幅跳び	196	はる 春	253	ひじょうようだっしゅつぐち 非常用脱出口	158
はしる 走る	58	バルコニー	32	ピストル	136
バジル	75	はるさめとぶたひきにくのにこみりょうり		ひたい 額	56
ハス	247	春雨と豚ひき肉の煮込み料理	84	ひだりがいやしゅ 左外野手	188
バス	148	はれ 晴れ	253	ひだりせん 左斜線	215
バス（する）	192	はれ（あがる） 腫れ（あがる）	224	びっくりする	62
はずかしがる 恥ずかしがる	62	パレイショ	74	ヒツジ	236、246
バスケットコート	206	パレード（する）	175	ヒツジのけ ヒツジの毛	236
バスケットボール	184、186	バレーボール	185、186	ピッチ	192
バスケットリング	34	パレット	213	ピッチャー	188
パスタ	90	バレンタインデー	26	ピッチャーズ・プレート	188
バスタオル	40	バレンタインデーのおくりもの バレンタインデーの贈り物	27	ヒット	188
バスタブ	41	ハロウィン	27	ピット（跳躍競技の）ピット	196
バスてい（りゅうじょ）バス停（留所）	153	パワーリフティング	177	ビップルーム VIPルーム	93、156
バスてい（ひょうしき）バス停（標識）	146	はをぬく 歯を抜く	229	ビデオさつえいをする ビデオ撮影をする	164
パスポート	157	はをみがく 歯を磨く	61	ひと 人	52
バスマット	41	パン	70	ひとさしゆび 人差し指	56
バスようひん バス用品	42	ハンガー	39	ひとづきあいのよい 人付き合いのよい	62
バスローブ	43	ハンカチ	117	ヒトデ	242
パスワード	130	ハンググライダー	182	ひとりべや 一人部屋	160
バスをもらう	192	パンケーキ	94	ヒナギク	244
パソコン	218	はんこ	131	ビニールぶくろ ビニール袋	71
ハタ	78	ばんごうふだ 番号札	89	ヒノキ	245
バターナイフ	98	バンジージャンプ	183	ヒバリ	241
はだぎうりば 肌着売り場	128	はんズボン 半ズボン	114	ヒバリのこ ヒバリの子	241
はだのいろ 肌の色	63	ばんそうこう 絆創膏	231	ひびのくらし 日々の暮らし	60
バタフライ	194	パンダ	237	ピピンパ	106
はち 八、8	132	バンダナ	116	ヒマラヤスギ	245
はちがつ 8月	250	パンツ	114、115	ヒマワリ	244
ハチドリ	241	パンティ	115	びみ 美味	104
はつ 鈸	168	パンティーストッキング	119	ひゃく 百、100	132
ハッカチョウ	240	ハンド	193	ひゃくえん 百円	133
ばつがわるい ばつが悪い	62	はんとう 半島	254	ひゃくげん 百元	133
バック	194	バンドエイド（しょうひょう）バンドエイド〈商標〉	230	ひゃくメートルそう 100メートル走	197
バックエクステンション	177	ハンドボール	184	ひやけどめクリーム 日焼け止めクリーム	43
バックスラッシュ	215	ハンドリング	193	ひゃっかじてん 百科事典	217
バックハンド	191	ハンドル（車の）ハンドル	149	ひゃっかぜんしょ 百科全書	217
バックボード	186	バンパー（車の）バンパー	149	ひゃっかてん 百貨店	126
バックミラー（車の）バックミラー	149	ハンバーガー	95	ビュッフェ	89
ばっし（する）抜歯（する）	229	パンプカー	174	ヒョウ	237
パッションフルーツ	73	ハンマー	220	ひょう 廟	252
バッタ	238	ハンマーなげ（をする）ハンマー投げ（をする）	196	びょう 秒	251
バッター	189	パンや パン屋	127	びよう 美容	27
バッタイ	107	パンやき パン焼き器	47	びょういん 病院	172
バッチ	231	ばんりのちょうじょう 万里の長城	24	びよういん 美容院	126、226
バット	189	**ひヒ**		ひょうが 氷河	127
はつねつ（する）発熱（する）	224	ひ 日	251	びょうき 病気	254
はつびょうする 発病する	224	ピアス	116	びょうきになる 病気になる	224
はつらつとしたわかいじょせいやく		ピアノ	167	ひょうご 標語	209
潑剌とした若い女性役	179	ビーがた B型	259	ひょうし 表紙	217
ハト	240	ヒーター	38	びようし 美容師	67
ハトのはね ハトの羽	240	ビーチ	24	ひょうしぎ 拍子木	168
バドミントン	185	ビーチサンダル	119	びょうしつ 病室	226
バドミントンコート	207	ビーチバレー	185	ひょうじょう 表情	62
パトロールカー	136	ビートばんのバタあしれんしゅう ビート板のバタ足練習	195	びょうとう 病棟	226
バトン	197	ピーナッツソース	103	びょうにん 病人	226
はな 鼻	56	ビーフ	76	ひょうはくざい 漂白剤	39
はな 花	245	ピーマン	74	ひらおよぎ 平泳ぎ	194
はなづまり 鼻づまり	224	ピーラー	48	ピラティス	176
バナナ	73	ビール	80	ヒラメ	242
バナナボート	195	ひかえせんしゅ 控え選手	186	ピリオド	215
はなにみずをやる 花に水をやる	61	ひがしアジア 東アジア	22	ビリヤード	170、185
はなび 花火	26	びがん 美顔	173	ビル	32
はなびたいかい 花火大会	121	ヒキガエル	247	ひるやすみ 昼休み	140
はなみずがでる 鼻水が出る	224	ひきざん 引き算	215	ひれ	79
はね 羽	238	ひきしまっている（体が）引き締まっている	63	ひろば 広場	158
ハネムーン	53	ひきだし（預金の）引き出し	130	びわ 琵琶	168、169
はは 母	54	ひきだす（預金を）引き出す	130	ピンク	122
パパイヤ	72	ひきにく 挽肉	77	ピンセット	230
ははおや 母親	54	ひきわけ 引き分け	190、193	びん、ビール 瓶ビール	80
ははのひ 母の日	27	ひくい（背丈が）低い	63	ピンポン	184
ハブ	219	ピクルス	94	**ふフ**	
はブラシ 歯ブラシ	40	ひげ	63	ぶ 分	132
はまべ 浜辺	24	ひげそり	40	ファースト	188
ハミウリ	72	ひこうき 飛行機	158	ファーストクラス	159
はみがきこ 歯磨き粉	40	ひこうきのチケット 飛行機のチケット	157	ファイナルセット	191
ハム	77	ひこうじょう 飛行場	154	ファイル（クリア）ファイル	213
はやくつく 早く着く	156	ピザ	94	ファイルホルダー	140
はやくなる（飛行機の到着が）早くなる	156	ピザカッター	99	ファイルしゅうのうだな ファイル収納棚	140
はやし 林	24	ひさし	35	ファウル	189
はら 腹	56	ひじかけ ひじ掛け	158	ファウル（する）	187
バラ	244	ひじかけいす ひじ掛け椅子	159	ファストフードてん ファストフード店	94
バラエティばんぐみ バラエティ番組	178	ひしがた 菱形	214	ファミリーレストラン	94
パラセーリング	195	ひじょう	38	ファンデーション（固形の）ファンデーション	43
はらばいになる 腹ばいになる	59	ビジネス	210	フィギュアスケート	182
はらをたてる 腹を立てる	62	ビジネスクラス	159	フィットネスクラブ	127、176
はり 鍼	233				
パリ	22				

フィファワールドカップサッカー		フリースローライン	186	へんき 便器	41
FIFAワールドカップサッカー	192	フリースローレーン	186	ペンキ	221
フィヨルド	254	フリーゾーン	187	ペンキのはけ ペンキの刷毛	221
プーアルちゃ プーアル茶	108	フリーフォール	175	へんきゃくカウンター 返却カウンター	216
ブーツ	118	ふりかえかんじょう（する）振替勘定（する）	130	へんきゃくきげんぎれ（になる）返却期限切れ（になる）	216
ふうとう 封筒	138	ふりそで 振袖	120	へんきゃくぐち 返却口	216
フードコート	129	プリン	91	ペンギン	240
フードトレーラー	134	ふる（塩などを）ふる	101	ペンケース	209
フードワゴン	92	フルート	166	べんごし 弁護士	66
ふうふ 夫婦	53	ふるえる	59	ベンチ	220
ふうみゆたか 風味豊か	105	ブレーキ	149	ベンチプレス	177
プール	161	プレート	98	ペンホルダー	191
ふえ 笛	136	プレーヤー	192		
フェイシャルパック	43	ブレスレット	116	**ほ ホ**	
フェイスエステ	173	プレゼンテーション	211	ホイコーロー	84
フェルトペン	212	フロアランプ	36	ホイッパー	48、109
フェンシング	200	ブローカー	66	ポインセチア	245
フェンス	32、35	ブローチ	117	ポイント	190
フォア	190	ブログ	219	ぼうえんきょう 望遠鏡	257
フォアハンド	190	プロジェクター	209	ほうおう 鳳凰	247
フォアボール	189	ブロック（する）	187	ほうがく 法学	210
フォー	107	ふろでからだをあらう 風呂で身体を洗う	60	ほうがんなげ（をする）砲丸投げ（をする）	196
フォーク	98	ふろにつかる 風呂につかる	60	ほうき	39
フォーラム	219	フロント	160	ぼうし 帽子	118
フォルダー	213	ふん 分	251	ほうしょくひんうりば 宝飾品売り場	129
フォワード	193	ぶんがく 文学	210	ほうそう 放送	156
フカ	242	ぶんしつする 紛失する	217	ほうそう（ラジオ）放送	139
ふかいいろ 深い色	122	ぶんすう 分数	215	ほうそうきき 放送機器	209
ふかす	101	ぶんぼうぐ 文房具	212	ほうたい 包帯	230
フカヒレ	79			ほうちょう 包丁	46
ふかみのあるあじわい 深みのある味わい	105	**へ ヘ**		ぼうたかとび 棒高跳び	196
ふきもの 吹出物	224	ヘアーカット（する）	172	ほうていきゅうじつ 法定休日	251
ふきん 布巾	39	ヘアースタイリスト	67	ぼうふう 暴風	255
ふく 服	116	ヘアーセット（する）	172	ぼうふうう 暴風雨	252
フグ	242	ヘアゴム	116	ほうりつ 法律	210
ふくしゃしつ 複写室	217	ヘアコンディショナー	42	ほお 頬	56
ふくそう 服装	112	ヘアシャンプー	42	ホース	137
ふくそうじゅうし 副操縦士	159	ヘアピン	116	ボーディングパス	157
フクロウ	241	ヘアブラシ	40、43	ボート（をこぐ）ボート（を漕ぐ）	182
ふごうかく 不合格	211	へい 塀	32	ボートをこぐ ボートを漕ぐ	175
ブザー	33	へいかしき（書棚が）閉架式	217	ボーナス	141
ふさい 夫妻	53	へいきんだい 平均台	199	ほおべに ほお紅	43
ぶじゅつ 武術	200	へいげん 平原	24	ホーム（駅の）ホーム	150
ふせん 付箋	213	へいこうしへんけい 平行四辺形	214	ホームベース	189
ブタ	246	へいこうぼう 平行棒	198	ホームラン	188
ぶたい 舞台	170	べいしゅ 米酒	102	ボーリング	184
ぶたいえんげき 舞台演劇	179	ベイドル 米ドル	133	ボーリングじょう ボーリング場	207
ふたござ ふたご座	258	へいほう 平方	215	ホール	161
ぶたにく 豚肉	76	へいほうこん 平方根	214	ボール	189
ぶたにくとタカナのしょうゆむし 豚肉とタカナの醤油蒸し	85	へいや 平野	24	ポール（棒高跳びの）ポール	196
ぶたにくのかくに 豚肉の角煮	84	ペイントブラシ	221	ホールスタッフ	67
ぶたバラにく 豚バラ肉	77	ペイントローラー	183	ホールディング（する）	187
ふたりべや 二人部屋	160	ヘラ	98	ボールペン	212
ふたんにならない（精神的な）負担にならない	62	ベーカリー	127	ほがらかである 朗らかである	62
ふつうしゃりょう 普通車両	151	ベーグル	95	ボクサーパンツ	114
ふつうせき 普通席	151	ベーコン	77	ぼくじゅう 墨汁	213
ぶつぎりにする ぶつ切りにする	101	ベージュ	122	ボクシング	200
ふっきん 腹筋	177	ベース	188	ほくべい 北米	22
フック	220	ベースボール	184	ほくろ	63
ブックエンド	45	ベースライン	186、191	ほけつせんしゅ 補欠選手	186
ブックスタンド	134	ペーパータオル	42	ほけんしつ 保健室	217
プッシュ（する）	191	ベール	116	ほけんとりあつかいカウンター 保険取り扱いカウンター	154
フットパス	173	ペキン 北京	23	ほこうき 歩行器	227
フットボール	184	ペキンダック 北京ダック	84	ほこうしゃちゅうい 歩行者注意	152
ぶつり 物理	210	ベスト	113、114	ほし 星	256
ぶつりりょうほう 物理療法	231	へそ	56	ほしゅ 捕手	189
ふで（習字の）筆	212	ペタンク	185	ほす（衣服を）干す	60
ふでばこ 筆箱	209	ヘチマ	74	ポスト	33
ブドウ	73	べっそう 別荘	28	ほそい 細い	63
ぶどう 武道	200	ベッド	44	ほそぎりにく 細切り肉	77
ふとっている 太っている	63	ペットフード	35	ほそぎりにくのしせんいため 細切り肉の四川炒め	84
ふなびん 船便	138	ヘッドボードキャビネット	44	ほぞんようき 保存容器	49
ふみだす 踏み出す	59	ヘッドホーン	36	ホタテ（ガイ）	79
ふゆ 冬	253	ヘディング	193	ホタル	238
ぶようか 舞踊家	67	ベトナムふうおこのみやき ベトナム風お好み焼き	107	ボタン（衣服の）ボタン	113
フライがえし フライ返し	48	ベトナムふうサンドイッチ ベトナム風サンドイッチ	107	ボタン	114、130、247
フライトじこくひょう フライト時刻表	156	ベトナムふうちまき ベトナム風ちまき	107	ボタンのななめがけ	112
フライドチキン	95	ベトナムレストラン	107	ほちょうき 補聴器	231
フライドポテト	95	ヘビ	246	ホッキョクグマ	237
フライパン	46	へや 部屋	160	ボックスせき ボックス席	170
ブラインド	34、158	ヘラ	98	ホッケー	184
ブラウザ	219	ベランダ	32、35	ほっしん 発疹	224
ブラウンかんがめん ブラウン管画面	218	ペリカン	241	ホッチキス ホッチキス（商標）	213
ブラケット	214	ベル	130	ホットケーキ	94
ブラシ	221	ベルト	136	ホットココア	109
ブラジャー	115	ベルト（革の）ベルト	117	ホットチョコレート	80
ブラジリア	22	ベルトのあな ベルトの穴	117	ホットドッグ	95
ブラジル	22	ベルトフック	117	ボディソープ	42
プラスきごう プラス記号	214	ベルマン	160	ポテトフライ	95
ブラックコーヒー	109	ベルリン	22	ホテル	127、160
プラットホーム	150	ペン	212	ほどう 歩道	146
フランス	22			ほどうきょう 歩道橋	146

ポニーテール	172	
ボラ	78	
ホラガイ	243	
ポリぶくろ　ポリ袋	71	
ボリューム	139	
ボルト	220	
ホルン（フレンチ）ホルン	166	
ポロ	185	
ホワイトボード	208	
ぼんおどり　盆踊り	121	
ホンコンスタイルのけいしょく　香港スタイルの軽食	91	
ホンコンドル　香港ドル	133	
ほんだな　本棚	36、209、216	
ぼんち　盆地	24	
ほんのかしだし　本の貸出し	216	
ほんのへんきゃく　本の返却	216	
ほんばこ　本箱	36	
ほんや　本屋	127	
ほんるい　本塁	189	
ほんるいだ　本塁打	188	
ほんをかえす　本を返す	216	
ほんをかりる　本を借りる	216	

マ マ

マーカー	208、212	
マーケット	134	
マージャンをする	29、164	
マーボドウフ	84	
マイク	171、208	
マイクロフィルム	217	
マイクロホン	171、208	
マイナスきごう　マイナス記号	214	
マウス	218	
マウスパッド	218	
まえかけ　前掛け	112	
まがりかど　曲がり角	146	
マキガイ	243	
まきがみ　巻き髪	172	
まきじゃく　巻き尺	220	
まきちらす　まき散らす	101	
マグカップ	49	
まくら	44	
まくらカバー	44	
マグロ	242	
マグロ（のさしみ、きりみ）　マグロ（の刺身、切り身）	78	
マクワウリ	72	
まご　孫	55	
マコモダケ	75	
マザーボード	218	
マジック（ホワイトボード用の）マジック	208	
マジックインキ　マジックインキ〈商標〉	212	
マス	78	
まずい	104	
マスク	230	
マスクメロン	72	
マスター	205	
まぜあわせる　混ぜ合わせる	101	
またぐ　跨ぐ	59	
まち　街	126、146	
まちあいしつ　待合室	150	
まちあいしつ（病院の）待合室	227	
まちうけがめん　待ち受け画面	139	
まちかど　街角	146	
まちをぶらぶらあるく　町をぶらぶら歩く	164	
マツ	247	
まつげ	56	
マッサージ（する）	233	
マッシュルーム	75	
マット（ジム）マット	176	
マットレス	44	
まつばづえ　松葉杖	227	
まとまったかね　まとまった金	132	
まど　窓	34	
まどがわざせき　窓側座席	151、158	
まどぐち　窓口	130	
マドラー	109	
マトン	76	
まないた　まな板	47	
マナガツオ	78	
マニキュア	173	
マニキュア（えき）マニキュア（液）	43	
マネージャー	64、93	
マフィン	95	
まぶた	56	
マフラー	116	
まゆ　眉	56	
まゆげ　眉毛	56	
マラカス	167	
マラソン	196	
まるいす（背もたれのない）丸椅子	95	
まるかっこ　丸かっこ	214	
まん　万	132	

マンゴー	72	
まんざい　漫才	165	
まんだん　漫談	165	
マントー	83	
まんねんひつ　万年筆	212	

ミ ミ

み　実	245	
ミージャン	80	
ミートチョップ	77	
ミートボール	77	
ミカン	72	
みぎがいやしゅ　右外野手	188	
ミキサー	47	
みぎしゃせん　右斜線	215	
みじかいかくがり　短い角刈り	172	
みずうみ　湖	24	
みずがめ　みずがめ座	258	
みずぎ　水着	115	
みずたま　水玉	123	
みずちりょうほう　水治療法	173	
みずぶくろ　水疱瘡	224	
みずやりする　水やりする	61	
みせ　店	134	
みそ　味噌	103	
みそしる　味噌汁	97	
みぞれ	255	
みため　見た目	63	
ミット	188	
ミッドフィルダー	193	
ミツバチ	238	
みどり　緑	122	
みなと　港	24	
みなみアメリカ　南アメリカ	22	
みなり　身なり	112	
みにつける　身に付ける	60	
ミネラルウォーター	81	
みはらしだい　見晴台	174	
みぶんしょう　身分証	142	
みぶんしょう（めい）身分証（明書）	131	
みぶんしょうめいしょ　身分証明書	142	
みみがとおい　耳が遠い	225	
ミミズ	239	
ミミズク	241	
みゃくをとる　脈をとる	232	
みゃくをはかる　脈をはかる	228	
みやげものてん　みやげ物店	175	
ミュージカル	179	
ミュージシャン	67	
みりん	103	
ミルク	80	
ミルクセーキ	95	

ム ム

ムエタイ	200	
ムカデ	239	
むぎわらぼうし　麦わら帽子	118	
むく（皮を）むく	101	
むし　虫	238	
むじ　無地	123	
むしパン　蒸しパン	83	
むす　蒸す	101	
むすこ　息子	55	
むすめ　娘	55	
むすめむこ　娘婿	55	
むせんランエリア　無線LANエリア	156	
むね　胸	56	
むねでボールをキープする　胸でボールをキープする	192	
むらさき　紫	122	

メ メ

め　芽	245	
め　目	56	
めい（姉妹の娘）姪	55	
めい（兄弟の娘）姪	55	
めいおうせい　冥王星	257	
メイクおとし　メイク落とし	43	
めいさい　明細	92	
めいそうする　瞑想（する）	176、233	
めがかゆい　目がかゆい	225	
メカジキ	242	
メガネ	116	
めがはれる　目が腫れる	225	
めざましどけい　目覚まし時計	44	
めしじゃくし	48	
メジャー	220	
メジャーリーグ	189	
メディア	138	
メディテーション	176	
メニュー	88、90、92	
めまい（がする）眩暈（がする）	224	

メリーゴーランド	174	
メロン	72	
めん　麺	88	
めんぜいてん　免税店	155	
めんぜいひん　免税品	155	
めんせつ（する）　面接（する）	141	
メンバーズカード	71、176	
めんぼう　麺棒	48	
めんぼう　綿棒	42、231	
メンヨウ	236	
めんるい　麺類	88	

モ モ

もうひつ　毛筆	212	
モーニングコールサービス	160	
モカ（コーヒーの）モカ	109	
もくぎょ　木魚	169	
もくせい　木星	256	
もくせいサンダル　木製サンダル	119	
もくようび　木曜日	250	
もじうらないをする　文字占いをする	259	
モズ	241	
モスク	27	
モスクワ	23	
もたれる	104	
もちかえり　持ち帰り	94	
もちかえりようぶくろ（料理の残りの）持ち帰り用袋	94	
もちかえる（残った料理を）持ち帰る	89	
もちごめをつかったぶたにくいりむしごはん　もち米を使った豚肉入り蒸しごはん	84	
もっきん　木琴	167	
もっこうしょくにん　木工職人	65	
モップ	39	
モップがけする	61	
モデム	218	
モニター	130、156	
モニターカメラ	130	
モニターがめん　モニター画面	218	
ものさし　物差し	212	
ものほしざお　物干し竿	33	
モノレール	148	
モミノキ	245	
モモ	72、247	
ももいろ　桃色	122	
モヤシ	74	
もり　森	24	
もん　門	34	
モンゴルずもう　モンゴル相撲	201	

ヤ ヤ

やかんじょうえい　夜間上映	178	
ヤギ	236、246	
やきギョーザ　焼きギョーザ	83	
やぎざ　やぎ座	258	
やきそば	82	
やきビーフン　焼きビーフン	82	
やきまんじゅう　焼き饅頭	91	
やきゅう　野球	184、188	
やきゅうじょう　野球場	207	
やきゅうぼう　野球帽	118	
やきゅうユニフォーム　野球ユニフォーム	188	
やく　焼く	100	
やく（少量の油で）焼く	100	
やく（あぶるように）焼く	100	
やくしゃ　役者	178	
やくば　役場	142	
やくようなんこう　薬用軟膏	230、233	
やさい　野菜	70、74	
やしょく　夜食	88	
やすむ　休む	61	
やせている	63	
やたい　屋台	88、89、127、134、135	
やたいのみものや　屋台の飲み物屋	134	
やたいをだすばしょ　屋台を出す場所	134	
やっきょく　薬局	127	
やっきょく（病院の）薬局	227	
やっとこ	220	
ヤナギ	245	
やね　屋根	34	
やねうらべや　屋根裏部屋	34	
やねなしかんらんせき　屋根なし観覧席	188	
やま　山	24	
やまくずれ　山くずれ	255	
やまをのぼる　山を登る	164	
ヤムチャ	91	
やりなおしボタン　やり直しボタン	130	
やりなげ（をする）　やり投げ（をする）	195	
やわらかいシート（列車の）軟らかいシート	151	
ヤングファッションうりば　ヤングファッション売り場	128	

ユ ユ

Index

ユーエスビーメモリー USBメモリー	219
ゆうえんち 遊園地	174
ゆうきいんりょう 有機飲料	80
ゆうさんそううんどう 有酸素運動	199
ユーターンきんし Uターン禁止	152
ゆうびんうけ 郵便受け	33
ゆうびんきょく 郵便局	127
ゆうびんしょかん 郵便書簡	138
ゆうびんはいたついん 郵便配達員	138
ゆうびんばんごう 郵便番号	138
ゆうびんポスト 郵便ポスト	138
ユーロ	133
ゆえきする 輸液する	228
ゆか 床	36
ゆかいた 床板	36
ゆかうんどう 床運動	199
ゆがく	100
ゆかた 浴衣	121
ゆき 雪	252
ゆきがっせんをする 雪合戦をする	198
ゆきぐつ 雪靴	119
ゆきだるまをつくる 雪だるまを作る	198
ゆけつ（する）輸血（する）	229
ユッケジャン	106
ゆでる	100
ゆどおしする 湯通しする	100
ユニフォーム	115
ゆのみ 湯飲み	48、108
ゆび（手の）指	56
ゆぶね 湯ぶね	161
ユリ	244
ゆりいす 揺り椅子	38

よヨ

よいちへいく 夜市へ行く	165
ようきん 洋琴	169
ようじ	92
ようじ 幼児	52
ようしえんぐみとどけ 養子縁組届	142
ようしょ 洋書	216
ようそう 洋装	114
ようちえん 幼稚園	204
ようちゅう 幼虫	239
ヨウティアオ	83
ようふく 洋服	114
ようふくだんす 洋服だんす	45
ようぼう 容貌	63
よえん 豫園	25
ヨーグルト	80
ヨーヨー	183
ヨーロッパ	22
ヨガ	176
ヨガボール	176
よきん（する）預金（する）	130
よきんつうちょう 預金通帳	131
よくしつ 浴室	40
よくそう 浴槽	161
よこおよぎ 横泳ぎ	194
よこたわる 横たわる	59
よこになる 横になる	59
よこぶえ 横笛	168
よじのぼる よじ登る	58
よびこ 呼び子	136
よびこう 予備校	205
よびりん 呼び鈴	33
よみせ 夜店	134
よみせをぶらつく 夜店をぶらつく	165
よめ 嫁	55
よやくする（席を）予約する	88
よるのぶ（興行の）夜の部	178
よろいど 鎧戸	34
よろこぶ 喜ぶ	62
よん 四、4	132

らラ

ラーメン	96
ラーメンやたい ラーメン屋台	135
ラーゆ ラー油	103
ライオン	237
ライチ	73
ライト	188
ライトハウス	170
ライブパフォーマンス	174
ラインズマン	192
ラウンジルーム	170
ラオチュウ	81
らくせきちゅうい 落石注意	152
ラクダ	237
らくだい（する）落第（する）	211
ラクダのこぶ	237
らくである 楽である	62
ラグビー	184

ラケット	190
ラケット（卓球の）ラケット	191
ラザニア	90
ラップフィルム	49
ラディッシュ	74
ラフティング	182
ラベンダー	244
ラム	76
ラン	247
ランカード LANカード	218
ランタン	26
ランチョンマット（食卓の）ランチョンマット	92
ランニングマシン	161、176

りリ

りかしつ 理科室	206
リクエストする	171
りくじょうきょうぎ 陸上競技	196
リクライニングチェア	38
りこん（する）離婚（する）	53
りこんとどけ 離婚届	142
りじ 理事	204
リス	236
リストラ（する）	141
りったいこうさきょう 立体交差橋	147
リニアモーターカー	151
リビング	36
リブ（スペア）リブ	77
リフレッシュ（する）	172
リブロース	76
リモコン	37、171
リュウ	246
リュウガン	73
りゅうせん 竜船	26
りゅうけつ（する）流血（する）	224
りゅうねんする 留年する	211
リュックサック	116
りょうし 漁師	65
りょうしゅうしょ 領収書	71
りょうり 料理	90
りょうりする 料理する	60、100
りょうりにん 料理人	65
りょうりのざいりょう 料理の材料	90
りょうりめい 料理名	90
りょうりをちゅうもんする 料理を注文する	88
りょうりをならべる 料理を並べる	88
りょきゃく 旅客	154
りょくちゃ 緑茶	108
りょけん 旅券	157
りょこうする 旅行する	146
りりく（する）離陸（する）	159
リレーきょうそう リレー競走	196
リンゴ	73
リンゴしゅ リンゴ酒	80
りんじん 隣人	32
リンス	42

るル

るい 塁	188
ルーズリーフ	213
ルーズリーフとじ ルーズリーフ綴じ	140
ルート	214
ルートビア	80
ループドライブ	191
ルームクリーニング	161
ルームサービス	161

れレ

レイシ	73
れいぞうこ 冷蔵庫	46
れいたんである 冷淡である	62
れいとうしょくひん 冷凍食品	70
れいはい（する）礼拝（する）	27
れいふく 礼服	114
れいめん 冷麺	106
レインコート	115
レインシューズ	119
レーシングカー	175、183
れきし 歴史	210
レジ	71、89、93
レシート	71
レシーブ（する）	191
レシーブ（する）（アンダー）レシーブ（する）	187
レジがかり レジ係	71
レストラン	126
レスリング	201
レタス	74
レッグエクステンション	177
レッグストレッチャー レッグストレッチャー	177
レッドカード	193
れつをつくる 列を作る	156

レトルトしょくひん レトルト食品	70
レファレンスとしょ レファレンス図書	217
レフェリー	186、193
レフト	188
レモネード	81
レモン	72
レモンすい レモン水	81
レンコン	74
レンチ	220
レントゲンをとる レントゲンを撮る	228
レンブ	73

ろロ

ろうか 廊下	140、207
ろうじん 老人	53
ろうそく 蠟燭	28
ろうそくたて 蠟燭立て	93
ろうどうしゃ 労働者	65
ろうふじん 老婦人	53
ローストチキン	90
ロータリーしんこうほうこう ロータリー進行方向	152
ローマ	22
ローラースケート	182
ローラーブレード	182
ろく 六、6	132
ろくがつ 6月	250
ロケット	257
ロシア	23
ロッカー	150、206
ロッカー（コイン）ロッカー	129
ロッキングチェア	38
ロック	34
ロック（ドア・門の）ロック	33
ロッククライミング	183
ろてん 露店	127、134
ろてんしょう 露天商	134
ろてんのアクセサリーうり 露店のアクセサリー売り	135
ろてんのいふくしょう 露店の衣服商	134
ろてんのくだものや 露店の果物屋	134
ろてんのゲームや 露店のゲーム屋	134
ろてんのパンや 露店のパン屋	134
ろてんのほんや 露店の本屋	134
ロバ	237
ロビー	160
ロブスター	79
ろめんおうとつあり 路面凹凸あり	152
ろめんでんしゃ 路面電車	148
ロンググーズ	118
ロングヘアー	172
ろんだん 論壇	219
ロンドン	22
ろんぶん 論文	217

わワ

ワールドベースボールクラシック	189
ワイシャツ	114
ワイパー（車の）ワイパー	149
ワインオープナー	49
わかもの 若者	52
わくせい 惑星	256
わたいれのズボン 綿入れのズボン	112
ワッフル	95
わなげ 輪投げ	175
ワニ	239
ワニス	221
わふく 和服	120
わらう 笑う	62
わりざん 割り算	215
わりばし 割り箸	97
わん 湾	254
ワンピース	114

遠藤雅裕(えんどう　まさひろ)
中央大学法学部教授。
専攻は中国語学。現在の研究テーマは台湾客家語。
編著書『中国語でコミュニケーション　単語活用編』アルク
『辞書のチカラ―中国語紙辞書電子辞書の現在―』好文出版

中国大陸、台湾で役立つ
オールカラー中国語生活図解辞典
DVD-ROM付き

2011年3月23日　初版第1刷発行

監　修　　遠藤雅裕
編　集　　小学館外国語辞典編集部、(台湾)LiveABC 編集部
発行者　　大澤　昇
発行所　　株式会社　小学館
　　　　　〒101-8001 東京都千代田区一ツ橋2－3－1
　　　　　電話　編集 03-3230-5169
　　　　　　　　販売 03-5281-3555
印刷所＆製本所　　禹利電子分色有限公司

編集／大澤　昇
制作企画／金田玄彦
制作／太田真由美
資材／森　雅彦
宣伝／浦城朋子
営業／前原富士夫、山崎由里佳

インフォーマント／李軼倫
編集・校正／菅原都記子
編集協力／千賀由佳　田村美樹
データ作成協力／藤野隆一(小学館電子編集室)
装丁／(株)東京ナップ

造本には十分注意しておりますが、
印刷、製本など製造上の不備がございましたら
「制作局コールセンター」(フリーダイヤル0120-336-340)にご連絡ください。
(電話受付は、土・日・祝日を除く9:30～17:30)
R＜日本複写権センター委託出版物＞
本書を無断で複写(コピー)することは、
著作権法上の例外を除き、禁じられています。
本書をコピーされる場合は、事前に日本複写権センター(JRRC)の許諾を受けてください。
JRRC＜http://www.jrrc.or.jp　e-mail:info@jrrc.or.jp　電話03-3401-2382＞

★小学館外国語辞典のウェブサイト
　「小学館ランゲージワールド」
　http://www.l-world.shogakukan.co.jp
　© Shogakukan, LiveABC　2011
　Printed in Taiwan　ISBN978-4-09-506614-1